Serie ICETE

El Liderazgo en la Educación Teológica

VOLUMEN 2

El currículo es una herramienta esencial para determinar y dar forma a la experiencia educativa en conjunto, y para asegurar el cumplimiento de los objetivos de aprendizaje de una institución. Sin embargo, la medida de un currículo bueno y efectivo se encuentra tanto en la calidad de su diseño como en su gestión por parte de los líderes académicos y la facultad de profesores.

En este libro, *Liderazgo en la Educación Teológica: Fundamentos del Diseño Curricular*, autores de alrededor del mundo, con comprobada pericia y experiencia en formación teológica y principios educativos, ofrecen un recurso relevante y oportuno. Articulan, de manera clara, los fundamentos bíblicos y las teorías y prácticas de aprendizaje para el diseño y la implementación de un diseño curricular efectivo que contribuirá a una experiencia educativa tanto enriquecedora como transformadora. Con entusiasmo recomiendo este libro a todas las facultades de profesores y líderes académicos que anhelan ver, y están comprometidos con lograr, una formación teológica transformadora en sus instituciones.

Rev. Emmanuel Chemengich, DMin
ex Director Ejecutivo,
Asociación para la Educación Teológica Cristiana en Africa (ACTEA)

Este libro es un tapiz lleno de diversidad y sustancia, y es vital y críticamente importante para el futuro de una educación teológica creativa y bendecida por Dios. Este volumen sobre diseño curricular ha sido confeccionado por un equipo global de educadores talentosos y perceptivos. He dedicado buena parte de mi vida a estudiar sistemas educativos, sus procesos, recursos, estudiantes y liderazgo, y cómo contribuyen a la auténtica transformación de carácter y a la excelencia ministerial inspirada en Dios. Solo puedo soñar con el impacto potencial de esta serie de libros. Alrededor del mundo, todas las formas y estructuras de la educación teológica enfrentan aguas turbulentas – ya sea interna o externamente. Estas corrientes turbulentas las moldearán de manera permanente, pero quienes las resistan se marchitarán, serán fusionadas o morirán. Quienes abracen el cambio tienen una singular oportunidad de tener un impacto en el reino de Dios en Jesucristo en cuanto puedan diseñar currículos creativos para equipar al pueblo de Dios para el ministerio, en todos los niveles educativos y en todas las vocaciones. Mi oración es que nuestros valientes educadores, especialmente aquellos en los roles más altos del liderazgo, tengan la suficiente audacia para leer, estudiar e implementar la sabiduría contenida en este recurso fundacional.

William D. Taylor, PhD
Ex profesor del Seminario Teológico Centroamericano
y Trinity Evangelical Divinity School
Treinta años con la Comisión de Misión, Alianza Evangélica Mundial

Este libro ofrece una perspectiva integral del currículo y guía a los líderes académicos a través del complejo proceso de su desarrollo, implementación y evaluación. Escrito por educadores teológicos expertos de alrededor del mundo, presenta una hoja de ruta para el diseño curricular en la educación teológica. Ayudará a las instituciones teológicas a desarrollar programas de formación relevantes que impacten a la iglesia y a la sociedad en sus contextos.

Theresa Roco-Lua, EdD
Secretaria General, Asociación Teológica de Asia

Estoy escribiendo esto desde Roma, Italia, donde estoy participando de la reunión del Consejo Internacional de Educación Teológica Evangélica junto con colegas de las nueve asociaciones regionales acreditadas, mientras estamos hablando de desarrollar la Academia de Excelencia y los estándares globales de acreditación de ICETE. Mientras escucho a mis colegas de las diversas regiones, me impacta cuánto y cuán significativamente el Programa para Liderazgo Académico de ICETE ha aportado a líderes de seminarios y profesores, sentando las bases para el diseño curricular, definiendo el papel del liderazgo académico en la enseñanza y el aprendizaje transformadores, diseñando herramientas para evaluar aprendizajes y desarrollando una comunidad de aprendizaje en el ámbito de la educación teológica. He participado en los tres seminarios de IPAL en Eurasia. En el tan complicado contexto actual, marcado por la crisis sociopolítica entre Ucrania y Rusia en Europa Oriental, estos seminarios en particular, y de manera prounda, han moldeado mi comprensión del diseño curricular contextualizado, y me han desafiado con preguntas en torno al desarrollo de una comunidad de aprendizaje que nos permita mantenernos fieles al reino de Dios y realizar mejor la misión de la iglesia.

Taras Dyatlik
Director Regional para Eurasia y
Director de Desarrollo Educativo, Overseas Council

El Liderazgo en la Educación Teológica

VOLUMEN 2

Fundamentos del Diseño Curricular

Editores

Fritz Deininger y Orbelina Eguizábal

Editores de la serie

Michael Ortiz y Riad Kassis

Publicado en 2021 por Langham Global Library
Una edición de *Langham Publishing*
www.langhampublishing.org

Langham Publishing son un ministerio de Langham Partnership

Langham Partnership
PO Box 296, Carlisle, Cumbria CA3 9WZ, UK
www.langham.org

ISBN:
978-1-83973-083-2 Imprenta
978-1-83973-447-2 ePub
978-1-83973-449-6 PDF

Información de Publicación del Catálogo Bibliotecario Británico
El registro del catálogo para este libro está disponible en la Biblioteca Británica

ISBN: 978-1-83973-083-2

Diseño de portada y libro: projectluz.com

Publicado originalmente en inglés bajo el título: *Leadership in Theological Education, Vol. 2, ICETE Series*
Fritz Deininger y Orbelina Eguizabal, editores
Traducción al español: D. E. Ortiz Rivera
Edicion de textos: Jim Breneman

Índice

Lista de Tablas y Gráficas

Tablas

Graficas

Introducción

Fundamentos del diseño curricular es el segundo volumen de la serie *Liderazgo en la Educación Teológica de ICETE.* Construye sobre el primer volumen, *Fundamentos para el liderazgo académico*, que sentó las bases de la educación teológica, resaltó las características y responsabilidades del liderazgo académico y exploró las prácticas administrativas y de conducción de los líderes académicos.

Como es bien sabido, una tarea fundamental del liderazgo académico es la arquitectura y administración de los procesos de planificación y diseño curricular, los cuales abarcan la implementación, supervisión y evaluación del currículo de los diferentes programas de sus instituciones. En este sentido, los líderes de las instituciones de educación teológica cumplen funciones similares a las de sus contrapartes en otras instituciones educativas, pues supervisan y administran los procesos curriculares. De modo que las instituciones que deseen ser eficaces en la formación de discípulos de Jesucristo que cumplan la Gran Comisión en este mundo tendrán que integrar las teorías de las ciencias sociales —que nos ayudan a comprender el desarrollo humano, la naturaleza y los estilos del aprendizaje— junto con los fundamentos bíblicos y teológicos —que nos ayudan a entender las necesidades espirituales de nuestros estudiantes y establecen los principios para guiarlos en su peregrinación espiritual y transformación a semejanza del Hijo de Dios, Jesucristo, de modo que prosperen viviendo de acuerdo con el plan redentor de Dios para sus hijos e hijas y aquellos que aún no lo conocen.

El currículo es definido de varias maneras y está determinado por varios factores. Parkay, Anctil y Hass, quienes abogan por una definición integral que no solamente considere las necesidades, sino también las «tendencias que caracterizarán nuestras vidas en el futuro»[1], sugieren lo siguiente: «El currículo abarca todas las experiencias de los estudiantes de un programa educativo, cuyo propósito es alcanzar los objetivos amplios y específicos que hayan sido desarrollados dentro de un marco integrado por: lo teórico e investigativo, la práctica profesional del pasado y presente y las necesidades cambiantes de la sociedad»[2].Con esto en mente, y desde sus experiencias como líderes académicos en instituciones teológicas de diferentes regiones del mundo, los autores consideran los componentes clave que ayudarán a otros que tienen la responsabilidad de guiar y administrar procesos curriculares. El libro está organizado en tres partes enfocadas en los aspectos básicos y prácticos para el desarrollo y la evaluación del currículo.

La primera parte trata las bases para el diseño y desarrollo curricular. El *primer capítulo* sienta las bases del diseño curricular en la educación teológica. El autor destaca los parámetros educativos en general y los principios bíblico-teológicos que los líderes académicos deben tener en cuenta al diseñar un nuevo currículo o revisar uno ya existente. Críticos para el diseño curricular son los principios rectores del llamado y el espíritu de la institución; la filosofía educativa de la institución, la que debe ser permeada por los principios bíblicos y teológicos de las Escrituras— y las doctrinas de la persona de Dios, el Hijo y el Espíritu Santo, y de la Iglesia; una visión integral del currículo, así como la comprensión de los aspectos locales y globales de la educación. El autor sostiene que el diseño curricular es influenciado por las metáforas usadas para entender la educación, los desafíos internos y externos actuales, los diseñadores curriculares y las expectativas de los estudiantes con respecto a su preparación ministerial. Los líderes académicos también deben tener en cuenta los parámetros y las perspectivas bíblico-teológicas que deben guiar el diseño del currículo teológico. El capítulo concluye con un modelo de la educación teológica como formación integral para el ministerio; el modelo está enfocado en la formación personal, académica, ministerial, relacional y en liderazgo de los estudiantes. El autor del *capítulo 2* elabora sobre el primer

1. Forrest W. Parkway, Eric J. Anctil, y Glen Hass, *Curriculum Leadership: Readings for Developing Quality Educational Programs*, 10a ed. (Upper Saddle River, NJ: Pearson Education, 2014), 3.

2. Ibid.

capítulo a partir de su experiencia como director ejecutivo y académico de seminarios evangélicos en Europa y el Oriente Medio. Este resalta el papel de los líderes académicos en el diseño curricular al argumentar que la función principal del currículo teológico es el cumplimiento de la misión y la visión de la institución como comunidad educativa. Por lo tanto, el director académico tiene que asegurarse de que el diseño de un currículo teológico de calidad incluya los mandatos bíblicos y teológicos del discipulado y la formación de liderazgo, tome en cuenta la historia y el patrimonio de la institución, mejore su misión y visión, considere la experiencia de la educación continua, aclare los puntos de entrada y salida, y sea integral de tal manera que responda a las necesidades de las partes interesadas, la iglesia y la comunidad más amplia. En el *capítulo 3*, el autor arguye que, antes de embarcarse en el diseño curricular, los líderes académicos deben comprender el concepto del «currículo» y la diferencia entre su planificación y diseño. Según el autor, «un plan curricular traza las actividades y estructuras de un programa de capacitación», mientras que el diseño curricular se refiere a «la teoría operativa del plan curricular». Este hace hincapié en los tres elementos clave que deben ser parte de cualquier plan curricular para la educación teológica: debe ofrecerles a los estudiantes el conocerse a sí mismos, un fundamento firme para el conocimiento adecuado de la Palabra de Dios y las herramientas para la educación permanente. Los pasos sugeridos para el diseño del currículo teológico incluyen aclarar el propósito del programa de la institución, conocer a los estudiantes y sus contextos, evaluar el currículo actual y, dependiendo del paso anterior, reescribirlo. El *capítulo 4 enfoca en* un componente crítico, la contextualización del currículo, a partir del Manifiesto de ICETE para la educación teológica. El autor ha desarrollado un modelo que busca representar la relación entre el contexto y el currículo. Según su planteamiento: «El contexto proporciona el entorno para el proceso de diseño del currículo» y, a su vez, «describe en dónde se implementa el currículo e identifica las diversas influencias que convergen para formar un plan curricular». El apóstol Pablo es presentado como un ejemplo de sensibilidad cultural en sus interacciones con los atenienses y sus cartas a los corintios. Este demuestra la importancia del contexto para el diseño curricular de la educación teológica resaltando sus componentes y la relación entre éstos, concluyendo con un modelo que integra el contexto, la enseñanza y el aprendizaje y los resultados esperados del aprendizaje. Por último, el *capítulo 5* sugiere los pasos a seguir en la implementación de cambios y la evaluación del diseño curricular. El autor de este capítulo señala tres factores determinantes que deben tomarse en cuenta para que el diseño curricular sea puesto en práctica: los factores externos, la disponibilidad de los recursos de la institución y los desafíos contextuales. Este capítulo señala un elemento aún más crítico, la respuesta humana al cambio curricular, lo que significa que tanto la administración como el personal y los docentes «deben comprender a cabalidad y apoyar los cambios propuestos». Se ofrece una estrategia para la implementación del cambio. Otro elemento crítico descrito en este capítulo es la evaluación del currículo. El autor considera las siguientes áreas: *«¿Por qué hay que evaluar?»*, y justifica la evaluación del currículo; *«¿Cómo evaluamos?»* y examina las teorías fundamentales en el campo de la evaluación curricular; y «la evaluación para la educación teológica», en donde presenta un modelo útil para la evaluación del currículo dentro de la educación teológica.

La segunda parte va dirigida a la facilitación de los procesos de enseñanza y aprendizaje en el desarrollo curricular. El *capítulo 6* define el papel del liderazgo académico en el diseño de la enseñanza y el aprendizaje transformativos (TTL por sus siglas en inglés), que implica establecer sus fundamentos a través de talleres y seminarios. Pertinentes al diseño del TTL son las siguientes preguntas: «¿Quiénes son los "líderes académicos"?»; «¿Qué tipo de "transformación" es apropiada?»; «¿Qué son "la enseñanza y el aprendizaje transformativos"?»; y «¿Cómo se diseña el aprendizaje transformativo?». Se entiende que el decano académico tiene las «mayores responsabilidades de supervisión del desarrollo del currículo, especialmente para las iniciativas de TTL». Como tal, algunas de sus funciones incluyen la articulación de una base de valores apropiada al currículo del TTL y de una mirada panorámica del marco curricular, la apreciación de la integración de las actividades del currículo, la aprobación de las directrices para la enseñanza-aprendizaje, la implementación del currículo del TTL, así como su supervisión y revisión. A fin de promover la enseñanza y el aprendizaje transformativos, los líderes académicos de las instituciones teológicas también tienen la responsabilidad de mejorar su ecología social. El autor sugiere ocho pasos para promover una ecología institucional que respalde el TTL. El *capítulo 7 aborda* la evaluación del aprendizaje como un componente crítico para valorar la eficacia del desarrollo curricular. A fin de entender lo que significa evaluar, el capítulo define la educación basada en resultados, la apreciación y la evaluación del aprendizaje. El autor sugiere que la evaluación mide los logros, motiva el aprendizaje, monitorea el progreso y apoya el aprendizaje. Una evaluación eficaz cumple con requisitos de validez, fiabilidad, equidad y viabilidad. El capítulo asimismo sugiere diferentes tipos y métodos de evaluación, y concluye con actividades y tareas prácticas que demostrarán que los estudiantes han logrado los objetivos establecidos, teniendo en cuenta que, «los resultados del aprendizaje son la consideración más importante cuando se construye la evaluación del aprendizaje».

En el *capítulo 8*, el autor analiza la integración de la tecnología para sostener y mejorar la educación teológica mundial. Destaca la influencia de la tecnología en «el contexto global y contemporáneo de la educación» y cómo ha abierto oportunidades para la educación a distancia y las modalidades del aprendizaje mixto, argumentando que «el uso de la tecnología en contextos de aprendizaje a distancia y semipresenciales puede... ayudar a profundizar y enriquecer la calidad del aprendizaje porque fomenta el diálogo y la colaboración dentro de las comunidades de aprendizaje». El autor desafía a líderes académicos y docentes que participan en la educación teológica global a que adopten nuevas posibilidades y faciliten los nuevos enfoques en el aprendizaje, ya que, «el enfocarse en el aprendizaje permite que las instituciones sean más adaptables y atentas al panorama cambiante de la educación superior y las realidades globales». En el diseño curricular es fundamental tomar en cuenta las funciones de la comunidad y la cultura debido a la diversidad de los contextos y grupos que participan en la educación a distancia. Por consiguiente, el autor analiza las prácticas que los instructores deben considerar para alentar la participación y mejorar el aprendizaje de los estudiantes. El capítulo concluye señalando algunas consideraciones institucionales para su implementación.

La tercera parte plantea los aspectos del desarrollo curricular que contribuyen a la creación de comunidades de aprendizaje. Aunque las comunidades de aprendizaje no son un nuevo contexto pedagógico, en los últimos años han cobrado mucha atención en los contextos educativos, empresariales y eclesiales. El *capítulo 9* sugiere imágenes como las de crear, formar, cultivar y desarrollar para ayudarnos a comprender la naturaleza de las comunidades de aprendizaje. El autor explora algunos de los aspectos que contribuyen al desarrollo de comunidades «en donde la enseñanza y el aprendizaje son parte de la formación de la vida para el ministerio». El desarrollo de comunidades de aprendizaje dentro de las instituciones de educación teológica es fundamental para la gestión curricular, y los líderes académicos deben ser conscientes de tres áreas que ponen de relieve esa importancia: cómo sirven de contrapeso a las tendencias de la sociedad; su efecto sobre la vida cristiana, considerando los aspectos de la enculturación, la educación y la socialización; y los «principios bíblicos que deben ser aplicados a la vida». Ello requiere, además, que el personal, la facultad y los estudiantes comprendan sus papeles, funciones y expectativas dentro de una comunidad que fomente el aprendizaje y la formación espiritual y ministerial. La última sección del capítulo expone los desafíos del desarrollo de una comunidad de aprendizaje. En el *capítulo 10*, el autor analiza el efecto del currículo oculto en la enseñanza, el aprendizaje y el desarrollo espiritual de los estudiantes. Al contrario del currículo didáctico, el cual «abarca el aprendizaje explícito, conscientemente planificado y ejecutado, y las actividades de enseñanza con resultados predeterminados», el «currículo oculto» describe cómo, consciente o inconscientemente, «el seminario expone a estudiantes, profesores y administradores a experiencias improvisadas, episódicas, informales y que no fueron planificadas concienzudamente». El autor analiza la naturaleza del currículo oculto y explica, con ejemplos útiles, qué es y dónde y cómo se transmite en cada institución. Luego, explora su efecto sobre el desarrollo espiritual y la formación ministerial de los estudiantes, afirmando que esos procesos no pueden estar limitados a las actividades intencionales dentro del aula, los temas de estudio, la capilla o los grupos de formación espiritual. Por lo tanto, el currículo oculto de las instituciones teológicas debe estar saturado por una «vida y un carácter espiritual que glorifiquen a Dios» y un pensamiento semejante al de Cristo «debe caracterizar nuestros compromisos y relaciones». El capítulo concluye con la consideración de algunos problemas de la integración del currículo formal y el currículo oculto, los cuales suelen ejecutarse simultáneamente. El *capítulo 11* propone pasos prácticos para el desarrollo de un currículo integral, «que equilibre conocer, vivir y hacer» y sea una gran herramienta para los graduados de las instituciones de educación teológica. A partir de la metáfora de la construcción de «una hermosa residencia o un edificio de oficinas altamente funcional», la autora establece la importancia de principios que rijan la planificación y la construcción del currículo, tales como fundamentos claros y la integralidad educacional de los muchos componentes involucrados en este desarrollo. Otro aspecto clave de la metáfora es la selección de los materiales para la construcción del plan arquitectónico maestro, que en un currículo educativo serían los recursos humanos, representados por los profesores y estudiantes que participarán en el desarrollo del currículo. El último paso es la selección de los materiales para decorar y amueblar la casa, que en un currículo integral se refiere a las actividades que tendrán lugar dentro y fuera del aula, así como los eventos planificados dentro del currículo formal, en los cuales, «la participación de los estudiantes no debe ser opcional» porque están diseñados para guiarlos hacia nuevas experiencias, facilitar el desarrollo del carácter y equiparlos para que practiquen lo aprendido y sean líderes serviciales. La metáfora culmina con una invitación a contemplar la hermosa casa construida con los pasos sugeridos. Del mismo modo, los líderes académicos tienen que resolver estos aspectos críticos del currículo para poder contemplar cómo su institución ha cumplido su misión para con sus graduados.

El *capítulo final* narra la historia de los líderes académicos del Seminario Bíblico de Bangkok (BBS por sus siglas en inglés) y sus razones para cambiar el paradigma de la institución. El autor afirma que el «cambio al paradigma del pueblo de Dios» respondió al desafío de las instituciones teológicas de ser más eficaces en el cumplimiento de su misión. El autor resalta, entre los factores clave que contribuyeron a considerar este cambio de paradigma, la urgente necesidad de su denominación de líderes eclesiales que atendieran el crecimiento masivo de mil a cinco mil iglesias en cuatro décadas (1970–2010) junto con los problemas financieros de la institución. Se argumenta que la transición requirió «una flexibilidad estratégica que combinó la capacitación para un liderazgo multifuncional con múltiples estándares académicos a través de múltiples modos de instrucción». Después de escuchar las necesidades de la denominación, pero sin abandonar el modelo residencial ni los programas formales y tradicionales, BBS diseñó cuatro nuevos programas que atraerían a líderes profesionales. Los programas están ofreciéndose y han comenzado a demostrar que el cambio de paradigma está siendo eficaz.

Aunque este libro no es una discusión a fondo de las teorías curriculares, esperamos que los líderes académicos de las instituciones de educación teológica obtengan ideas para sus tareas diarias, en las que supervisan el desarrollo y la gestión de un currículo que, además de considerar las teorías del desarrollo humano y el aprendizaje, cumple con la Gran Comisión de hacer discípulos que impacten en la sociedad contemporánea, cuyas fuerzas sociales interactúan con «objetivos sociales, conceptos culturales, tensiones entre uniformidad y diversidad», así como las tensiones religiosas y políticas que están afectando la estabilidad de la mayoría de los países en donde nuestros graduados sirven en la educación teológica.

Fritz Deininger y Orbelina Eguizábal
Editores

Parte I

Diseño y desarrollo curricular

1

Fundamentos del diseño curricular en la educación teológica

Fritz Deininger

Un día me encontraba visitando el rascacielos más alto de Bangkok cuando un mensaje informativo llamó mi atención. Entre otros detalles, los cimientos de esta impresionante estructura eran comparados con un edificio de veintidós pisos. No sirve para viviendas. ¿Acaso no es un desperdicio de recursos que ese «edificio» no esté siendo utilizado? Pero es obvio que este «edificio» en el suelo era necesario para erigir una torre de 309 metros de altura. Los cimientos no son visibles, sin embargo, sostienen la torre, una atracción turística que domina el perfil arquitectónico de Bangkok.

Esta comparación de los fundamentos me enseñó una valiosa lección acerca de la educación en general, y en particular de la capacitación para el ministerio. Al igual que esa torre, la educación tiene un aspecto visible y otro invisible. El resultado de la educación se ve en los graduados que cumplen con los requisitos de los cursos y programas de estudio y en su participación en ministerios eficaces. Asimismo, existe un aspecto invisible como los cimientos de ese edificio. Esto incluye la educación general, la vida y experiencia laboral, el carácter y la formación cristiana. De hecho, un buen punto de partida para la educación teológica es el haber adquirido un amplio conocimiento básico, acompañado de las experiencias que han contribuido a la madurez del estudiante. Un buen diseño curricular toma en cuenta los resultados visibles o medibles de un programa de estudio y, además, aquellos resultados invisibles que están relacionados con el desarrollo integral del estudiante.

Los líderes académicos son decisivos en cuanto al desarrollo de un currículo que elabore sobre los fundamentos educativos que han formado la vida y la cosmovisión de los estudiantes. El currículo debe integrar varias facetas de las experiencias formales e informales de aprendizaje que apuntan al desarrollo intelectual y académico de los estudiantes, así como a la formación de la vida y el carácter espirituales. Además, el currículo debe desarrollar su capacidad vocacional y profesional para enfrentar los desafíos de las tareas ministeriales.

Este capítulo trata acerca de los fundamentos del diseño curricular. Se resaltarán algunos de los parámetros educativos generales y bíblico-teológicos que deben guiar a un líder académico al diseñar un nuevo currículo o revisar uno existente. Los diferentes aspectos no son exhaustivos. De hecho, la educación teológica se ha convertido en un negocio tan amplio y diverso que requeriría una discusión sobre su significado y propósitos a fin de construir un consenso. El resultado ciertamente afectaría el diseño curricular. Pero esa discusión va más allá del alcance de este documento. Por lo tanto, me enfocaré en algunos de los aspectos fundamentales y genéricos del diseño curricular que son relevantes a la educación teológica.

El capítulo está dividido en dos partes. En primer lugar, examinaremos algunos de los parámetros educativos para el diseño curricular. Esta sección ofrecerá algunas pautas fundamentales que deben llevar a la reflexión acerca del diseño de un nuevo currículo o la revisión de uno existente. En segundo lugar, nos enfocaremos en algunos de los parámetros bíblico-teológicos para el diseño curricular. El supuesto es que el diseño curricular o el programa de estudio prepara a los estudiantes para un ministerio eficaz.

Parámetros educativos del diseño curricular

La educación se ha vuelto un punto focal en las sociedades del mundo. El sinnúmero de libros acerca de todos sus aspectos confirma su valor para el desarrollo de los individuos, a fin de que puedan administrar sus propias vidas, funcionar en la sociedad y contribuir a la economía de un país. Asimismo, abundan las teorías y los modelos educativos, los cuales sin duda han influido en el quehacer de la capacitación teológica, los objetivos de preparación para el ministerio y el diseño de programas y cursos de estudio. Me enfocaré en algunos de los aspectos que debemos tener en cuenta al diseñar un currículo para la educación teológica. Estos parámetros deben guiar al líder académico, «quien administra las diversas facetas del currículo y que todas las partes esperan que administre el proceso de evaluación».[1] A pesar de que la comunidad académica del seminario generalmente participa en el diseño o la revisión del currículo, la mayor responsabilidad recae sobre el líder académico.

Principios rectores del diseño curricular

Los líderes académicos y educadores que participan en el diseño o revisión del currículo deben reflexionar sobre los principios rectores que subyacen a la educación teológica en sus instituciones o programas de capacitación. Estos pueden estar relacionados con la vocación de la institución o basados en un documento escrito, en la filosofía educativa de educadores individuales, en los valores y el carácter distintivo que rigen el proceso educativo o en el énfasis formativo de las áreas académicas y prácticas de los programas de estudio. Por consiguiente, los líderes académicos y educadores deben empezar por aclarar sus convicciones personales con respecto al diseño del currículo o programa de estudio y asimismo entender e interpretar la misión de la institución. A continuación, consideraremos algunos de los principios rectores que podrían ser relevantes al iniciar el proceso de diseño o revisión de un currículo.

El llamado y el carácter distintivo de la institución

Los seminarios teológicos y los programas de capacitación a menudo fueron fundados en respuesta a la necesidad en ciertas áreas del ministerio cristiano o por la preocupación específica de una persona en particular. Los fundadores ciertamente tenían una visión clara de lo que hacía falta. Este llamado en particular afectó el diseño del currículo o programa de estudio y el carácter distintivo (*ethos*) de la institución. Además, si el seminario pertenece a una

1. Bruce P. Powers, "Developing a Curriculum for Academic, Spiritual, and Vocational Formation," en *C(H)AOS Theory. Reflections of Chief Academic Officers in Theological Education*, ed. Kathleen D. Billman y Bruce C. Birch (Grand Rapids, MI: Eerdmans, 2011), 303.

denominación, tal afiliación se ve reflejada en los cursos y en los contenidos. En cualquier caso, este llamado o vocación institucional ha ido desarrollándose a lo largo del tiempo, muchas veces a partir de la visión original, y está expresado en cierta cultura institucional y educativa.

Según Gordon Smith, la vocación de un seminario no refleja solamente lo que dice su declaración de misión, sino que puede entenderse, además:

> ... en el contexto de la cultura institucional y educativa, que incluye qué tipo de erudición es valorada y cómo (el papel de la enseñanza y la investigación). Esta incorpora los patrones de la vida comunitaria que no están en la agenda académica formal, incluyendo los procesos de toma de decisiones y los procedimientos de gobierno tanto formales como informales. Incluye «la manera en que hacemos las cosas», así como los sueños y anhelos subyacentes dentro de la comunidad, los cuales representan tanto las esperanzas como las aspiraciones individuales y colectivas.[2]

Smith sugiere que el discernimiento de la vocación y el carácter de un seminario debe incluir la apreciación de su historia, sus patrones de vida institucional y toma de decisiones. Esto se extiende al reconocimiento y la afirmación de sus fortalezas y limitaciones. Este afirma que la vocación se vive en el contexto actual: «Discernir la cultura y la vocación del seminario, también conlleva apreciar la forma en que vive su misión en sus espacios, particularmente en donde la gente se reúne a adorar, aprender, conversar o hacer negocios. En otras palabras, la vocación es vivida a través de un conjunto de prácticas, patrones de conducta y actitudes».[3]Como ilustración de la vocación y el carácter distintivo de una institución, utilizaré el ejemplo de Regent College, porque demuestra su influencia en el currículo y los programas de estudio. Cuando se fundó, la institución tuvo la visión de responder a la profesionalización del ministerio ofreciendo una educación teológica de posgrado para los laicos. La educación teológica está destinada a la comunidad

2. Gordon T. Smith, "Attending to the Collective Vocation," en *The Scope of Our Art: The Vocation of the Theological Teacher*, ed. Gregory L. Jones y Stephanie Paulsell (Grand Rapids, MI/Cambridge: Eerdmans, 2001), 243.

3. Ibid.

cristiana, a personas de todos los ámbitos de la vida. Los cristianos estudian teología para integrar su fe con las vocaciones que reciben de Dios. Por lo tanto, el enfoque principal de Regent College es proveer una educación teológica a nivel posgrado para «el empoderamiento de todo el pueblo de Dios en su servicio a Cristo en el mundo».[4] Gordon Smith afirma esa vocación: «Y aunque Regent College ha iniciado otros programas desde entonces, como la Maestría en Divinidades, diseñada para la formación ministerial, esa visión original debe ofrecer una educación teológica de posgrado para personas de todos los ámbitos de la vida y el trabajo todavía define su propósito».[5] Y añade lo siguiente: «... solamente será fiel a su vocación si permite que su visión original continúe formando el corazón de su carácter y propósito».[6]

La visión original de Regent College también incluía una concepción particular de la erudición y el aprendizaje: que la espiritualidad y la erudición están integralmente relacionadas y que el aprendizaje teológico se nutre del estudio interdisciplinario. «Regent es apreciado como un lugar en donde la piedad y la erudición están (al fin) integradas, y el aprendizaje nunca está sujeto a las restricciones de gremios académicos o disciplinarios».[7] La vocación de la institución tiene impacto en los profesores que emplea. Si bien es cierto que deben contar con las credenciales académicas, su compromiso espiritual también es tenido en cuenta. Smith agrega lo siguiente: «El discernimiento de la vocación también significa que afirmamos y aceptamos que muchos de los candidatos a los puestos de la facultad no prosperarían en Regent College; si vinieran, no encontrarían su "lugar" vocacional».[8] Sin duda es un aspecto o resultado notable del llamado de la institución. Este ejemplo demuestra claramente que la vocación y el carácter distintivo de la institución afectan el diseño curricular, incluyendo la enseñanza y el aprendizaje. Los líderes académicos deben prestar atención a la vocación y el carácter distintivo de la cultura institucional y educativa al momento de diseñar o agregar nuevos programas de estudio.

4. Ibíd., 245–246.
5. Ibíd., 245.
6. Ibíd., 247.
7. Ibíd., 245–247.
8. Ibíd., 247.

La filosofía educativa de la institución

La filosofía educativa de la institución es otro principio guía que influye en los programas de estudio. Esta surge del fundamento teológico tal como haya sido definido en la declaración de fe del seminario o del programa de capacitación. No se trata meramente de un documento que funciona como una referencia doctrinal, sino que define el marco para el diseño curricular y la eficacia de la enseñanza y el aprendizaje. Los compromisos teológicos y educativos nacen de la declaración de fe. Estos afirman los valores que los profesores y los estudiantes viven en la comunidad de aprendizaje.

El diseño curricular puede describirse como un arte y una ciencia. Como arte, puede ser creativo en cuanto al diseño de un programa para estudiantes en determinado contexto. Los aspectos universales así como el contexto ministerial de los estudiantes son relevantes. Cuando tomamos en cuenta sus necesidades y estilos de aprendizaje, nos sentimos desafiados a ser creativos con el diseño curricular o el programa de estudio. Por otro lado, el diseño curricular puede verse como una ciencia. Esta se rige por los principios educativos y los métodos de evaluación de la enseñanza y el aprendizaje, enfocándose en resultados medibles y que los estudiantes dominen el contenido de los cursos prescritos.

El respaldo y la aceptación de los programas de capacitación por parte de las iglesias y otros socios interesados a menudo depende de los valores educativos adoptados por la institución. Unos cuantos ejemplos ilustran cómo las convicciones doctrinales influyen y configuran la filosofía educativa y el diseño curricular.

La doctrina de la Escritura. Estudiamos la Escritura porque es la revelación de la voluntad de Dios, de su plan y propósito para la vida de cada persona y el mundo. Por lo tanto, el diseño curricular reflejará la importancia y centralidad de la Biblia en la educación teológica. La Biblia no es solamente un libro de texto para el conocimiento académico, sino que ofrece los principios para todos los aspectos de la vida y el ministerio, y los valores para la sociedad. En el proceso de la enseñanza y aprendizaje no podemos contentarnos con transmitir la verdad bíblica, analizar su trasfondo y los asuntos culturales, y hacer exégesis de textos; antes bien, tenemos que relacionar la verdad de la Escritura con la vida de los estudiantes. La educación teológica tiene como objetivo la integración de la verdad en la vida de los estudiantes.

La doctrina de Dios. Creemos que Dios es el Creador, Sustentador y Redentor del mundo. Se ha revelado en su Hijo, Jesucristo. La doctrina de la Trinidad enfatiza el aspecto relacional dentro de la Deidad, que también debería ser un principio rector en la vida de la comunidad cristiana. Por lo tanto, el estudio teológico debe propiciar un mejor conocimiento, adoración y alabanza de Dios. En nuestros estudios honramos a Dios cuando sometemos nuestro propio pensamiento, enseñanza y aprendizaje a la dirección del Espíritu Santo dentro del marco bíblico. El diseño curricular crea el ambiente para conocer a Dios más a fondo y confirmar su llamado en la vida de los estudiantes.

La doctrina de la iglesia. Creemos que la iglesia es la nueva comunidad de Dios que exhibe la gracia de Dios. La intención de Dios es expandir su Reino a través de la iglesia para incluir a individuos y a la sociedad. Por lo tanto, valoramos la vida comunitaria y preparamos a los estudiantes para la comunidad cristiana. Es tarea del seminario equipar a los estudiantes para el ministerio en la iglesia. De modo que el seminario existe para servir a la iglesia. Este propósito de capacitación debe reflejarse en el diseño curricular.

Podríamos añadir más ejemplos, pero los ya mencionados sirven como un punto de partida para aquellos que están desarrollando su filosofía educativa. Los líderes académicos junto con la facultad deben desarrollar y expandir la filosofía educativa de la institución porque es la base tanto del diseño curricular como del proceso de enseñanza y aprendizaje. Los nuevos docentes deben estar de acuerdo con la filosofía educativa y adoptar sus principios como parte de su compromiso con la institución.

La visión integral del currículo

El enfoque u orientación del currículo está estrechamente vinculado con la vocación, el espíritu y la filosofía educativa de la institución. ¿Cuáles son los objetivos principales del currículo o los programas de estudio? Los líderes académicos y los diseñadores deben estar claros en cuanto a los resultados deseados. El diseño curricular refleja nuestra comprensión de la educación teológica y la capacitación ministerial. Si los líderes académicos están convencidos de que el conocimiento académico es fundamental para el servicio en las diferentes áreas ministeriales, el diseño curricular enfatizará los cursos y programas académicos. Si la educación teológica es vista como capacitación profesional, se incluirán más cursos prácticos en el programa de estudio. De hecho, lo deseable es un equilibrio saludable, porque el ministerio requiere tanto un conocimiento amplio de lo fundamental como conocimiento y experiencia práctica. ¿Cuál es el énfasis del diseño curricular o programa de estudio de nuestro contexto en particular? ¿Cómo equilibraremos lo académico y práctico dentro del diseño curricular? Los líderes académicos deben adoptar una visión integral para que el currículo prepare bien a los estudiantes para el ministerio y los desafíos de la sociedad moderna.

La tarea del diseño curricular no está limitada a la selección de los cursos para el programa de estudio. Antes bien, conlleva mucho pensamiento, investigación y discusión. LeRoy Ford resume el alcance del diseño curricular: «El diseño curricular es una declaración y elaboración del propósito, las metas y los objetivos institucionales para los estudiantes, el alcance, los contextos, la metodología y los modelos de instrucción y administración involucrados en la labor educativa. El diseño está organizado de tal manera que garantice el énfasis apropiado y equilibrado de cada elemento. El diseño provee la base sobre la cual se elabora un plan curricular».[9] El diseño curricular describe los parámetros que, según el diseñador, son esenciales para la experiencia de aprendizaje. El diseño curricular debe ser implementado en un plan curricular, que se refiere a la elaboración de los programas y cursos de estudio en términos de los resultados del aprendizaje, la metodología y las tareas o herramientas de instrucción. «Un plan curricular en la educación teológica reside en las descripciones de los cursos y los planes de las lecciones que finalmente implementan el diseño curricular».[10] Se requiere tiempo y esfuerzo para diseñar un buen currículo. Hace falta el aporte de los programas de estudio existentes, así como la investigación de las necesidades de la(s) iglesia(s) u otros ministerios. ¿Están los graduados bien preparados para enfrentar los desafíos en sus contextos ministeriales? El diseño curricular debe ser evaluado a partir de los resultados reales y revisado después de la implementación inicial.

9. LeRoy Ford, *A Curriculum Design Manual for Theological Education* (Nashville, TN: Broadman, 1991), 34.

10. Ibíd., 34–36.

Aspectos locales y globales de la educación

Un diseño curricular que prepare bien a los estudiantes para el ministerio de acuerdo con su llamado debe tomar en cuenta el contexto local y global. Los líderes académicos deben estar conscientes de que tanto el contexto del que proceden los estudiantes como el entorno ministerial al que van son relevantes para diseñar un plan de estudios que satisfaga sus necesidades. La contextualización del diseño curricular se trata en el capítulo 4.

El aspecto local. Muchas instituciones y programas de estudio preparan a los estudiantes para el ejercicio ministerial en su propio contexto. Estos servirán en su país de origen, su comunidad local o en ministerios relacionados con su propia gente. Un buen diseño curricular incluirá aspectos y cursos que los preparen para el contexto local. Los líderes académicos deben conocer y entender el contexto cultural de los estudiantes. Por ejemplo, si los estudiantes provienen de un área rural o determinado grupo étnico, el estudio debe prepararlos para ese ambiente en particular. ¿Qué deben aprender los estudiantes en preparación para el ministerio en su contexto? Al mismo tiempo, tienen que aprender a reflexionar sobre sus propios antecedentes culturales, de modo que sepan adaptar lo que han aprendido a su propio contexto.

Mi experiencia personal en nuestro seminario en Bangkok me hizo consciente de este importante aspecto de la capacitación. En el programa de pregrado teníamos muchos estudiantes de minorías étnicas provenientes de las zonas rurales. Durante uno de los recesos académicos, acompañé a un equipo de estudiantes a ministrar en sus comunidades tribales. Los estudiantes estaban entusiasmados y listos para aplicar lo que habían aprendido en el seminario. Resulta ser que había que enseñarles a ser culturalmente sensibles en su interacción con las personas mayores. Mientras los estudiantes vivían en la ciudad, adoptaron otras costumbres de trato social que eran distintas de las de sus tribus de origen. A pesar de que habían crecido en ese contexto, la vida en la ciudad los había cambiado. Este incidente fue una lección para mí como líder académico: nuestro diseño curricular y el proceso de enseñanza y aprendizaje deben preparar a los estudiantes para la adaptación a diferentes ambientes.

Un buen diseño curricular toma en cuenta la preparación secular que los estudiantes obtuvieron antes de que se matricularan en el seminario. ¿Están preparados para estudiar? ¿Cuentan con las destrezas para escribir en su propio idioma? ¿Se les ha enseñado a usar el pensamiento crítico? ¿Habrá que enseñarles a aplicar lo que aprenden a una sociedad cambiante o a las necesidades de las personas?

Los estudiantes deben estar preparados para el ambiente multicultural y el pluralismo religioso de la sociedad moderna. ¿Acaso nuestro currículo los capacita para que tengan una mente abierta? ¿Entenderán otros patrones culturales de vida? ¿Sabrán relacionarse y ministrarles a personas de diferentes trasfondos religiosos? Las prácticas ministeriales incorporadas dentro del currículo o programa de estudio mejoran la sensibilidad y las habilidades. Por ejemplo, un seminario alemán requiere que los estudiantes en el Programa de Estudios Interculturales pasen unos meses en Canadá para que adquieran experiencia en un ambiente multicultural. El seminario organiza el currículo y la supervisión de la práctica porque es parte de los requisitos.

El contexto global. La globalización abre nuevas oportunidades para que los graduados interactúen con cristianos de todo el mundo. Como líderes o pastores cristianos podrían ser invitados a reuniones internacionales. ¿Están los graduados seguros de que su educación los ha preparado para la comunidad global? Los estudiantes tienen que ser expuestos a problemas globales y aprender acerca del cristianismo global. ¿Cómo podría incorporarse el aspecto global en el diseño curricular e incluso el aula?

Otro aspecto debe ser considerado en un mundo globalizado. Es posible que nuestros graduados cursen estudios adicionales fuera de su propio contexto. ¿Los ha preparado nuestro currículo para que continúen su educación en un ambiente cultural y educativo diferente? Nuestro currículo debe enseñarles a investigar, desarrollar sus destrezas para la escritura, sintetizar y evaluar textos, de modo que estén bien preparados para estudiar en un contexto diferente.

Influencias sobre el diseño curricular

Los líderes académicos enfrentan un gran desafío a la hora de diseñar o revisar el currículo porque no ocurre en el vacío. Un sinnúmero de aspectos influye en el resultado. Los diseñadores del currículo deben ser conscientes de que la tarea es guiada, no tan solamente por principios educativos objetivos, sino por otros factores, tales como la filosofía educativa de la institución, la opinión acerca del alcance del currículo, los resultados académicos o pragmáticos del programa, las metáforas adoptadas o las necesidades de la nueva generación de estudiantes. A continuación resaltamos algunos de estos aspectos.

Metáforas que describen la educación

Las metáforas pueden ser útiles para resaltar un aspecto particular de las aspiraciones del currículo o de la manera en que entendemos nuestra tarea como educadores. En conjunto pintan un cuadro integral de la educación que puede guiar el desarrollo del diseño curricular y la implementación del plan curricular.

La metáfora de la producción. Esta metáfora considera al estudiante como la materia prima que el proceso educativo transformará en un «producto útil» o un hábil experto. El resultado de la producción es planificado cuidadosamente a través del currículo y los objetivos de la enseñanza y el aprendizaje. Esta metáfora sugiere que el resultado del proceso educativo puede ser planificado tal como el resultado de la línea de producción de una fábrica. El papel del educador es guiar a los estudiantes hacia el cumplimiento de los estándares de excelencia. El propósito de la educación es la producción de graduados que cumplan con las expectativas o los objetivos esperados. La metáfora de la producción es ciertamente válida con respecto a la creación de un currículo para programas de estudio que estén enfocados en el «graduado ideal». Sin embargo, debe usarse con precaución. El resultado final de la educación no se puede planear como si fuera una línea de producción. La educación trata con gente que tiene su dignidad y personalidad, lo que significa que el resultado de los objetivos de aprendizaje no siempre será predecible.

La metáfora del crecimiento. Esta metáfora del diseño curricular sugiere que el estudiante crecerá y se desarrollará a su máximo potencial cuando estudia en el programa diseñado por el líder académico. Un jardinero sabio velará por el crecimiento y la prosperidad de la planta. El papel del educador es nutrirla y cuidarla. La metáfora del crecimiento transmite un aspecto importante para el diseño curricular. Hay que asistir a los estudiantes teológicos para que crezcan en conocimiento, vida personal y destrezas ministeriales. Ellos traen consigo un cúmulo de experiencias cristianas y seculares. Sin embargo, esta metáfora al parecer sugiere que, si creamos el ambiente adecuado, automáticamente habrá crecimiento. Pero pudiera engañarnos porque el estudiante también juega un papel en su crecimiento y desarrollo.

La metáfora del viaje. Esta metáfora respalda la visión de que el diseño curricular es como un mapa que un guía ha trazado para el estudiante. La tarea para el docente es hacer que el viaje sea lo más aprovechable e inolvidable posible. El viaje es el propósito y se está haciendo todo lo posible para que el estudiante lo disfrute. El papel del docente es semejante al de un guía turístico. Es cierto que la educación conduce hacia el descubrimiento de nuevas áreas en el mundo académico y habilidades prácticas. Pero el docente es ciertamente más que un guía turístico.

El líder académico y las personas involucradas en el diseño curricular deben reflexionar sobre sus perspectivas y los principios rectores de la educación. ¿Cuál metáfora describe la filosofía educativa de la institución? ¿Cuál es el efecto de las metáforas sobre la implementación del currículo? ¿Cómo entienden los docentes su papel de educadores? La combinación de diferentes aspectos de las metáforas conducirá hacia un diseño curricular que preparará bien a los estudiantes para la vida y el ministerio.

Desafíos educativos

La educación teológica enfrenta muchos desafíos en un mundo globalizado. La diversidad de programas y oportunidades de estudio ha traído una nueva dimensión al diseño curricular. Los estudiantes se sienten atraídos por ciertos programas de estudio o el contenido ofrecido por las instituciones.

El diseño curricular orientado al mercado. La educación se ha convertido en un producto mercadeable. Las instituciones compiten entre sí para atraer a los estudiantes. Estas crean programas impulsados por el mercado. Los estudiantes son vistos como clientes cuyas preferencias determinan el currículo de la institución. Por supuesto, el aumento en la cantidad de instituciones y programas educativos plantea el desafío de atraer estudiantes. Los líderes académicos deben tomar en cuenta las necesidades de las iglesias y la sociedad y diseñar un currículo acorde. La opinión que los miembros de la denominación y otros grupos interesados tengan del programa de capacitación suele afectar el apoyo financiero a la educación teológica. Sin duda, existe la necesidad de un diseño curricular que atraiga a los estudiantes que deseen desarrollar el llamado y las capacidades que han recibido de Dios. Los diseñadores deben preguntarse si sus programas de estudio están siguiendo los dictámenes del mercado o los principios bíblicos. La tarea de unir las necesidades de la iglesia y la sociedad con el llamado de la institución es un desafío.

La praxis u orientación funcional del currículo. Durante la revisión de nuestro currículo en el seminario de Bangkok nos enfrentamos con la difícil tarea de decidir cuáles cursos debían ser incluidos y cuáles eliminados. El desafío era atender las demandas por cursos prácticos en nuestros programas de estudio, tales como el desarrollo del liderazgo y administración. Quedó claro que cumplir con todas las demandas excedería el total de las horas de crédito del currículo. Este problema es común entre los diseñadores curriculares.

Este problema fue discutido durante los seminarios de IPAL sobre diseño curricular. Como resultado, comprendimos que muchas veces lo resolvemos reduciendo los cursos bíblicos y teológicos y agregando los cursos prácticos a los programas de estudio. En lugar de enseñar cursos detallados del Antiguo y Nuevo Testamento, la institución ofrece un panorama de ambos. De igual manera sucede con los estudios teológicos. A menudo, los cursos son combinados y el contenido se reduce, liberando así horas de crédito. También se debate el estudio de las lenguas bíblicas. ¿Se requiere que los estudiantes estudien griego o hebreo? ¿Cuántas horas de crédito deben dárseles a los idiomas?

Los diseñadores curriculares deben analizar detenidamente las razones y las consecuencias de reemplazar parte del contenido de las materias bíblicas y teológicas con cursos prácticos. ¿Tendrán los graduados los fundamentos necesarios para el ministerio? Por supuesto, existen diferencias de diseño en cuanto a qué incluye un programa de estudio y el énfasis dado a las áreas académicas y prácticas. La principal preocupación es definir qué es fundamental en los estudios teológicos. *La orientación de grado en la educación.* Se entiende que los estudiantes quieran obtener un título reconocido y aceptado. Como institución, debemos asegurarnos de que el título sea un reconocimiento del logro. Asimismo, nuestro currículo debe fomentar el aprendizaje permanente. La graduación no es el final, sino el comienzo del proceso de aprendizaje. Nuestro diseño curricular y el plan para implementarlo deben inspirar a los estudiantes a que continúen su educación después de la graduación o culminación de un programa de educación a distancia. Los diseñadores deben trabajar con la facultad en el currículo y, en particular, en el proceso de enseñanza y aprendizaje.

Los diseñadores del currículo

El diseño curricular refleja los antecedentes y las convicciones de las personas involucradas. La perspectiva del comité curricular suele reflejarse en el diseño de los programas de estudio y el contenido enfatizado. Los líderes académicos necesitan que un grupo diverso y equilibrado esté a cargo del diseño o la revisión del currículo porque estos educadores traerán consigo sus propias experiencias educativas y preferencias académicas. Los diseñadores deben hacer preguntas que inviten a la reflexión. ¿Incluye el diseño curricular el desarrollo de los estudiantes en el área académica y práctica, así como también en el área espiritual? ¿Se han elegido algunos de los cursos según la preferencia del profesor experto en esa área?? Los diseñadores curriculares deben ser conscientes de que «el currículo será moldeado por las fortalezas y debilidades de sus diseñadores».[11]

Las expectativas de los estudiantes

El seminario existe para la iglesia. El currículo prepara a los estudiantes para el ministerio. Los estudiantes llegan al seminario esperando que sus estudios satisfagan sus necesidades. Por lo tanto, «vienen con expectativas altas de lo que las instituciones deben hacer por ellos, pero cuando las cosas no se ajustan a sus expectativas o necesidades explícitas, lo toman como un fracaso institucional».[12]

Los líderes académicos deben ser conscientes de que los estudiantes evalúan el currículo en función de sus necesidades personales. Se trata de una tendencia cultural que refleja el individualismo de la sociedad. Ello afecta la edificación de una comunidad de aprendizaje. El capítulo 9 trata el desarrollo de una comunidad de aprendizaje.

Hay otro aspecto que es pertinente al diseño curricular. Los estudiantes llegan al seminario con una mentalidad y concepto ministeriales que deben ser tomados en cuenta en el proceso de enseñanza y aprendizaje. «La mayoría de los estudiantes que se matriculan en el seminario sobrevaloran la experiencia personal, lo que significa que sus historias personales, ya sea que las pensemos como autobiografía o peregrinación de fe, contribuyen de

11. Lal A. N. Senanayake, "Developing a Culturally Relevant Curriculum for Theological Education in Asia," en *Educating for Tomorrow: Theological Leadership for the Asian Context*, ed. Manfred W. Kohl y A. N. L. Senanayake (Bangalore/ Indianápolis, IN: SAIACS, 2002), 75.

12. Jerry L. Sumney, "Do Not Be Conformed to This Age: Biblical Understanding of Ministerial Leadership," en *Practical Wisdom: On Theological Teaching and Learning*, ed. Malcolm L. Warford (Nueva York: Peter Lang, 2004), 128.

manera extraordinariamente poderosa a su comprensión de la fe cristiana y el ministerio».[13]

Los líderes académicos deben diseñar un currículo que edifique sobre los trasfondos de los estudiantes, como dice Jerry Sumney: «Debemos ayudarlos a que reflexionen más sobre sus experiencias. De alguna manera, debemos ayudarlos a usarlas como una entrada a la amplitud y riqueza de la tradición cristiana, en lugar de que sean la única base para su fe y ministerio».[14]

En el campo de la educación debemos tener presente que estamos enseñando a personas. Traen consigo sus vocaciones, expectativas y capacidad de aprendizaje. Han sido criados en cierto contexto y sus experiencias individuales han moldeado sus vidas. No debemos enfocarnos en la transmisión de contenido sino en el desarrollo de los estudiantes, como señala Robert Banks: «Estamos en el negocio de enseñar a personas, no solamente enseñar cursos, y de transformar su comprensión, no solamente transmitirles un conocimiento, de tal manera que mejoren personal y vocacionalmente».[15]

Las expectativas de los estudiantes sin duda desafían a los líderes académicos a crear un currículo que los prepare como ministros eficaces. Al mismo tiempo, un diseño curricular no debe girar solamente en torno a las necesidades y expectativas de los estudiantes. La preparación para el ministerio debe desafiarlos a que se conviertan en expertos en comprender la Palabra de Dios y en relacionarla con la comunidad y el mundo. Necesitan crecer más allá de sus ambiciones personales y convertirse en maestros que guíen a cristianos hacia la madurez en la fe.

Parámetros bíblico-teológicos del diseño curricular

Los líderes académicos deben tener una visión clara de lo que debe lograr el diseño curricular en la educación teológica. Esto incluye un énfasis del programa de estudio en el fomento del desarrollo profesional o académico, una comprensión del ministerio eclesial o misionero y la importancia de la

13. Ibíd.

14. Ibíd., 129.

15. Robert J. Banks, *Reenvisioning Theological Education: Exploring a Missional Alternative to Current Models* [(Grand Rapids, MI: Eerdmans, 1999), 223.

formación espiritual y personal de los estudiantes. Esto quiere decir que quien diseñe el currículo debe escoger cuidadosa y deliberadamente lo que incluirá en el currículo. De igual forma, debe ser consciente de las limitaciones del programa de estudio. Los diseñadores curriculares deben tener en cuenta lo siguiente: «No existe una interpretación única de qué debe cubrir un currículo bíblico, cristocéntrico y ético para la educación teológica».[16] Carnegie Calian resume el resultado general del programa de estudio de la educación teológica:

> ¿Cuál es el objetivo principal del seminario teológico? La educación seminarista está dedicada a la interpretación e integración de la fe bíblica en la experiencia humana. La tarea explícita del seminario teológico es educar y desarrollar un liderazgo instruido entre el pueblo de Dios, el Cuerpo de Cristo. La eficacia de sus esfuerzos se mide en la manera en que los graduados sostienen y satisfacen a una congregación de creyentes y personas interesadas, en su búsqueda de la verdad y plenitud, quienes a veces se sienten abrumados por la presencia de violencia, sospecha, injusticia y falta de dirección.[17]

El diseño curricular de los programas de educación teológica es un privilegio y una responsabilidad. Por un lado, es un privilegio el crear un currículo que prepare a los estudiantes para el llamado de Dios y el ministerio en la iglesia, el pueblo de Dios y la sociedad. Las vidas de los graduados reflejan el espíritu de la institución, el énfasis en la fe, la praxis y lo académico, así como la capacidad de funcionar en su contexto ministerial. Por otro lado, los diseñadores del currículo deben ser conscientes de que la eficacia de un currículo y programa de capacitación serán medidas por las vidas de los estudiantes. La responsabilidad de cumplir con los estándares de los principios educativos y la acreditación en el diseño curricular y la enseñanza y el aprendizaje puede pesar mucho en los líderes académicos. Deben recordar que Dios les ha asignado la tarea del liderazgo. Tras haber hecho todo lo posible por diseñar el mejor currículo, deben confiar en que Dios cumplirá su propósito en las vidas de los estudiantes. En 1 Corintios 3:5–9, Pablo describe sus esfuerzos ministeriales. Sabe que Dios

16. Carnegie S. Calian, *The Ideal Seminary: Pursuing Excellence in Theological Education* (Louisville, KY: Westminster John Knox, 2002), 20–21.

17. Ibíd., 46.

le ha asignado una tarea. Ha sido diligente en hacer todo lo que pudo. También sabe que Dios da el crecimiento. Dios está obrando y él es parte de su obra. El ejemplo de Pablo debería alentar a los diseñadores curriculares a confiar en que Dios está obrando en las vidas de los estudiantes.

Seguidamente consideraremos algunos aspectos de las perspectivas bíblicas que deberían guiar el diseño curricular en la educación teológica. Los siguientes capítulos de este libro resaltan otros temas que son importantes para la capacitación ministerial. De hecho, juntos forman una base para la capacitación y el desarrollo efectivos de los estudiantes.

Perspectivas bíblicas que guían el diseño curricular

La educación teológica tiene como objetivo general la gloria de Dios. Por lo tanto, el diseño curricular teológico debe ser visto desde la perspectiva de Dios y su propósito educativo de preparación para el ministerio. Por supuesto, la preparación debe incluir la adquisición de destrezas, conocimientos de liderazgo, administración y muchas otras áreas para que los estudiantes puedan responder a las necesidades del ministerio, como señala Lois McKinney Douglas, quien fuera profesora de Misión en la Universidad Internacional de la Trinidad: «Un evangelio tradicional que ofrece solamente la salvación espiritual y una relación vertical con Dios carece de credibilidad en situaciones de opresión, pobreza y sufrimiento físico. El enfocarse solamente en las necesidades sociales deja a la gente sin la esperanza de la comunión eterna con Dios, la cual compensa con creces hasta el mayor sufrimiento en esta vida».[18]

La educación teológica tiene como objetivo la formación del pueblo de Dios, enseñándole la verdad bíblica y la sabiduría de Dios. El propósito es doble. En primer lugar, la renovación personal, la madurez en la fe y la obediencia a la Palabra de Dios conducen a una mente transformada y renovada que comprende y vive a la altura de la voluntad de Dios (Ro 12:2). En segundo lugar, la formación lleva a la preparación para una participación significativa en lo que Dios desea lograr en la iglesia y el mundo. En resumen,

18. Lois McKinney Douglas, "Globalizing Theology and Theological Education," en *Globalizing Theology: Belief and Practice in an Era of World Christianity*, ed. Craig Ott and Harold A. Netland, 2a tirada (Grand Rapids, MI: Baker Academic, 2007), 283.

la educación teológica tiene como objetivo equipar «al pueblo de Dios para la obra de servicio» (Ef 4:12).

Educar en el conocimiento

Jesús instruyó a sus discípulos que incorporaran a todo aquel que creyera en él a la comunidad cristiana mediante el bautismo (Mt 28:19). A todo creyente se le debe enseñar a obedecer todos los mandamientos de Jesús (Mt 28:20). La vida cristiana desde el principio ha incluido la educación para comprender la voluntad y los caminos de Dios. Hoy en día, la educación teológica casi siempre va dirigida a los que están preparándose para el ministerio, los líderes y profesionales de la iglesia, y se ha abierto a todos los cristianos (véase el estudio de caso en el capítulo 12: «Un cambio hacia el paradigma del pueblo de Dios»). ¿Necesitan el mismo grado de conocimiento en estudios bíblicos, teología o pastoral? ¿Debería el seminario crear programas de estudio para diferentes niveles? Los diseñadores curriculares tienen ante sí el gran desafío de satisfacer diferentes expectativas y necesidades.

Cualquiera que sea el grupo escogido, la instrucción de Jesús de obedecerle en todo es igual de válida. La educación teológica nunca se ha tratado de la acumulación de conocimiento para convertirse en un experto. El diseño curricular no debe respaldar la suposición generalizada de que el estudio teológico no está relacionado con la vida real. Por el contrario, la teología debe ser enseñada como el fundamento de la vida y el ministerio. ¿Cuánto conocimiento académico es necesario para el ministerio? ¿Qué debe saber el estudiante sobre la Biblia y la teología? ¿De qué manera integraremos la aplicación en la enseñanza y el aprendizaje?

El diseño curricular debe educar a los estudiantes para que maduren en la fe y conozcan la enseñanza de las Escrituras, de modo que se conviertan en maestros de la Palabra. Como diseñadores del currículo, deberíamos estudiar Hebreos 5:11–6:3 y preguntarnos si nuestro currículo ha sentado las bases «para los que tienen la capacidad de distinguir entre lo bueno y lo malo» (5:14). Pablo dice que el conocimiento contribuye a la madurez, de tal manera que los cristianos no sean engañados por falsas doctrinas, sino que estén firmes en el amor (Ef 4:13–15). Lois McKinney Douglas escribe: «Cuando *misio Dei* se convierta en el principio organizador de nuestro currículo, unirá la adoración con la reflexión».[19]

Educar en sabiduría

¿En qué debería enfocarse la educación teológica? Sin duda debe conducir a profundizar el conocimiento de Dios (la Trinidad). Su fundamento es el conocimiento y la comprensión de las Escrituras, que es la revelación de la voluntad de Dios. El crecimiento en el conocimiento de Dios «se refiere a la intimidad personal con él a través de la obediencia a su palabra; la noción de una respuesta cognitiva a su revelación e intimidad existencial y la obediencia son inseparables».[20]

Lo más valioso del aprendizaje es ser educado en sabiduría, que es un regalo de Dios. Según Bruce Waltke, la sabiduría de Proverbios generalmente significa una comprensión magistral, destreza y experiencia. «El poseer sabiduría permite que los seres humanos enfrenten la vida y logren lo que de otro modo sería imposible».[21]

En Proverbios 2:1–6 vemos cómo la sabiduría puede convertirse en parte de la vida de un estudiante. Este pasaje hace hincapié en su actitud y receptividad. La adquisición de la sabiduría requiere tanto la participación como la aplicación de lo escuchado y aprendido. Como líderes académicos, debemos preguntarnos si nuestro diseño curricular contribuye a la adquisición de la sabiduría.

Educar en santidad de vida

Dios cumple su propósito a través de mujeres y hombres. Pablo dio gracias a Dios por el honor de servirle: «Doy gracias al que me fortalece, Cristo Jesús nuestro Señor, pues me consideró digno de confianza al ponerme a su servicio» (1Ti 1:12). El llamado o el nombramiento al ministerio es el punto de partida para la educación teológica. Los estudiantes no deciden porque sí matricularse en un programa que los preparara para ese gran desafío, porque

19. Ibíd., 275.

20. Bruce K. Waltke, *The Book of Proverbs*, New International Commentary on the Old Testament (Grand Rapids, MI: Eerdmans, 2004–2005), 223.

21. Ibíd., 77–78.

tiene que ver con su dedicación a Jesucristo, y con servir a la iglesia y a gente con necesidades específicas. La educación teológica confirma su vocación y ofrece un fundamento sólido. Hace un tiempo atrás me invitaron a hablarles a los graduados de un seminario. Algunos llevaban varios años en el ministerio. Estos querían algunas pautas sobre cómo asegurarse de que su llamado aún fuera válido. Después de haber sido confrontados con la realidad ministerial y sus propias limitaciones, necesitaban confirmación del fundamento de sus llamados.

El llamado al ministerio tiene muchas implicaciones. Destacaré solamente un área: quienes deseen servir a Dios deben llevar vidas ejemplares. Por lo tanto, el diseño curricular en la educación teológica debe desafiar a los estudiantes a que anden en santidad de vida. ¿Por qué es tan importante? Robert Clinton concluye lo siguiente: «El ministerio efectivo fluye del ser y Dios se preocupa por nuestro ser. Está formándolo».[22]

El educar en santidad significa la formación de una vida que agrada a Dios para que los estudiantes «vivan de una manera digna del llamamiento que han recibido» (Ef 4:1). Robert Clinton está pensando en el desarrollo de líderes cuando dice que, «Nuestro mayor desafío como líderes es desarrollar un carácter piadoso».[23]

La santidad es la transformación que ocurre cuando el Espíritu Santo está trabajando en la vida del estudiante. Produce una nueva y distinta calidad de vida. James Packer ofrece una descripción completa de la santidad: «La santidad es el fruto del Espíritu, evidenciado cuando el cristiano anda en el Espíritu (Gá 5:16, 22, 25). La santidad es la consagración a Dios. La santidad es obedecer a Dios, vivir para Dios, imitar a Dios, guardar su ley, tomar partido contrael pecado, hacer justicia y buenas obras, seguir las enseñanzas y el ejemplo de Cristo, adorar a Dios en el Espíritu, amar y servir a Dios y a los seres humanos en reverencia a Cristo».[24]

En la educación teológica debemos crear un currículo que desarrolle las capacidades espirituales y profesionales de nuestros estudiantes. James Packer observó una tendencia que deberíamos contrarrestar: «Casi siempre

22. J. R. Clinton, *The Making of a Leader* (Colorado Springs, CO: NavPress, 1988), 13.
23. Ibíd., 57.
24. J. I. Packer, *Keep in Step with the Spirit* (Downers Grove, IL: InterVarsity Press, 1984), 96.

calificamos las habilidades por encima de la santidad, el dinamismo sobre la devoción como si no supiéramos que, en el ministerio, el poder no proviene de lo que hacemos, sino de lo que somos tras bastidores».[25]

El desarrollo de la santidad de vida ciertamente desafía al diseñador curricular porque es la parte más difícil de lograr en la educación teológica. Sin embargo, es esencial porque (1) los graduados expresan con sus vidas que Dios transforma el carácter, enseñándoles a ser humildes, sensibles y estar sintonizados espiritualmente con Dios. (2) Los graduados necesitan aprender a vencer la tentación del poder y del abuso de la autoridad y el dinero, a cuidarse de no caer en pecado en el ministerio. (3) Los graduados deben ser ejemplos de contentamiento, demostrando con sus estilos de vida que sirven a Dios (Fil 4:11–13). El entregarse de lleno a servir a Dios debe desarrollarse como parte del estudio de los cursos bíblicos, teológicos o prácticos.

Educar en competencia

Cuando Pablo medita en su competencia ministerial, concluye lo siguiente: «No es que nos consideremos competentes en nosotros mismos. Nuestra capacidad viene de Dios. Él nos ha capacitado para ser servidores de un nuevo pacto, no el de la letra, sino el del Espíritu; porque la letra mata, pero el Espíritu da vida» (2Co 3:5–6). Pablo contaba con la educación para adiestrar a otros. Pero sabía que Dios tenía que calificarlo en cuanto al ministerio de la Palabra y su servicio. Dios lo dotó con habilidades ministeriales que iban más allá del adiestramiento formal. Él dio testimonio de que Cristo lo había utilizado para guiar a los gentiles hacia la obediencia a Dios (Ro 15:18).

¿Qué nos dice sobre la educación teológica y el diseño curricular? Los estudiantes tienen que ser educados en todas las áreas que edifiquen su competencia ministerial. Es menester que comprendan la cosmovisión actual, las preferencias culturales y la mentalidad religiosa de la gente. Los estudiantes deben estar preparados para ministrar en un mundo cambiado, como dice Samuel Escobar: «El ministerio dentro del contexto de una cultura posmoderna tendrá que prestar atención a los nuevos elementos del contenido y estilo. Todo el proceso de comunicación, incluyendo la predicación y la enseñanza en la iglesia, deberá abordar no solamente la capacidad de razonamiento de la gente,

25. Ibíd., 98.

sino también su imaginación, sus sentimientos, su habilidad de entender los símbolos y su necesidad de pertenecer».[26]

Además de desarrollar la competencia para ministrar en un mundo moderno, los estudiantes deben saber que Dios les ha dado otras habilidades, que van más allá de la capacitación teológica formal, para que su ministerio sea eficaz. Es menester que contribuyamos a que el pueblo de Dios se transforme en una comunidad cristiana que refleje la gloria de Dios. Es menester que alcancemos al mundo y guiemos a la gente hacia Dios para que sus vidas sean transformadas.

Educar a través de modelos

La educación teológica necesita modelos, personas ejemplares, porque los estudiantes no solamente aprenden de los libros, sino también de sus profesores. La manera en que los docentes entienden su rol en la implementación del currículo y su manera de enseñar son importantes. La enseñanza de contenido y la exploración del conocimiento junto con los estudiantes es fundamental en la educación. Pablo así lo confirma cuando le escribe a Timoteo: «Pero tú permanece firme en lo que has aprendido y de lo cual estás convencido, pues sabes de quiénes lo aprendiste» (2Ti 3:14). Aquí hay tres puntos importantes: (1) Timoteo aprendió el contenido. Le enseñaron las Escrituras (2Ti 3:15). (2) Timoteo formó sus propias convicciones. Aplicó lo que había aprendido. (3) Timoteo confió en sus maestros. Tuvo una relación personal con ellos.

Timoteo aprendió de la vida de Pablo: «Tú, en cambio, has seguido paso a paso mis enseñanzas, mi manera de vivir, mi propósito, mi fe, mi paciencia, mi amor, mi constancia» (2Ti 3:10). También aprendió de la persecución y el sufrimiento que Pablo vivió en el ministerio (2Ti 3:11). Pablo se veía como un modelo para otros: «Pongan en práctica lo que de mí han aprendido, recibido y oído, y lo que han visto en mí, y el Dios de paz estará con ustedes» (Fil 4:9).

La implementación del diseño curricular a través de docentes que sirven de modelos afectará grandemente la formación de los estudiantes. Su experiencia personal en el ministerio pastoral, la siembra de iglesias, la consejería,

26. Samuel Escobar, "What Is the Ministry toward Which We Teach?," en *Practical Wisdom: On Theological Teaching and Learning*, ed. Malcolm L. Warford (Nueva York: Peter Lang, 2004), 149.

la resolución de conflictos, administración y otras áreas definitivamente complementará el contenido del estudio. Robert Banks observa lo siguiente: «La formación personal no ocurre principalmente a través de programas específicos, ni siquiera por medio de la asistencia a la capilla; en su mayor parte, es el resultado leudante del ejemplo personal de docentes y otras figuras clave (incluidos los administradores y líderes estudiantiles) junto con la cultura y la misión del seminario y una amplia gama de grupos y actividades curriculares».[27]

La educación teológica como formación

Cuando la educación teológica es vista como un proceso de formación, todas las actividades curriculares contribuyen al desarrollo del estudiante. Desde esta perspectiva, la educación es una preparación integral para el ministerio. La formación no significa que los estudiantes serán educados para que se ajusten a una forma de vida y un patrón ministerial estáticos. Antes bien, su formación debe entenderse como algo dinámico, el progreso de su desarrollo hacia el cumplimiento del llamado de Dios en sus vidas. La formación subraya la obra de la gracia de Dios en la vida del estudiante. Pablo testifica así: «Pero por la gracia de Dios soy lo que soy, y la gracia que él me concedió no fue infructuosa» (1Co 15:10). Un buen diseño curricular debe sostener el logro de la gracia de Dios en las vidas de los estudiantes.

Los líderes académicos deben estar conscientes de la brevedad de la estadía de sus estudiantes. ¿Cómo puede contribuir el diseño curricular a la formación de los estudiantes para que apliquen lo aprendido? Carnegie Calian hace una buena observación: «El objetivo del currículo es graduar líderes educados y comprometidos que apliquen los conocimientos y las habilidades adquiridos en sus vecindarios o donde sea necesario. Sin embargo, no debemos suponer que esa transición del aula a la parroquia está ocurriendo».[28]

Un diseño curricular que sigue el modelo de formación toma en cuenta los cambios que han tenido lugar en la educación teológica. El modelo educativo clásico daba prioridad al currículo básico (o troncal), a fin de proveer un marco de referencia para los estudios académicos y vocacionales. El aula funcionaba

27. Banks, *Reenvisioning*, 201.
28. Calian, *Ideal Seminary*, 47.

como el centro de aprendizaje. La experiencia personal era secundaria. Era común que la enseñanza y el aprendizaje en el aula estuvieran desvinculados de la experiencia de los estudiantes y la realidad del contexto ministerial. El modelo de formación cierra la brecha porque se enfoca en el aprendizaje transformativo y en la interrelación de las diferentes áreas de estudio. Por eso, debe ser tomado en cuenta este modelo al diseñar programas de estudio.

Gráfica 1. Modelo de formación

El modelo de formación vincula las diferentes áreas de estudio, como se muestra en la Gráfica 1. Bruce Powers sugiere que no hay que escoger entre el modelo clásico y el modelo de formación porque ambos incluyen «los mismos elementos, pero difieren en énfasis». Este añade que deberíamos «entender las fortalezas y limitaciones de cada uno, luego combinar y equilibrar el contenido y las experiencias de ambas dentro de un currículo unificado». Y explica que el modelo de formación «... parte de suposiciones sobre los valores primarios y las experiencias educativas que inculcarán y construirán el conocimiento, las habilidades y las convicciones relacionados. La facultad, entonces, escoge y diseña cursos básicos en función de lo que contribuirán a la combinación del contenido bíblico, histórico y teológico con el espíritu del seminario y el llamado personal y la peregrinación espiritual de los estudiantes, hasta formar un marco teológico de referencia».[29]

El efecto del modelo de formación puede verse en (1) la actitud de los estudiantes hacia el proceso de enseñanza y aprendizaje. Estos se beneficiarán de establecer sus propios objetivos para sus estudios. (2) el deseo de continuar desarrollándose (lo cual también incluye el aprendizaje permanente). Los estudiantes aprenden a administrar sus propias vidas y a desarrollarse en áreas que mejoran su efectividad ministerial más allá de lo que aprendieron en el seminario. (3) el crecimiento en su madurez espiritual y ministerial. Reconocen que lo aprendido en el seminario sentó las bases, pero que no han culminado su desarrollo. Tanto la madurez personal como el crecimiento en el ministerio eficaz ocurren con el paso del tiempo, a través de experiencias que fomentan su desarrollo como líderes pastorales y muchas otras instancias en el camino. Robert Clinton lo resume así: «El ministerio maduro fluye de un carácter maduro, formado en el seminario posgrado de la vida».[30]

Conclusión

A. N. Lal Senanayake, quien por muchos años ha sido un líder académico en la educación teológica en Sri Lanka, resume los desafíos de diseñar un currículo que sirva al propósito de Dios:

> Al final del día, la medida de un currículo eficiente es si ha producido algo más que teólogos de la «torre de marfil». Su éxito se mide por su producción de verdaderos discípulos de Jesucristo que sirven los propósitos eternos de Dios de un modo pertinente y significativo para el pueblo al que han sido llamados. Se nos dice que el rey David «sirvió a su generación conforme al propósito de Dios» (Hch 13:36). Un currículo verdaderamente eficiente no puede aspirar a menos. Debe servir a su generación conforme al propósito de Dios. Debe forjarse en medio de las tensiones y demandas actuales de muchos contextos que compiten entre sí. Debe buscar el equilibrio entre ser oportuno y pertinente… y a

29. Powers, "Developing a Curriculum," 307–308.
30. Clinton, *Making*, 167.

la vez, ser fiel a los antiguos propósitos de Dios como han sido revelados en la Biblia. Que Dios nos ponga a la altura de la tarea.[31]

Reflexión y puntos de acción

1. Defina el llamado y el espíritu de su institución. ¿Ha cambiado con los años? ¿Se ajustan los cambios al llamado? ¿De qué manera han afectado los cambios el diseño curricular?
2. Describa la filosofía educativa de su institución. ¿Cuál ha sido el impacto de la declaración doctrinal en la filosofía educativa?
3. ¿De qué manera se han implementado los aspectos locales y globales de la educación en su diseño curricular?
4. ¿Qué metáforas describirían la educación en su institución? ¿Cómo se refleja esto en el currículo o los programas de estudio?
5. Converse con la facultad acerca del perfil y las expectativas de los estudiantes. ¿Cuál es el perfil de los estudiantes entrantes? ¿Cómo se entera la institución de sus expectativas? ¿Cómo responden los docentes a las expectativas de los estudiantes?
6. ¿Cuáles son los desafíos que enfrenta su institución en este mundo globalizado? ¿Cómo afecta el currículo?
7. ¿De qué maneras es útil el modelo de formación para la educación teológica en su contexto? ¿Cómo afectaría su currículo o la implementación del plan curricular?

Recursos para seguir estudiando

Banks, Robert J. *Reenvisioning Theological Education: Exploring a Missional Alternative to Current Models.* Grand Rapids, MI: Eerdmans, 1999. El capítulo "Reshaping the Theological Curriculum", 223–240, ofrece perspectivas muy útiles. Disponible en español.

31. Senanayake, "Developing," 77.

Escobar, Samuel. "What Is the Ministry toward Which We Teach?" En *Practical Wisdom: On Theological Teaching and Learning*, editado por Malcolm L. Warford, 143–157. Nueva York: Peter Lang, 2004.

McKinney Douglas, Lois. "Globalizing Theology and Theological Education." En *Globalizing Theology: Belief and Practice in an Era of World Christianity*. 2a tirada. Editado por Craig Ott y Harold A. Netland, 267–287. Grand Rapids, MI: Baker Academic, 2007. Vale la pena meditar en todo el capítulo sobre cómo ampliar la visión de la educación teológica y cuál sería el efecto sobre el currículo.

Smith, Gordon T. "Attending to the Collective Vocation." En *The Scope of Our Art: The Vocation of the Theological Teacher*, editado por L. Gregory Jones y Stephanie Paulsell, 240–261. Grand Rapids, MI/Cambridge: Eerdmans, 2001. Todo el capítulo debería ser lectura obligatoria para líderes académicos y diseñadores de currículo.

Yu, Carver T. "Evangelical Theology for the Future." *Journal of Asian Evangelical Theology* 13, no. 2 (Diciembre 2005): 55–65. Considera la influencia del capitalismo en la teología.

2

El papel de los líderes académicos en el diseño curricular

Paul Sanders

Los líderes académicos, en particular el director académico,[1] (DA) son indispensables en las instituciones de educación superior debido a la importancia de la enseñanza y el aprendizaje.[2] El currículo teológico es fundamental para que la institución cumpla su misión como comunidad educativa. Por lo tanto, esta contribución resalta su función arquitectónica y administradora en relación con el currículo.

Debo aclarar que este capítulo parte de mi experiencia como director ejecutivo y director académico en instituciones teológicas evangélicas en Europa y el Oriente Medio. No presento un análisis exhaustivo de la literatura, ni entraré en discusiones teóricas en torno a los temas. Espero que el peso de mi experiencia a nivel internacional supere cualquier laguna teórica. Hay otras

1. Hemos escogido este término por dos razones: en primer lugar, los títulos de «decano académico» (Norteamérica) o «director de estudios» (común en Europa) son particulares a las instituciones dentro de las tradiciones norteamericanas, británicas o europeas; en segundo lugar, en muchos contextos las funciones del director académico son precisamente llevadas a cabo por la presidencia (llámese presidente, rector, canciller, etc.).

2. Véase Jeanne McLean, *Leading from the Center: The Emerging Role of the Chief Academic Officer in Theological Schools*, Scholars Press Studies in Theological Education (Durham, NC: Duke University Press, 1999), 302.

contribuciones más dadas a la teoría disponibles en el mercado, algunas de las cuales son mencionadas en las notas bibliográficas al final de este capítulo.

Conceptos básicos del diseño curricular

La palabra «currículo» tiene raíces latinas. El verbo *curro* connota la idea de 'correr'. Se aplica, por ejemplo, a una carrera competitiva, así como a la «corriente» de un río. Las imágenes vívidas de un corredor o una corriente nos ayudan a imaginarnos un movimiento de principio (la línea de partida para el corredor, la naciente del río) a fin (la meta y el estuario).[3] De ahí que el uso literal del sustantivo «currículo» connote un progreso desde el inicio hasta su culminación. En la jerga académica, estos puntos casi siempre son designados como *admisión* y *graduación*. La manera más sencilla de resumir el concepto de currículo es respondiendo a las siguientes preguntas:

¿QUIÉN? ¿Quién es admitido al estudio? ¿Quién es reconocido como educando (o aprendiz)?
¿QUÉ? ¿Qué contenido se enseñará y aprenderá durante el programa de estudio?
¿CUÁNDO? ¿En qué momento de su vida académica son admitidos los estudiantes?
¿DÓNDE? ¿Dónde y en qué condiciones se lleva a cabo el estudio?
¿POR QUÉ? ¿Cuál es la razón de ser de la institución (misión) y por qué los estudiantes se matricularán en este programa?
¿CÓMO? ¿Cuáles serán las metodologías/sistemas empleados para mejorar el aprendizaje del contenido?

Desde el punto de vista de una institución teológica evangélica, podemos decir que el seminario es un instrumento en manos de Dios para llevar a cabo sus propósitos. En este sentido es que hablemos del *currículo de Dios*. Él puede utilizar cualquiera de nuestras estructuras y herramientas, hasta los «incidentes» que ocurren durante el proceso formativo, e integrarlos en

3. "Curriculum", *Ultralingua* diccionario en línea, acceso el 21 de julio de 2016, http://www.ultralingua.com/onlinedictionary/dictionary#src_lang=Latin&dest_lang=English&query=curriculum.

sus propósitos. Esto incluye el currículo formal («explícito»), los elementos subconscientes (el currículo «implícito» u «oculto»), así como las decisiones acerca de lo que será intencionalmente excluido (el currículo «nulo»).[4]

Desde la perspectiva de Dios y de nuestros planes, todos esos elementos constituyen el *currículo total.* Aquí postulamos que los líderes académicos, en particular los directores académicos, están llamados a cooperar con los propósitos divinos como arquitectos del plan curricular y gerentes/supervisores de la implementación del currículo.

Características de un currículo teológico de calidad

Los siguientes principios,[5] desarrollados bajo el auspicio del director académico (DA) e impulsados desde el centro de la institución, pueden ayudar a desarrollar un currículo teológico de calidad y darle al DA una perspectiva práctica de la «carrera curricular». No pretendo lidiar a fondo con la filosofía ni el proceso del desarrollo curricular, sino plantear algunos parámetros básicos para las acciones de la dirección académica.[6]

1. El DA diseña un currículo teológico de calidad... fundado sobre mandatos bíblicos y teológicos claros.

Aunque parezca obvio, en la práctica, nuestro currículo teológico tiende a depender de fuentes históricas, las tradiciones y las normas académicas del entorno, en lugar de una «teología de la educación teológica» explícita. El DA comienza con los fundamentos teológicos tratando de responder lo siguiente: ¿Cuál es el punto de partida para examinar nuestro currículo? Este principio me ha ayudado mucho como líder educativo para comenzar desde el punto apropiado: formular lo que las Escrituras dicen e implican sobre nuestra tarea.

Jules-Marcel Nicole, antiguo profesor y director del Instituto Bíblico Nogent en las cercanías de París, solía decir del grupo religioso conocido como

4. Véase la beneficiosa discusión de Perry Shaw, *Transformando la educación teológica: Una guía práctica para el aprendizaje integrado* (Carlisle: Langham Global Library, 2014), 79–91.

5. Véase McLean, *Leading.*

6. Recomendamos la obra excelente de Perry Shaw, *Transformando la educación teológica: Una guía práctica para el aprendizaje integrado.*

«Ciencia Cristiana», que no era «ni cristiana ni científica».[7] Tal vez podemos decir algo similar sobre la educación teológica evangélica porque muchas veces no ha sido «ni teológica ni educativa». En otras palabras, es posible que no hayamos elaborado nuestros planes curriculares a partir de premisas teológicas explícitas, ni que nos hayamos informado de las ciencias educativas como para decir que nuestra educación teológica sea de veras teológica y educativa. La buena noticia es que esta situación ha mejorado en los últimos años.[8] No tenemos el espacio para desarrollar este tema, pero permítanme mencionar brevemente algunas de las áreas sobre las cuales el DA puede edificar su «teología de la educación teológica».

El mandato del discipulado (Mt 28:16–20)

Las generaciones recientes de exégetas han destacado que el mandamiento central de la «Gran Comisión» de Jesús es «hacer discípulos». Los tres gerundios (participios de tiempo presente) que acompañan ese imperativo ofrecen los medios: yendo, bautizando y enseñando. Un elemento de este mandato de enseñanza que a menudo pasamos por alto es el de la obediencia. La enseñanza no es un fin en sí mismo; la meta es enseñar *obediencia*. Concluimos que el discipulado que sustenta nuestra tarea de formar líderes debe estar «orientado hacia la obediencia», vinculado directamente con los imperativos contenidos en la enseñanza de Jesús.[9]

Formación de liderazgo (1 Ti 3; 2 Ti 2; Tit 1)

Las características que deben distinguir al liderazgo de la iglesia aparecen principalmente en las Epístolas Pastorales de Pablo. Nótese que los pasajes principales que enumeran las calificaciones para el liderazgo eclesial (1 Ti 3; Tit 1, etc.) enfatizan el carácter del líder y sus capacidades para relacionarse

7. J.-M. Nicole, curso "Religiones y Cultos", enseñado en el Institut Biblique de Nogent-sur-Marne, 1980–1981.

8. Gracias, en especial, a los esfuerzos de capacitación profesional del Programa para Líderes Académicos de ICETE (IPAL, http://www.icete-edu.org/news/july13.htm#2), los Socios Globales para la Educación Transformadora (GATE, http://www.gateglobal.org), el Instituto para la Excelencia en el Desarrollo de Liderazgo Cristiano del Overseas Council (http://overseas.org/our-work/programs/institute-for-excellence), etc. (acceso 21 de julio de 2016).

9. Véase George Patterson, *Church Planting through Obedience-Oriented Teaching* (Pasadena, CA: William Carey Library, 1981), 54.

con otros. Estos pasajes no destacan ni el conocimiento ni las competencias prácticas, aunque son importantes. Timoteo es exhortado a empoderar, encomendar y perseverar en el ministerio de la formación de liderazgo (2Ti 2), que son acciones fundamentales para la educación teológica. Puesto que estos pasajes no tratan exhaustivamente la cuestión del desarrollo del liderazgo, dan una amplia libertad para la creación de currículos que involucren la comprensión (conocimiento), las competencias (destrezas), así como el carácter (espiritualidad, integridad, relaciones, etc.) de acuerdo con los contextos particulares del ministerio. La información bíblica acerca del liderazgo en la iglesia puede discernirse en términos de su intención: ciertos pasajes son meramente descriptivos por naturaleza, mientras que otros son normativos a través del tiempo y el espacio. Otros son «paradigmáticos» en cuanto presentan implícitamente modelos cuya implementación será flexible a través de los siglos y las culturas.

Los dominios anteriores son solamente breves destellos de los elementos de una «teología de la educación teológica». Cada vez hay más publicaciones que ayudarán al director académico en el proceso de establecer los fundamentos teológicos del desarrollo curricular.[10]

La primera pregunta, entonces, que debe hacer el DA al visualizar la construcción (o reconstrucción) del currículo es: «¿Tiene nuestra institución una «teología de la educación teológica» formulada con claridad?". La función del DA es asegurarse de que tal sea el caso, o al menos de establecer un proceso

10. Véase ICETE «Manifiesto sobre la Renovación de la Educación Teológica Evangélica», acceso 21 de julio de 2016, http://icete-edu.org/manifesto/; Brian Edgar, "The Theology of Theological Education" acceso 21 de julio de 2016, http://brian-edgar.com/wp-content/uploads/downloads/2010/05/Theology_of_Theological_Education.pdf; cf. artículos publicados en *Evangelical Review of Theology* 29, no. 3 (2005): 208–217; David H. Kelsey, *Between Athens and Berlin: The Theological Debate* (Grand Rapids, MI: Eerdmans, 1993), 27; Robert J. Banks, *Reenvisioning Theological Education: Exploring a Missional Alternative to Current Models* (Grand Rapids, MI: Eerdmans, 1999); Larry J. McKinney, "A Theology of Theological Education: Pedagogical Implications," acceso 21 de julio de 2016, http://mckinneysolutions.vpweb.com/upload/Website-TheologicalEducation-PedagogicalImplicationsArticle.doc%20%281%29.pdf; Dieumeme Noelliste, "Toward a Theology of Theological Education", World Evangelical Fellowship, 1993, *AETEI Journal* 8, no. 2 (July–Dec 1994): 19–24; T. Gillespie, "What Is 'Theological' about Theological Education?," *Princeton Seminary Bulletin* 14, no. 1 (1993): 55–63.

para dicha formulación teológica, a fin de que sirva de guía para cada decisión práctica en el desarrollo curricular.

2. El DA diseña un currículo teológico de calidad… que armonice con la historia y la herencia de la institución.

Los currículos para el estudio teológico no emergen *ex nihilo*. Su historia surge en la visión de los fundadores, desarrollándose de acuerdo con la visión, la misión y el contexto del seminario con el pasar del tiempo. El DA que esté contemplando la revisión del currículo hará bien en familiarizarse con la historia y la herencia de la institución, así como las actitudes de los principales interesados, para que la reforma esté en continuidad con, y respete, el pasado. El currículo que heredamos tiene incrustadas muchas historias individuales y comunitarias. El conocerlas será una experiencia de aprendizaje clave para el DA.

Dada la resistencia individual y corporativa al cambio (que se agudiza cuando comenzamos a «alterar» las tradiciones curriculares teológicas), el DA que entienda y respete la tradición curricular de su institución estará en una mejor posición para hacer cambios acordes con la historia, así como para anticipar los desafíos. El conocido análisis FODA (Fortalezas, Debilidades, Oportunidades, Amenazas) del currículo existente también estará muy informado por nuestra historia curricular. No tiene que ser una tarea intensa y lenta. Una de las mejores maneras de conocer la historia del currículo es entrevistar a uno de los líderes más respetados que son guardianes de la memoria institucional. Así lo he hecho en mi liderazgo educativo y estoy muy agradecido por ello.

Sin embargo, el desafío del cambio puede ser formidable. Según los informes, el presidente estadounidense Woodrow Wilson, cuando era presidente de la Universidad de Princeton, dijo lo siguiente: «Es más fácil mudar un cementerio que cambiar el currículo de una escuela».[11] De hecho, tanto las partes interesadas como el personal pueden resistirse fuertemente a cualquiera que se «entrometa» con el currículo. Las partes interesadas pueden sospechar que están tratando de alejar al seminario de su preciada

11. J. Bailey, "Technology and Change in Education", http://bbh.usd451.k12.ks.us/staff/faculty/chgtech/change.html.

historia y herencia, mientras que el personal, sobre todo la facultad, pudieran tornarse «territoriales», ya que estas reformas afectarían «sus» clases y todo lo que les costó producirlos. Entonces, al examinar las fuentes históricas del currículo actual, el DA buscará comprender su historia con preguntas como las siguientes:

- ¿Cuáles son los orígenes históricos de nuestro currículo actual?
- ¿En qué medida este currículo viene de «afuera» (importado) o de «adentro» (producto de nuestro contexto)?
- ¿Qué conclusiones deben deducirse de esta información en cuanto a los planes para reformar el currículo?
- ¿Quiénes podrían sentirse amenazados y cuáles relaciones ameritarán más cuidado y atención para facilitar este proceso?
- ¿Quiénes de entre las partes interesadas (incluida la junta directiva y el personal) deben ser convencidas o consultadas?

3. El DA diseña un currículo teológico de calidad... vinculado explícitamente con la visión y misión de la institución.

El tan sonado (pero aún útil) ejercicio de formular declaraciones de misión y visión no siempre es relacionado adecuadamente con los detalles del desarrollo y la implementación del currículo. A menudo estos ejercicios de «misión – visión – valores» van dirigidos a la membresía denominacional, los donantes, la junta o el equipo de liderazgo, y desempeñan un papel importante en ayudarles a entender la razón de ser de la institución. Pero debemos ir más allá en este sentido, vinculando explícitamente las declaraciones de misión, visión y valores con los sílabos para cada curso.[12] Buenas declaraciones de misión, visión y valores deben constantemente ser traídos ante la consideración de los estudiantes, docentes, el personal y las partes interesadas.

Nuestra visión nos informa acerca de:

- el tipo de personas que deseamos capacitar a través de nuestra institución.

12. Véase la discusión de Perry Shaw en *Transformando*, 143ff.

- Las formas en que nuestro currículo debería ayudarnos a lograr esa visión.

Los que estamos involucrados en el liderazgo académico hemos escuchado esta pregunta de nuestro estudiantado: «Entonces, ¿por qué tenemos que estudiar este tema en particular?». Aunque esta pregunta pudiera estar relacionada con una queja sobre alguno de los profesores, también puede ser un «¿y qué?» muy válido. ¿Por qué se enseña este curso en nuestra institución? La declaración de visión puede ser la respuesta adecuada para todos los involucrados. Por lo tanto: *Sin una visión institucional clara, no tendremos un currículo de calidad.*

Nuestra misión:

- Describe el llamado específico que hemos recibido de parte de Dios para realizar nuestra visión.
- Debe reflejar claramente esa vocación explícita y singular.

Como directores académicos, ¿podemos responder la pregunta, «cómo está vinculado este curso o actividad con la realización de nuestra misión institucional»? Es fundamental que tengamos una respuesta clara para cada curso dentro del currículo.

Por lo tanto, debemos hacernos las siguientes preguntas sobre nuestra misión:

- ¿Hay una relación clara entre nuestro currículo y la realización de nuestra misión institucional?
- ¿Podemos demostrar cómo nuestro currículo nos ayudará a lograr nuestra misión?
- ¿Están todos nuestros cursos y actividades claramente vinculados con nuestra misión?

Por supuesto, todo lo que hacemos debe reflejar los valores institucionales, que describen las cosas que nos importan y por qué.. Por lo tanto: *A menos que vinculemos nuestros cursos y actividades con una misión institucional clara y específica, no tendremos un currículo de calidad.*

4. El DA diseña un currículo teológico de calidad… que incluye puntos de entrada y salida claros.

La El director académico debe tomar en cuenta varias cosas importantes relacionadas con la entrada y salida de los estudiantes de la institución:

- Comenzar con el final: requisitos de graduación y «perfiles de posgrado» bien definidos (que describen las características, el conocimiento y las destrezas generales de los graduados) deben orientar al DA y su equipo acerca de los resultados generales del aprendizaje del currículo.
- A partir de los resultados esperados, definir el punto de entrada mínimo que permitirá alcanzar esos resultados antes de la graduación.
- Los estudiantes «tenían una vida» (incluyendo experiencia adquirida, conocimiento y desarrollo del carácter) antes de matricularse en la institución.
- Los estudiantes tendrán la necesidad de continuar su trayectoria de aprendizaje de herramientas y recursos por el resto de sus vidas y ministerios. Más abajo abundaré al respecto.

De modo que, en vista de las consideraciones anteriores, se pueden hacer las siguientes preguntas sobre el currículo:

- ¿Está nuestro currículo fundado sobre perfiles bien definidos para los graduados (resultados generales)?
- ¿Podemos demostrar que la duración del currículo es suficiente para alcanzar los objetivos declarados (incluidos los requisitos formales de graduación)?
- ¿Cómo podemos tomar en cuenta y valorar el aprendizaje previo de nuestros estudiantes?
- ¿Qué herramientas específicas estamos impartiéndoles para la educación continua?

Durante mi trayectoria como director académico, estuve demasiado enfocado en lo que el currículo tenía que lograr en los tres años de estudio de nuestros estudiantes. El estrés y la presión de obtener «resultados» eran reales, lo que, a su vez, a menudo llevaba a agregar más cursos y actividades, lo que sobrecargaba el currículo. Es mucho mejor que «el contrato de aprendizaje» de cada estudiante parta del contexto de lo que ya ha aprendido y, donde sea posible, de lo que percibamos será su llamado o cargo después de la graduación. Dicha perspectiva puede reducir en gran medida el estrés del director académico y extender su longevidad profesional. Jamás veremos todo lo que debería ser importante durante ese breve viaje con nuestros estudiantes, pero podemos equiparlos para que continúen su educación (véase el punto 5 a continuación).

En estos asuntos, debe responderse con claridad la pregunta de la evaluación continua de nuestros estudiantes. No basta con que comuniquemos nuestras expectativas cuando entran los estudiantes, creyendo que naturalmente lograrán los resultados a su salida. Necesitamos evaluar el estado de su saber, ser y hacer cuando entran; luego, junto con ellos y ellas, debemos evaluar periódicamente su progreso hacia los objetivos de graduación definidos. Este proceso convierte a los miembros del equipo en *paráclitos, que caminan a la par* de los estudiantes durante sus años con nosotros. Tal proceso puede también incluir un análisis FODA de sus fortalezas, debilidades, oportunidades y amenazas, el cual evolucionará hasta llegar a una evaluación final antes de graduarse y emprender el ministerio vocacional. Si los acompañamos bien desde la entrada hasta la salida, no tendremos tantas sorpresas de último minuto. De hecho, si un estudiante no puede alcanzar los resultados esperados del programa debería darse cuenta a tiempo. Es menos doloroso pedirles a los estudiantes que se den de baja (con honor) temprano en su formación que hacia el final. Es vital que acompañemos cuidadosamente a nuestros estudiantes desde el principio hasta el final de su pasaje por nuestra institución. La experiencia del Seminario Teológico Bautista Árabe de Beirut en los últimos años es un ejemplo flexible de este tipo de compañerismo curricular.[13]

5. El DA diseña un currículo de calidad… que toma en serio el aprendizaje continuo de por vida.

Como hemos mencionado, *nuestros estudiantes ya vienen con vidas completas.* Como adultos (¡no son niños!) han acumulado experiencias y capacitaciones que deben ser tomadas en cuenta tanto durante como después de sus estudios

13. Véase el capítulo de Perry Shaw sobre la evaluación (Cap. 15) en *Transformando.*

teológicos formales. La educación de adultos (andragogía) entiende que estos aportarán sus propios objetivos y manera de ver las cosas, por lo que debe ser parte de la ecuación curricular.

La primera tarea es evaluar lo que ya han aprendido y valorarlo de alguna manera. Por ejemplo, podríamos ayudarles a crear un «portafolio de su experiencia educativa».[14] Dicho portafolio podría incluir los siguientes elementos:

- Sus monografías investigativas y de reflexión.
- Reseñas de libros.
- Sermones o estudios escritos y predicados.
- Su biografía y hoja de vida.
- Sus reflexiones sobre sus experiencia anteriores, de vida y ministerio

A fin de otorgarle el crédito apropiado a dicho portafolio debemos tomar en cuenta los siguientes elementos: (1) los resultados educativos predeterminados para dicho ejercicio según lo definido por la institución y (2) una evaluación apropiada. No basta con que organicen un portafolio; para que reciban el crédito institucional, debe requerírseles a los estudiantes que lo acompañen con alguna forma significativa de reflexión. Esta pudiera girar en torno a lo que su formación anterior ha representado para su conocimiento, habilidades y carácter o espiritualidad, así como para su historia con miras a su vida y ministerio futuros. Dicho portafolio puede ser una herramienta invaluable para la orientación de los estudiantes, que se someten a la guía de los mentores y las mentoras que los acompañarán durante el transcurso de sus estudios. De esta manera, serán conscientes de que sus estudios teológicos son parte de esta peregrinación, dotándolos con un mayor significado e inspiración para seguir adelante.

Sus estudios *teológicos son solo una parte breve de su peregrinación.* Más allá del ejercicio mencionado anteriormente hay que comprender que los acompañaremos por un tiempo muy corto. Uno, dos, tres, quizás cuatro años

14. Véase Asociación Acreditadora Evangélica Europea, *Manual with Visitation Guidelines of the European Evangelical Accrediting Association* 49–55, acceso 21 de julio de 2016, https://eeaawordpress.files.wordpress.com/2011/12/eeaa-manual-5th-edition-20122.pdf.

son breves a la luz del camino completo que conlleva la formación de un líder.[15] Por lo tanto, hay que aprovecharlo estratégicamente. Algunas preguntas que el DA quizás deba considerar:

- En nuestro acompañamiento a los estudiantes, ¿cómo estamos aprovechando lo que sabemos de sus experiencias educativas previas para evaluar su pasado, caminar con ellos en el presente y ayudarles a vislumbrar su vida y ministerio en el futuro (incluyendo matrimonio, familia, vida relacional, etc.)?
- ¿Qué herramientas particulares estamos proveyéndoles para que sigan aprendiendo por el resto de su vida? Esto incluye libros, herramientas intelectuales y prácticas para que continúen su formación bíblica, reflexionen teológicamente sobre problemas contextuales, resuelvan conflictos, etc.

6. El DA diseña un currículo teológico de calidad… que responde a las necesidades de las partes interesadas en el seminario

Por «partes interesadas» entiéndase los beneficiarios, de una y otra manera, de tanto el programa educativo como de los graduados del seminario.[16] Entre estos contamos a:

- Las denominaciones o iglesias patrocinadoras.
- Organizaciones ministeriales relacionadas o afines
- Junta de fideicomisarios.
- Exestudiantes.
- Estudiantes actuales.
- El liderazgo institucional, la facultad y el personal.
- La comunidad (barrio, ciudad, región, nación, etc.).

15. Véase las ideas novedosas de J. Robert Clinton, *The Making of a Leader* (Colorado Springs, CO: NavPress, 1988).

16. En términos generales, «partes interesadas» son 'la persona, los grupos y las organizaciones interesadas en la organización', en particular relacionado con su misión, valores, visión y sus resultados, tales como el programa de capacitación. "Stakeholder," acceso 11 de agosto de 2015, www.businessdictionary.com.

Ningún programa de capacitación teológica existe en el vacío, sino que encuentra su razón de ser al servicio de una comunidad eclesial (principalmente las denominaciones y organizaciones ministeriales). ¡«Lo que está en juego» es la capacitación del liderazgo de la iglesia! De hecho, un seminario, como cualquier otra organización humana, debe formar líderes a fin de desarrollarse y ser sostenible. Las necesidades de estos grupos son indispensables para la definición de nuestras prioridades curriculares y la organización de nuestros programas. Mientras que la facultad y el liderazgo definen esas necesidades desde el punto de vista de la institución, las partes interesadas externas están más al tanto de las necesidades y los desafíos del «mundo real», es decir, la iglesia y la sociedad para las cuales hacemos esta capacitación. Sería un error grave que desarrollásemos el currículo sin la debida consideración de la perspectiva de las partes interesadas.

La *junta directiva* es el grupo de «partes interesadas» más vital para la salud a largo plazo del seminario. Si bien este capítulo no puede adentrarse en la gobernanza de un seminario, sí debemos plantear la pregunta acerca del papel de la junta directiva en el desarrollo del currículo. Pero antes, se requieren algunas reflexiones generales sobre la gobernanza:

- Las mejores prácticas y la experiencia en juntas sin fines de lucro sugieren que las funciones y responsabilidades de la gobernanza (es decir, la junta) y aquellas de la administración (liderazgo ejecutivo) debe estar claramente definidas y diferenciadas.
- Como fuente y guardiana de las políticas institucionales, la junta directiva es responsable de guiar (no liderar) al liderazgo académico en la formulación del currículo, asegurándose de que nuestros programas sean fieles a la misión, la visión y los valores del seminario. Por ejemplo, si bien la junta no interviene directamente en las decisiones curriculares relacionadas con los cursos, las horas de crédito, etc., sí garantiza que el profesorado contratado corresponda al *ethos* institucional y que las decisiones curriculares se ajusten a los parámetros de la política establecida.

- Amplia experiencia e investigación sobre las juntas de gobernanza de las instituciones sin fines de lucro[17] ha demostrado que son la columna vertebral que las sostiene o su fatal talón de Aquiles. Se podrían citar decenas, cientos, incluso miles de casos en los que el deterioro organizacional (y en algunos casos el fracaso) se remonta al fracaso de la buena gobernanza.

Las razones básicas por las cuales las juntas de gobierno en las organizaciones sin fines de lucro son necesarias pueden resumirse de la siguiente manera:

1. La junta, no la administración, tiene la responsabilidad fiduciaria de proteger la misión, la visión y los valores de la organización en nombre del cuerpo más amplio de las partes interesadas.
2. La junta, no la administración, establece las políticas institucionales que luego son implementadas por la administración.
3. La junta, no la administración, posee la distancia crítica del trabajo cotidiano de la organización que complementa la experiencia detallada y el conocimiento de la administración en el campo.
4. La administración necesita rendir cuentas ante la junta de gobernanza a fin de preservar los límites y parámetros de su trabajo.
5. La administración necesita beneficiarse de la sabiduría y la experiencia de los miembros de la junta.

Con respecto a la gobernanza de la junta, existen dos peligros principales que amenazan la vida de una organización sin fines de lucro:

- Una «junta controladora», cuyos miembros se involucran excesivamente en la administración de la organización y se imponen sobre el desarrollo adecuado del liderazgo ejecutivo, termina minando su distancia crítica con respecto a la organización.

17. Véase, en particular, Jason E. Ferenczi, "Governance in International Theological Education: A Study in Asia, the Caribbean, Eurasia, and Latin America" (Tésis doctoral, Columbia International University, 2012), 127–138. Este estudio fue publicado en el capítulo 9 de *Serving Communities: Governance and the Potential of Theological Schools* (Carlisle: Langham Global Library/ICETE, 2015).

- Una «junta de sello de goma», cuyos miembros se conforman con participar al mínimo, termina convirtiéndose en un instrumento para validar las decisiones de la administración. En este caso, la administración puede verla como un «mal necesario». Aquí la administración pierde la indispensable perspectiva de las partes interesadas, así como la formulación adecuada de políticas y la distancia crítica de una junta. Con el pasar del tiempo esto debilita y pone en peligro a la organización.

Si bien un seminario que recién comienza pudiera verse obligado a combinar las funciones de la junta y la administración, a medida que crece debe separarlas para que la organización prospere, cumpla su misión y visión y conserve sus valores. Nótese que dicho fortalecimiento de la gobernanza de la junta parte de lo siguiente:

- Los miembros de la junta comprenden su papel y pueden cumplirlo con un mínimo de capacitación.
- La administración ve la complementariedad de ambas entidades como una fortaleza y oportunidad, en lugar de una debilidad o amenaza.
- Los miembros de la junta aportan su experiencia, sabiduría y capacitación en áreas que pueden fortalecer al seminario (educativa, legal, espiritual, económica, etc.).
- Existe un buen nivel de confianza, comunicación y colaboración entre las dos entidades, especialmente entre quien preside la junta y el/la líder ejecutivo del seminario.

En vista de las consideraciones anteriores, las siguientes son preguntas sobre la eficacia de nuestro currículo en relación con las «partes interesadas»:

- ¿Quiénes son las partes interesadas en nuestra institución?
- ¿Cómo se benefician de nuestros programas y estudiantes?
- ¿De qué maneras concretas sabemos que somos eficaces dentro de la institución, entre los miembros de nuestra denominación y ministerio, y en la sociedad?
- ¿Tenemos un equilibrio adecuado entre las atribuciones y funciones de la junta y las de nuestro liderazgo ejecutivo?

En cuanto a la relación específica entre la gobernanza y el currículo, surgen varias preguntas, tales como:

1. ¿Tiene la junta directiva la palabra final en el desarrollo del currículo? Aquí respondería «sí y no»:
    - Sí, en el sentido de que la junta define y protege las políticas generales que rigen el currículo, a la vez que garantiza su fidelidad hacia la misión, la visión, los valores y propósitos de la institución.
    - No, ya que la junta no define los detalles ni la implementación constante del currículo.
2. ¿Cómo lidiamos con los programas del seminario en relación con las necesidades de los miembros de la denominación o los ministerios afines?
    - La junta de gobierno debe estar atenta a esta interfaz, pidiéndole a los líderes que demuestren claramente la correspondencia entre los objetivos del programa de capacitación y la misión, la visión y los valores institucionales.
    - La administración debe llevar a cabo investigaciones periódicas entre estos grupos con el fin de evaluar la verdadera eficacia de nuestra misión institucional (véase más adelante).
3. ¿Con qué frecuencia debemos ajustar el currículo? La respuesta depende de las nociones que se presentan a continuación:
   Considere el siguiente silogismo:

Si la misión de la Iglesia es alcanzar,
influenciar y servir al mundo,
y
Si la misión del seminario es servir a la iglesia
mediante la capacitación de un liderazgo
efectivo que cumpla su tarea misionera,
entonces,
La eficacia de la educación teológica debe medirse
por la influencia transformadora que las personas del
seminario ejerzan sobre las partes interesadas.

De acuerdo con Rupen Das y Elie Haddad,[18] existen tres términos útiles para nuestra evaluación de la eficacia del seminario teológico: *Producto*, *Resultado* e Impacto.

El *producto* se refiere a las métricas que caracterizan los resultados de nuestra actividad formativa: la cantidad de cursos impartidos, el número de estudiantes matriculados y de graduados, el valor de los recursos educativos adquiridos, el presupuesto, gastos en edificios, etc. Casi siempre nuestra comunicación con las partes interesadas gira en torno a estos datos. Presentamos nuestra eficacia como seminario en términos de la cantidad de graduados, profesores y profesoras, libros en nuestra biblioteca, etc. Si bien estos números son importantes para nuestro trabajo (su aumento, estancamiento o disminución suelen ser indicio de problemas más agudos con nuestra eficacia), no son de por sí la mejor evaluación cualitativa de nuestra eficacia.

El *resultado*, por lo tanto, pasa de la cantidad a las medidas de calidad, y pregunta por cómo nuestra gente (liderazgo, facultad, personal, estudiantes, exestudiantes) han tenido y tienen una influencia transformadora en las iglesias y organizaciones ministeriales a las que sirven. En otras palabras, ¿qué cambio es observable debido al trabajo de aquellos a quienes hemos entrenado? La respuesta debe venir de las iglesias y los ministerios.

El *impacto* está vinculado con nuestra institución ejerciendo una influencia transformadora en el mundo, es decir, en la sociedad en la que vivimos. Esto es más difícil de medir y toma tiempo detectar esa influencia. Esa medida debe tomarse de los propios actores de la iglesia y la sociedad.

En última instancia, estas reflexiones nos llevan de vuelta a la naturaleza de lo que es hacer teología. ¿Es nuestra tarea de capacitación teológica meramente responder las preguntas importantes de la teología clásica, el «acervo de la fe» con respecto a las Escrituras, Dios, los seres humanos, el pecado, la redención, la iglesia, los tiempos finales y así sucesivamente? ¿Acaso no tiene que ver asimismo con que utilicemos nuestros fundamentos bíblicos y teológicos para responder, teológicamente, las preguntas que están haciendo las iglesias y los ministerios, así como la sociedad, en nuestro propio contexto ministerial?

18. Rupen Das y Elie Haddad, "Assessing Outcomes: Does Seminary Training Make a Difference in the Community?" (monografía no publicada, Seminario Teológico Árabe Bautista, Beirut, 2012).

Si entendemos que la teología incluye ambas tareas, nuestros currículos responderán mejor a nuestros grupos de interés y capacitarán a líderes que sabrán cómo usar sus herramientas teológicas y preparación para influenciar sus contextos teológica y prácticamente.

7. El DA diseña un currículo teológico de calidad… que es «integral».

De acuerdo con lo que he escrito anteriormente, un currículo «integral» acentúa la influencia transformadora de nuestros estudiantes en la iglesia y la sociedad. Dicho currículo integrará perspectivas interculturales e interdisciplinarias y evitará el tradicional y hermético «efecto de silo» de la educación teológica occidental (que limita la integración fértil entre estudios bíblicos, teología sistemática, teología histórica, teología aplicada, etc.).

El currículo teológico integral apuntará hacia resultados que van más allá de la acumulación de conocimiento. La «ortodoxia» no conduce automáticamente a la «ortopraxis». Si bien el conocimiento es un componente necesario de la educación teológica, las competencias y el carácter son igual de fundamentales. El programa de cada curso debe integrar las «3 c»: cognición, competencia y carácter. Cada uno de estos conceptos amerita una discusión más a fondo, para lo cual existen recursos excelentes.[19]

El currículo integral de igual manera toma en cuenta los currículos «ocultos» y «nulos». El «currículo oculto» se refiere a todo lo que está implícito en los programas y los mensajes no intencionales que influencian poderosamente a los estudiantes. Ejemplos de estos elementos implícitos son la configuración física de nuestras aulas, la disponibilidad (o ausencia) de nuestra facultad y personal para apadrinar y aconsejarlos, las relaciones dentro de la comunidad de aprendizaje, los plazos designados para las diversas actividades educativas (informales o formales), los créditos otorgados a las diversas actividades y al sistema de evaluación (calificaciones). El «currículo nulo» por lo general, se refiere a la justificación (implícita o explícita) de la exclusión de ciertos cursos o actividades. Lo que escogemos incluir o excluir refleja las prioridades conscientes o inconscientes, que tienen mucha influencia. El objetivo de tomar en cuenta ambos currículos (el oculto y el nulo) en la educación teológica

19. Shaw, *Transformando*, 67–78.

integral es que lo oculto e implícito sea franco e intencional, liberando así una nueva fortaleza para nuestra enseñanza y aprendizaje.[20]

Preguntas sobre el Currículo Integral

1. ¿De qué maneras precisas toma su currículo en cuenta los equilibrios mencionados anteriormente entre:
   - iglesia y sociedad,
   - las dimensiones interculturales e interdisciplinarias del aprendizaje,
   - competencias en comunicación,
   - los currículos ocultos y nulos,
   - cognición, competencias y carácter (saber, hacer, ser)?
2. ¿Qué aspectos de su currículo actual deben ser reconsiderados en una o más de estas áreas?

Conclusión

En este capítulo hemos formulado la pregunta, ¿cómo puede el director académico desarrollar un currículo teológico de calidad? Según nuestra experiencia, la respuesta fundamental debe considerar lo siguiente:

- ¿Cuál es la «teología de la educación teológica» que sustenta nuestras decisiones curriculares?
- ¿Cómo nos ayuda el familiarizarnos con la historia y la herencia de nuestro currículo a comprender lo que debemos retener o cambiar? Sobre todo: ¿Estamos importando o desarrollando un currículo desde dentro de nuestro contexto? ¿O ambos? ¿Cómo?
- ¿Contamos con una misión y visión académica e institucional claras que orientan nuestras decisiones curriculares y explícitamente fundamentan todo lo que se enseña y se aprende?
- ¿Cómo tomamos en cuenta los puntos de entrada y salida de nuestros estudiantes para establecer las prioridades de su tiempo

20. Para una discusión a fondo de los currículos ocultos y nulos, véase Shaw, *Transformando*, 79–92.

con nosotros, en armonía con los objetivos generales de aprendizaje de nuestro programa?

- ¿Cómo podemos tomar en cuenta el aprendizaje continuo de por vida en nuestras decisiones curriculares, en el contorno y en los detalles del currículo?
- ¿Cuán explícitos somos en cuanto a las necesidades contextuales de nuestros diversos grupos de interés durante el desarrollo de nuestro currículo, sobre todo en lo que respecta a las relaciones con la junta directiva?
- ¿Es nuestro currículo integral en las dimensiones mencionadas anteriormente?

Esta tarea puede parecer formidable para los líderes académicos, pero también, es un desafío exaltador. Liderado por el director académico, y con la participación del todo el equipo institucional, el desarrollo del currículo puede desatar y empoderar la sabiduría y la creatividad colectiva hacia el logro de la razón de ser de nuestra institución.

Reflexión y puntos de acción

Un taller para la facultad dirigido por el director académico: las 10 etapas del desarrollo curricular

Etapa 1: Escriba las declaraciones de misión y visión de su institución (y de su currículo).

Etapa 2: A partir de esta misión y visión, escriba el conocimiento, las habilidades y el carácter que necesitan sus graduados.

Etapa 3: Escriba el conocimiento, las habilidades y el carácter específicos que deben ser logrados por cada diploma o concentración de estudios de su institución.

Etapa 4: Para los perfiles generales y explícitos de los graduados, escriba qué cursos y actividades serán necesarios para realizar esos perfiles, y en qué momento del viaje curricular deben intervenir.

Etapa 5: Describa los objetivos, las normas y el contenido de cada uno de los cursos y las actividades definidos anteriormente, así como los medios para evaluarlos (*sílabos estandarizados*).

Etapa 6: Incorpore e integre los recursos pedagógicos y audiovisuales necesarios para los cursos y las actividades anteriores (*tecnología educativa*).

Etapa 7: Oriente a su facultad con respecto a los cursos y las actividades en que estarán involucrados (lo mejor es que sean parte de todas las etapas, en lugar de que el DA haga todo el trabajo y se los entregue en bandeja de oro).

Etapa 8: Permita que su «currículo» «corra hasta el final» (¿tres o cuatro años?) antes de hacerle cambios mayores.

Etapa 9: Después de que el nuevo currículo corra su primer curso, junto a todo el equipo académico para hacer una evaluación completa del todo y sus partes.

Etapa 10: Formule y aplique mejoras sistémicas para el todo y sus partes.

Recursos para seguir estudiando

Brookfield, Stephen. *The Skillful Teacher: On Technique, Trust, and Responsiveness in the Classroom*. 2a ed. San Francisco: Jossey-Bass, 2006.

De Gruchy, Steve. "Theological Education and Missional Practice: A Vital Dialogue." En *Handbook of Theological Education: Theological Perspectives – Regional Surveys – Ecumenical Trends*, editado por Dietrich Werner, David Esterline, Namsoon King, y Joshva Raja, 42–50. Eugene, OR: Wipf & Stock, 2010.

Esterline, David, Dietrich Werner, Todd Johnson, y Peter Crossing. "Global Survey on Theological Education 2011–2013: A Summary of Main Findings." Preparado por la 10ª Asamblea del Concilio Mundial de Iglesias, Busan, 30 de octubre al 8 de noviembre 2013. Acceso 7 de octubre de 2013. http://www.globethics.net/web/gtl/research/global-survey

O'Brien, Judith G., Barbara J. Millis, y Margaret W. Cohen. *The Course Syllabus: A Learning-Centered Approach*. 2a ed. San Francisco: Jossey-Bass, 2008.

Palmer, Parker. *The Courage to Teach: Exploring the Inner Landscape of a Teacher's Life*. San Francisco: Jossey-Bass, 1998.

Suskie, Linda. *Assessing Student Learning: A Common Sense Guide*. 2a ed. San Francisco: Jossey-Bass, 2009.

VerBerkmoes, John, J. Bonnell, D. Lenear, y K. Vanderwest. *Research Report: Transformation Theological Education 1.0*. Grand Rapids, MI: Grand Rapids Theological Seminary, Cornerstone University, 2011.

Wiggins, Grant. *Educative Assessment: Designing Assessments to Inform and Improve Student Performance*. San Francisco: Jossey-Bass 1998.

3

Pasos del diseño curricular

Steve Hardy

En este capítulo consideraremos los pasos prácticos para el desarrollo o la reconceptualización de un currículo. Estos pasos deberían servirles a los que estén construyendo un currículo desde cero. Pero, si le gusta el currículo actual, ¿para qué revisarlo? Para algunos seminarios, el currículo es casi sagrado y refleja la sabiduría, los valores y la capacitación de los fundadores. Para otros, se ha convertido en un plan complejo y compacto para transmitir la cantidad masiva de información acumulada desde los días de Jesús y sus discípulos. Para los docentes de dichos seminarios el reto educativo es encontrar cómo agregar *todas* esas nuevas ideas que están siendo enseñadas en otros seminarios. En otros programas, el currículo es un reflejo de la historia del seminario, cuyos cursos fueron desarrollados por profesores o profesoras individuales o en respuesta a los problemas o las necesidades particulares de una iglesia u organización.

La verdad es que hasta el programa más perfecto debe revisar periódicamente su currículo. Lo que fue un éxito diez años atrás quizás no esté a la par con las realidades de los estudiantes de hoy y sus contextos. A decir verdad, en la medida en que el currículo original refleja los contextos culturales y geográficos de los fundadores del seminario, quizás nunca ha sido tan relevante para la cultura ni las necesidades de los estudiantes locales. Si bien de vez en cuando haremos ajustes menores, cada cinco a diez años tendremos que reevaluar si todavía satisface (o no cumple) las necesidades de nuestra comunidad de aprendizaje.

No significa que esté mal echar mano de un currículo heredado. Sin duda es sabio que elaboremos sobre el trabajo de otros. De modo que la tarea curricular de la mayoría de las instituciones implica el mejoramiento de lo existente. Esa revisión exhaustiva demanda que sepamos quiénes somos, a quiénes serviremos y cuáles son los contextos. Aun cuando estemos creando un nuevo programa, conviene que aprendamos de otros y apliquemos las herramientas del pensamiento crítico a nuestra experiencia.

Antes de que analicemos los pasos para el desarrollo o la revisión de un currículo, aclaremos a qué estamos refiriéndonos.

La fase preliminar del desarrollo curricular: ¡Comprenda qué es el currículo!

Como bien es sabido, la palabra «currículo» proviene del latín *currere*, 'correr una carrera'. El concepto no debe sugerir una competencia o que de alguna manera la facultad y los estudiantes son velocistas que corren frenéticamente tratando de completar su lista de actividades dentro del tiempo señalado. Tampoco son maratonistas, pues que el currículo sea extenso o complicado no implica que sea mejor. Antes bien, la palabra connota un recorrido de principio a fin. Un currículo es el proceso de ayudar a la gente a alcanzar una meta y sus objetivos educativos.

La palabra «currículo» a menudo se usa para describir tanto a los programas educativos como a los recursos educativos. Por ejemplo, el currículo de la escuela dominical casi siempre cubre una serie de materiales para enseñar a los niños, adolescentes o adultos dentro de la iglesia. También llamamos currículo a los libros de texto, los planes de las lecciones diarias, un programa de estudios o hasta un curso. Todos estos son simplemente los componentes o elementos de un currículo.

El currículo debe incluir el panorama general. En un módulo desarrollado por la UNESCO en 2010 sobre la «Educación para el desarrollo sostenible», el currículo es definido como, 'la suma de todas las experiencias formales e informales de enseñanza y aprendizaje provistas por una escuela'.[1]

El diseño curricular define lo que será incluido en esa «suma de experiencias de aprendizaje». El proceso curricular luego debe verificar que se haya aprendido lo verdaderamente importante. Pero es cuestionable que tomemos como contenido aprendido esas impresionantes listas de temas que los estudiantes dominan por un día con tal de aprobar un examen. Tampoco contribuye a la «suma» de lo aprendido el que aprueben múltiples exámenes durante el transcurso de varios años, si la mayor parte de lo escrito es echado al olvido en cuestión de horas. Los docentes deben ser más conscientes no solo de lo que sus estudiantes han retenido, sino también de cómo las diversas actividades dentro del ambiente educativo contribuyen a lo que realmente se está aprendiendo.

La determinación de qué se aprende no es una tarea fácil. Dentro de un currículo formal, los profesores ajetreados no suelen estar al tanto de la manera en que sus clases encajan con todo lo que es enseñado o llevado a cabo dentro del programa de capacitación (sobre todo cuando rara vez tienen la oportunidad de ver a sus colegas enseñando). Aunque los estudiantes tienen una mejor oportunidad de ver cómo encajan las cosas, no siempre saben qué deben aprender ni cómo el ambiente educativo está moldeando su aprendizaje y comportamiento. Los líderes académicos son los responsables de diseñar un currículo coherente, así como de concienciar a la facultad y al estudiantado de la relación entre las clases y las actividades. Si queremos que el currículo lleve a los estudiantes hasta la meta, debemos estar al tanto de la manera en que las experiencias formales e informales se complementan entre sí. Esta conciencia de lo que se está aprendiendo será de gran ayuda para el diseño de un currículo que facilite el aprendizaje.

Gracias a Dios que no estamos solos en la tarea de diseñar los planes que fomentarán el aprendizaje, el equipamiento y el crecimiento hacia la madurez. Según Romanos 8:28, el Dios soberano usa todo para el bien de los que le aman y son llamados conforme a su propósito. Tal vez ayude que pensemos

---

1. Bernard Cox, John Fien, y Clayton White, "Sustainable Futures across the Curriculum," en UNESCO, "Teaching and Learning for a Sustainable Future" (Module 6), 2010, acceso 14 de julio de 2016, http://www.unesco.org/education/tlsf/docs/tlsf_doclist.html.

en nuestra *hoja de vida*. Esta contiene la historia de nuestra vida: familia, educación, experiencia laboral, etc. Las lecciones más importantes de la vida rara vez se adquieren en las aulas; suelen venir de la experiencia. Entonces, si el currículo es la suma de *todas* las experiencias, deberíamos de considerar lo que pudiera llamarse el currículo de Dios; es decir, el plan que el Señor soberano tiene para moldear a cada uno de sus hijos e hijas: «Porque somos hechura de Dios, creados en Cristo Jesús para buenas obras, las cuales Dios dispuso de antemano a fin de que las pongamos en práctica» (Ef 2:10). Cada creyente ha sido llamado y dotado. A lo largo de su vida todos los creyentes (incluyendo a nuestros estudiantes) serán conformados a la imagen de Cristo y equipados para los ministerios a los que sean llamados por Dios. Esta es la carrera que estamos corriendo, por lo que es propio llamarla el «currículo» de la vida.

El Dr. Víctor Cole, catedrático de Educación de la Universidad Internacional África, en la ciudad de Nairobi, afirma que el currículo es «la totalidad del proceso de un plan educativo».[2] Lo que los estudiantes aprenden no es meramente una acumulación de conocimiento obtenido de las asignaturas en el catálogo de la institución. El aprendizaje es la integración del conocimiento y la experiencia dentro del contexto de relaciones personales. El aprendizaje ocurre en la comunidad de personas (facultad, estudiantes y personal) con experiencias diversas y ricas. Dios utiliza estas experiencias para transformar a los individuos y llevarlos hacia la madurez. El apóstol Pablo dice que el pueblo de Dios está siendo «enteramente capacitado para toda buena obra» (2Ti 3:17).

El gran educador LeRoy Ford también entiende que el currículo es el paquete completo, «la suma de todas las experiencias de aprendizaje que resultan de un plan curricular y que están dirigidas hacia el logro de metas y objetivos educativos».[3] En este sentido, el currículo es lo que le sucede a las personas a lo largo de la carrera. Nuestra parte en este proceso curricular es diseñar el recorrido de esa carrera, así como las actividades de aprendizaje y equipamiento que permitirán que los corredores lleguen con éxito al final de ese recorrido. Ford habla tanto de un plan como de un diseño curricular. El plan

2. Victor Cole, *Training of the Ministry: A Macro-Curricular Approach* (Bangalore: Theological Book Trust, 2001), 38.

3. Sophia Steibel y Daryl Eldridge, "LeRoy Ford," *Talbot School of Theology/Bioloa University*, acceso 6 de julio de 2016, http://www.talbot.edu/ce20/educators/protestant/leroy_ford/.

curricular traza las actividades y estructuras de un programa de capacitación, mientras que el diseño curricular es la teoría operativa de ese plan curricular. Por lo tanto, el diseño curricular es: «… una declaración y elaboración de las metas y los objetivos institucionales para los estudiantes, el alcance, los contextos, la metodología y los modelos de instrucción y administración involucrados en la labor educativa».[4] El plan curricular es «un plan o sistema detallado para la implementación de un diseño».[5]

En este capítulo, consideraremos tanto la teoría como la praxis. Veremos cómo los objetivos y la historia de la institución deben moldear el currículo dentro de cierto ambiente educativo, a fin de equipar a nuestros estudiantes con el carácter, las habilidades y el conocimiento que los llevarán hacia donde deben estar. Un instituto bíblico o seminario no tiene que encargarse de todo el crecimiento espiritual y práctico que ocurrirá dentro del currículo de Dios. Sin embargo, nuestro plan curricular sí debe ajustarse a lo que Dios ya esté haciendo en la vida de nuestros estudiantes.

Los docentes son una parte importante del currículo de cualquier seminario. Estos no tan solamente guían a los estudiantes hacia la adquisición de conocimientos y habilidades, sino que con sus vidas moldean lo que serán en el futuro. Los docentes son un don de Dios para su iglesia (Ef 4:11). Su mandato bíblico es que «enseñen» (Rm 12:7).

Todo currículo tiene dos componentes básicos: (1) algo a ser aprendido y (2) alguien a ser enseñado o entrenado. Si bien creemos que nuestros estudiantes deben aprender muchísimas cosas, la educación teológica debe comenzar con lo segundo. Nuestro llamado es equipar y capacitar a las personas, no simplemente transmitirles información por más importante que sea.

La planificación curricular no debe suponer que los estudiantes no saben nada. Como afirma la teoría de la educación de adultos, cada estudiante trae consigo su trasfondo y experiencias personales. Cada persona trae sus propios dones y habilidades espirituales. Cada una tiene un llamado y una pasión por algún ministerio. Trabajamos con, y elaboramos sobre, ese fundamento. Para la mayoría de los estudiantes, el proceso educativo implica aprender y desaprender

---

4. LeRoy Ford, *A Curriculum Design Manual for Theological Education: A Learning Outcomes Focus* (1991; repr.) (Eugene, OR: Wipf and Stock, 2003), 34.

5. Ibíd.

cosas. En una ocasión estuve enseñando un curso introductorio de Homilética en un seminario en Brasil. Por lo general, los jóvenes latinoamericanos están bien activos en el ministerio. De modo que mis estudiantes tenían experiencia antes de haberse matriculado en su primera clase sobre la predicación. Parte de la tarea educativa constó en ayudarlos a desaprender algunos de sus malos hábitos, para luego capacitarlos con una buena teoría para su predicación. El diseño curricular, al igual que la buena enseñanza en el aula, funciona mejor cuando estamos al tanto de lo que nuestros estudiantes ya conocen y saben hacer, y de lo que no conocen o no saben hacer.

En otras palabras, el currículo es el proceso de equipar a determinadas personas (únicas en cuanto a sus dones, experiencias, conocimientos, caracteres, habilidades, pasiones y vocaciones) para ministerios específicos. Es llevarlas del lugar en donde están hasta donde deben estar. Un plan curricular para la educación teológica deberá incluir al menos las siguientes tres cosas:

1. *Autocomprensión*: nuestro currículo debe ayudar a los estudiantes a que reflexionen sobre sus experiencias; que adquieran un mejor entendimiento de quiénes son como integrantes del pueblo santo de Dios; que descubran y desarrollen los dones que Dios les ha conferido.
2. *Fundamentos firmes*: nuestro currículo debe ofrecer una visión equilibrada de los conceptos básicos, asegurándose de que los estudiantes adquieran un conocimiento adecuado de toda la Palabra de Dios y una comprensión sólida de su fe.
3. *Herramientas para el aprendizaje permanente*: no enseñaremos ni expondremos a los estudiantes a todo, pero nuestro currículo debe enseñarles a aprender. Nuestros graduados deberían contar con las herramientas y habilidades para seguir aprendiendo a lo largo de sus vidas.

Según LeRoy Ford, el currículo conlleva que *alguien* (el estudiante) aprenda algo (el contenido) de *alguna* manera (metodologías dentro de las estructuras educativas, incluido el aprendizaje en línea) en *un lugar* (ya sea en el campus, un centro de extensión o a distancia desde su computadora) y logre *un propósito* (objetivos educativos).[6]

Parte del plan educativo conlleva la organización del tiempo para el aprendizaje. Por supuesto, podemos acomodar más en un programa de prácticas de cuarenta años (como sucedió cuando Moisés preparó a Josué) que en uno de cuatro sábados por la tarde durante el mes de julio. La capacitación teológica ha adoptado las estructuras y el lenguaje educativos de las instituciones y universidades seculares de la cultura. Por ejemplo, ofrecemos «diplomas» o «títulos» para el trabajo completado al nivel de lo que llamamos maestría, licenciatura o bachillerato. Contamos las horas de crédito y exigimos que las clases discurran dentro de un tiempo y período definidos. Definimos los requisitos de admisión para un programa en particular o de las cualificaciones para enseñar tal o cual curso y a qué nivel. La mayoría de estos detalles no son bíblicos ni contrarios a la Biblia, Son simplemente las reglas del juego educativo. Nótese que estas estructuras culturales para la educación no son sagradas. Sin embargo, nuestros estudiantes y nuestras comunidades tienen unas expectativas acerca de cómo deben ocurrir «la enseñanza y el aprendizaje». Si bien es útil que exploremos nuevas y mejores formas de enseñar y empaquetar nuestro plan educativo, tampoco queremos ser tan radicalmente creativos que no parezcamos un seminario. En general, nuestra credibilidad dentro de una comunidad (y especialmente ante los ministerios del gobierno) depende de que les demostremos que sabemos hacer lo que esperan de nosotros.

En la medida en que nuestros programas de educación teológica ofrezcan cierto número de créditos, el ejercicio de la planificación curricular puede fácilmente tomarse como si fuera cuestión de llenar las casillas para que tengamos el equilibrio correcto entre los cursos de Estudios Bíblicos, Teología y Doctrina, Historia de la Iglesia y estudios prácticos y generales. Empero, los títulos de los cursos no son el problema de la mayoría de los currículos. Nuestro problema es que tendemos a enseñar así como fuimos enseñados. Así que, tendemos a llenar las casillas con las asignaturas de siempre, para luego enseñarlas del modo tradicional.

No todos los cursos del pasado son malos. Pero es menester que reflexionemos si ésta es la mejor manera de equipar a los estudiantes para

6. Ibíd., 50.

sus llamados ministeriales específicos. Este concepto es clave en el desarrollo curricular. Estamos tratando de crear y sustentar un ambiente educativo en el que Dios usará nuestro tiempo, dones y recursos para que nuestro estudiantado actual crezca y esté preparado para las buenas obras a las que han sido llamados.

Entonces, si comprendemos bien qué es un currículo, ¿cuáles son los pasos para diseñarlo?

Primer Paso: Tenga claro el singular propósito que define a su programa

¿Cuál es el propósito de su seminario? Los seminarios existen por una variedad de razones. Hay que estar absolutamente claro sobre su razón de ser por que tendrá un impacto, no solo en cómo enmarcará la estructura y el contenido de su currículo, sino también en lo que escogerá *no enseñar*. Se le llama el currículo «nulo» a las cosas buenas que han sido omitidas del currículo, ya sea porque así se ha decidido, ¡o porque nunca fueron consideradas! Por ejemplo, si su propósito fuera el capacitar a enfermeras y enfermeros cristianos a nivel de licenciatura, su currículo debería incluir cursos de química y sesiones de laboratorio junto con medicina práctica. Tal vez quiera cursos básicos de la Biblia y Consejería junto con Psicología. Sin embargo, dado que la licenciatura o bachillerato cuentan con un número limitado de créditos, probablemente no requerirá que los estudiantes aprendan griego ni que desarrollen sus habilidades para la predicación o la administración de la iglesia. De igual manera, un programa diseñado para capacitar a misioneros y misioneras interculturales deberá ofrecerles clases distintas de las de un programa dirigido a la preparación de líderes de jóvenes para iglesias locales o de un programa que entrena equipos para el manejo de ayuda humanitaria en emergencias.

Ningún programa debería existir con el único fin de ofrecer información interesante y útil. Debe justificarse con un propósito o resultado educativo. ¿Qué sucederá si los estudiantes aprenden a usar estas cosas? La definición de nuestro propósito y misión permite que seamos más coherentes en nuestros programas, de modo que las clases y actividades colaboren en la capacitación de personas que traen consigo sus dones, experiencias, conocimientos, caracteres, habilidades, pasiones y vocaciones para los ministerios a los que Dios los ha llamado.

De nada vale que reescriba los títulos de los cursos ofrecidos en el catálogo si tanto su propósito como objetivos educativos no tienen relevancia para los que quieren o necesitan estudiar. Lo que hace falta es reflexionar sobre lo que está haciendo en respuesta a las necesidades de sus estudiantes, a fin de equiparlos para que florezcan en sus contextos.

La claridad del propósito y la misión también se aplica a la (re)construcción del currículo para la capacitación pastoral básica. Quizás su programa existe con el fin de preparar candidatos y candidatas ministeriales para una denominación en particular. Ese propósito definirá cómo las asignaturas colaborarán en sentar un buen fundamento de la teología, la historia y el espíritu de la denominación a la que servirán. Ese propósito también aclarará quiénes serán admitidos al programa. No es justo para los estudiantes ni para las iglesias que equipemos a personas que no puedan o no quieran encajar en ese contexto. Además, el propósito aclarará qué tipo de equipo docente será necesario porque los estudiantes, al graduarse, tienden a reflejar a sus profesores y profesoras.

Segundo Paso: Conozca a sus estudiantes y sus contextos

De acuerdo con la teoría secular de la educación para adultos, todo plan curricular debe tener en cuenta lo siguiente:

- ¿Quién es el/la estudiante y de dónde viene?
- ¿Hacia dónde se dirige el/la estudiante?

Ya hemos afirmado que el currículo debería ayudar a los estudiantes con el desarrollo de sus habilidades para que sean eficaces en los ministerios a los que han sido llamados. Por consiguiente, debemos conocerlos a ellos y a sus contextos. Estos dos pasos del desarrollo curricular implican hacer preguntas y estudiar los trasfondos y las realidades de los estudiantes, al igual que imaginar su futuro a fin de desarrollar un «camino» que les facilite llegar desde donde están hasta donde quieren estar.

¿Quiénes son nuestros estudiantes?

Vale la pena celebrar que nuestros estudiantes han sido formidable y maravillosamente creados a imagen de Dios. Dios ha estado (y seguirá) obrando en sus vidas. Nada es tan satisfactorio como descubrir dónde y cómo está haciéndolo. También cada uno es diferente. Sus dones espirituales, talentos dados por Dios y aptitudes para el aprendizaje son diferentes. Cada uno tiene su propia personalidad y experiencias dentro de los contextos de sus familias y culturas. No todos tienen un claro sentido de vocación, pero la mayoría tiene una pasión por algo. Casi siempre saben lo que quieren y lo que no quieren, aunque no siempre saben lo que necesitan, incluso a nivel de posgrado. Lo prudente sería que buscáramos la manera de escuchar las historias de nuestros estudiantes y de posibles estudiantes, de modo que nuestra investigación curricular esté arraigada a sus necesidades y preocupaciones.

Los estudiantes (al igual que los administradores y la facultad) tienen fortalezas y debilidades no solamente académicas, sino emocionales y espirituales. Se encuentran en diferentes etapas de madurez y del desarrollo de sus habilidades. Tienen muchas maneras de relacionarse con los demás. Además, aprenden de diversas maneras. Algunos prefieren la práctica a la teoría. Algunos no pueden pensar si no están hablando, mientras que otros necesitan tiempo a solas para reflexionar y renovarse.

Si nuestro propósito es equipar con conocimiento y habilidades a personas específicas y verlas crecer en obediencia y carácter, es imperativo que las conozcamos. No solamente enseñamos Romanos o Historia de la Iglesia. Usamos Romanos o la Historia de la Iglesia para enseñar a personas. Entonces, ¿qué ya conocen y qué desconocen nuestros nuevos estudiantes? ¿Qué saben hacer y qué nunca han intentado? ¿Cuán fuertes son los fundamentos de su fe? ¿Qué creen que necesitan aprender para servir al Señor eficazmente?

Aunque ciertamente vale la pena que revisemos y reforcemos el conocimiento previo de los estudiantes, sería una pérdida de tiempo (e insultante) que tratásemos de «enseñarles» lo que ya saben. No obstante, también lo sería que tratásemos de inculcarles conceptos para los cuales no tienen un referente ni la experiencia para comprenderlos.

En la (re)construcción del currículo para sus estudiantes, utilice la información que ha recopilado de ellos para desarrollar el perfil del estudiante de nuevo ingreso. ¿Qué conocimientos trae el/la estudiante entrante promedio? ¿Qué habilidades posee? ¿Qué se puede decir de su carácter y madurez?

Mientras desarrolla el perfil escrito del estudiante, quizás le ayude repasar las conclusiones de otros. Tal vez haya leído acerca de las características de las personas que nacieron en ciertos lugares o épocas. ¿En qué medida aplican tales generalizaciones a sus estudiantes? Quizás haya notado que sus estudiantes son más aptos con el aprendizaje electrónico que sus profesores y profesoras (o padres y madres). Pero ¿saben procesar y usar la información que tienen? Este conocimiento de sus capacidades y limitaciones será útil para diseñar cursos que edifiquen sobre sus habilidades y conocimientos. De igual manera, quizás descubra que a su nueva generación de estudiantes no le impresionan la autoridad ni los títulos. Estos quieren sus propias experiencias, no limitarse a escuchar las historias de otros. Sus profesores y profesoras ganarán credibilidad en la medida que los estudiantes vean autenticidad en sus vidas. Por ende, su currículo requerirá la edificación de relaciones personales como parte de la descripción de trabajo de toda la facultad y el personal.

Su conocimiento de la cultura de los estudiantes moldeará el desarrollo de un excelente currículo. Tenga presente que cada generación de estudiantes es única, pero, además, tanto ellos como nosotros cambiaremos durante nuestro tiempo juntos. Conocerlos será un ejercicio continuo.

Si bien el perfil escrito del estudiante entrante ideal debería ser un reflejo del estudiantado al que estamos sirviendo, es posible que note una disonancia significativa con algunos de sus estudiantes actuales. Quizás se deba a que admitieron estudiantes que no estaban calificados o no interesados en los programas ofrecidos por su institución. No debería esperarse que admitamos a todos los solicitantes (ni por la insistencia de sus padres) a un programa de capacitación. Tampoco un seminario debe estar en busca de matrículas grandes solamente por razones financieras. Buscamos estudiantes que estén interesados en nuestro propósito y que tengan la capacidad de aprender y aprovechar el programa. Nadie esperaría que una persona poco diestra en la mecánica o sin interés alguno en herramientas y máquinas, se matricule en un curso para adiestrar mecánicos. Los que no toleran la sangre no deben aspirar a ser cirujanos. A quienes les cuesta relacionarse con la gente, no deberían aspirar a ser terapeutas. Asimismo, con el adiestramiento teológico. Los requisitos previos deben ser recursos para el proceso de aprendizaje que indiquen quienes no deberían de matricularse en un programa dado. Todos los programas educativos tienen listas de requisitos, rasgos y logros que deberían ser ciertos para los estudiantes de nuevo ingreso. Así como decidimos lo que enseñaremos y escogemos a los profesores, también debemos tener control sobre quiénes pueden estudiar en nuestros programas.

Incluso usted pudiera llegar a la conclusión de que sus perfiles escritos de los estudiantes no son realistas. La mayoría de los estudiantes en su área tal vez no posea un buen conocimiento bíblico ni las habilidades básicas para el estudio a ese nivel. Si bien no querrá sacrificar sus estándares para aumentar la matrícula, esta información será útil para el desarrollo de un plan curricular que ofrezca programas preparatorios que preparen a esos estudiantes para los programas que la institución realmente quiere ofrecer.

¿Hacia dónde van nuestros estudiantes?

El conocer a nuestros estudiantes es el punto de partida para pensar en el currículo. De la mano va el desarrollo de un perfil de lo que debe ser cierto de los graduados. A medida que nuestros estudiantes se muevan hacia puestos ministeriales (o cuando continúen en el ministerio), ¿qué deben saber? ¿Qué destrezas necesitan? ¿Qué tipo de personas deben ser? Su currículo será su plan para llevar a sus estudiantes desde donde están hasta donde tienen que estar.

El perfil escrito de nuestros graduados, en teoría, debería ser el resultado natural de las discusiones internas con la facultad y el personal, puesto que muchos ocupan posiciones de liderazgo en sus iglesias u organizaciones cristianas. Pero la retroalimentación no siempre surgen con naturalidad. Usted tiene que desarrollar formas de reflexionar sobre lo que han visto y experimentado. Organice foros para la discusión de las necesidades y realidades de las iglesias, organizaciones cristianas y su comunidad. ¿Qué tipo de destrezas y conocimientos explícitos son necesarios para servir bien?

Usted debe buscar la manera de escuchar a los pastores, las pastoras y líderes que no son parte de su equipo ni graduados del programa. No obstante, las mejores ideas vendrán de sus graduados. En la medida en que consideremos lo que están haciendo, o lo que quisieran hacer, obtendremos una idea mucho más clara del perfil que deberíamos considerar para nuestros graduados. Cuando los exestudiantes reflexionan sobre sus estudios, ¿cuáles de las clases compulsorias no han sido de gran ayuda? ¿Qué les hubiera gustado aprender o estudiar?

Sus estudiantes están trabajando en un ambiente cambiante. Ya no es cierto lo que hace veinte años decíamos sobre la iglesia. Lo que se requería o esperaba del liderazgo también ha cambiado. No podemos sencillamente hacer ajustes un currículo que fue un éxito hace veinte años atrás. Hace falta que periódicamente revisemos nuestros programas para que equipen a la generación actual con sus dones, experiencias, conocimientos, caracteres, habilidades, pasiones y llamados para ministerios que existen ahora y que se proyectan hacia el futuro.

Su investigación podría concluir que muy pocos estudiantes cumplen los requisitos para matricularse en los programas que quisiera ofrecer. O, quizás la evaluación de la comunidad y sus necesidades llegue a la sorprendente conclusión de que pocos están interesados en sus graduados. Tal vez fue un seminario importante hace treinta años atrás, pero las cosas han cambiado tanto que sus ofrecimientos actuales no resuenan con las necesidades. La tarea del desarrollo curricular no trata de refinar los programas que ya caducaron. No perpetúe esas cosas «sagradas». Atrévase a desarrollar un programa curricular que prepare a los estudiantes que tiene ahora para contextos ministeriales que son reales.

Tercer Paso: Evalúe el currículo que tiene (o el que tienen otros)

El siguiente paso en el desarrollo curricular no es la reinvención de la rueda. Usted está interesado en saber hasta qué punto el programa que ya tiene lleva a sus estudiantes desde donde están hasta donde necesitan estar.

Existen muchas buenas herramientas para la evaluación de la enseñanza y el aprendizaje, incluidas las guías de autoevaluación para la acreditación, desarrolladas por las redes regionales de seminarios teológicos que son parte del Consejo Internacional para la Educación Teológica Evangélica (ICETE, por sus siglas en inglés). Por ejemplo, véase los estándares desarrollados por la Asociación para la Educación Teológica Cristiana en África (ACTEA) (www.acteaweb.org). La evaluación del currículo se aborda en los capítulos posteriores de este libro.

En una institución de aprendizaje, nuestros estudiantes no son los únicos que aprenden. La institución debe recibir retroalimentación de estudios internos, así como de los estudiantes, los graduados, las iglesias y su personal y equipo docente. La clave para un gran plan estratégico, que incluye tener un excelente currículo, es que todos quieran contribuir. Necesitamos escucharnos los unos a los otros y contribuir nuestras observaciones y recomendaciones para el futuro. Durante estas revisiones periódicas de cómo estamos llevando a los estudiantes hacia la meta, debemos tomar en cuenta las siguientes preguntas:

- ¿Qué está funcionando? ¡Manténgalo! ¡Celébrelo! ¡Fortalézcalo!
- ¿Qué está débil y debe ser reforzado?
- ¿Qué está débil y debemos dejar morir?
- ¿Qué falta y debería ser añadido?

Gran parte del desarrollo del currículo girará en torno a las listas que usted compondrá de las cosas pequeñas y grandes señaladas en las respuestas. Recuerde que la planificación curricular va más allá de la evaluación de los cursos. Ello incluye metodologías, personas y estructuras. Así es como el paquete total del aprendizaje funciona para lograr la transformación y el crecimiento de sus estudiantes. ¿En qué medida ese todo, incluidas las clases, colaboran hacia el logro de los objetivos para los estudiantes? ¿Qué está contribuyendo o impidiendo los resultados deseados? ¿Qué ha dejado de reflejar sus valores y propósito?

La evaluación de su programa debe incluir el efecto del currículo invisible u oculto. A medida que nuestros estudiantes observen las relaciones y vivan en nuestros ambientes institucionales, aprenderán las actitudes y conductas de nuestro currículo invisible (sepamos o no que lo hemos enseñado). La mayoría de los currículos de estudios teológicos aspiran a fomentar la transformación y el crecimiento del carácter. Sin embargo, es difícil lograrlo o medirlo. La verdad es que la comunidad es la mayor influencia sobre los estudiantes. Por consiguiente, el paquete curricular debe conscientemente edificar sobre el currículo invisible.

Sus perfiles escritos (actualizados con cierta frecuencia) expondrán los valores, las actitudes y los comportamientos que deben ser ciertos en sus estudiantes entrantes. Además, deben aclarar los valores, las actitudes y los comportamientos que espera de sus graduados.

Sus estudiantes deben comprender en dónde están y hacia dónde irán. Un buen proceso educativo les ayudará a evaluar y aprender de sus pasados. Hace falta algo más que una buena lista de cursos para que se conviertan en discípulos y discípulas, que aprendan a caminar por fe en humilde obediencia a la Palabra de Dios.

¿Cómo planificamos un currículo que fomente la transformación? Sus estudiantes cambiarán a medida que observen y participen en la vida de la comunidad de aprendizaje. Un ambiente educativo que fomente la transformación tendrá muchas personas que modelen su compromiso de seguir a Jesús. Los estudiantes verán estos ejemplos y cambiarán su manera de hacer las cosas. En una comunidad de aprendizaje todos son estudiantes y maestros.

Fíjese en las palabras de Pablo para su aprendiz, el joven pastor Timoteo: «Tú, en cambio, has seguido paso a paso mis enseñanzas, mi manera de vivir, mi propósito, mi fe, mi paciencia, mi amor, mi constancia, mis persecuciones y mis sufrimientos. Estás enterado de lo que sufrí en Antioquía, Iconio y Listra» (2Ti 3:10–11a). Timoteo ya conocía la enseñanza de Pablo. Debemos estar bien claros en que la buena enseñanza es una parte importante del discipulado. No obstante, Pablo está presentando un modelo que va más allá de la memorización, la investigación, los exámenes y la imitación de la conducta externa. Está hablando de cosas más profundas, como el propósito, la fe, la paciencia, el amor y la resistencia: «Pero tú permanece firme en lo que has aprendido y de lo cual estás convencido, pues sabes de quiénes lo aprendiste» (2Ti 3:14). La enseñanza es eficaz no solo porque es ilustrada y modelada por una persona; la enseñanza es validada por la vida misma del maestro o la maestra. El *conocer* a los docentes que están enseñándoles cosas valiosas se convierte en un incentivo para el cambio. Dios usa modelos como parte del proceso de transformación de adentro hacia fuera.

Según Jesús, «todo el que haya completado su aprendizaje, a lo sumo llega al nivel de su maestro» (Lc 6:40b). Mientras evalúa su programa de educación teológica, ¿qué tipo de profesores y profesoras tiene y cómo se llevan entre sí? Si los docentes son valorados principalmente por sus logros académicos, lo más probable es que sus mejores estudiantes también se esfuercen por sobresalir en sus estudios. Por otro lado, si son (además) apreciados por sus habilidades como comunicadores, consejeros o la humildad con que preparan a otros, sus estudiantes se esforzarán por convertirse en predicadores, consejeros o mentores. Los docentes tienen que ser discípulos que vean el mundo a través de los ojos de Cristo y vivan en obediencia consciente a la Palabra de Dios, de tal manera que fomenten en sus estudiantes el deseo de crecer como discípulos de Cristo. El mejor equipo docente que alentará la transformación estará compuesto por personas que, no solamente se dediquen a enseñar los decretos y las leyes de Dios, sino que sean como Esdras, quien: «…se había dedicado por completo a estudiar la ley del Señor, a ponerla en práctica y a enseñar sus preceptos y normas a los israelitas» (Esd 7:10). No estamos exagerando cunado decimos que el equipo correcto de maestros y modelos es crucialmente importante para que nuestros estudiantes cambien y crezcan espiritualmente. Entonces, ¿con qué tipo de equipo docente cuenta?

El impacto curricular de su facultad se extiende al aprendizaje de actitudes. Los estudiantes imitarán a sus profesores y profesoras. Entonces, si nos importa que nuestros estudiantes se conviertan en siervos y siervas, en lugar de enseñorearse del rebaño, necesitamos profesores y profesoras que sean pastores, no dictadores. Si a sus profesores y profesoras les interesa más su estatus (como los discípulos en Lucas 22:24), sus estudiantes también discutirán quién es el mayor entre ellos. Jesús enseñó con parábolas e historias durante los tres años en que vivió junto a sus discípulos.

Lo que los estudiantes aprenden de veras vendrá de cómo se relacionan entre sí los miembros de su equipo administrativo y docente. Los estudiantes están pendientes de la manera en que solucionan los conflictos (o no). Estos aprenden la importancia del tiempo de la puntualidad de la facultad y los administradores en las clases, la capilla o sus citas. Asimismo, quizás aprenden de la irresponsabilidad de las «personas importantes» que rara vez se preparan para la clase. Aprenden acerca de la justicia y equidad no solamente por la manera en que el buen comportamiento es recompensado o castigado, sino también de la evaluación y calificación de su trabajo. Aprenden sobre el respeto y la compasión del trato dado a la gente en el campus, incluyendo a quienes desempeñan labores de menor estatus. ¿Qué aprenden los estudiantes cuando las personas (que tienen nombres) son llamadas solamente por sus títulos?

El aprendizaje de nuevas destrezas y actitudes toma tiempo. Quizás sus estudiantes tuvieron un excelente profesor de Homilética que les enseñó a hacer exégesis y a preparar sermones de calidad. Pero si no tienen suficientes oportunidades para practicar, o si no han tenido buenos modelos de predicación, terminarán predicando de acuerdo con los malos hábitos que por años han visto en sus iglesias y la televisión. Su puñado de clases o limitada práctica no será suficiente para cambiar esos hábitos.

El crecimiento del carácter toma tiempo. Entonces, ¿habrá asignado el tiempo suficiente para que su programa curricular funcione? Santiago capítulo 1 describe un proceso de discipulado mediante el cual la prueba de la fe lleva a la constancia. La constancia debe llevar a feliz término la obra» para que sean «perfecto e íntegros, sin que les falte nada» (Stg 1:4). Pedro escribió lo siguiente: «Esfuércense por añadir a su fe, virtud... entendimiento... dominio propio... constancia... devoción a Dios... afecto fraternal... amor» (2P 1:5–7). El discípulo y la discípula deben aprender estas destrezas y cualidades. Todas requieren tiempo.

Sus estudiantes son el fruto de su trabajo. Por lo tanto, ¿hasta qué punto se parecen al perfil que deseamos ver en nuestros graduados? ¿Y en qué medida somos responsables de los cambios que se han producido en ellos?

La evaluación de su programa tiene que ser panorámica, para que se pueda ver su efecto general. Quizás su programa de capacitación esté bien organizado y cuente con excelentes docentes y estudiantes, pero aún así es bastante tradicional. Para que sea aun mejor tendrá que evaluar sus estructuras. ¿Qué cosas realmente no se pueden cambiar, y qué cosas son flexibles? Su preocupación curricular no debe limitarse al fortalecimiento de los cursos existentes en términos de sus contenidos y metodologías, identificar mejores cursos o contratar profesores y profesoras con mejores calificaciones. La pregunta curricular más importante es si existen mejores maneras de empaquetar o conceptualizar cómo y dónde debe ocurrir el aprendizaje. Eso incluye aprovechar su currículo oculto.

Cuarto Paso: Reescriba su currículo

A estas alturas ya tiene mucho trabajo para el desarrollo de su currículo. Ya tiene claro su propósito y, gracias a sus perfiles de estudiantes y graduados, comprende la ruta educativa a seguir para que sus estudiantes lleguen desde donde están hasta donde necesitan estar. Si ha desarrollado un proceso para recibir retroalimentación periódica de los grupos que se benefician de su programa, de seguro ya tiene una larga lista de sugerencias prácticas sobre el currículo actual. Por lo tanto, ¿cuáles son los pasos que debe tomar para desarrollar o reevaluar su currículo?

(1) Comience con lo que está haciendo bien. Esto es más que simplemente decidir no arreglar lo que no está roto. Pero tampoco debe cambiar las cosas simplemente porque alguien (importante) piensa que necesita cambiar. Si algo funciona bastante bien, regocíjese, y luego incorpore en su plan curricular formas de mantener estas cosas fuertes. Por ejemplo:

- Si tiene excelentes docentes, incluya un plan de cuidado pastoral y aliento con el fin de ayudarles a mantenerse renovados y frescos. ¿Qúe puede hacer para fortalec su conocimiento, práctica y carácter? ¿De qué manera puede fortalec sus relaciones con los estudiantes?
- Dado que, en muchos aspectos, sus profesores y profesoras son el «currículo», ¿cuenta con el equipo docente adecuado? ¿Es su equipo adiestrable o no tiene remedio?
- ¿Acaso sus mejores profesores podrían ser adiestradores de los que todavía no son tan buenos?
- Incluso si tiene un excelente currículo escrito y un equipo maravillosamente competente, ¿de qué manera podría fortalecer su programa mejorando los planes de enseñanza y metodologías de aprendizaje de sus docentes? Su plan debe incluir cómo ayudar a todos sus docentes a mejorar cómo enseñan.
- ¿Cómo podrían sus profesores y profesoras entender mejor la relación entre sus cursos y los otros cursos ofrecidos? ¿Están sus sílabos organizados de tal manera que sus estudiantes (y docentes) entiendan lo que será enseñado y cuál es la función de cada pieza del currículo?

(2) Fortalezca las debilidades, ¡deseche lo que no sirve!

- La evaluación exhaustiva de su programa de enseñanza revelará una larga lista de las cosas que ameritan atención. A fin de desarrollar un plan con metas y objetivos específicos, asegúrese de establecer prioridades. Algunas cosas tienen mayor urgencia que otras.
- Su evaluación general del currículo (sobre todo si incluye la retroalimentación de los graduados) servirá para determinar cuáles cursos mantener y cuáles ir eliminando. Si tiene cómo entablar conversaciones confidenciales con sus graduados, son los mejores

evaluadores de los cursos en términos del aprovechamiento del contenido y su aplicación práctica.

- Mientras revisa los cursos impartidos, ¿debería añadirles o eliminarles contenido? ¿Hay temas que son tan importantes que necesitan un curso aparte?
- Mientras desarrolla un plan para resolver las áreas con problemas, tome nota de quien podría hacerse responsable de que eso suceda. Incluya los costos de la implementación de los cambios, considerando cuestiones de espacio, tiempo y personal adicional.
- ¿Cuenta con los recursos necesarios para ofrecer lo que planea ofrecer? ¿Será posible expandir o hacer un mejor uso de las instalaciones del campus? ¿Está usando bien el tiempo?
- ¿Cómo afecta el ambiente académico la capacitación del estudiantado? ¿Cómo está evaluando el efecto del currículo oculto?

(3) Agregue lo que falta:

- Dado su propósito, su trayectoria y los recursos que tiene, ¿qué tiene la capacidad de hacer que sea distinto de los ofrecimientos de otras instituciones? Tenga en cuenta que ninguna institución puede hacerlo todo.
- El estudio de las necesidades de sus graduados, iglesias, organizaciones cristianas y la comunidad redundará en nuevos programas. ¿Qué nuevos programas se requieren a raíz del estudio?
- Si decide añadirle al currículo, tendrá que eliminar algo. Ningún curso es tan sagrado que no puede ser eliminado —si no sirve al currículo, las necesidades y realidades del estudiantado. No importa cuánto tiempo lleve ofreciéndolo, atrévase a eliminarlo si ya no sirve.

(4) Considere qué podría hacerse de un modo más creativo. A partir de su observación de otros modelos educativos, así como de la lectura y reflexión acerca del mejoramiento de la educación de adultos, ¿cómo podría cambiar la imagen de su programa curricular? No está obligado a imitar lo que otras universidades o seminarios bíblicos locales están haciendo:

- ¿Podría ofrecer módulos concentrados para aprovechar la visita de un erudito o que los estudiantes exploren un tema en particular, tal vez ofreciendo la clase en un lugar diferente?
- ¿Cómo podría aprovechar el aprendizaje semipresencial, en donde los estudiantes pueden usar las herramientas tecnológicas de la educación a distancia y a la vez reunirse de manera presencial?
- ¿Podría ofrecer parte (o la mayoría) de su programa en subgrupos multidisciplinarios?[7]

Conclusión

La revisión del currículo cada cinco o diez años es laboriosa. Sin embargo, el esfuerzo vale la pena, siempre y cuando resulte en un proceso educativo que lleve eficazmente a sus estudiantes desde donde están hasta donde necesitan estar. Que Dios le dé sabiduría a medida que conozca a sus estudiantes (quiénes son y qué saben). Que reciba la visión para desarrollar los perfiles de los graduados que quisiera ver, de lo que necesitan ser y hacer para servir bien. Que disfrute ver la manera en que Dios ha usado y bendecido sus esfuerzos en el pasado, y que reciba la inspiración, el valor y la creatividad para fortalecer lo que ya es bueno, y cambiar, arreglar o agregar lo que sea necesario. Su institución tendrá un fundamento sólido para revisar y diseñar el currículo en la medida en que esté dedicada al aprendizaje.

Reflexión y puntos de acción

1. ¿Qué dice la declaración de misión de su institución sobre su propósito? ¿Se entiende claramente? ¿Por qué?
2. Haga una lista de algunos de los cursos ofrecidos por su programa de educación teológica y explique de manera concisa cómo abonan al cumplimiento del propósito del seminario.

7. Perry Shaw explora este concepto de los subgrupos multidisciplinarios junto con un estudio de caso del Seminario Teológico Bautista Árabe en Beirut, El Líbano. Véase Perry Shaw, *Transformando la educación teológica: Una guía práctica para el aprendizaje integrado* (Carlisle: Langham Global Library, 2014).

3. Escriba un perfil que describa a cinco estudiantes particulares, admitidos a sus programas de capacitación. ¿Qué sabían antes de que empezaran sus estudios? ¿Qué sabe usted de sus experiencias, vocaciones y madurez?
4. Al mirar este perfil, ¿qué detalles resaltan debido a su cultura y herencia o situación económica?
5. ¿En qué se diferencian estos estudiantes de las generaciones anteriores que han estudiado en su institución?
6. ¿Qué sistema podría utilizar para aprender acerca de los estudiantes de nuevo ingreso?
7. ¿Qué papel ministerial desempeña la mayoría de sus graduados? Desarrolle un perfil que describa cómo deben ser estos estudiantes para poder asumir esta responsabilidad. Describa al menos cinco cosas explícitas que deben saber o saber hacer antes de graduarse.
8. ¿Qué planes o procesos ha trazado para comparar estos dos perfiles, así como evaluar si su currículo actual logra llevar a sus estudiantes desde donde estaban cuando entraron hasta donde tienen que estar para cuando se gradúen?
9. Reflexione sobre su currículo, ¿qué está haciendo bien?
10. ¿Cómo puede fortalecer lo que ya está funcionando?
11. ¿Cuáles son las cinco áreas principales que necesita reparar en su programa?
12. ¿Debe añadir nuevos programas? Explique cómo ayudarán a lograr su propósito institucional.
13. ¿Existe alguna manera creativa para que su programa sea dramáticamente distinto de lo que es ahora?

Recursos para seguir estudiando

Alstete, Jeffrey W. *Accreditation Matters: Achieving Academic Recognition and Renewal.* ASHE-ERIC Higher Education Report 30, no. 4. San Francisco: Jossey-Bass 2004.

Banks, Robert. *Reenvisioning Theological Education: Exploring a Missional Alternative to Current Models*. Grand Rapids, MI: Eerdmans, 1999.

Bates, A. W., y Gary Poole. *Effective Teaching with Technology in Higher Education.* San Francisco: Jossey-Bass, 2003.

Blumberg, Phyllis. *Developing Learner-Centered Teaching: A Practical Guide for Faculty.* San Francisco: Jossey-Bass, 2009.

Cole, Victor Babajida. *Training of the Ministry: A Macro-Curricular Approach.* Bangalore, India: Theological Book Trust, 2001.

Downs, P. G. *Teaching for Spiritual Growth: An Introduction to Christian Education.* Grand Rapids, MI: Zondervan, 1994.

Fisher, L. A., y C. Levene. *Planning a Professional Curriculum*. Calgary: University of Calgary Press, 1989.

Ford, LeRoy. *A Curriculum Design Manual for Theological Education: A Learning Outcomes Focus.* 1991. Reprint, Eugene, OR: Wipf & Stock, 2003.

Gangel, Kenneth, y James Wilhoit. *The Christian Educator's Handbook on Teaching.* Wheaton, IL: Victor Press, 1993.

Habermas, R., y K. Issler. *Teaching for Reconciliation: Foundations and Practice of Christian Educational Ministry*. Grand Rapids, MI: Baker, 1992.

Hardy, Steven A. "Curriculum." In *Excellence in Theological Education*. Sawyer, WI: Birch Island Books, 2006.

Harris, M. *Fashion Me a People: Curriculum in the Church.* Louisville, KY: Westminster, 1989.

Hart, D. G., y R. Albert Mohler, Jr. *Theological Education in the Evangelical Tradition.* Grand Rapids, MI: Baker, 1996.

Langford, David P., y Barbara A. Cleary. *Orchestrating Learning with Quality.* Milwaukee, WI: ASQC Quality Press, 1995.

Lewy, Arieh. *Handbook of Curriculum Evaluation.* Nueva York: UNESCO y el Instituto Internacional para la Planificación Educaciona, 1977.

Leypoldt, Martha M. *Learning Is Change: Adult Education in the Church.* Valley Forge, PA: Judson Press, 1971.

Merriam, Sharan B., y Rosemary S. Caffarella. *Learning in Adulthood: A Comprehensive Guide*. 2a ed. San Francisco: Jossey-Bass, 1999.

Posner, George J., y Alan Rudnitsky. *Course Design: A Guide to Curriculum Development for Teachers.* Nueva York: Longman, 2001.

Shaw, Perry. *Transforming Theological Education: A Practical Handbook for Integrative Learning*. Carlisle: Langham Global Library, 2014.

Theological and Christian Education Commission (TCEC). *Training God's Servants: A Compendium of the Papers and Findings of a Workshop on "Training for Missions in Africa."* Nairobi: Association of Evangelicals in Africa, 1997.

Toohey, Susan. *Designing Courses for Higher Education.* Buckingham: Open University Press, 1999.

Vella, Jane. *How Do They Know That They Know.* San Francisco: Jossey-Bass, 1998.

———. *Learning to Listen, Learning to Teach.* San Francisco: Jossey-Bass, 1994.

———. *On Teaching and Learning.* San Francisco: Jossey-Bass, 2008.

Wiggins, Grant, Jan McTighe, y Jay McTighe. *Understanding by Design.* Alexandria, VA: Association for Supervision and Curriculum Development, 1998.

Yount, William R. *Created to Learn: A Christian Teacher's Introduction to Educational Psychology.* Nashville, TN: Broadman & Holman, 1996.

4

El diseño de un currículo contextualizado

Errol Joseph

Recuerdo la primera vez que escuché la pregunta: ¿Estamos haciendo iglesia para la iglesia que fue o la que será? Me encontraba con un grupo de ministros que discutía asuntos relacionados con la iglesia. Desde entonces, he repetido muchísimo esta pregunta a diferentes grupos. La pregunta también es pertinente a la educación teológica. En este contexto, podríamos preguntarnos: ¿Estamos equipando a la gente para servir a la iglesia del pasado o la del futuro? No importa el contexto en donde hagamos esta pregunta, se enfoca en la relevancia de la actividad actual del desarrollo para el futuro. Esta preocupación general por la relevancia es la idea central de este capítulo sobre el diseño curricular contextualizado.

Definición de currículum

El término «currículo» es aplicado a una variedad de estructuras con sus respectivos significados. Por ejemplo, puede referirse a un aula, una facultad universitaria en particular o incluso un programa nacional, un momento de la vida, una vida entera, una carrera o un ciclo de actividades; también puede referirse a un programa académico de tres años o a una sola semana de trabajo en un campo especializado, el material o sílabo del curso o lo que el/la estudiante de verdad aprende.[1] Niculescu identifica el acuerdo que existe entre las muchas definiciones acerca de los elementos principales: estudiantes, profesores y profesoras, un contexto educativo y el contenido a ser aprendido en secuencia.[2] A partir de lo anterior, en este capítulo he definido el currículo como 'un *plan* diseñado para que *alguien*, en *determinado lugar*, aprenda *algo* de una manera en particular y cumpla el *objetivo esperado*'. Esta definición reconoce los elementos que tiene en común con las otras definiciones. El «plan» y la «manera particular» son equivalentes a la secuencia, el «algo» por aprenderse es el contenido, el «alguien» es el estudiante y la «ayuda» supone la presencia de un maestro o facilitador de algún tipo, mientras que el «determinado lugar» es el contexto educativo. Ese «alguien», asimismo, puede ser considerado otra dimensión del contexto educativo. Mi definición incluye el elemento adicional del «resultado deseado», enfocándome en los resultados educativos u otros resultados esperados de ese diseño curricular. Tenga en cuenta que, según esta definición, el contexto educativo es uno de los elementos centrales del currículo.

Contexto y desarrollo curricular

El contexto puede entenderse como el ambiente del currículo o, dicho de otra manera, el ambiente en el que tiene lugar la educación, o en el que opera el currículo. Niculescu sugiere que el contexto es un factor principal en nuestras diversas interpretaciones de lo que es un currículo.[3] La teoría de Albert Bandura del aprendizaje social establece que la conducta es aprendida del ambiente mediante el proceso del aprendizaje observacional.[4] Del mismo modo, la teoría del aprendizaje significativo postula que el nuevo aprendizaje cobra significado cuando es relacionado con el conocimiento previo. Esta teoría argumenta que el conocimiento previo es el factor más importante en el aprendizaje y que el

1. Rodica M. Niculescu, "Trying to Understand Curriculum in the New Millennium", *Bulletin of the Transilvania University of Brașov* 2, no. 51 (2009): 105, acceso 12 de enero 2015, http://search.ebscohost.com/.

2. Ibíd., 106.

3. Ibíd.

4. Albert Bandura, *Social Learning Theory* (Englewood Cliffs, NJ: Prentice Hall, 1977).

educador debe determinarlo para luego enseñar acorde a ello.[5] La literatura sobre el currículo refleja amplio acuerdo sobre este punto de vista.

Los primeros exponentes del diseño curricular señalaron la necesidad de estudiar a los propios estudiantes y la vida contemporánea fuera de la escuela. Según estos, las probabilidades de que un estudiante aplique el aprendizaje aumentan cuando reconoce la similitud entre las situaciones de la vida y la situación en la que ocurre el aprendizaje.[6] Del mismo modo, el conocido autor latinoamericano Paulo Freire alentó a los educadores a que abandonaran la educación bancaria a favor del planteamiento de los problemas de las personas en sus relaciones con el mundo.[7] Además, Pratt señala en su obra maestra sobre el diseño curricular lo siguiente: «Entre los educadores existía un acuerdo general, aunque no universal, de que los currículos deberían partir de las necesidades del estudiante»; por eso debe establecerse un proceso de evaluación de las necesidades humanas, el cual debería incluir consultas, recopilación de los indicadores sociales y análisis de las tareas.[8] Otros autores (p. ej. Gress[9]) mencionan que el currículo y la instrucción deben manipular tres variables. Una de esas variables era el ambiente, ya sea planificado o real, es decir, los «componentes no humanos en la arena del involucramiento (tiempo-espacio, cosas) y la presencia física, postura, ubicación de las personas»,[10] que no pueden ser separados del contenido del currículo.

El contexto no es de menor importancia para la práctica de la educación teológica. Hace más de treinta años, el Manifiesto del Consejo Internacional de Educación Teológica Evangélica (ICETE [por sus siglas en inglés], anteriormente llamado Consejo Internacional de Agencias Acreditadoras, ICAA) sobre la Renovación de la Educación Teológica Evangélica hizo hincapié

5. Kelvin Seifert, *Educational Psychology* (Boston: Houghton Mifflin, 1983), 183.

6. Ralph W. Tyler, *Basic Principles of Curriculum and Instruction* (c.1949; Chicago: University of Chicago Press, 1975), 18.

7. Paulo Freire, *Pedagogy of the Oppressed* (Harmondsworth: Penguin, 1972), 52.

8. David Pratt, *Curriculum Planning: A Handbook for Professionals* (Fort Worth, TX: Harcourt Brace College, 1994), 35.

9. James R. Gress, *Curriculum: An Introduction to the Field* (Berkeley, CA: McCutchan, 1978).

10. Ibíd., 24.

en el papel crítico del contexto en la educación teológica. El primer elemento del manifiesto dice así:

> Nuestros programas de educación teológica deben diseñarse con referencia específica a los contextos en los cuales sirven. Somos culpables de que nuestros programas de estudios frecuentemente parecen ser importados íntegramente del extranjero o haber sido transmitidos del pasado, sin alteración alguna. Tanto la selección de cursos para el programa de estudios como el contenido de ellos deben ser ajustados al contexto donde se utilizan. El familiarizarse con el contexto en el cual el mensaje bíblico ha de ser vivido y predicado es tan vital para un programa integral, como lo es familiarizarse con el contenido de este mensaje. De hecho, no solo en lo que se enseña, sino también en su estructura y operación, nuestros programas teológicos deben demostrar que existen en y para su contexto específico –en gobierno y administración, personal y finanzas, estilos de enseñanza y tareas de clases, recursos bibliotecarios y servicios estudiantiles–. Esto lo tenemos que lograr, mediante la gracia de Dios.[11]

El segundo elemento del manifiesto también está relacionado con el contexto, ya que enfatiza la orientación hacia la iglesia: «Nuestros programas de educación teológica deben estar orientados hacia la comunidad cristiana a la cual se está sirviendo. Erramos cuando nuestros programas se desarrollan simplemente en términos de alguna noción tradicional o personal de la educación teológica. En cada nivel de diseño y operación, nuestros programas deben dar evidencia visible de haberse diseñado con una atención cuidadosa a las necesidades y expectativas de la comunidad cristiana a la que se está sirviendo».[12] Este documento innovador buscaba que la educación teológica estuviera arraigada firmemente a su contexto sociológico y eclesiástico.

De manera similar, Banks lamenta la fragmentación de la educación teológica, que en su opinión sigue un modelo académico que abstrae el

11. Robert W. Ferris, *Renewal in Theological Education: Strategies for Change* (Wheaton, IL: Billy Graham Center, Wheaton College, 1990). Versión en español https://icete.info/wp-content/uploads/2019/04/Manifesto_ICETE_ES.pdf, acceso 3 de diciembre de 2019.

12. Ibíd., 141.

objeto del conocimiento de los ambientes concretos. Banks argumenta que una parte del proceso de facilitar el que los estudiantes intuyan a Dios implica, en parte, estructurar las «imágenes, creencias, valores y rituales de la fe de tal modo que se obtenga una perspectiva del mundo implicado, de los motivos y patrones principales y la relevancia de las situaciones actuales», e insertar, «la situación concreta en este marco trascendente, para que ambos sean evaluados adecuadamente».[13] Por lo tanto: «Nuestro pensamiento tiene que ser encarnado, experiencial y contextualizado, en lugar de abstracto, objetivo y universal».[14] Griffiths asimismo ha argumentado que la educación teológica debe ser impartida por quienes estén familiarizados con el contexto:

> La buena educación teológica depende de la relación con su contexto. La educación teológica, académica y tradicional ha tendido a desvincularse cada vez más de cualquier contexto, excepto el de los criterios internos heredados. Para nosotros, la buena educación teológica debe definirse como aquella que está vinculada con su propio contexto, el de las iglesias cuyos obreros pretende capacitar. Nunca debe ser una isla ideológica, autónoma e independiente. Tiene que relacionarse con su propio contexto social, cultural e histórico. No debemos permitir que se aísle o distancie de las realidades de las iglesias y las sociedades a las que sirve.[15]

El currículo contextualizado utiliza lo siguiente: «Materiales auténticos, actividades, intereses, problemas y necesidades de la vida de los estudiantes para desarrollar una instrucción alineada con los contextos auténticos del mundo real en donde los estudiantes deberán usar esas habilidades».[16] La Gráfica 2 trata de representar la relación entre el contexto y el currículo, en donde el primero facilita el ambiente para llevar a cabo el proceso del

13. Robert J. Banks, *Reenvisioning Theological Education: Exploring a Missional Alternative to Current Models* (Grand Rapids, MI: Eerdmans, 1999), 21.

14. Ibíd., 29.

15. Michael Griffiths, "The Contextualization of Overseas Theological Education," en *Text and Context in Theological Education*, ed. Roger Kemp, ICAA Monograph Series Vol. 5 (Springwood, NSW, Australia: ICAA, 1994), 1.

16. Jenny Lee Utech, *Contextualized Curriculum for Workplace Education: An Introductory Guide* (Massachusetts Worker Education Roundtable, (Junio 2008), 7, Adobe PDF eBook.

diseño curricular. El área azul, que representa el contexto para el proceso de diseño, ilustra cómo el proceso entero ocurre en relación con el trasfondo del contexto. El contexto describe dónde ocurre el currículo e identifica las diversas influencias que convergen en la formación de un plan curricular.[17]

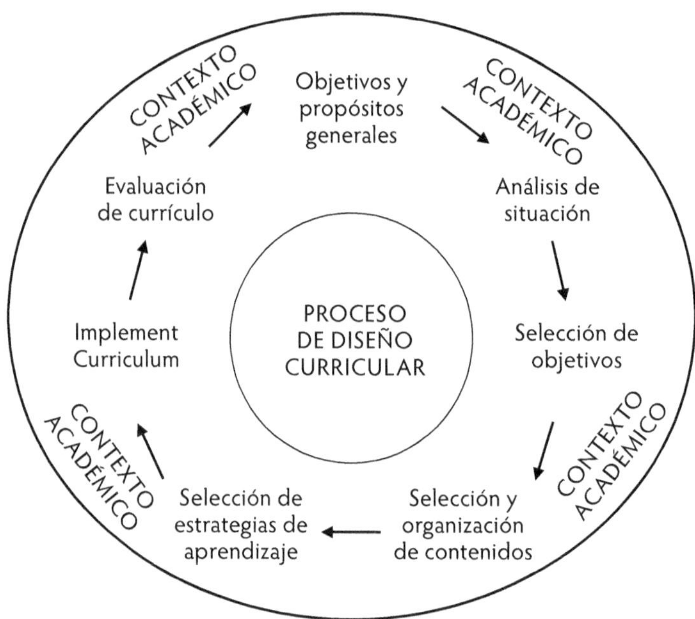

Gráfica 2. El papel del contexto en el proceso del diseño curricular

La sensibilidad al contexto también es crítica para que la educación teológica sea transformadora y no solamente informativa. Una de las definiciones del aprendizaje transformativo es «un proceso en el cual los supuestos, las creencias, los valores y las perspectivas que habían sido previamente asimilados sin crítica son cuestionados y, por lo tanto, se tornan más abiertos, permeables y mejor justificados».[18] La autenticidad del docente era vista como un elemento clave de este proceso e implicaba, entre otras cosas, ser consciente de las influencias del contexto en la enseñanza y la autenticidad, para luego separarse de ese

17. Ford, *Curriculum Design Manual*, 294.

18. Patricia Cranton, *Understanding and Promoting Transformative Learning: A Guide for Educators of Adults*, 2nd ed. (San Francisco: Jossey-Bass, 2006), iv.

contexto a fin de lograr una reflexión crítica.[19] El autor está de acuerdo con Banks en que «estamos en el negocio de enseñar personas, no solamente cursos, y de transformar su comprensión de manera que mejoren en lo personal y vocacional, más allá de la mera transmisión de conocimiento».[20] Banks propone un modelo misional para la educación teológica en torno a cinco preguntas, una de las cuales es: ¿Qué limitaciones impone nuestro contexto cultural, sociológico o ecológico actual sobre nuestras acciones?[21] Así identifica Banks el papel del contexto en la educación teológica transformadora. Stott lo expresa bien en su discurso acerca de la evangelización mundial: «Debemos combinar la fidelidad (el estudio constante del texto bíblico) con la sensibilidad (el estudio constante del escenario contemporáneo). Entonces, con fidelidad y relevancia, podremos vincular la Palabra con el mundo, el evangelio con el contexto».[22]

Ejemplos bíblicos de la contextualización del currículo

Como exponentes de la educación cristiana somos muy conscientes de que la Biblia es sensible al contexto. Asimismo, por lo general, se entiende que los escritores de los evangelios sinópticos del Nuevo Testamento seleccionaron aspectos particulares de la historia y las enseñanzas de Jesús para enmarcarlas de acuerdo con sus audiencias mayoritariamente judíos, romanos o griegos. Tampoco es casualidad que la Biblia haya sido escrita en hebreo, arameo y griego común (*koiné*), idiomas que dominaban los mundos en los que fue escrita.

Un de los mejores ejemplos de esta preocupación bíblica por el contexto es el discurso de Pablo ante los atenienses, registrado en Hechos 17:16–34. En su comentario sobre esta narrativa, Campbell define la contextualización como, «el proceso dinámico e integral de la encarnación del evangelio en una situación histórica o cultural concreta». Además, señala que este ejemplo de contextualización sugiere que «los cristianos tienen la responsabilidad y el

19. Ibíd., 197.
20. Banks, *Reenvisioning*, 223.
21. Ibíd., 151.
22. John R. W. Stott, "The Bible in World Evangelization," en *Perspectives on the World Christian Movement*, ed. Ralph D. Winter and Steven C. Hawthorne, (Pasadena, CA: William Carey Library, 1981), 6.

privilegio de hacer la exégesis del contexto, discernir lo que es apropiado, descubrir conexiones, tomar en serio la espiritualidad de las personas y comunicarse con el menor número posible de barreras».[23]

Asimismo, 1 Corintios 9:19–22, ilustra la manera en que los escritores bíblicos se aseguraron de que su mensaje fuera relevante al contexto. Aquí el apóstol Pablo revela su sensibilidad a las realidades contextuales de sus oyentes, fueran judíos o gentiles, bajo la ley o libres de la misma, o débiles. Por lo tanto, es sensible a las diferencias étnicas, religiosas y posiblemente sociales. De igual modo, demuestra su disposición a hacer los ajustes necesarios para comunicarse con precisión: «Me hice todo para todos, a fin de salvar a algunos por todos los medios posibles».[24]

De igual manera, el mensaje de los profetas del Antiguo Testamento, según Peters: «Surge de las circunstancias inmediatas y va dirigido a las condiciones y emergencias inmediatas». Además, postula que tales mensajes tenían un significado triple: (1) Histórico –dirigidos a la sociedad y las circunstancias inmediatas; (2) existenciales –dirigidos a nuestra sociedad y circunstancias contemporáneas; y (3) proféticos –pronosticaban eventos y acontecimientos.[25] Por esta razón, el mensaje de los profetas del Antiguo Testamento también estaba intrincadamente entretejido en el contexto, enraizado en las realidades históricas, sociales, políticas y espirituales de su tiempo. Estos declararon el destino de Israel, el exilio, la restauración y el regreso, y denunciaron y corrigieron los abusos morales y religiosos de los líderes y el pueblo.

Componentes del contexto

Cuando revisamos la definición de «currículo» utilizada en este capítulo ('un plan diseñado para que alguien, en determinado lugar, aprenda algo de una manera en particular y se obtenga el resultado esperado'), descubrimos dos aspectos importantes del contexto: «alguien» y «en determinado lugar». Ese

23. Susan Campbell, "Scratching the Itch: Paul's Athenian Speech Shaping Mission Today," *Evangelical Review of Theology* 35, no. 2 (2011): 177–184, acceso 17 febrero 2015, http://search.ebscohost.com/login.aspx?direct=true&db=rlh&AN=60802023&site=ehost-live.

24. *The Holy Bible: New International Version: Containing the Old Testament and the New Testament* (Colorado Springs, CO: International Bible Society, 1984).

25. George W. Peters, *A Biblical Theology of Missions* (Chicago: Moody, 1972), 120.

«alguien» se refiere a aquellos a quienes está dirigido el currículo. Jane Vella[26] identifica al «quién» (los participantes, líderes y su cantidad) como el primero de los siete pasos de la planificación. A continuación, se presenta una breve revisión de algunos de los componentes críticos del contexto curricular.

«Alguien» incluye lo que puede denominarse el contexto personal, cuyos elementos son ilustrados en la Gráfica 3. Aquí consideraríamos lo siguiente: ¿Qué experiencias aporta el estudiante a la experiencia de aprendizaje? ¿Cuál es el trasfondo familiar del estudiante? Con respecto al contexto académico de la persona: ¿Cuán dispuesta se muestra a aprender? ¿Qué conocimiento previo aporta el estudiante a la experiencia de aprendizaje?

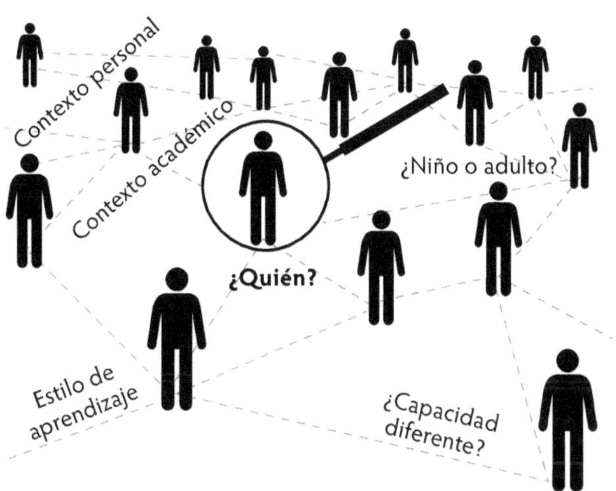

Gráfica 3. Elementos del contexto personal del currículo

Otra pregunta relevante sobre el «alguien» es si se trata de niños o adultos. En otras palabras: ¿Dónde está situado el estudiante dentro del continuo de pedagogía y andragogía de Knowles? Knowles popularizó la distinción entre la enseñanza de los niños (pedagogía) y la teoría del aprendizaje de los adultos (andragogía), sugiriendo que tanto la pedagogía como la andragogía representan polos dentro del espectro de la experiencia del estudiante, sobre

26. Jane Kathryn Vella, *Taking Learning to Task: Creative Strategies for Teaching Adults* (San Francisco: Jossey-Bass, 2000), 23.

todo en el tema bajo consideración.[27] La Tabla 1 muestra la manera en que Knowles distingue entre los dos polos del espectro.

Tabla 1. Knowles compara la pedagogía con la andragogía

	PEDAGOGÍA	ANDRAGOGÍA
Necesita saber	Basta con que los estudiantes sepan que deben aprender lo que el maestro/la maestra enseña para que sean aprobados y promovidos de grado.	Los estudiantes saben que necesitan aprender algo antes de comprometerse a aprenderlo.
Concepto que el aprendiz tiene de sí mismo	El estudiante se ve a sí mismo como una personalidad dependiente.	Los estudiantes se ven como responsables de sus propias decisiones y vidas y, por lo tanto, se ven capaces de auto dirigirse
Papel de la experiencia	La experiencia del estudiante tiene poco valor como recurso para el aprendizaje.	Los estudiantes llegan a la actividad educativa con un mayor volumen de experiencias y con una calidad de experiencia distinta a la de los niños.
Disposición a aprender	Los estudiantes se preparan para aprender lo que el maestro/la maestra les diga con tal de ser aprobados y promovidos de grado.	Los estudiantes están listos para aprender lo que necesiten para enfrentarse a las situaciones de la vida real.
Orientación al aprendizaje	Los estudiantes están enfocados en la materia.	Los estudiantes están enfocados en la vida (o en tareas o problemas).
Motivación	Los estudiantes son motivados por factores externos, tales como las calificaciones, etc.	Los estudiantes tienen la motivación para seguir creciendo y desarrollándose.

27. Malcolm S. Knowles, *The Adult Learner: A Neglected Species*, 3a ed. (Houston: Gulf, 1984), 52–61.

El estilo de aprendizaje es otro aspecto importante de a «quién» va dirigido el currículo. Se refiere a la manera en que aprende y maneja las ideas y situaciones cotidianas. Se toma en cuenta su manera de percibir, recordar y pensar, así como las formas distintivas en que da significado a la información. Existe un sinnúmero de modelos de estilo de aprendizaje. Phillips, por ejemplo, menciona al menos siete modelos. Algunos, como el *Inventario de Estilos de Paragón*, giran en torno a los factores de la personalidad del estudiante, tales como si la persona es introvertida o extrovertida, atenta a sensaciones o a la intuición, si es alguien que piensa o siente, si juzga o percibe. Las inteligencias múltiples de Gardiner identifican a la inteligencia como espacial, lógica/matemática, verbal/lingüística, musical, corporal-cenestésica, interpersonal, intrapersonal, naturalista, espiritualista y existencial. El *Inventario de los Estilos de Aprendizaje VARK* identifica a los estudiantes como visuales, auditivos, lectores/escritores y cenestésicos. El *Índice de los Estilos de Aprendizaje* considera cómo las personas prefieren recibir información en cuatro áreas: activa o reflexiva, sensible o intuitiva, visual o verbal, secuencial o global. Las orientaciones del aprendizaje de Martínez clasifican a los estudiantes en cuatro orientaciones: transformadores (innovadores), ejecutores (implementadores), conformistas (sustentadores) y resistentes. El Inventario de Estilos de Aprendizaje de Kolb distingue entre divergentes, asimiladores, convergentes y acomodadores. El esquema ATLAS (*Evaluación de las estrategias de aprendizaje de adultos)* agrupa a las personas según tres tipos de estrategias de aprendizaje: navegadores, solucionadores de problemas y participantes. El estilo de aprendizaje es importante porque los desajustes entre los estilos de enseñanza y aprendizaje pueden tener como resultado que los estudiantes se aburran o no presten atención, ejecutando pobremente los exámenes y desanimándose con sus clases, con el prontuario y consigo mismos, dejando abierta la posibilidad de que se transfieran a otro programa o abandonen sus estudios.[28] Además, el tema de la discapacidad ha cobrado auge. ¿Es el estudiante capaz o tiene una capacidad diferente?

Estas preguntas de contexto personal ofrecen un cuadro general de los estudiantes de nuevo ingreso y podemos resumirlas en tres áreas: (1) ¿Qué

28. David M. Phillips, "Learning Styles" (conferencia, Colegio Bíblico Nazareno, Colorado Springs, CO, 2008), acceso 28 de junio–2 de julio de 2011, http://online.cnc.edu/.

conocimiento traen consigo? (2) ¿Qué destrezas poseen? (3) ¿Qué tipo de personas son?[29]

De igual importancia para el contexto del currículo es el «lugar» o lo que se puede describir como el ambiente. Una forma de explorar este aspecto del contexto es mediante lo que en los estudios de administración se conoce como un «análisis ambiental». En términos del currículo, podríamos definirlo como una evaluación de cómo se verá afectado «por las condiciones y tendencias explícitas identificadas en el ambiente general o internacional/global».[30] A continuación aparece una lista concisa de algunos de los sectores a ser tomados en cuenta:

- *Sector social*: ¿Cómo afectan los temas actuales y futuros de familia, raza y etnia, clase social, género, salud, vivienda y comunidad, al currículo?
- *Sector cultural*: ¿Cómo afectan los problemas actuales y futuros del lenguaje, las normas sociales, los valores, los supuestos básicos, etc., al currículo? ¿Cuál es la naturaleza de la familia y otras estructuras sociales de donde provienen nuestros estudiantes y a las que serán enviados? ¿Cuál es la cosmovisión(es) dominante(s)?
- *Sector jurídico*: ¿Cuál es el marco legal y regulatorio para la operación actual y futura del currículo?
- *Sector político*: ¿Cómo definen las condiciones políticas actuales y futuras de estabilidad o inestabilidad, la formulación de leyes, el sistema político, la gobernanza y otros procesos políticos el ambiente curricular?
- *Sector económico*. ¿De qué manera las condiciones actuales y futuras del mercado laboral, recesión, tasas de empleo, crecimiento económico, etc., impactan el currículo?
- *Sector tecnológico*: ¿Cuáles son las tecnologías predominantes que impactan el currículo? ¿Cuáles deben aprender los graduandos? ¿Qué tecnologías afectarán su trabajo desde el currículo hasta el campo?

29. Shaw, *Transforming*, 35f.

30. Mary Jo Hatch, *Organization Theory: Modern, Symbolic, and Postmodern Perspectives* (Oxford: Oxford University Press, 1997), 96.

- *Sector físico*: ¿Cómo será implementado el currículo (presencial, por extensión o en línea)? ¿Cuáles serán las condiciones ambientales de su enseñanza? ¿Cuáles son los recursos físicos necesarios o disponibles para implementar el currículo?
- *El sector espiritual* también es de particular interés para la educación cristiana o religiosa. ¿En qué condiciones religiosas será impartido el currículo? Por ejemplo, ¿es un ambiente secular, pluralista o de una sola cultura religiosa? ¿Cuál es el nivel de tolerancia religiosa?

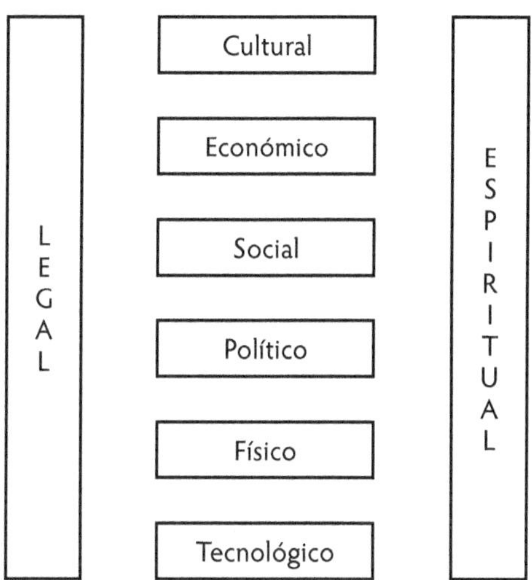

Gráfica 4. Componentes del contexto ambiental del currículo

Nótese que cada sector debe ser analizado en dos niveles. En primer lugar, ¿cómo afecta la manera de impartir el currículo? En segundo lugar, ¿cómo afecta los resultados previstos del currículo («resultados esperados»), es decir, la preparación de las personas para que funcionen eficazmente dentro de un ambiente dado? Por lo tanto, esta revisión del ambiente no debe ser solamente descriptiva, sino que además debe formular una hipótesis sobre las condiciones futuras. Asimismo, el análisis podría llevarse a cabo a nivel local, nacional o internacional, dadas las interconexiones globales de la actualidad.

El Compromiso de Ciudad del Cabo, que registra los procedimientos del Tercer Congreso de Lausana sobre Evangelización Mundial, celebrado en Ciudad del Cabo, Sudáfrica, en octubre de 2010, articula la tarea de la educación teológica contextualizada de la siguiente manera: «… la misión de la educación teológica es fortalecer y acompañar la misión de la Iglesia. La educación teológica sirve *primero* para capacitar a quienes lideran a la Iglesia como pastores-maestros, equipándolos para enseñar la verdad de la Palabra de Dios con fidelidad, pertinencia y claridad y, *segundo*, para equipar a todo el pueblo de Dios para la tarea misional de entender y comunicar la verdad de Dios de forma pertinente en cada contexto cultural».[31] El contexto describe en dónde el currículo toma lugar y las influencias que intervienen en su diseño. Por consiguiente, la convergencia de los diversos elementos del contexto influye de manera significativa en la elaboración de los otros elementos del diseño curricular, sobre todo en los modelos de instrucción y administrativos.[32]

La aplicación de los elementos contextuales al proceso de diseño

Consideremos la aplicación de los elementos contextuales al proceso de diseño curricular al menos en dos niveles, a saber, la selección del contenido y las experiencias curriculares, y el diseño de la instrucción. Casi siempre se parte del perfil del graduado o la graduada ideales. A tal fin debemos hacer las preguntas correctas, tales como: ¿En qué contexto servirán nuestros graduados? ¿Qué carácter, actitudes, conocimientos y habilidades deben poseer para tener éxito en ese contexto? Las respuestas ayudarán a los diseñadores curriculares con la creación del perfil del graduado o la graduada ideales. Otra pregunta crítica relacionada: ¿Quiénes son las personas con las que trabajaremos (estudiantes entrantes) en la formación de este graduado o graduada ideales? Las respuestas requerirán la incorporación de los diversos elementos del contexto considerados anteriormente.

Las siguientes son algunas preguntas adicionales para el equipo de diseñadores en su esfuerzo por tomar en cuenta el contexto curricular:

31. Lausanne Movement, "The Cape Town Commitment: A Confession of Faith and a Call to Action," *Evangelical Journal of Theology* 5, no. 1 (2011): 221.

32. Ford, *Curriculum Design Manual*, 294.

1. ¿Cuáles deberían ser los objetivos del programa en vista de las necesidades de la iglesia y el contexto al que han sido llamados los graduados y las graduadas?
2. ¿Qué cambios culturales, si alguno, esperamos en los próximos cinco a diez años, y cómo deberían prepararse nuestros graduados?
3. ¿Qué desafíos económicos podrían enfrentar los graduados en las comunidades a las que servirán?
4. ¿Qué cambios sociales probablemente moldearán el mundo en donde nuestros graduados servirán dentro de los próximos cinco a diez años?
5. ¿Cuál será el clima legal y político con que deberán lidiar nuestros graduados?
6. ¿Cómo será enseñado este currículo? ¿Modo presencial, a distancia o combinado?
7. ¿Con qué tecnologías deberán familiarizarse nuestros graduados para que sean eficaces?
8. ¿Qué condiciones religiosas y espirituales anticipamos para nuestros graduados?

Nótese que cada una de estas preguntas podría abordarse desde una perspectiva a corto, mediano y largo plazo.

Los principios anteriores también podrían ser aplicados al diseño de la instrucción y la selección del contenido curricular. M. David Merrill, profesor de Tecnología Educativa en la Universidad Estatal de Utah, ha descrito algunos de los principios básicos para el diseño de la instrucción a partir de problemas que, a su juicio, suelen recurrir en la mayoría de las teorías y los modelos de diseño de instrucción. Estos principios encajan bien con el énfasis de este capítulo en la conciencia y la sensibilidad al contexto. Merrill ha propuesto que el aprendizaje se facilita cuando los estudiantes se involucran con la resolución de problemas del mundo real, cuando nuevos conocimientos les son demostrados, cuando ellos los aplican y cuando los integran a su mundo.[33] Argumenta además: «Muchos de los modelos actuales de instrucción sugieren que los ambientes de aprendizaje más efectivos están basados en problemas e involucran al estudiante en cuatro fases distintas del aprendizaje: (1) activación de la experiencia previa, (2) demostración de las destrezas, (3) aplicación e (4) integración de las destrezas en actividades del mundo real»,[34] como ilustra la Gráfica 5.

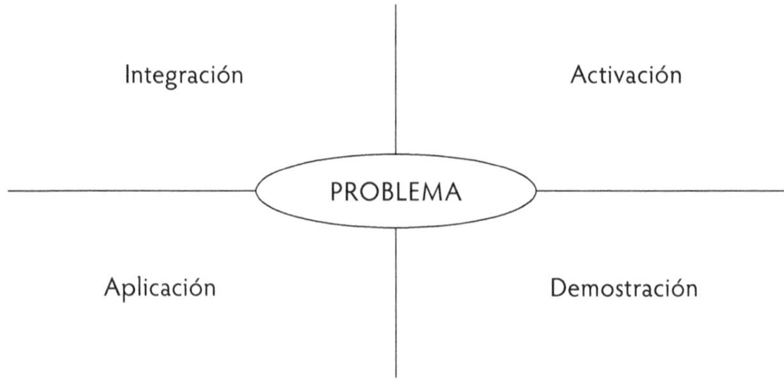

Gráfica 5. Fases de Merrill para una instrucción eficaz (utilizada con permiso del autor)

El currículo contextualizado no debe partir de la enseñanza de destrezas y conocimiento, sino de los contextos de la vida real, y entretejerlos en cada etapa del proceso de la enseñanza y el aprendizaje.[35]El currículo contextualizado, de acuerdo con Utech, utiliza materiales auténticos, actividades, intereses, problemas y necesidades de la vida de los estudiantes para desarrollar una instrucción en el aula que esté alineada con los contextos en donde esas

---

33. M. David Merrill, "First Principles of Instruction," *Educational Technology Research and Development* 50, no. 3 (2002): 44, acceso 26 de marzo 2015, http://mdavidmerrill.com/Papers/firstprinciplesbymerrill.pdf.

34. Ibíd.

35. Marilyn K. Gillespie, "EFF Research Priciple: A Contextualized Approach to Curriculum and Instruction," (EFF Research to Practice Note 3, 1, acceso 3 de marzo de 2012, http://www.edpubs.gov/document/ed001934w.pdf.

destrezas serán necesarias.[36] Utech asimismo propone varios pasos que constituyen el proceso de contextualizar el currículo:

1. Identificar las necesidades, los problemas y dilemas de los estudiantes.
2. Reunir la información y los materiales.
3. Diseñar y enseñar las lecciones; practicar las destrezas en el aula.
    3.a. Organizar la secuencia del material.
    3.b. Adaptar los materiales auténticos, si es necesario.
4. Poner en práctica las nuevas destrezas en el mundo real.
5. Evaluar y reflexionar acerca de las lecciones contextualizadas.
6. Revisar y agregar nueva información o destrezas.[37]

El diseño del currículo se mueve así del contexto a los resultados deseados (derivados del perfil del graduado ideal), luego a la enseñanza y el aprendizaje (contenido, instrucción, experiencias planificadas, evaluación, etc.) y finalmente, regresa al contexto de manera recíproca, tal y como ilustra la Gráfica 6. El modelo pretende mostrar la interrelación entre el contexto, los resultados deseados y la enseñanza y el aprendizaje. El contexto informa el proceso de enseñanza-aprendizaje. Como ya ha sido señalado, los contextos de la vida real deben ser integrados en cada etapa del proceso de enseñanza y aprendizaje. En resumen, el contexto debe jugar un papel crítico en la determinación de los resultados deseados, los que a su vez informan la enseñanza y cómo se llevará a cabo.

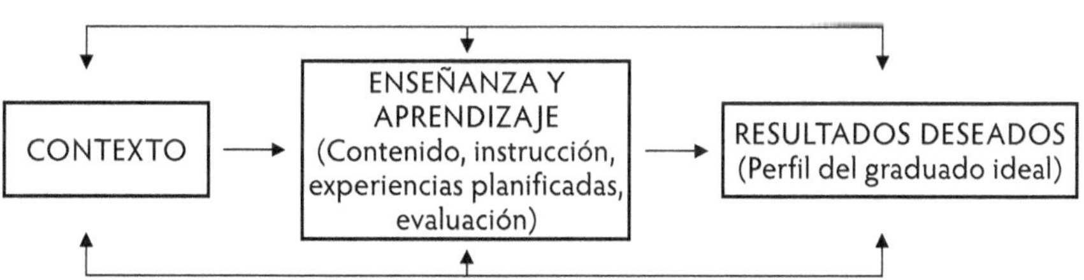

Gráfica 6. Un Modelo para el diseño curricular contextualizado

36. Utech, *Contextualized Curriculum*, 7.

37. Ibíd., 8.

El contenido y la instrucción, que son el corazón del proceso de enseñanza-aprendizaje, son influencias clave en la formación del futuro graduado. El contenido informa el método de instrucción y determina el tipo de experiencias a las que expondremos a los futuros graduados. En gran medida, el contenido también incorpora lo que deben conocer y poder hacer. De otra parte, los métodos instruccionales afectan la eficacia de ese aprendizaje y hasta las actitudes y el carácter del graduado potencial, ya que activan la experiencia previa y demuestran, aplican e integran las destrezas a las actividades del contexto real. Los resultados deseados junto con ese contenido (lo que debe ser aprendido) a su vez informan cómo se evaluará el aprendizaje.

De igual manera, el modelo refleja el vínculo entre el conocimiento y las experiencias actuales del futuro graduado y el contenido y proceso de instrucción. Si el proceso de enseñanza-aprendizaje se ve como el medio para zanjar la brecha entre el graduado potencial (estudiante entrante) y el graduado ideal, entonces el contenido del currículo puede verse como el conocimiento, las experiencias y demás que se requieren para que se convierta en el graduado ideal. Además, los defensores del aprendizaje experiencial abogan que las experiencias actuales del graduado potencial también proporcionan el punto de partida para la instrucción.

El modelo constata la relación recíproca entre el graduado ideal y el contexto. Si bien el contexto da forma al graduado potencial (estudiante entrante) y al graduado ideal (estudiante graduado) a través del proceso descrito anteriormente, también se espera que ese graduado regrese a servir, influir y posiblemente transformar ese contexto.

En resumen, existe una red compleja de relaciones recíprocas entre el contexto, los resultados deseados (derivados de la concepción del graduado ideal) y la enseñanza y el aprendizaje, como lo demuestra el modelo. Esto sugiere que las instituciones deben evaluar su contexto para determinar los resultados deseados, los cuales pueden describirse como el carácter, las actitudes, el conocimiento y las destrezas que el graduado ideal debe poseer para ser eficaz en ese contexto. Por lo tanto, estos objetivos son la base para la enseñanza y el aprendizaje que formarán al graduado ideal y contextualmente relevante.

Conclusión

¿Están nuestras instituciones de educación teológica equipando personas que servirán a la iglesia de ayer o a la del futuro? Quizás la respuesta no sea «sí» o «no». La respuesta quizás dependa de que reconozcamos que el contexto juega un papel crítico en el diseño curricular y en cómo responderemos a esas realidades. Este capítulo ha tratado de subrayar la importancia histórica, bíblica y actual del contexto para el ejercicio del diseño curricular, particularmente para la educación teológica y los posibles elementos que deberían ser tomados en cuenta. De igual manera, se ha tratado de mostrar cómo estos elementos están relacionados y delinear las características del proceso que podría emplearse para tomarlos en cuenta en el diseño del currículo. El capítulo termina proponiendo un modelo para el diseño del currículo contextualizado.

Reflexión y puntos de acción

Ejercicio 1: Preguntas Fundamentales para Guiar la Reforma Curricular

A partir del proceso del Seminario Bautista Árabe en El Líbano, Perry Shaw ha identificado las siguientes nueve preguntas fundamentales que deberían guiar la reforma curricular:[38]

1. ¿Cuál es la iglesia ideal en nuestro contexto?
2. ¿Cuáles son los desafíos contextuales?
3. ¿Cómo sería un líder cristiano ideal?
4. ¿Quiénes son los estudiantes?
5. ¿Adónde van los estudiantes?
6. ¿Cuándo? El marco de tiempo.
7. ¿Dónde? El ambiente del aprendizaje.
8. ¿Quién facilitará el aprendizaje?
9. ¿Qué y cómo?

¿Cómo respondería las preguntas anteriores en su contexto?

38. Shaw, *Transforming*, 48–49.

Ejercicio 2: Preguntas Clave acerca de la Relevancia Contextual

Las siguientes siete preguntas son clave para la revisión de la relevancia cultural de su currículo. Piense en el currículo y el contexto de su institución mientras responde lo siguiente:

1. ¿Cuán alineados están los objetivos de nuestro programa con nuestro contexto?
2. ¿Qué mecanismos utilizamos para analizar la situación de nuestra institución?
3. ¿Cuán alineados están los objetivos de nuestro programa con las realidades de nuestra situación?
4. ¿Cómo refleja el contenido de nuestros cursos las peculiaridades de nuestro contexto?
5. ¿Cuán apropiadas son nuestras estrategias de aprendizaje para los contextos personales y de vida de nuestros estudiantes?
6. ¿Cuál es la mejor manera de implementar el currículo en nuestro contexto?
7. ¿Cuál es la mejor manera de evaluar si estamos logrando los objetivos del currículo en nuestro contexto?

Ejercicio 3: El futuro de la educación teológica

Daniel O. Aleshire,[39] director ejecutivo de la Asociación de Escuelas Teológicas de los Estados Unidos y Canadá, especuló sobre el futuro de la educación teológica. Este identificó tres factores externos y dominantes que promoverán el cambio, junto con las siete características de los seminarios de 2032. Los resumimos a continuación.

39. Daniel O. Aleshire, "The Future of Theological Education: A Speculative Glimpse at 2032," *Dialog: A Journal of Theology* 50, no. 4 (Dec 2011): 380–385.

Factores externos dominantes que promoverán el cambio:

1. *El cambiante estatus social o religioso de la cultura estadounidense*: la cultura más amplia ha reasignado el papel de la religión de modelo de cultura a uno más personal y privado.
2. *Cambio demográfico*: el privilegio blanco será socavado por los cambios demográficos, lo que llevará a un aumento en los conflictos culturales.
3. *El estado cambiante del cristianismo tradicional*: los feligreses estadounidenses tenderán a preferir prácticas cristianas más centradas en la congregación, menos formales en la adoración y más «conectadas» con causas sociales y apoyo a misiones.

Características de los seminarios de 2032:

1. *Multirraciales y multiétnicos*: los cuerpos estudiantiles de la mayoría de los seminarios serán diversos étnica y racialmente.
2. *Un cambio en la comunidad de seminarios*: muchas de los seminarios actuales dejarán de operar y otros surgirán asociados con el crecimiento de nuevos movimientos o comunidades religiosas entre poblaciones étnicas y raciales.
3. *Diversidad educativa*: las prácticas educativas y teológicas serán más diversas y los seminarios tendrán que decidir cuáles adoptarán.
4. *Las disciplinas de la facultad de profesores*: los seminarios abrirán más posiciones para los académicos versados en los problemas sociales, conductuales, antropológicos y teológicos que inciden en las realidades religiosas y ministeriales de una cultura multirracial y religiosamente diversa.
5. *Continuación de los patrones actuales de apoyo institucional*: los patrones dominantes en el financiamiento serán los donativos o fondos establecidos por grupos comprometidos.
6. *Educación teológica misional*: la mayoría de los seminarios seguirán teniendo más misión que dinero, más trabajo de lo que puedan hacer y lo harán mejor de lo que se espera.

7. *Surge el Sur Global*: las escuelas de América del Norte mirarán hacia el hemisferio sur en busca de los eruditos que harán falta para la segunda mitad del siglo.

Piense en el contexto futuro de la educación teológica en su país. ¿Cuál (es) de los factores anteriores podría afectar su currículo? ¿Cuáles son los ajustes curriculares que su institución podría considerar a la luz de estas especulaciones?

Recursos para seguir estudiando

Ferris, Robert W. *Renewal in Theological Education: Strategies for Change*. Wheaton, IL: Billy Graham Center, Wheaton College, 1990.

Ford, LeRoy. *A Curriculum Design Manual for Theological Education: A Learning Outcomes Focus*. Nashville, TN: Broadman, 1991.

Griffiths, Michael. "The Contextualization of Overseas Theological Education." In *Text and Context in Theological Education*, ICAA Monograph Series Vol. 5, editado por Roger Kemp, 1–8. Springwood, NSW, Australia: ICAA, 1994.

Shaw, Perry. *Transforming Theological Education: A Practical Handbook for Integrative Learning*. Carlisle: Langham Global Library, 2014.

5

Implementación de cambios y evaluación en el diseño curricular

John Lillis

Una vez que se ha logrado la contextualización del diseño curricular (con la participación de los grupos de interesados en el seminario), deben tomarse las medidas para implementarlo y evaluarlo. El currículo ideal que se ha creado ahora debe ser implementado en el contexto de la realidad concreta del seminario. Este capítulo tiene como propósito ayudar a los líderes académicos con la identificación de los factores que pueden afectar la implementación de los cambios curriculares y, en vista de esos factores, describirles un proceso general para implementar y evaluar dichos cambios. A estos fines tomaré en cuenta los factores preliminares que afectan los cambios curriculares, los factores humanos y el papel de la evaluación en el proceso general del desarrollo curricular.

Factores preliminares que afectan el cambio curricular

Durante las etapas iniciales de la implementación de un nuevo diseño curricular habrá que atender varios factores importantes antes de utilizarlo en el aula. Robert Diamond lo reconoce en su libro *Diseño y mejora de cursos y currículos en la educación superior*: «Al ir del currículo "ideal" al "real" u operativo, debe tenerse en cuenta varios factores importantes; factores que, en algunos casos, son controlados por fuerzas externas al departamento».[1] La mayoría de estos involucran problemas externos al currículo actual y típicamente incluyen restricciones y limitaciones que afectarán directamente la implementación del nuevo currículo. En esta sección, consideraré las tres áreas de mayor preocupación: la *aprobación externa*, la *disponibilidad de los recursos* y los *desafíos contextuales*. La naturaleza de estos factores y los problemas que entrañan requerirán la participación del liderazgo académico de la institución, como su rector, decano, vicepresidente académico o incluso su presidente. Por esta razón, Diamond también señala que: «Es esencial involucrar a estas personas en el proyecto desde el principio. Aunque no es necesaria que participen activamente, es importante mantenerlos al tanto de lo que está proponiéndose y su justificación».[2] No es necesario que conozcan los detalles del proceso de planificación, pero sí es crucial mantenerlos informados sobre lo que esté desarrollándose y las razones para los cambios propuestos. Sin duda esto aplica al decano académico, especialmente si no ha sido parte del equipo de diseño.

Aprobación externa

Los seminarios que desean implementar cambios importantes en sus currículos por lo general tienen que someterse a dos fuentes principales de aprobación externa: la *acreditación* y la *aprobación del gobierno*. Los asuntos de acreditación suelen ser factores que inciden en los cambios curriculares importantes. La mayoría de las agencias acreditadoras requieren ser informadas de los cambios. Una notificación es más que suficiente cuando los cambios son menores, tales como cambios de nombre de los títulos de los grados. Si se tratara de un cambio de mayor envergadura, el seminario podría verse obligado a solicitar permiso para implementar el cambio propuesto. Por ejemplo, la Asociación Teológica de Asia declara lo siguiente como un factor que podría afectar la acreditación de una institución miembro: «El no informar los cambios sustanciales al programa

1. Robert Diamond, *Designing and Improving Courses and Curricula in Higher Education* (San Francisco: Jossey-Bass, 1989), 102.

2. Ibíd., 104.

o la institución que podrían afectar drásticamente el funcionamiento de la institución (cambios importantes en la facultad, las finanzas y currículo, etc.)».[3] Cambios sustanciales que suelen requerir la aprobación de la agencia incluyen la creación de un nuevo programa de grado, cambios significativos a un programa existente, la incorporación de clases en línea o por otros medios de distribución, así como la apertura de nuevas sedes que ofrezcan una cantidad sustancial de cursos conducentes a un título de grade.

Otro factor, similar al de la acreditación, es la *aprobación del gobierno.* El liderazgo académico debe asegurarse de que los cambios propuestos no pongan en riesgo la relación del seminario con las agencias gubernamentales que autorizan su funcionamiento. En algunos países, esta autoridad recae sobre un ministerio nacional o departamento de educación centralizado. En otros lugares, el seminario tiene que rendirle cuentas a una agencia provincial o estatal. Las agencias gubernamentales casi siempre establecen los requisitos mínimos para los créditos en los programas de grado en instituciones aprobadas. De igual manera, establecen los requisitos máximos de los créditos para la obtención de un grado por medios no tradicionales, como los estudios en línea. En algunos casos, especialmente para los títulos de nivel universitario aprobados por el Gobierno, existen porcentajes predefinidos del número total de créditos por materias específicas necesarios para obtener el grado. Hay que asegurarse de que los propuestos cambios sigan las pautas provistas por los estándares gubernamentales.

A menudo, las agencias acreditadoras requerirán que los seminarios constaten que tienen la aprobación gubernamental para ofrecer sus programas en esa área educativa. Esto aplica especialmente si la institución está planeando programas de extensión en otros estados, provincias o incluso fuera del país en el que está ubicada la sede principal. El advenimiento y la expansión de la educación en línea ha complicado el escenario de la acreditación, así como la obtención de permisos gubernamentales. Aunque la experiencia educativa en sí se origine en la sede principal, es posible que los estudiantes estén en ubicaciones en donde los gobiernos locales (nacional, estatal o provincial) pueden requerir que el programa cumpla con sus estándares y aprobaciones.

3. Asia Theological Association, *Asia Theological Association Manual for Accreditation* (Ciudad Quezón, Filipinas: ATA, 2013), 32, Adobe PDF eBook.

Por ejemplo, los seminarios estadounidenses que ofrecen clases a distancia (por extensión o en línea) deben ser aprobados por cada estado en donde tengan *estudiantes*. Por consiguiente, los seminarios acreditados por la Asociación de Seminarios Teológicos (ATS, por sus siglas en inglés) deben demostrar que cuentan con los permisos necesarios para enseñar en esos estados. Las situaciones internacionales variarán según los requisitos de cada país y de la agencia que acredita a la institución.

Disponibilidad de recursos

La segunda categoría importante de problemas que deben ser resueltos antes de la implementación de un nuevo currículo tiene que ver con la disponibilidad de recursos. El liderazgo académico debe ser diligente con tres áreas de vital importancia. Estas implican los recursos necesarios en las áreas de *profesores*, *personal* y *finanzas*. El ignorar los problemas y las decisiones asociadas con estas áreas puede impedir que un currículo bien diseñado logre su cometido, sin que sea la culpa del diseño curricular ni del personal académico que lo administra a diario. Por lo tanto, es imperativo que el liderazgo académico se asegure de que cuenta con los recursos para implementar los cambios propuestos.

El análisis de los recursos de los *profesores* necesarios para implementar el currículo propuesto estriba en dos factores principales. En primer lugar, y lo más obvio: la cantidad y la experiencia de la facultad requerida. ¿Es posible implementar los cambios curriculares propuestos con eficacia con la cantidad actual de docentes —incluyendo los que trabajan a jornada completa y los adjuntos o a tiempo parcial? De no serlo, ¿se requerirá la contratación de más profesores a jornada completa o bastará con contratar facultad adjunta o a tiempo parcial? Además, un seminario puede determinar que cuenta con la facultad para manejar la carga de la enseñanza del nuevo currículo, pero que la adición de nuevas disciplinas (por ejemplo, idiomas bíblicos, teología filosófica y religiones comparadas) requerirá la contratación de otros docentes, expertos en esas áreas. El liderazgo académico debe determinar si la experiencia de la facultad actual abarca las materias añadidas al nuevo currículo.

La segunda preocupación relacionada con los *profesores*la *facultad* y la implementación de un nuevo currículo tiene que ver con el auge de la enseñanza en línea. Los programas en línea verdaderamente exitosos cuentan con facilitadores que saben utilizar bien las diversas facetas del Sistema de Gestión de Aprendizaje (LMS, por sus siglas en inglés)[4] utilizado por las instituciones para sus cursos en línea. Para lograr esto existen dos opciones. La primera es capacitar a la facultad existente en el uso eficaz del LMS. Esta capacitación idealmente debería ocurrir mucho antes de la propuesta implementación del nuevo currículo. Sin embargo, nada garantiza que los docentes que obtienen buenos resultados dentro del aula tradicional serán igualmente eficaces en línea. Por esta razón, el liderazgo quizás quiera considerar seriamente la segunda opción. Esta opción implica que los profesores actuales, como expertos en contenido, diseñen y redacten las lecciones para los cursos en línea utilizando plantillas prediseñadas. De esa manera, podrá recurrirse a personas con mayor destreza técnica para la facilitación de la instrucción en línea. Los facilitadores deben tener una buena comprensión de la temática del curso. Empero, si las clases están bien diseñadas, su experiencia en la disciplina no tendrá que estar a la par de los miembros de la facultad que hayan diseñado las clases.

Una de las áreas que a menudo se pasa por alto en la implementación de cambios en los programas educativos es la disponibilidad adecuada de *personal* no docente para la operación eficiente y diaria del seminario. Si el cambio curricular propuesto incluye la añadidura de docentes y clases, el liderazgo debe determinar si cuenta con el personal para asumir la nueva carga administrativa. ¿Requerirán los cambios la contratación de más personal administrativo? ¿Requerirán cambios en la estructura actual del liderazgo administrativo? El liderazgo debe decidir qué personal será necesario para supervisar las extensiones o sedes que están alejadas del campus principal. Asimismo, deberá asegurarse de contar con el personal adecuado para administrar la carga de trabajo que estas extensiones inevitablemente provocarán en la sede principal. Por último, si los cambios curriculares incluyen la adición de programas en línea, el liderazgo tendrá que decidir qué nivel de personal experto en instrucción o tecnología de la información será necesario para la implementación de los nuevos programas. Deberá considerar si es más rentable contratar personal «interno» o «tercerizar» el trabajo técnico a personal externo. Si bien la contratación a terceros presenta algunos problemas de control, el ahorro y el nivel de experiencia a veces valen la pena.

4. Los programas más populares son Blackboard, Moodle, Edmodo, SumTotal, and SkillSoft.

Las *finanzas* suelen ser la mayor limitación en todo tipo de educación superior y cristiana. Por lo tanto, cuando se quiera implementar cualquier cambio curricular importante, el liderazgo del seminario debe llevar a cabo un estudio preciso de los fondos adicionales que harán falta para hacerlo. Esta contabilidad debe incluir tanto los gastos iniciales como los montos que deberán agregarse al presupuesto anual y recurrente. Los gastos iniciales quizás incluyan el costo de instalaciones adicionales, ya sea en la sede principal o en las extensiones. ¿Comprará o arrendará propiedad? En este último caso, el costo del contrato de arrendamiento tendrá que ser añadido al presupuesto operacional. La adición de nuevas instalaciones también acarrea nuevos costos de mantenimiento. De igual manera, habrá que tomar en cuenta la inversión en los materiales y equipos necesarios para la implementación de los cambios curriculares. Estos materiales podrían incluir los libros de texto, recursos audiovisuales y otros recursos de aprendizaje necesarios para implementar el nuevo currículo. Quizás haya que comprar o actualizar el equipamiento tecnológico para las nuevas clases en línea. Esto suele incluir tanto el equipo como los programas para la operación del LMS. Los nuevos gastos recurrentes incluyen los salarios de la facultad o el personal adicional, como ya hemos mencionado.

El párrafo anterior no pretende ser exhaustivo; no cubre todas las posibles fuentes de gastos adicionales. Más bien ofrece algunos ejemplos de los que debe ser tomado en cuenta antes de la implementación del cambio curricular. Por consiguiente, el liderazgo académico sénior tiene que invertir su tiempo y esfuerzo en el estudio de la manera precisa en que estos cambios afectarán las finanzas del seminario. Luego, deben determinar cómo financiarán los gastos adicionales y si esa financiación será sostenible. ¿Redundarán los cambios curriculares en mayores ingresos por concepto de matrícula, suficientes como para cubrir los costos adicionales? De no proyectarse un ingreso adicional por concepto de matrícula, ¿se tiene la capacidad de recaudar los fondos adicionales (tanto iniciales como recurrentes) para implementar los cambios propuestos? ¿Puede la base de donantes actuales y potenciales proporcionar los fondos adicionales necesarios? Las fuentes potenciales de financiamiento externo incluyen a las iglesias locales o individuos, así como socios extranjeros. Si el seminario ya depende más de las fuentes externas que de los ingresos generados por la matrícula, el liderazgo deberá determinar si éstas pueden continuar cubriendo los fondos actuales, junto con los necesarios para el inicio y mantenimiento de un nuevo currículo.

En algunos casos, el seminario propone cambios sustanciales porque no puede continuar costeando los programas existentes. En este caso, la intención es reducir los costos porque los fondos existentes no bastan para mantener la estructura curricular actual. Aunque el objetivo de reducción de gastos sea válido en dichas circunstancias, este tipo de cambio suele producirse a expensas de la calidad académica. Cuando no existe otra opción que esta, el liderazgo institucional deberá considerar cuidadosamente los asuntos planteados bajo el tema de la «aprobación externa». Deberá asegurarse de que las reducciones de gastos no disminuyan la calidad del programa ni pongan en riesgo el cumplimiento con los estándares mínimos de las agencias gubernamentales y de acreditación pertinentes.

Desafíos contextuales

Los seminarios existen dentro de contextos únicos que están definidos por una amplia variedad de factores e influencias. Cada seminario existe dentro de un ambiente cultural, entorno lingüístico, escenario político, una ubicación geográfica y situación socioeconómica y así por el estilo. La combinación de estos y otros factores presenta un conjunto de desafíos y obstáculos particulares que deberán ser identificados y resueltos por el liderazgo de la institución antes de que se implementen los cambios propuestos. Martin Weddle, en su libro, *Planificación del cambio educativo*, reconoce la necesidad de identificar meticulosamente las «realidades de trabajo» existentes en un contexto dado: «Por una variedad de razones históricas, geográficas y socioeconómicas, cada contexto será distinto ligeramente… Lo más importante para lograr los objetivos del cambio es que el proceso de implementación en un área particular tome en cuenta las realidades de trabajo cotidianas de aquellos que tendrán que introducir y usar esas nuevas prácticas en las aulas locales».[5]

Aunque es imposible hacer una lista precisa de los desafíos y obstáculos que pudieran surgir, a continuación, enumeramos algunos de los factores más comunes como punto de partida para la discusión:

---

5. Martin Weddle, *Planning for Educational Change: Putting People and Their Contexts First* (Londres: Continuum, 2009), 32.

1. *La reacción de los profesores a los cambios propuestos.* ¿Qué tan difícil será que la facultad respalde plenamente y participe en el nuevo currículo?
2. *La reacción de la junta directiva a los cambios propuestos.* ¿Respaldará la junta el nuevo currículo? ¿Quién es responsable de recabar su apoyo y cuándo debe lograrse?
3. *La reacción de los grupos interesados y beneficiarios clave del seminario a los cambios propuestos.* ¿Respaldarán las iglesias, agencias y otros «beneficiarios» de los graduados los cambios curriculares propuestos? ¿Qué efecto negativo o positivo tendrán sobre la reputación e imagen del seminario ante su comunidad de fe? ¿Cómo afectarán los donativos de las partes interesadas?
4. *Reasignación de tiempo para la administración, el personal y los profesores clave.* ¿Cuentan los individuos con el tiempo necesario y podrán reducir sus cargas de trabajo normales para dedicarse a la planificación, implementación y evaluación del nuevo currículo?

La lista anterior de ninguna manera cubre todos los desafíos u obstáculos que enfrentará la implementación del cambio curricular en un contexto dado. El liderazgo de la institución debe producir una lista más completa y relevante para su contexto y trazar una estrategia para atender cada factor identificado antes de que siquiera tratar de implementar el cambio curricular.

El liderazgo debe resolver con franqueza, objetividad y exhaustivamente las inquietudes y los problemas identificados anteriormente en las categorías de *aprobación externa*, *disponibilidad de recursos* y *desafíos contextuales*. El propósito de este análisis preliminar es determinar si los cambios propuestos son factibles a la luz de la situación y las capacidades actuales del seminario. En la historia de la educación teológica ha recurrido el problema de planificadores y líderes académicos bien intencionados que trataron de implementar cambios curriculares para los que sus instituciones no estaban preparadas. En su afán por expandir y mejorar los programas fueron más allá de las capacidades de la institución y en muchos casos tuvieron resultados desastrosos. Si el liderazgo atendiera los problemas planteados en esta sección y no encontrara soluciones satisfactorias para la mayoría de estos o si determinase que el costo excedería los beneficios, no deberían de implementar esos cambios.

Factores humanos que afectan el cambio

Aunque los factores preliminares mencionados en la sección anterior son importantes para la implementación exitosa de cambios curriculares bien diseñados y bien planificados, no son los factores más cruciales. El cambio curricular puede fracasar, aun habiendo identificado y resuelto todos los factores preliminares, si el elemento humano no se maneja correctamente. Esto es cierto tanto de las instituciones educativas como de cualquier organización que intente implementar un cambio sustancial en sus operaciones. Salerno y Brock afirman la necesidad de reconocer adecuadamente el elemento humano en su libro, *El ciclo del cambio*: «En una empresa u organización el cambio solamente se logra cuando sus miembros individuales se comprometen y llevan a cabo la nueva iniciativa, se acomodan a la nueva estructura, siguen el nuevo sistema o producen el nuevo producto».[6] En los seminarios, todas las personas que estarán a cargo de la implementación del currículo (administración, personal y facultad) deben comprender y respaldar completamente los cambios propuestos. No obstante, desafortunadamente, los líderes académicos suelen ignorar o pasar por alto este factor clave cuando implementan cambios importantes. Weddle señala esta tendencia:

> Sin embargo, todavía existe la tendencia en diferentes partes del mundo entre los encargados de la formulación de políticas y planes nacionales de cambios educativos de ignorar los factores humanos que influyen fuertemente en los procesos de cambio. Antes bien, estos ven el proceso de cambio como un asunto puramente lineal de planificación racional-técnica y legislativa. Tal enfoque al parecer supone que, una vez se haya tomado la decisión política de iniciar el cambio, de haberse aprobado cualquier legislación necesaria y asegurado su financiamiento, la implementación exitosa del cambio sencillamente requiere que

6. Ann Salerno and Lillie Brock, *The Change Cycle: How People Can Survive and Thrive in Organizational Change* (San Francisco: Berrett-Koehler, 2008), 1.

> emitan unas instrucciones claras de comenzarlo en una fecha determinada a los que están debajo de la jerarquía administrativa. Este enfoque no me parece que sea una receta muy probable para el éxito y, de hecho, muchas iniciativas educativas no tienen éxito en términos de lograr plenamente sus objetivos.[7]

Shireen Fahey publicó un artículo acerca del cambio curricular en la educación superior, señalando la importancia del factor humano, «con respecto a la capacidad de una universidad y de los académicos de efectuar el cambio».[8] Dice Fahey que la acción necesaria para lograr que el cambio sea exitoso depende en gran medida del «potencial del docente y los académicos responsables de llevar a cabo estos cambios».[9] Aunque Fahey y Weddle principalmente están enfocados en la educación pública, su punto sigue siendo válido en el ámbito de la educación teológica. El currículo va más allá del material educativo, los libros de texto y cuadernos de ejercicios o los planes de las lecciones. Ante todo, consta de todas las personas involucradas en proveer las experiencias educativas. Weddle continúa diciendo que, «las personas —qué creen y cómo se comportan— ejercen una influencia crítica en los resultados de las iniciativas de cambio educativo (o de cualquier otro tipo)».[10]

Por lo tanto, el liderazgo académico debe comprender los diversos componentes de la reacción humana al cambio, específicamente cómo reaccionarán los profesionales de la educación y así, aumentar la probabilidad de éxito de la implementación del cambio curricular. Además, su plan de implementación debe tomar en cuenta cómo responderán sus colegas al cambio propuesto. En el resto de esta sección, revisaré los resultados de los estudios acerca de las reacciones más comunes al cambio, prestándole atención a sus aplicaciones educativas. Luego consideraré algunos enfoques útiles para crear una *estrategia de implementación del cambio*.

---

7. Weddle, *Planning*, 2.

8. Shireen Fahey, "Curriculum Change and Climate Change: Inside Outside Pressures in Higher Education," *Journal of Curriculum Studies* 44, no. 5 (Mayo 2012): 713.

9. Ibíd.

10. Weddle, *Planning*, 2.

Respuestas humanas al cambio

La resistencia es la respuesta humana más típica al cambio, ya sea en el trabajo o la vida personal. Sin duda es lo que ocurre en las organizaciones académicas cuando se propone un cambio curricular importante. Los estudios han demostrado que esta resistencia casi siempre es el resultado de patrones comunes de comportamiento humano cuando las personas perciben un trastorno importante en su vida.

Salerno y Brock señalan que las «etapas de cambio son secuenciales y predecibles», las dos primeras de las cuales contribuyen significativamente a la resistencia de las personas. Cada una de las etapas se define mediante una reacción negativa inicial y un resultado positivo que el liderazgo debe ayudarles a entender. Por ejemplo, la primera etapa es la «Pérdida de la seguridad», en donde la persona inicialmente experimenta un sentido de pérdida ante un cambio drástico en su vida laboral. El cambio es lo suficientemente significativo como para que el individuo experimente una sensación de «pérdida de control» y subsecuentes «sentimientos de angustia. . . temor . . . y parálisis». Por lo general, está luchando por resolver estas preguntas: «¿Cómo me afectará?»; «¿Qué es lo peor que puede pasar?»; «¿Podré manejarlo?». Las personas en esta etapa tienen que superar la pérdida y «encontrar seguridad personal —para volver a sentirse en control».[11] En el caso de la facultad, los cambios curriculares a veces pueden implicar la eliminación de sus clases favoritas. Quizás su posición esté en riego o tal vez no quieran seguir enseñando a la luz de las clases disponibles. Sé de una situación en la que un decano estuvo involucrado en una revisión curricular importante que redujo en gran medida el número de clases electivas en su programa de grado. Uno de sus catedráticos vería su carga académica reducida a cursos introductorios. Este miembro de la facultad era un excelente erudito y reconocido autor. Los cambios propuestos le causaron una profunda angustia y preocupación de si incluso debiera quedarse en el seminario, ya que no tendría clases a nivel avanzado.

La segunda etapa en el esquema de Salerno y Brock es «De la duda a la realidad», en donde el individuo «experimenta dudas y una inquietante sensación de incertidumbre». La duda puede generar un comportamiento defensivo, «que conduce a diversos grados de resentimiento, escepticismo

11. Salerno and Brock, *Change Cycle*, 18–19.

y resistencia, contraproducentes en el mejor de los casos y, en otros, hasta perjudiciales». Estos comportamientos pueden manifestarse como una tendencia a pasar por alto la información objetiva y a evaluar las decisiones que produjeron el cambio desde una perspectiva personal. A menudo esa perspectiva se convierte en la realidad, a pesar de los hechos. Salerno y Brock señalan que en esta etapa «las emociones se exacerban y la ira, las acusaciones y los diversos niveles de desconfianza impulsan y distorsionan la comunicación». Como resultado habrá «personas dentro de la organización que asignarán culpa y lucharán para demostrar que "su manera" o "la vieja manera" todavía es la mejor».[12] La negociación exitosa de esta etapa conlleva ayudar a que la persona se mueva desde sus percepciones personales y falsas hacia la realidad objetiva, representada por el cambio propuesto.

Cualquiera que lleve tiempo en las lides académicas seguramente habrá estado en reuniones de facultad en donde la discusión de un posible cambio resultó en la manifestación de los comportamientos descritos anteriormente. Con profunda emoción y tenacidad se oyen afirmaciones y acusaciones que guardan muy poca, si es que alguna, relación con la realidad. Los líderes académicos deben entender que el desarrollo del currículo es una de las tareas educativas «más politizadas». Los cambios que para la administración son absolutamente necesarios, intuitivamente obvios y totalmente racionales tienen el potencial de destruir por completo la «zona de comodidad» que miembros de la facultad han construido alrededor de su mundo académico y privado a lo largo de los años. No es exageración que, en algunos casos, su propia identidad como eruditos cristianos gira en torno a las clases específicas que enseñan y lo que entienden es la mejor manera de enseñarlas. Esta actitud no es pecaminosa ni del todo incorrecta. Pero los líderes académicos deben tener en cuenta que esta es una importante realidad del cambio curricular.

Esta resistencia al cambio tiene muchas razones específicas. En los ambientes educativos, Ornstein y Hunkins (autores de *Currículo: Fundamentos, principios y problemas*) han identificado varias de las razones detrás de esta

12. Ibíd., 19.

resistencia al cambio. He enumerado algunos de los más relevantes para nuestros propósitos, junto con mi explicación.[13]

1. *No apropiarse del cambio.* Las personas tienden a resistirse al cambio cuando no han tenido la oportunidad de participar o no han sido informados durante la planificación del cambio.
2. *Falta de beneficios.* Los docentes comprometidos se resistirán al cambio si no creen que será más beneficioso para los estudiantes que el currículo actual.
3. *Aumento de las cargas.* La mayoría de los docentes en instituciones cristianas está sobrecargada de trabajo, además de su ministerio o empleo externos. Tenderán a resistir cualquier imposición de más trabajo.
4. *Falta del respaldo de la administración.* La facultad y el personal seguramente resistirán cualquier cambio que la administración no respalde totalmente o no haya comunicado su apoyo de manera clara y consistente.
5. *Incongruencia de normas.* Si los valores y supuestos subyacentes a cualquier cambio curricular no están de acuerdo con los que están operando dentro de la facultad y el personal de la organización, habrá resistencia al cambio propuesto.
6. *Cambio repentino y drástico.* Cuanto más significativo y sustantivo sea el cambio propuesto, mayor será la resistencia. El cambio radical y repentino puede agitar y crear una resistencia significativa entre los involucrados en su implementación.

La reacción de las personas al cambio no tiene por qué ser solo adversa. De hecho, el ciclo de cambio de Salerno y Brock incluye cuatro etapas adicionales a las dos mencionadas anteriormente. En las siguientes cuatro etapas, las primeras reacciones van de la resistencia (las primeras dos etapas) a una consideración cautelosa (etapas tres y cuatro) y luego a la aceptación activa (etapas cinco y seis). Las etapas tres y cuatro se distinguen por una «desaceleración» del

13. Allan C. Ornstein and Francis P. Hunkins, *Curriculum: Foundations, Principles, and Issues*, 6a ed. (Harlow: Pearson Education, 2012), 225.

ritmo normal de productividad por la incertidumbre general sobre cuáles serán los siguientes pasos. Por ejemplo, la tercera etapa se describe como «De la incomodidad a la motivación». Los sentimientos de ira y resentimiento son reemplazados por incomodidad, «caracterizada por ansiedad, pensamientos confusos y sentirse abrumado». Aunque las personas hayan aceptado que el cambio era necesario, todavía se sienten abrumadas y confundidas por la magnitud de lo que requiere de su parte. Por consiguiente, no se sienten motivadas a involucrarse tan activamente como antes del cambio. Superar con éxito esta etapa requiere que, «decidan los pequeños pasos a seguir y se esfuercen por volver a participar... y mantenerse motivadas». La cuarta etapa es «Del descubrimiento a la perspectiva». Mientras que las tres primeras etapas se caracterizan por la «solución de problemas» ... en la cuarta etapa... hay «soluciones que implementar». En esta etapa, su renovada motivación puede llevarlos a descubrir «una visión más amplia, una determinación renovada», que en conjunto «aportan una sensación de control y optimismo». Dicha sensación puede inspirarles a que participen de lleno en la implementación del cambio propuesto, tomando «decisiones sobre los mejores, próximos pasos».[14] Como resultado, la persona adquiere una nueva perspectiva y actitud positiva con respecto al cambio que está implementándose.

La aceptación activa demostrada en las dos últimas etapas del ciclo de cambio (de Salerno y Brock) se distingue por su comprensión e integración. En la quinta etapa, denominada «Comprensión de los beneficios», las personas llegan al punto en que comprenden plenamente el cambio y sus beneficios. Además, el haber sorteado las diferentes etapas del proceso de cambio les ha permitido entenderse mejor a sí mismos. Han aprendido «lo que se necesita para que este cambio funcione» y «lecciones que serán útiles en el próximo cambio en su trabajo o vida». La sexta etapa, «Experimentar la integración», implica la capacidad de «integrar completamente nuestra experiencia de cambio a nuestra vida—en el trabajo y el hogar». Esta integración completa permite que los que se encuentran en la sexta etapa ofrezcan ayuda y perspectiva a los que todavía estén luchando con las primeras etapas del ciclo. Estas ahora «tienen

14. Salerno y Brock, *Change Cycle*, 20–21.

una idea de las ramificaciones, consecuencias y recompensas del cambio y pueden evaluar claramente el pasado, el presente y el futuro».[15]

Este abordaje de ninguna manera pretende abarcar a fondo la teoría del cambio ni los aspectos humanos involucrados. Se anima a los lectores a seguir estudiando acerca de la dinámica organizacional presente en un cambio importante, especialmente sus dimensiones humanas.[16] Los líderes académicos que comprendan más a fondo la reacción humana a los cambios importantes podrán diseñar una estrategia más eficaz para la implementación del cambio curricular.

Estrategias para la implementación del cambio

Los pasos específicos que el liderazgo académico de una institución dada decide tomar para implementar el cambio curricular a menudo dependen de la cultura organizacional y el estilo de liderazgo del seminario. A lo largo de los años, diferentes teóricos han sugerido algunas categorías bien amplias para las estrategias de implementación de cambios y aunque los detalles varíen de uno a otro caso, pueden ser útiles para diseñar una estrategia en una situación particular. Ornstein y Hunkins, citando a Warren Bennis,[17] identifican tres categorías de estrategias de cambio:[18]

1. *Cambio planificado.* Los involucrados tienen igual poder; identifican y siguen los procedimientos precisos para llevar a cabo la actividad en cuestión. El cambio planificado es el ideal.
2. *Coerción.* Un grupo determina los objetivos, retiene el control y excluye la participación de otras personas.
3. *Cambio de interacción.* El poder está distribuido bastante equitativamente entre grupos que se definen objetivos mutuamente. Sin embargo, pocos procedimientos se desarrollan cuidadosamente. Además, quizás los involucrados no deliberan y no están seguros de cómo deberían implementar los cambios deseados.

15. Ibíd., 23–24.
16. El libro de Salerno y Brock, *The Change Cycle*, es un buen punto de partida ya que aborda de manera mucho más profunda lo que he planteado en esta breve sección.
17. Warren Bennis, *Changing Organizations* (NuevaYork: McGraw-Hill, 1966).
18. Ornstein and Hunkins, *Curriculum*, 222.

Ornstein y Hunkins agregan una cuarta categoría a la lista de Bennis, el *cambio al azar*, señalando lo siguiente: «Dicho cambio ocurre sin consideración previa y sin establecer los objetivos. El cambio arbitrario es común en los seminarios, cuando los currículos son modificados en respuesta a eventos imprevistos como… la presión de grupos de intereses especiales».[19] Aunque el proceso y la estrategia ideal implicarían un *cambio planificado*, lo cierto es que los cambios curriculares tienden a caer bajo una de las otras categorías. A menudo los cambios se implementan con *coerción*. El liderazgo exige un cambio importante en el currículo, determina los detalles y luego anuncia que la facultad deberá implementarlo en tal fecha. En algunos casos, hasta se les ordena que diseñen e implementen los detalles de ese cambio exigido. Algunos seminarios, sobre todo en donde la facultad tiene una gobernanza fuerte, abordan el cambio curricular con el modelo del *cambio de interacción* que describimos arriba. Pero a menudo su falta de autoridad y de control de los fondos necesarios entorpecen el cambio, condenándolo al fracaso. Por último, lo que sucede demasiado a menudo, es que la presión externa propulsa un *cambio al azar que no ha sido discutido ni planificado racionalmente. Esta presión externa puede venir de la junta directiva, la denominación u otras partes interesadas.*

Entonces, ¿cómo debe un seminario planificar el proceso del cambio curricular? En primer lugar, hay que identificar y resolver los *factores preliminares que afectan el cambio curricular*, considerados en la primera sección de este capítulo. La identificación de los factores contextuales que son únicos para la institución en particular es crítica en esta parte del proceso. El siguiente paso, que suele ser pasado por alto, es que el liderazgo considere cuidadosamente cómo el cambio propuesto afectará a la facultad y el personal de la institución. Como cristianos que creen que sus colegas han sido creados a imagen de Dios, los líderes tienen el mandato divino de considerar cuidadosamente este aspecto del proceso de cambio. Una manera de hacer esto es que tomen en cuenta las seis etapas del ciclo de cambio propuestas por Salerno y Brock (descritas en la sección anterior) y decidan las respuestas institucionales que ayudarán al personal y la facultad a manejarlo del modo

19. Ibíd.

más eficaz. Se ofrecen directrices para hacer esto al final del capítulo, en la sección de «Reflexión y puntos de acción».

Por último, los líderes académicos deben comprender que cada paso del proceso del cambio curricular en una institución cristiana de educación superior conllevará una labor conjunta con los profesores y el personal para llegar al consenso general sobre los diversos temas. Durante el proceso, ciertamente habrá momentos en que personas, o quizás todos los profesores, reaccionarán con vehemencia en contra de la propuesta. El liderazgo que está comprometido con la ética del amor de Cristo supervisará esta situación con gracia, compasión, gentileza y entendimiento. Robert Farris, autor de *Establecimiento del adiestramiento ministerial*, ofrece nueve pautas que serán útiles en la búsqueda del consenso. Estas pautas son resumidas a continuación:[20]

1. *Crea que el consenso es alcanzable.* El proyecto fracasará a menos que los directores y decanos desde el principio estén convencidos que lograrán el consenso.
2. *Respete a los participantes, sus valores y opiniones.* Valoramos y respetamos a la gente porque han sido creados a imagen de Dios y son sus amados y amadas.
3. *Identifique los puntos de común acuerdo y elabore desde allí.* La manera más efectiva de lograr el consenso es partiendo de lo que ya se tiene en común, en lugar de los desacuerdos. Desde ese acuerdo mutuo y su elaboración podrá llegarse a un consenso sobre los compromisos y sus implicaciones curriculares.
4. *Escuche los valores y sentimientos en lugar de las palabras.* El enfocarse en las declaraciones y razones en el diálogo obstaculiza el consenso. Esto podría sorprender, porque parecería que el respeto mutuo se traduce en respeto por las opiniones. Sin embargo, es importante reconocer que nuestras suposiciones y valores distorsionan nuestras discusiones de maneras inesperadas.

20. Robert W. Ferris, *Establishing Ministry Training: A Manual for Programme Developers* (Pasadena, CA: William Carey Library, 1995), 17–21.

5. *Verifique constantemente lo que entendió.* Las personas reconocen que han sido escuchadas cuando les repetimos las preocupaciones u observaciones que expresaron. Por ejemplo: «Me parece que esto es importante para ti porque… ¿Cierto?».
6. *Ponga a prueba, bíblica y empíricamente, y con gentileza, los sentimientos, suposiciones y valores.* El consenso no es el objetivo final. La verdad es el objetivo final. Cuando partimos de un terreno común y en el transcurso de la discusión surgen diferencias, debemos probarlas a la luz de la Biblia y otras evidencias.
7. *Explore otras alternativas para salvaguardas los valores apropiados.* Aunque exista un acuerdo sobre las suposiciones y los compromisos, las diferentes prioridades personales pueden generar dudas o inquietudes con respecto a las propuestas específicas del currículo. Muchas veces esos valores subyacentes son legítimos. En ese punto, el líder debe ayudar a la facultad con la identificación de soluciones que promuevan el fin previsto y a la vez, protejan los valores de quien expresó la preocupación. Este es un punto crítico en la búsqueda de consenso.
8. *Obtenga y lleve un registro de cada acuerdo intermedio.* Una revisión curricular conlleva la toma de muchísimas decisiones por lo que hay que documentar el proceso.
9. *Sea paciente y persistente.* El consenso es una tarea que requiere mucho tiempo y paciencia. Su búsqueda es correcta desde el punto de vista teológico (todos portan la imagen de Dios), epistemológico (la verdad está unificada en Dios; los humanos pueden reconocerla), organizacional (las facultades eficientes están unidas) y educativo (su unidad inspirará a los estudiantes a buscar el consenso en sus ministerios).

Evaluación curricular

¿Por qué hay que evaluar el currículo una vez que ha sido diseñado y puesto en funcionamiento? ¿Cómo se evalúa el currículo? ¿Existe algún método o modelo de evaluación particularmente útil para la educación teológica? En esta sección consideraré brevemente estas tres preguntas. En primer lugar, analizaré los *fundamentos* de la evaluación curricular partiendo del «¿por qué?». Luego, atenderé el «¿cómo?», repasando brevemente algunos de los teóricos principales, cuyos *enfoques se han vuelto* fundamentales en el campo de la evaluación curricular. Muchos de los métodos de evaluación utilizados en la educación superior hoy en día, hasta cierto punto, se derivan de una o más de estas teorías. El propósito de esta discusión es que los líderes académicos entiendan mejor los modelos y las teorías existentes para que puedan decidir cuáles se ajustan mejor a sus circunstancias. Por último, atenderé la pregunta de la «evaluación para la educación teológica», resaltando un modelo que me ha servido en la *evaluación de currículos para la educación teológica*. Cabe señalar que estoy considerando la evaluación y la apreciación procesal del aprendizaje (o *assessment*) como conceptos equivalentes. Aquí, tocaré el tema de manera general. Otros capítulos de este libro examinan el concepto en detalle.

Justificación

Durante todo el proceso de implementación de un nuevo currículo es esencial que se incluya un modelo minucioso de evaluación. No importa cuánto tiempo, dinero y esfuerzo haya sido invertido en la preparación del diseño y plan curricular, siempre surgirán problemas imprevistos y, por ende, áreas en donde mejorarlo. Aunque la mayor parte de la evaluación ocurrirá después de la implementación, también es menester que empiece antes del proceso del diseño del currículo. ¿Encaja este cambio con los valores, la misión y los objetivos generales de la institución? ¿Será coherente con los valores del seminario y mejorará su capacidad de promover su misión y alcanzar sus objetivos? Además, a medida que se avanza en el diseño del currículo, es importante asegurarse de que sus elementos internos sean coherentes. En vista de los antecedentes y las características del estudiantado, ¿cuán realistas son los resultados planificados y las experiencias educativas diseñadas a tales fines? Por último, una vez que el currículo entre en funciones, los líderes académicos deben determinar si realmente está logrando los resultados deseados. De lo contrario, el proceso de evaluación debe incluir la información suficiente que permita que los diseñadores curriculares descubran las razones y tomen las medidas necesarias para mejorar el currículo.

De modo que la evaluación curricular debe ir más allá de ofrecer información sobre cuán eficaz y eficiente estén lográndose los resultados previstos. Este tipo de datos (evaluación sumativa) meramente indica si el currículo tuvo éxito o no. No proporciona suficiente información como para identificar sus puntos débiles y, por lo tanto, hacer los ajustes necesarios. Por consiguiente, la evaluación debe asimismo ser *formativa* y permitir que el liderazgo académico o los diseñadores mejoren el plan, de manera que los estudiantes tengan una mejor oportunidad de lograr los resultados previstos. Una práctica común, pero errónea, es asumir que quienes aprenden son la única «audiencia» a ser evaluada. La suposición es que el currículo es perfecto y que cualquier deficiencia recae sobre el estudiante. Cuando un número significativo de estudiantes no logran de la misma manera los resultados de aprendizaje previstos, el problema, con toda probabilidad, no está en ellos ni ellas, sino en el diseño del currículo.

Modelos de evaluación

Ralph Tyler ha sido una de las figuras más influyentes en la historia contemporánea de la evaluación curricular. Tyler, ya en 1949, sostuvo que el currículo educativo tenía como fin ayudar a los estudiantes a alcanzar ciertos objetivos conductuales. El propósito de la evaluación educativa es determinar en qué medida se cumplen esos objetivos. Este enfoque se refleja en la propia descripción de Tyler del proceso de evaluación: «El proceso de evaluación es esencialmente el proceso de determinar en qué medida los objetivos educativos de verdad están lográndose… Dado que los objetivos educativos son esencialmente cambios en los seres humanos, es decir, se busca producir ciertos cambios deseables en los patrones de comportamiento del estudiante, entonces la evaluación es el proceso para determinar el grado en que estos cambios en el comportamiento de verdad estén teniendo lugar».[21] En las décadas posteriores el modelo de Tyler ha guiado los esfuerzos de evaluación en todos los niveles educativos, enfatizando el logro de los objetivos conductuales.

Lee Cronbach fue el primero que cuestionó los esfuerzos de evaluación de acuerdo con el enfoque de Tyler. En un artículo publicado en 1963, este señaló

21. Ralph W. Tyler, *Basic Principles of Curriculum and Instruction* (Chicago: University of Chicago Press, 2013), Kindle ed., loc. 1608–1611.

la necesidad de prestarle mayor atención a las necesidades de los tomadores de decisiones. Afirmaba que a los planificadores educativos les beneficiaría mucho más una evaluación enfocada en las decisiones que debían tomarse durante el desarrollo del programa que una enfocada en saber si se habían logrado los objetivos específicos. Por consiguiente, definió la evaluación como: «La recopilación y el uso de información para tomar decisiones sobre un programa educativo».[22] Más adelante, Cronbach catalogó su enfoque como «humanista» para distinguirlo del enfoque «científico» de Tyler. Lo explicaba de la siguiente manera: «... los estudios naturalistas de casos son la panacea. Un humanista estudiaría un programa ya establecido, no uno impuesto por el evaluador... El programa debe ser visto a través de los ojos de sus desarrolladores y clientes. Los investigadores naturalistas les harían diferentes preguntas a diferentes programas. Los beneficios deben ser descritos, no reducidos a una cualidad. Las observaciones deben ser oportunistas y receptivas a la escena local, no preestructuradas».[23] Entre los otros autores que también han señalado limitaciones del enfoque «científico» y ampliado el enfoque humanista se encuentran Catherine Taylor y Susan Nolen,[24] así como Gina Schuyler Ikemoto y Julie Marsh.[25]

Daniel Stufflebeam siguió la línea de pensamiento de Cronbach y desarrolló un enfoque de evaluación organizado a partir de las necesidades de los encargados de tomar las decisiones educativas. Para garantizar que los tomadores de decisiones tuvieran la información necesaria, Stufflebeam propuso un proceso que implica «delinear, obtener, informar y aplicar información descriptiva y crítica... para guiar la toma de decisiones, apoyar la rendición de cuentas, difundir prácticas efectivas y aumentar la comprensión».[26] Se le

22. Lee Cronbach, "Course Improvement through Evaluation," *Teachers College Record* 64, no. 8 (1963): 672–683.

23. Lee Cronbach, *Designing Evaluation of Educational and Social Programs* [(San Francisco: Jossey-Bass, 1982), 25.

24. Catherine Taylor y Susan Nolen, *Classroom Assessment: Supporting Teaching and Learning in Real Classrooms*, 2nd ed. (Upper Saddle River, NJ: Pearson, 2008).

25. Gina Ikemoto y Julie Marsh, "Cutting through the 'Data-Driven' Mantra: Different Conceptions in Data-Driven Decision Making," en *Evidence and Decision Making*, ed. Pamela Moss (Malden, MA: Blackwell, 2007), 105–131.

26. Daniel Stufflebeam, "The CIPP Model for Evaluation," en *Evaluation Models: Viewpoints on Educational and Human Services Evaluation*, ed. Daniel Stufflebeam, George F. Madaus, y Thomas Kellaghan, 2a ed., 280.

conoce como el modelo CIPP (Contexto, Insumos, Proceso y Producto), el cual prevé cuatro tipos de evaluación a fin de asegurar que se cuenta con la información necesaria para una toma de decisiones efectiva:[27]

1. *Evaluaciones de contexto:* evalúa las necesidades, los problemas y las oportunidades como bases para definir los objetivos y las prioridades y juzgar la importancia de los resultados.
2. *Evaluaciones de insumos*: evalúa enfoques alternativos para satisfacer las necesidades como un medio para la planificación de los programas y la asignación de los recursos.
3. *Evaluaciones de proceso*: evalúa la implementación de los planes para guiar las actividades y luego para ayudar a explicar los resultados.
4. *Evaluaciones de producto*: identifica los resultados previstos e imprevistos, tanto para ayudar a mantener el proceso en marcha como para determinar su eficacia.

Stufflebeam afirma que los objetivos curriculares no valen la pena a menos que satisfagan las necesidades reales de las partes interesadas de una institución educativa. Además, un seminario no puede contar con el apoyo continuo de las partes interesadas, «a menos que presente pruebas de que ha cumplido sus compromisos y producido resultados beneficiosos. Por estas y otras razones, los profesionales deben someter su trabajo a una evaluación competente».[28]

El espacio no permite una investigación más detallada de los diversos enfoques que se han desarrollado en esta área.[29] Pero independientemente del enfoque particular que se adopte, los líderes académicos deben comprender la importancia y la necesidad de la evaluación en el desarrollo e implementación del currículo. Como afirman Ornstein y Hunkins: «La evaluación es esencial para el uso continuo de un currículo significativo. Para que los profesores y

27. Ibíd., 279.

28. Ibíd., 316.

29. Para lecturas adicionales, véase el libro editado por Stufflebeam, Madaus y Kellaghan, *Evaluation Models: Viewpoints on Educational and Human Services Evaluation*, así como el de Daniel L. Stufflebeam y Anthony J. Shinkfield, *Evaluation Theory, Models, and Applications* (San Francisco: Jossey-Bass, 2007).

la comunidad respalden el currículo, los educadores deben concebir y llevar a cabo procesos efectivos para la evaluación y presentación de informes».[30]

Evaluación curricular para la educación teológica[31]

Robert Stake, en 1967, fue el primero que propuso uno de los modelos que tanto este servidor como otros hemos encontrado muy útil en las evaluaciones de datos para los tomadores de decisiones en la educación teológica.[32] Aunque Stake incluyó en su modelo el concepto de objetivos educativos, mejoró considerablemente el modelo de Tyler porque creía que los educadores debían incluir una «conceptualización de la evaluación orientada a la naturaleza compleja y dinámica de la educación».[33] Para lograrlo, incluyó en el proceso de evaluación factores contextuales, experiencias educativas reales, así como resultados. Este propuso que la información evaluativa correspondiente a estas tres áreas debe ser clasificada según categorías de antecedentes (condiciones previas que pueden afectar los resultados), transacciones (las diversas actividades que conforman la implementación real del currículo) y resultados.

Stake sostiene que hay dos acciones básicas de evaluación que deben ser incluidas en el proceso para que un programa educativo sea completamente comprendido. Estas acciones involucran la recopilación de dos conjuntos diferenciados de información relacionados con el programa bajo evaluación: información de descripción y de juicio. Según Stake, «tanto la descripción como el juicio son esenciales; de hecho, son las dos acciones básicas de la evaluación… Para que un programa educativo sea comprendido tiene que ser descrito y juzgado en su totalidad».[34] La información descriptiva enfoca en las *intenciones* planificadas del currículo (lo que los planificadores esperan que suceda) y *observaciones* (lo que realmente sucede durante la implementación) con respecto a los antecedentes, las transacciones y los resultados. La

30. Ornstein y Hunkins, *Curriculum*, 242.

31. Gran parte del contenido de esta sección ha sido tomado de mi tésis doctoral ante la Universidad Estatal de Michigan: John Lillis, "Comparing Instructor Assumptions and Student Realities: A Study of Western Theological Extension Education in Southeast Asia" (PhD diss., Michigan State University, 1987).

32. Robert Stake, "The Countenance of Educational Evaluation," *Teachers College Record* 68, no. 7 (1967): 523–540.

33. Ibíd., 524.

34. Ibíd., 525.

información de juicio se refiere a la aplicación de estándares y juicios sobre el mérito y el valor de los antecedentes, las transacciones y los resultados de un programa. Los estándares generalmente provienen de agencias externas como las acreditadoras o el gobierno. Un seminario en particular asimismo podría usar el diseño curricular «ideal» de otra institución como un estándar para esos juicios. En este caso, sin embargo, el seminario local tendría que asegurarse de que el diseño «ideal» se ajusta a los parámetros que conforman su contexto. La información de juicio para las tres categorías podría provenir tanto de fuentes externas (denominación, comunidad u otras partes interesadas) como de fuentes internas (p. ej., los profesores o el consejo administrativo). La información recopilada y analizada es juzgada a la luz de los conjuntos de estándares apropiados. La matriz de datos de la Gráfica 7 ilustra el enfoque de Stake.

Intenciones	Observaciones		Estándares	Juicios
		Antecedentes		
		Transacciones		
		Resultados		
MATRIZ DE DESCRIPCIÓN			MATRIZ DE JUICIO	

Gráfica 7. Matriz de evaluación de Stake[35]

Stake sugiere que hay dos formas principales de procesar la información de la evaluación que se ha recopilado para la matriz descriptiva. En primer lugar, pueden determinarse cuáles son las *contingencias* entre los antecedentes, las transacciones y los resultados. Para ello habrá que determinar la relación entre estas tres categorías y, en particular, las relaciones causales que afectan los resultados generados por los antecedentes y las transacciones. Por ejemplo,

35. Ibíd., 531.

bajo la columna titulada «Intenciones» la preocupación estaría en la eventual contingencia. ¿Fluyen lógicamente los resultados de las transacciones previstas y los supuestos relativos a los antecedentes? Al tratar con la información bajo la columna de «Observaciones», se recopilarían datos que describan lo que realmente ocurrió cuando el currículo fue implementado. La tarea del evaluador, entonces, es identificar los «resultados que dependen de las condiciones antecedentes particulares y transacciones en la instrucción».[36] Hay que determinar en qué medida los resultados observados dependen de las transacciones observadas y los antecedentes reales o en qué medida dependen de otros factores.

El segundo modo principal de analizar los datos de la evaluación descriptiva implica determinar la *congruencia* entre los antecedentes, las transacciones y los resultados previstos (o supuestos) y las observaciones reales. Se dice que los datos de un currículo son congruentes si lo que se pretendía de verdad sucedió. Si los datos fueran completamente congruentes, todo lo que estaba previsto habría sucedido en cada una de las tres categorías. Como rara vez tal es el caso, la tarea del analista es comparar los antecedentes, las transacciones y los resultados previstos con los observados, describiendo el grado de congruencia y observando las discrepancias. Las declaraciones de congruencia no pretenden implicar que los resultados sean confiables o válidos, sino que indican el grado al que ocurrió lo que se había previsto. La Gráfica 8 ilustra los principios de congruencia y contingencia aplicados a la matriz descriptiva.

Stake también introdujo el concepto de *evaluación receptiva* con respecto a la evaluación curricular. En una evaluación receptiva, según Stake, el evaluador debería estar más preocupado por los intereses de los diversos grupos afectados que por los objetivos establecidos por el programa. Según propone, esta perspectiva «sacrifica algo de la precisión en la medición, con la esperanza de aumentar la utilidad de los hallazgos para las personas dentro y alrededor del programa. Muchos planes de evaluación son más coordinados y hacen hincapié en la declaración de objetivos, el uso de pruebas objetivas, los estándares del personal del programa e informes investigativos. La evaluación receptiva no depende tanto de la comunicación formal, sino de la comunicación natural…

36. Ibíd., 533.

Es una evaluación que parte de lo que las personas hacen naturalmente para evaluar las cosas: observan y reaccionan».[37]

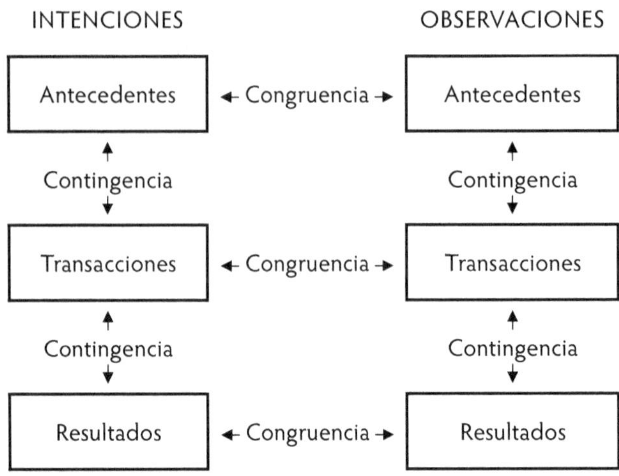

Gráfica 8. Análisis de Contingencia/Congruencia de Stake[38]

El propósito de cualquier labor educativa debe estar determinado por las preocupaciones y los intereses de los diversos grupos afectados por el programa. Los requisitos de información específicos para la evaluación deben estar determinados por los intereses de las personas que participan en el programa, los diversos «interesados». Esto incluiría no solamente a los que finalmente se beneficiarán de los graduados, sino también a quienes estén involucrados en los seminarios. Una distinción importante del enfoque receptivo en la evaluación curricular es el papel del evaluador. En otros enfoques, el evaluador debe ser externo y objetivo con respecto al programa. En la evaluación receptiva, los evaluadores pueden meterse de lleno e interactuar con todo el proceso. La

37. Robert Stake, "Program Evaluation, Particularly Responsive Evaluation," en Stufflebeam, Madaus, y Kellaghan, *Evaluation Models*, 347.

38. Ibíd., 532.

naturaleza misma de la educación teológica y su objetivo general de formar líderes piadosos y competentes para la iglesia de Jesucristo sugiere que este debe ser el enfoque de la evaluación curricular.[39]

Reflexión y puntos de acción

Factores preliminares que afectan el cambio curricular

1. Describa completamente las acciones requeridas por su agencia acreditadora, así como por las agencias gubernamentales ante quienes debe responder por los cambios sustanciales al currículo del seminario. De ser posible, cite los manuales correspondientes, así como las políticas gubernamentales apropiadas. Si uno o ambos no son relevantes para su situación, explíquese.
2. Piense en un cambio particular que haya estado considerando para su seminario. Analice sus recursos actuales en las categorías de facultad, personal y finanzas, como se explica en la primera sección del capítulo. Describa la disponibilidad actual de recursos y qué deberá añadirse en cada una de las tres categorías para cubrir adecuadamente el cambio propuesto. Sea lo más específico posible para cada categoría, incluidos los costos proyectados para cada aspecto de la propuesta.
3. En la primera sección, hice referencia a que el contexto único de cada seminario planteará desafíos para la implementación del cambio curricular. Explique el grado en que cada uno de los siguientes factores influiría en la implementación de un nuevo currículo y cómo planificaría resolverlos. Si cree que alguno no sería un factor influyente en su contexto, explíquese.
    a. Reacción de los profesores a los cambios propuestos.

39. Para más información sobre la evaluación receptive, véase Robert Stake, ed., *Standards-Based and Responsive Evaluation* (Thousand Oaks, CA: Sage, 2003); Robert Stake, *The Art of Case Study Research* (Thousand Oaks, CA: Sage, 1995); así como Egon Guba, y Y. Lincoln, *Effective Evaluation: Improving the Usefulness of Evaluation Results through Responsive and Naturalistic Approaches* (San Francisco: Jossey-Bass, 1992).

b. Reacción de la junta directiva a los cambios propuestos.
c. Reacción de los grupos beneficiarios a los cambios propuestos.
d. Asignación de tiempo para administración, personal y facultad claves.

4. Identifique otros desafíos contextuales que podrían afectar negativamente la implementación del cambio en particular que su seminario está considerando para el futuro. Explique a fondo cada uno de los factores y el efecto que podría tener durante el proceso de implementación. Luego, describa su estrategia para disminuir su efecto.

Factores humanos que afectan el cambio

1. Prepare una lista de los cambios curriculares y organizacionales que, a su entender, serán necesarios durante los próximos dos años en su seminario. Para los cambios curriculares que imagina:
   a. ¿Qué cambiará?
   b. ¿Se eliminarán cursos?
   c. ¿Se cambiarán o perderán funciones?
   d. ¿Quién se verá afectado?
2. Describa a grandes rasgos cómo cree que las personas de su organización (facultad, personal y administración) reaccionarán o responderán a estos cambios. Diseñe una estrategia eficaz para implementar el cambio. ¿Qué componentes y acciones específicas considera necesarios en dicho plan a la luz de su situación particular y contexto cultural? Esta estrategia también debe reflejar los valores que desea proteger en medio del cambio. Tenga en cuenta los sentimientos, pensamientos y comportamientos que espera del personal a medida que se implementen estos cambios. Si cree que son relevantes para su contexto, use las etapas y las respuestas humanas del ciclo de cambio de Salerno y Brock, como se resume a continuación:

Etapa 1: Pérdida de seguridad

a. Sentimientos: miedo
b. Pensamientos: cautela
c. Comportamiento: paralizado

Etapa 2: Duda a la realidad

a. Sentimientos: resentimiento
b. Pensamientos: escepticismo
c. Comportamiento: resistente

Etapa 3: De la incomodidad a la motivación

a. Sentimientos: ansiedad
b. Pensamientos: confusión
c. Comportamiento: falta de productividad

Etapa 4: Del descubrimiento a la perspectiva

a. Sentimientos: anticipación
b. Pensamientos: creatividad
c. Comportamiento: energizado

Etapa 5: Comprender los beneficios

a. Sentimientos: confianza
b. Pensamientos: pragmatismo
c. Comportamiento: productivo

Etapa 6: Experimentando la integración

a. Sentimientos: satisfacción
b. Pensamientos: enfocados
c. Comportamiento: generoso

Evaluación Curricular

1. El currículo es diseñado, implementado y evaluado dentro de un conjunto de realidades contextuales, las cuales están asociadas con los estudiantes entrantes, la iglesia y la sociedad. En conjunto son unas condiciones «dadas» (los «antecedentes» del modelo de Stake) que no pueden ser cambiadas y a las que el currículo debe ajustarse. Cada currículo en su diseño básico «supone» datos en estas áreas. Entre los factores que podrían afectar a los estudiantes que ingresan a un programa están sus antecedentes educativos, experiencia en la iglesia, las responsabilidades familiares, su conocimiento bíblico, el empleo externo, tiempo disponible para estudiar y distancia del seminario (ubicación). Asimismo, las expectativas de la iglesia, así como la situación social en general, son «datos» o «antecedentes» sobre los cuales hago suposiciones cuando diseño un currículo. Una evaluación eficaz requiere que identifique mis presuposiciones sobre los antecedentes del currículo.

    a. A partir del principal programa de grado de su seminario, determine algunas de las fuentes que pueden informarle acerca de las intenciones o suposiciones con que fue creado. El propósito aquí es obtener información para determinar con precisión qué tan bien sus intenciones o suposiciones coinciden con su realidad. (Las fuentes pueden incluir documentos como el catálogo, los requisitos de admisión, los programas de estudio y los planes de las lecciones; las entrevistas con las partes interesadas también son buenas fuentes de información).

    b. Ahora prepare un conjunto de preguntas y procedimientos con los que un equipo de evaluación podrá determinar y describir cuáles son los «antecedentes» para su seminario. Piense en las preguntas que podría hacerles a los futuros estudiantes, así como a las principales partes interesadas externas, como los pastores y las pastoras de iglesias, líderes de su denominación o miembros de la junta directiva.

2. Todo programa de grado debe conducir a resultados, metas y objetivos específicos de grado que representan un perfil del graduado «ideal» de tal programa. A partir de sus resultados, los objetivos o las metas del programa que usó en el ejercicio anterior:
    a. Describa cómo determinará hasta dónde se ha logrado cada resultado. ¿Cómo sabrá que la experiencia educativa que ha diseñado obtendrá el resultado deseado? Enumere los instrumentos, las herramientas o los procedimientos explícitos para evaluar qué tan bien se han logrado los resultados en las vidas de los estudiantes. El mismo procedimiento puede usarse para evaluar diferentes resultados.
    b. Como señaló Stake, la recopilación de datos no es suficiente para evaluar los logros de un programa. Su utilidad depende de que existan los procedimientos para modificar y mejorar el currículo. Para cada uno de los diferentes procedimientos que identificó anteriormente, indique un proceso mediante el cual la información pueda ponerse a disposición y ser utilizada por las personas apropiadas para modificar y mejorar el currículo.

Recursos para seguir estudiando

Teoría de cambio organizacional

Bennis, Warren. *Changing Organizations.* Nueva York: McGraw-Hill, 1966.

"Kotter's 8-Step Change Model: Implementing Change Powerfully and Successfully." MindTools. Acceso 12 Septiembre 2015. www.mindtools.com/pages/article/newPPM_82.htm.

Kotter, John P. "Winning at Change." *Leader to Leader*, no. 10 (Otoño 1998): 27–33.

Salerno, Ann, y Lillie Brock. *The Change Cycle: How People Can Survive and Thrive in Organizational Change.* San Francisco: Berrett-Koehler, 2008.

Cambio educativo

Buchanan, Michael T., y Kath Engebretson. "The Significance of Theory in the Implementation of Curriculum Change in Religious Education." *British Journal of Religious Education* 31, no. 2 (Marzo 2009): 141–152.

Diamond, Robert. *Designing and Improving Courses and Curricula in Higher Education.* San Francisco: Jossey-Bass, 1989.

Fahey, Shireen. "Curriculum Change and Climate Change: Inside Outside Pressures in Higher Education." *Journal of Curriculum Studies* 44, no. 5 (23 Mayo 2012): 703–722.

Ferris, Robert. *Establishing Ministry Training: A Manual for Programme Developers.* Pasadena, CA: William Carey Library, 1995.

Harley, Ken, y Volker Wedekind. "Political Change, Curriculum Change and Social Formation, 1990 to 2002." In *Changing Class: Education and Social Change in Post-Apartheid South Africa,* edited by Linda Chisholm, 195–220. Cape Town: HSRC Press, 2004. Adobe PDF eBook.

Hongbiao Yin, John Chi-Kin Lee, y Wenlan Wang. "Dilemmas of Leading National Curriculum Reform in a Global Era: A Chinese Perspective." *Educational Management Administration & Leadership* 42, no. 2 (2014): 293–311.

Louvel, Severine. "Understanding Change in Higher Education as Bricolage: How Academics Engage in Curriculum Change." *Higher Education* 66, no. 6 (2013): 669–691.

Ornstein, Allan C., y Francis P. Hunkins. *Curriculum: Foundations, Principles, and Issues.* 6a ed. Harlow: Pearson, 2012.

Sakaria M. Iipinge y Choshi D. Kasanda. "Challenges Associated with Curriculum Alignment, Change, and Assessment Reforms in Namibia." *Assessment in Education: Principles, Policy & Practice* 20, no. 4 (2013): 424–441.

Weddle, Martin. *Planning for Educational Change: Putting People and Their Contexts First.* Londres: Continuum, 2009.

Evaluación curricular

Cronbach, Lee. "Course Improvement through Evaluation." *Teachers College Record* 64, no. 8 (1963): 672–683.

———. *Designing Evaluation of Educational and Social Programs.* San Francisco: Jossey-Bass, 1982.

Guba, Egon, y Y. Lincoln. *Effective Evaluation: Improving the Usefulness of Evaluation Results through Responsive and Naturalistic Approaches.* San Francisco: Jossey-Bass, 1992.

Ikemoto, Gina, y Julie Marsh. "Cutting through the 'Data-Driven' Mantra: Different Conceptions in Data-Driven Decision Making." en *Evidence and Decision Making,* editado por Pamela Moss, 105–131. Malden, MA: Blackwell, 2007.

Lillis, John. "Comparing Instructor Assumptions and Student Realities: A Study of Western Theological Extension Education in Southeast Asia." Tésis PhD, Michigan State University, 1987.

Stake, Robert. *The Art of Case Study Research.* Thousand Oaks, CA: Sage, 1995.

———. "The Countenance of Educational Evaluation." *Teachers College Record* 68, no. 7 (1967): 523–540.

———. "Program Evaluation, Particularly Responsive Evaluation." en *Evaluation Models: Viewpoints on Educational and Human Services Evaluation,* edited by Daniel Stufflebeam, George F. Madaus, and Thomas Kellaghan, 343–362. 2a ed. Hingham, MA: Kluwer Academic, 2000.

Stake, Robert, ed. *Standards-Based and Responsive Evaluation.* Thousand Oaks, CA: Sage, 2003.

Stufflebeam, Daniel. "The CIPP Model for Evaluation." In *Evaluation Models: Viewpoints on Educational and Human Services Evaluation,* editado por by Daniel Stufflebeam, George F. Madaus, and Thomas Kellaghan, 279–318. 2a ed. Hingham, MA: Kluwer Academic, 2000.

Stufflebeam, Daniel, y Anthony Shinkfield. *Evaluation Theory, Models, and Applications.* San Francisco: Jossey-Bass, 2007.

Stufflebeam, Daniel L., George F. Madaus, y Thomas Kellaghan, eds. *Evaluation Models: Viewpoints on Educational and Human Services Evaluation.* 2a ed. Hingham, MA: Kluwer Academic, 2000.

Taylor, Catherine, y Susan Nolen. *Classroom Assessment.* 2a ed. Upper Saddle River, NJ: Pearson, 2008.

Tyler, Ralph W. *Basic Principles of Curriculum and Instruction.* Chicago: University of Chicago Press, 2013. Kindle eBook.

6

El papel del liderazgo académico en el diseño de la enseñanza y aprendizaje transformadores

Por Allan Harkness

El Seminario del Calvario, con treinta años de vida y ubicado en un país del mundo mayoritario, es ampliamente reconocido por la calidad de su facultad. Varios de los profesores ostentan doctorados de universidades occidentales y han publicado libros y artículos académicos. Su declaración de misión es «Preparamos al pueblo de Dios para el ministerio»; pero las iglesias están diciendo que los graduados del seminario no están adecuadamente preparados para las realidades del ministerio pastoral y comunitario.

La facultad debate el asunto en varias reuniones y termina aceptando a regañadientes que esos comentarios tienen algo de cierto. Estos saben que la falta no está en el amplio contenido bíblico y teológico que los estudiantes han tenido que procesar durante sus programas de estudios. ¿Acaso será la manera en que se procesa el contenido para los estudiantes? «¿Sabemos enseñar?», pregunta un miembro de la facultad. «¿Y de verdad sabemos qué están aprendiendo nuestros estudiantes?», pregunta otro.

El Dr. Josué, un educador especializado en formación terciaria, ha recibido la encomienda de explorar alternativas para capacitar a la facultad. Josué encuesta a sus colegas sobre su disposición a recibir este adiestramiento y queda atónito con comentarios tales como:

«Mis compromisos como profesor, investigador y escritor no me permiten participar».

«No puedo seguirle el paso a mi disciplina, mucho menos tengo tiempo para aprender a enseñar».

«En este nivel terciario, los estudiantes deben saber lidiar con una gama de métodos de enseñanza desde buenos a malos. Esa no puede ser mi responsabilidad también».

Josué decide comenzar por distribuir algunos recursos impresos a su atareada facultad. Por correo electrónico solicita al decano académico una oportunidad para tocar el tema en la próxima reunión de la facultad. Pero el decano decide reenviárselo a la facultad con el mensaje, «De parte de Josué». Ni el rector ni los miembros de la facultad responden a Josué. Este redacta una propuesta para el ofrecimiento de varias actividades de enriquecimiento didáctico. El punto es incluido al final de la agenda de una larguísima reunión de la facultad. La discusión languidece y el decano decide cortarla porque (irónicamente) la facultad tiene que fortalecer los cursos del currículo revisado. La formación del profesorado no reaparece en la agenda de la reunión de la facultad.

Mientras tanto, «las cosas siguen como de costumbre» en el Seminario del Calvario… y también los comentarios de las iglesias.

¿Pudo haber sido diferente el resultado en el Seminario del Calvario?

La función de todo seminario es ser un agente de transformación. Así lo indican los lemas y las declaraciones de misión y visión; por ejemplo:

- Desarrollar líderes a imagen de Cristo para la Gran Comisión.
- Ver líderes piadosos que forman otros líderes y que sirven de agentes transformadores en la iglesia.

Los procesos educativos (las actividades de enseñanza y aprendizaje) de los seminarios son cruciales para que estas declaraciones pasen de la retórica a la realidad. Pero, al igual que en el Seminario del Calvario, quizás la facultad no inicie oportunidades para explorar «por qué estamos haciendo esto» o cómo podría ser más eficaz la enseñanza.

Con toda probabilidad el resultado en el Seminario del Calvario hubiera sido bien distinto si el rector y el decano hubieran asumido un papel más proactivo y facilitador. ¿Cómo podrían haber facilitado el diseño y la implementación de una educación transformadora (TTL como se le conoce en inglés) para garantizar que sus nobles declaraciones de misión se convirtieran en realidad? De eso trata este capítulo.

Fundamentos de la enseñanza y el aprendizaje transformadores en los seminarios

En este capítulo utilizo «seminario» como un término genérico para las instituciones de educación teológica (ET) cuyo fin es la capacitación de personas para el liderazgo en las iglesias o agencias eclesiales, que integren su fe en sus vidas cotidianas sin necesariamente dedicarse «a tiempo completo al servicio cristiano». Esta descripción probablemente aplica a muchísimas universidades, seminarios e institutos bíblicos y teológicos.[1] Los seminarios con este enfoque cuentan con una serie de personas y grupos interesados en el efecto transformador de "su seminario", tales como:

- Los estudiantes de los programas del seminario.
- Las iglesias, denominaciones y organizaciones a las que los estudiantes sirven durante y después de su experiencia en seminario.
- Laicos en las iglesias y organizaciones que son «receptores» del ministerio de los estudiantes y graduados.
- Las culturas dentro de las cuales las iglesias y organizaciones ejercen su ministerio y misión.
- La facultad que invierte su vida en el seminario y sus estudiantes.
- Los líderes del seminario que tienen a su cargo la dirección académica y organizacional.

1. La educación teológica es una empresa bien amplia. Hay cuatro formatos principales: (1) estudios teológicos en una universidad (generalmente) secular; 2) educación en una universidad teológica, seminario o escuela de divinidad; 3) instituciones establecidas principalmente para equipar a los laicos para el ministerio y la misión; y (4) educación teológica fuera de una sede física. Véase Allan Harkness, "Introducción", en *Tending the Seedbeds: Educational Perspectives on Theological Education in Asia*, ed. Allan Harkness (Manila: Asia Theological Association, 2010), 8–9.

- En última instancia, nuestro Soberano, Creador y Trino Dios «en [quien] vivimos, nos movemos y somos» (Hch 17:28).

Cada una de las partes interesadas es responsable hasta cierto grado de garantizar que el seminario funcione eficazmente, como bien lo sabe la administración. Este capítulo considerará particularmente el papel de los líderes académicos en el diseño de procesos educativos que sean verdaderamente transformadores; como veremos, gran parte depende de su interacción con las partes interesadas.

¿Quiénes son los «líderes académicos»?

El Seminario del Calvario tiene un decano principal y uno académico. Estas funciones reciben diferentes títulos: «Un sinnúmero de términos son usados alrededor del mundo para referirse a los puestos del liderazgo académico. Entre estos: presidente, director, principal, rector, director de estudios, director académico y decano… Hoy en día, el entendimiento común es que al puesto administrativo principal se le llama "director ejecutivo" o "rector", mientras que a la persona que se le confían los asuntos académicos se le llama "director académico" o "decano académico"».[2]En este capítulo, utilizo los títulos de «presidente» y «decano académico» para referirme a las dos posiciones principales dentro del liderazgo académico de un seminario. Por lo general, ambos cuentan con sus respectivos comités de asesores para la formulación de los reglamentos y las prácticas, por lo que no cargan con todo el peso del liderazgo académico. Fritz Deininger añade lo siguiente acerca de estas funciones:

> El desafío es el mismo independientemente del título o la etiqueta del puesto o la responsabilidad que se tenga dentro de la institución. El puesto de liderazgo es otorgado para dirigir y desarrollar la institución y crear programas académicos, a fin de que hombres y mujeres sean capacitados para el ministerio eficaz.

2. Este capítulo aborda principalmente la segunda y la tercera expresión. Fritz Deininger, «El rector y el decano como colaboradores en la educación teológica», en *Fundamentos para el liderazgo académico, Trad. Mayra Urízar de Ramírez, 2017*, ed. Fritz Deininger y Orbelina Eguizabal (Hamburgo: VTR, 2013), 110. Véase además en el mismo volumen Fritz Deininger, «La decanatura como ministerio», 129–147.

> Los puestos de liderazgo no son un fin en sí mismos, sino que son otorgados en beneficio del mejoramiento de la calidad de la educación teológica. Por lo tanto, una relación de trabajo efectiva entre el presidente y el decano académico es esencial.[3]

¿Qué tipo de «transformación» es apropiada?

Los seminarios tienen muchas maneras y enfoques formativos. En mayor o menor grado parten de enfoques académicos y eruditos, orientados al discipulado, dirigidos a la formación espiritual o basados en destrezas. En mayor o menor grado puede que estén culturalmente contextualizados y/o impulsados por intereses eclesiales o misioneros. Puede que estén dirigidos hacia «obreros a tiempo completo» o a «personas laicas».[4] Se ha hablado bastante de la tensión entre las partes interesadas acerca del enfoque del seminario.[5] No hay que oponerse al debate sólido entre las partes interesadas; más bien, es necesario si de verdad, «los seminarios teológicos son, indiscutiblemente la institución más importante de la iglesia. Son los repositorios de nuestro pasado y los formadores de nuestro futuro».[6]La frase «formadores de nuestro futuro» implica un proceso transformador, dinámico en lugar de estático. Para

3. Deininger, "El rector y el decano", 110f.

4. Graham Cheesman ha puesto de relieve los paradigmas basados en la prioridad dada a una u otra de estas áreas en su artículo "Competing Paradigms in Theological Education Today," *Evangelical Review of Theology* 17, no. 4 (1993): 484–499.

5. Aunque su artículo ha pasado de moda, sus ideas todavía son pertinentes. Estos son sus cinco paradigmas:
Académico (ET principalmente como formación del intelecto: orientada hacia el contenido);
Monástico (ET como desarrollo espiritual y personal: orientada hacia la espiritualidad);
Formación (ET como la formación de teólogos: orientada hacia la práctica);
Negocios (ET como una empresa: orientada hacia la relevancia);
Discipulado (ET como una relación de equipamiento y adiestramiento: orientada hacia las relaciones).
Por ejemplo, véase Carver Yu, "Whom Do We Serve? Engaging the Ecclesial Dimension: Theological Education That Empowers the Church" (monografía presentada ante la conferencia ICETE International Consultation for Theological Educators, Chiang Mai, Thailand, 2006), acceso 2 Marzo 2015, http://icete-edu.org/pdf/C-06 Yu Engaging the Ecclesial Dimension.pdf.

6. Doug Birdsall, president ejecutivo del Movimiento de Lausana, durante la Consulta de Lausana sobre la educación teológica mundial, Boston (EE.UU.), 29 mayo–1 junio 2012; citado en "Lausanne Movement Convenes Global Gathering of Seminary Presidents," Movimiento de Lausana, 29 Mayo 2012, acceso 25 Febrero 2015, http://www.lausanne.org/news-releases/lausanne-movement-convenes-global-gathering-of-seminary-presidents.

los cristianos, la transformación es el corazón de «la buena nueva del reino de Dios» que Jesús vino a anunciar, demostró en su persona y obra y se completará cuando regrese.

Cuando los cristianos oran, «Venga tu reino, hágase tu voluntad» (Mt 6:10), están reconociendo que el reino de Dios abarca toda la vida, existencia y experiencia. Esto incluye:

- Dios y yo (la naturaleza de Dios y la mía y el camino a la reconciliación)
- Mi vecino (moralidad personal y relacional)
- Sociedad (moralidad social y política)
- Naturaleza (los mundos físico y biológico)
- Principados y poderes (invisibles, pero reales).[7]

La transformación integral, centrada en el Reino y que repercute en estas dimensiones requiere una perspectiva misional-eclesial bien articulada, lo que tiene implicaciones claras para los seminarios:

> Que la educación teológica tenga un fundamento misionero-eclesial sugiere que nuestros [seminarios] existen *para preparar a hombres y mujeres que sean capaces de guiar a la iglesia hacia la eficacia en el cumplimiento de la misión de que Cristo sea reconocido como Señor en toda la tierra.* Vale notar que la preparación de hombres y mujeres no es el objetivo final, sino un medio significativo para el logro del objetivo más grande de empoderar a las iglesias para que tengan una mayor influencia sobre sus comunidades, de tal manera que las marcas del reino de Dios sean evidentes en el mundo.[8]Si los seminarios y sus partes interesadas están convencidos de que el mundo necesita la buena noticia de Jesús acerca del reino de Dios, entonces el desafío es asegurar que su enfoque concuerde con la invitación de Dios a ser copartícipes con él en ayudar al pueblo de Dios a apreciar el reino (con sus valores y virtudes, actitudes y acciones) y a comprender cómo revelarlo con integridad y en toda su plenitud.

7. Tomado de Brian Hill, *The Greening of Christian Education* (Sydney: ANZEA, 1985), 141.

8. Perry Shaw, *Transforming Theological Education: A Practical Handbook for Integrative Learning* (Carlisle: Langham Global Library, 2014), 20. Las cursivas son del autor original.

Ello requerirá su formación, reforma y transformación. Por lo tanto, los seminarios deben preocuparse por la manera en que facilitan dicha transformación.

¿Qué es la «enseñanza y el aprendizaje transformador»?[9]

La educación es un proceso transformador: su esencia es el cambio (en las personas y las instituciones) de «lo que es» a «lo que podría ser», fomentando la responsabilidad (personal e institucional) por la concienciación y el desarrollo. La «enseñanza» y el «aprendizaje» son componentes integrales del proceso educativo.

El aprendizaje no es una entidad monocroma. El lenguaje mismo recoge las diferentes maneras en que ocurre, como:

- *«Aprender que ...»*: connota la adquisición de conocimientos.
- *«Aprender cómo ...»:* implica la disposición de llevar a cabos ciertas actividades con destreza.
- *«Aprender a ser (o convertirse) ...»*: connota un elemento de desarrollo.

Ese aprendizaje o conversión no puede girar solamente en torno a adquirir conocimiento y aprender «cómo vivir y comportarse». Antes bien, el convertirse en un discípulo obediente de Cristo (o una madre amorosa, un cónyuge fiel, empleador justo, buen ciudadano) conlleva una formación integral, junto con conocimiento de otras personas (especialmente, para los cristianos, Dios en tres personas). Así que, para los cristianos, el aprendizaje incorpora la formación en una gama de dominios:

- Ganancias *cognitivas* en una comprensión crítica de la fe y su aplicación a la vida en la sociedad.
- Ganancias *afectivas* en la calidad de los sentimientos hacia Dios, nosotros mismos, otras personas y la creación de Dios.
- Ganancias de *disposición* demostradas en la conducta, p. ej. , «el fruto del Espíritu» (Gá 5,22–23);

9. Parte de esta sección ha sido adaptada de Harkness, "De-Schooling the Theological Seminary: An Appropriate Paradigm for Effective Ministerial Formation," [en *Tending the Seedbeds*, 103–128].

- Ganancias en una *autoestima* realista en Cristo;
- Ganancias en la capacidad y el deseo de entablar *relaciones interpersonales* empáticas.
- Ganancias en el desarrollo de los *dones espirituales* (*carismas*);
- *Asumir responsabilidad* en diversas esferas de liderazgo y servicio.[10]

¿Cuál es la relación entre la «enseñanza» y el aprendizaje multidimensional? La enseñanza también debe ser una actividad multifacética, en contraste con el modelo de la educación tradicional predominantemente unilateral. Cuando la orientación es hacia la formación integral, la enseñanza transformadora puede definirse como «el proceso de facilitar la formación integral de individuos e instituciones: una intervención diseñada para extraer el potencial de los conocimientos, las creencias, los valores, las actitudes y los comportamientos de otros».

En términos bíblicos, el proceso de facilitación que abarca todos los dominios nos permitirá trabajar más eficazmente «para presentarlos a todos perfectos en él» (Col 1:28), «a fin de capacitar al pueblo de Dios para la obra de servicio, para edificar el cuerpo de Cristo» (Ef 4:12).

La literatura sobre la educación transformadora o transformativa es extensa.[11] Pero a la luz de la anterior explicación de la transformación, ¿cómo se traduciría en los seminarios? ¿Qué distinguirá a los procesos conducentes a formar líderes cristianos, competentes, confiados y compasivos, apreciados como expresiones creíbles de los valores, las actitudes y los comportamientos del reino de Dios?[12] ¿Hubiera hecho la diferencia en el Seminario del Calvario? Estos asuntos competen al diseño educativo.

¿Cómo se diseña el aprendizaje transformador?

En términos educativos, el diseño tiene que ver con currículo. *Currículo* tiene una gama de significados que van desde el contenido temática de la educación (en ocasiones mejor llamado el «sílabo») a todo lo que sucede en

10. Hill, *Greening*, 110ss. Las formulaciones triples de «cabeza-corazón-manos», «afectivo-conductual-cognitivo» o «saber-hacer-ser» son comunes. Los dominios de Hill son más completos y matizados.

11. Entre los autores muy respetados están Steven Brookfield, Patricia Cranton, Robert Kegan, Jack Mezirow y Jane Vella.

12. Harkness, "De-Schooling", desarrolla estas ideas más a fondo.

una institución o comunidad. En este capítulo, lo defino como 'las experiencias de aprendizaje intencional que el seminario planifica para sus estudiantes'. El diseño del currículo tiene que ver con la manera en que dichas experiencias de aprendizaje son planificadas y utilizadas eficazmente.

Los seminarios suelen incorporar en sus programas actividades obligatorias (o al menos fuertemente sugeridas) que van más allá de los procesos más abiertamente «académicos», de tipo cognitivo y que giran en torno al aula. Entre estas se encuentran los servicios de capilla, grupos de cuidado pastoral estudiantil, prácticas, comidas comunitarias y horas de trabajo. Cualquiera (de hecho, todos) tiene el potencial de convertirse en una experiencia de aprendizaje intencional para contribuir a la transformación integral.[13]Tanto el contenido como el proceso son importantes para diseñar un currículo exitoso: «Sin un buen contenido, la tarea educativa no tiene sentido ni es útil, ya que el contenido es el corazón mismo de nuestro mensaje. Pero sin un buen proceso, socavamos nuestro trabajo y limitamos nuestra eficacia».[14]El reconocer esta dinámica de «contenido más proceso» es importante para el aprendizaje transformador en un seminario que esté dirigido a la formación ministerial y pastoral y cuyo objetivo sea mayor que la mera «transmisión de conocimiento». Mucho se ha escrito sobre la interacción entre el desarrollo académico, la formación espiritual y el desarrollo de destrezas que equipen a los seminaristas para un ministerio eficaz. Sin embargo, nótese que la literatura ha prestado muy poca atención a los procesos pedagógicos que operan en el currículo.

El diseño curricular incorpora una serie de elementos, resumidos en la Gráfica 9.

- *Los objetivos de aprendizaje* ofrecen expectativas claras sobre los logros de los participantes y, por lo general, incorporan varios de los dominios del aprendizaje transformador (págs. 149–150).

---

13. Tenga en cuenta que todos los aspectos de la vida de un seminario tendrán un efecto educativo (ya sea positivo o negativo). El que una actividad no haya sido explícitamente incluida dentro del currículo no evita que tenga algún efecto sobre la gente.

14. Karen Morris y Rod Morris, *Leading Better Bible Studies: Essential Skills for Effective Small Groups* (Sydney: Aquila, 1997), 38.

- El *contenido adecuado* se refiere al «conocimiento correcto» para lograr los objetivos de aprendizaje. Con toda probabilidad va más allá de lo proposicional y conceptual.
- *Los ambientes apropiados para el aprendizaje* se refieren al lugar. Las actividades del seminario, así como en la sociedad en general, pueden ocurrir en entornos legítimos y productivos.
- *Los métodos y recursos de enseñanza* son los medios que mejor transmiten el contenido para lograr los resultados. Los métodos pueden incluir modos de aprendizaje formales, no formales e informales.[15]
- El *conducir las sesiones de aprendizaje* cubre la gama de interacciones entre el maestro (como facilitador del aprendizaje) y los estudiantes.
- La *evaluación del aprendizaje* es el medio adoptado para determinar cómo los participantes están progresando y aprendiendo.
- La *evaluación del currículo y la eficacia de la enseñanza* es evaluar el impacto (fortalezas y debilidades) del proceso de enseñanza y aprendizaje, así como del maestro como facilitador.

El ciclo curricular se refiere a la revisión de los elementos curriculares en el uso futuro del currículo, adaptados a la luz de cómo se ha experimentado o evaluado su idoneidad.

Cuando el currículo abarca «las experiencias de aprendizaje intencional que el seminario planifica para sus estudiantes», debe haber una interacción dinámica entre estos elementos curriculares. Todos deben ser considerados cuidadosamente para que el proceso de la enseñanza y aprendizaje sea integrado, en especial para que tengan un efecto transformador en los participantes.

15. *Los modos formales* están estructurados e institucionalizados, p. ej., el uso de aulas escolares. *Los modos no formales* son intencionales, pero llevados a cabo fuera de la institución, como al aire libre y en campamentos, la Educación Pastoral Clínica en hospitales o viajes misioneros a corto plazo. *Los modos informales* utilizan las oportunidades espontáneas o coincidentes en el curso de la vida como un accidente o enfermedad, observar a los niños mientras juegan, experiencias interculturales durante sus vacaciones, o una conversación profunda y significativa con otro estudiante después del servicio.

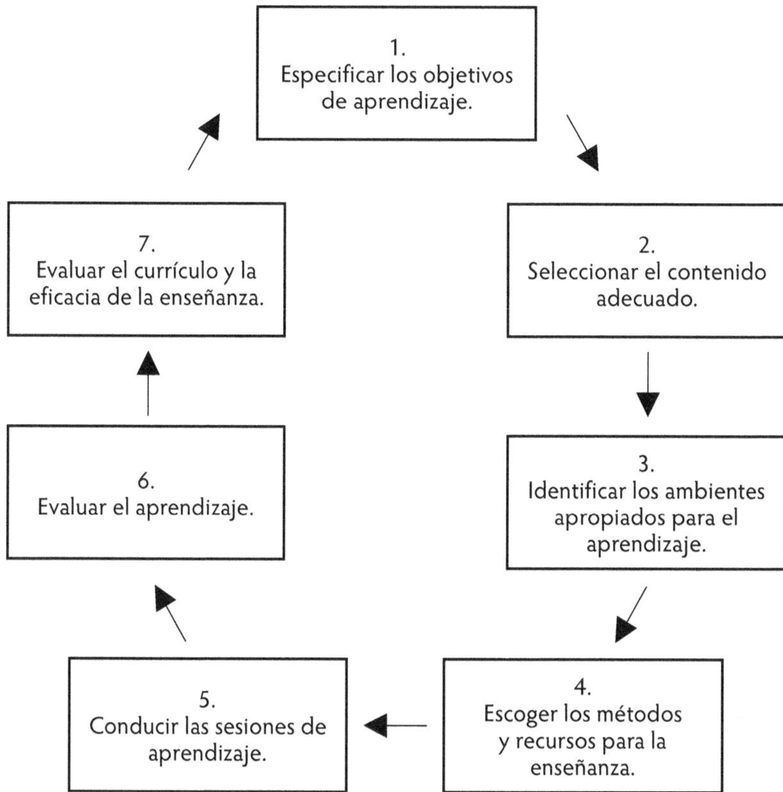

Gráfica 9. El Ciclo del Currículo[16]

A estos resultados o procesos planificados y declarados se les conoce como el «currículo explícito (o manifiesto, obvio)». Sin embargo, mientras que las actividades de aprendizaje planificadas están teniendo lugar, los estudiantes asimismo pueden aprender de manera involuntaria o no planificada lo que se denomina como el «currículo oculto (o implícito)». En ello influyen los elementos del ambiente físico y psicosocial. El currículo oculto puede ser muy poderoso y hasta anular los resultados deseados del currículo explícito (como veremos más adelante).[17] En el Seminario del Calvario, pocos profesores entendieron que era necesario informarse y equiparse mejor para la tarea

16. Adaptado de Hill, *Greening*, 98–101.

17. Tenga en cuenta también una tercera forma de currículo: el currículo *nulo*, lo que se omite del currículo explícito, ya sea intencional o involuntariamente.

de facilitar el aprendizaje. Entonces, ¿cómo podían responder a las críticas sobre la competencia de los graduados del seminario? Ambos asuntos están relacionados con el diseño de la educación transformadora; así como al papel del presidente y el decano académico como facilitadores de las estrategias para garantizar que sean atendidos.

El papel del liderazgo académico en el diseño de la enseñanza y el aprendizaje transformador

El papel de los líderes académicos de los seminarios en el diseño e implementación de la educación transformadora se divide en dos áreas:

- Su papel explícito en el proceso de diseño.
- Su papel en el mejoramiento de la ecología en donde ocurren los procesos de la educación transformadora.

Las funciones explícitas de los líderes académicos en el proceso de diseño

Los líderes académicos (especialmente el decano académico) tienen la gran responsabilidad de supervisar el desarrollo curricular, especialmente en cuanto a las iniciativas de la educación transformadora. Esta función supervisora es evidente durante las seis fases del proceso del desarrollo curricular:

1. Articule los valores apropiados para el currículo transformador

Los currículos educativos surgen en un contexto, cuyos elementos clave tienen valores que ameritan ser reconocidos y comprendidos, ya que determinarán significativamente la forma tanto del contenido como del proceso curricular. A estos se les conoce como «las condiciones límite»: «Los valores y prioridades que el profesor debe tener como objetivo promover y mantener … [y] lo que es posible lograr teniendo en cuenta los hechos de la situación».[18] Las condiciones límite pueden ser identificadas en cualquier proceso educativo. En los ambientes seminaristas, son modificadas por los valores teológicos cristianos que se desprenden de la interpretación de la autoridad de la revelación bíblica.

18. Brian Hill, *Teaching Secondary Social Studies in a Multicultural Society* (Melbourne: Longman Cheshire, 1994), 146.

El Cuadro 2 resume las condiciones límite en los ambientes educativos en general y, a continuación, ofrece ejemplos de cómo podrían ser modificados para el currículo de un seminario.

Tabla 2. Condiciones límites en el currículo educativo[19]

Condiciones límites en los ambientes educativos en general	**En los contextos de los seminarios, estas condiciones son modificadas por normas bíblicas y teológicas**
Consideraciones éticas Se refiere a lo legítimo en el trato dado a los estudiantes; p. ej. , el lugar de las técnicas manipuladoras (físicas, mentales y emocionales) o de adoctrinamiento (en su sentido negativo) frente al fomento de la investigación abierta.	El valor de los seres humanos; la prioridad del *ágape*.
Los objetivos de la educación El propósito general de la educación, p. ej. , fomentar que los estudiantes tomen su lugar en la sociedad.	Para la edificación y el equipamiento para el servicio a Dios.
Directrices específicas de la disciplina Las expectativas establecidas por el sistema educativo general sobre la manera en que deben llevarse a cabo los cursos, p. ej. , en Historia, Sociología, Biología, etc.	Directrices y expectativas para los cursos en el currículo de la ET que posiblemente fueron dictadas por una agencia acreditadora.
Expectativas sociales La naturaleza de la sociedad en general en la que se establece el currículo educativo, con su mezcla sociocultural; p. ej. , la relación esperada de maestro-estudiante.	Lo que se entiende sea la agenda de Dios, cómo se identifican los «maestros», el uso de los dones espirituales, etc.

19. Adaptado de Hill, *Greening*, 92–93; y Hill, *Teaching*, 144–148.

Datos psicológicos Conciencia acerca de la manera en que las personas aprenden, con sus variados estilos de aprendizaje y etapas de desarrollo, y de cómo se puede evaluar el aprendizaje.	Estudiantes como personas cabales, plenamente humanos, creciendo en la madurez cristiana, etc.
Restricciones institucionales La naturaleza de la institución en la que está llevándose a cabo el aprendizaje, p. ej., para qué está diseñada y cómo ha tratado de lograrlo, etc.	La naturaleza de la iglesia y el reino de Dios.

Ninguno de los elementos del currículo educativo es neutral en términos de valores: cada fase está incrustada con valores significativos. Vale la pena tenerlos presentes durante el diseño del currículo. Carolyn Jurkowitz así lo ha resumido con relación a la evaluación, pero sus comentarios aplican también al proceso educativo más amplio: «Los educadores no llegan [al currículo educativo] como una pizarra en blanco, sino con una perspectiva sobre la tarea, haya sido articulada o no… La perspectiva acarrea una postura en cuanto a los datos (sobre el estudiante) que constituyen indicadores aceptables del aprendizaje, cómo se revelan los datos sobre el aprendizaje y qué cualidades son meritorias en la evaluación».[20]Cuando entendemos que todos los aspectos del currículo tienen valores inherentes, vamos a querer preguntar, «¿cuáles subyacen tras lo que estamos haciendo?». Muchas veces existe una marcada diferencia entre los valores defendidos (declarados o escritos) y los «operantes» (los valores que influyen el comportamiento y las acciones).[21]Por ejemplo, la educación seminarista tiende a suponer que puede adoptar, sin mucha crítica, los procesos de la educación superior «secular», pues, «después de todo, nosotros también somos 'educación superior'». El que un proceso educativo caiga «como paracaídas» dentro del currículo no garantiza que sea *teológicamente adecuado*. Antes, habrá que someterlo a un proceso de evaluación para ver si es coherente con los valores del seminario. Muchos de los aspectos de los

20. Carolyn Jurkowitz, "What Is the Literature Saying about Learning and Assessment in Higher Education?," *Theological Education* 39, no. 1 (2003): 55.

21. Esta justificación concuerda con varias de las teorías de acción y práctica reflexiva, como las descritas en la obra clásica de Chris Argris y Donald Schön (p. ej., *Theory in Practice: Increasing Professional Effectiveness*, San Francisco: Jossey-Bass, 1974; y sus escritos posterioes).

procesos educativos generales serán transferibles, pero las prioridades de los elementos quizás difieran o ameriten modificaciones significativas.

Los líderes académicos deben asegurarse de que se lleve a cabo una evaluación sólida de los valores subyacentes a los procesos curriculares actuales, y de articular qué debe ser cambiado para darle un buen fundamento al diseño de la educación transformadora. Esto es importante dadas las diferencias entre la educación transformadora y el proceso educativo tradicional. Las partes interesadas tendrán que estar de acuerdo con esta base de valore; aquí entra en juego la labor de la presidenta (si es necesario, por supuesto, utilizando a otros líderes clave como al decano académico para dar las explicaciones y justificaciones necesarias).

2. Describa el «panorama general» del marco curricular

Lo esencial es que las diferentes partes del currículo sean coherentes y estén bien integradas. Por lo tanto, el marco «del panorama general» del currículo (con sus elementos formales, no formales e informales (véase la sección anterior) debe estar claro antes de que se proceda con el desarrollo específico de los distintos componentes. A esto se le conoce como un *gestalt* (el currículo en conjunto, más que la suma de sus partes). La facultad necesitará este panorama general para poder trabajar adecuadamente en los detalles del currículo.

El «panorama general» incluye una declaración bien desarrollada de cuál es el resultado general de equipamiento que el currículo pretende lograr; además, encarnará las perspectivas acordadas sobre las condiciones límite.

Perfiles de los graduados[22]

Los perfiles del graduado son una característica clave del «panorama general» del marco curricular. Estos perfiles indican lo que se anticipa de cómo será un graduado típico del seminario; «dan vida» a lo que de otra manera sería un constructo teórico de la eficacia educativa.

22. Esta sección acerca de los perfiles de los graduados incluye material tomado de "Practice Note 3: Writing a Graduate Profile – The Industry Training Organisation Experience," NZQA New Zealand Qualifications Authority Mana Tohu Matauranga O Aotearoa, acceso 14 julio 2016, http://www.nzqa.govt.nz/assets/_generated_pdfs/practice-note-3-5100.pdf.

Un buen perfil de graduado ofrecerá una imagen clara y fácil de entender de lo que un programa puede lograr. Tanto las iglesias como las organizaciones y los propios estudiantes pueden sacarle provecho. El perfil del graduado:

- presenta el ideal hacia el que un seminario dirige a sus estudiantes;
- ofrece un marco para que los desarrolladores del currículo determinen lo que deben incluir (no es lo mismo que la descripción del programa, que también es necesaria);
- es una herramienta que usan los líderes para evaluar hasta dónde están logrando su visión.

Los perfiles describen los *principales atributos* (lo que los graduados son capaces de ser: actitudes, disposiciones, etc.), las *destrezas* (el grado mínimo de lo que pueden hacer) y los *conocimientos* (lo que saben) que se espera que los estudiantes demuestren al final del programa.

Dentro de los entornos seminaristas, los perfiles del graduado contendrán características generales de los graduados (lo que se espera que todos reflejen), así como elementos más particulares según el programa del que cada persona se graduará (p. ej., MDiv en Ministerio Pastoral, MTh en Estudios Bíblicos, DMin, etc.). Cuando se ha implementado la educación transformadora, estos perfiles reflejarán elementos claramente transformadores.

3. Evalúe cuán integradas están las actividades del currículo

Los decanos académicos tienen la responsabilidad de garantizar que el currículo esté plenamente integrado: que todas las partes encajen bien para asegurar el g*estalt* deseado. Para ello, los decanos prestarán mucha atención a las siguientes preguntas:

a. ¿Qué actividades de aprendizaje se requieren para el currículo de la educación transformadora?

Esta es la fase del torbellino de ideas acerca de los cursos y las otras actividades de la vida en el seminario que deben formar parte del currículo. La gama histórica de los cursos de educación teológica (o «el canon aceptado» para un bachillerato en Teología o una maestría en Divinidades) seguramente será el punto de partida; pero un análisis minucioso y creativo de otras posibilidades que se ajusten al contexto único de cada seminario bien puede agregarle valor al currículo. La lista de lo que se debe incluir probablemente será muy larga (es más fácil añadir cursos y actividades que eliminarlos). (Nota: Por «actividades de aprendizaje» entiéndase aquellas que integran un componente de aprendizaje intencional. De modo que todos los cursos son actividades de aprendizaje, pero las actividades de aprendizaje incluyen más que solo cursos).

b. ¿Cómo encajan los enfoques y los objetivos de aprendizaje de cada actividad de aprendizaje con la orientación general del currículo?

Una vez generada la lista del punto anterior, se lleva a cabo la difícil pero productiva fase de determinar cómo contribuye cada curso al currículo. Aquí debe estar clara la intersección entre el perfil del graduado y los cursos y las actividades individuales: «¿Qué aspecto del perfil del graduado desarrolla, o a cuál contribuye, esta actividad de aprendizaje?».

c. ¿Cuál es el enfoque transformador de cada curso de estudio?

Por ejemplo, un curso de «Introducción al Antiguo Testamento» (o al Nuevo Testamento) puede ser enseñado desde una perspectiva pastoral (es decir, «¿De qué manera comprender el AT podría mejorar la eficacia pastoral de los estudiantes?») o con un enfoque más académico (p. ej., «¿Cuáles asuntos críticos deben conocer los estudiantes para que entiendan el AT?»). Las dos perspectivas (pastoral y académica) no son mutuamente excluyentes (probablemente tendrán mucho en común), pero quizás el enfoque pastoral, u otro similar, resuene más con un currículo dirigido hacia la educación transformadora.

d. ¿Qué aspectos de la vida fuera del aula podrían utilizarse en el currículo?

Por ejemplo, los servicios de capilla, la participación grupal en el cuidado pastoral y el uso de la biblioteca pueden ofrecer espacios para expandir las actividades planificadas. Puede dársele un uso similar a las actividades fuera de las instalaciones del seminario, en el campo o la participación en eventos comunitarios. Permita cierta flexibilidad: un seminario receptivo estará alerta al potencial de aprendizaje en eventos relativamente espontáneos, como en el caso de un incidente grave en el campus (p. ej., un incendio, un suicidio) o una situación imprevista fuera del campus (p. ej., una inundación, un terremoto, un evento de trascendencia nacional o una protesta sociopolítica).

e. ¿Qué competencias específicas pueden ser integradas en determinados cursos?

Cabe tener presente las diversas competencias marcadas en el perfil del graduado y asegurarse de que su desarrollo sea incorporado a alguna parte del currículo. Debe hacerse con toda la intención o algunos podrían ser pasados por alto o relegados a un segundo plano. Por ejemplo, se le puede solicitar a uno de los profesores que se asegure de que su curso de Teología incorpore el desarrollo del pensamiento crítico; a otro que en su curso de Estudios Bíblicos enfatice las destrezas de la reflexión pastoral; a otro que en su curso de Conciencia Cultural ayude a los estudiantes a redactar una reseña crítica; y a otra que en su curso de Historia de la Iglesia se asegure de que los estudiantes aprendan a usar las bases de datos en línea. En cada caso, los resultados y las tareas de aprendizaje serán diseñadas con el fin de demostrar el desarrollo de una competencia.

f. ¿Se ha incorporado una gama adecuada de elementos de evaluación en los cursos?

Dentro del ambiente dirigido a la educación transformadora, la evaluación del aprendizaje incluirá una serie de dimensiones que van más allá de los elementos basados en la adquisición de conocimiento e incorporan algunos de los dominios de intervención educativa enumerados en la pág. 149.[23]

g. ¿Cuán integrado está el contenido curricular al proceso educativo?

No es difícil comprobar el contenido del curso, pero en un seminario que está comprometido con la educación transformadora, el decano alerta al poder del currículo oculto también prestará atención a los procesos del curso, cosa que obviaron los líderes del Seminario del Calvario.

Por lo general, el decano académico no puede llevar a cabo la evaluación curricular por sí solo, ni mucho menos hacer los ajustes necesarios. Esta actividad puede ser compartida, especialmente con la facultad, para el enriquecimiento mutuo de todos.

23. Para un resumen de las diferentes formas y ejemplos de elementos para la evaluación, véase Allan Harkness, "Assessment in Theological Education: Do Our Theological Values Matter?," *Journal of Adult Theological Education* 5, no. 2 (2008): 183–201.

En el proceso de obtener respuestas satisfactorias a estas preguntas, el decano probablemente tendrá que manejar la inevitable (y a menudo acalorada) discusión con la facultad acerca de responsabilidades y «concesiones». La toma de decisiones apropiadas será más fácil en un ambiente de colegialidad que en uno caracterizado por especializaciones egoístas (véase p. 168). Y constantemente habrá que reforzar un mutuo entendimiento sobre los propósitos y elementos de la educación transformadora .

Tenga en cuenta que la fase de la evaluación es dinámica. Ni las características del «panorama general» del currículo y el perfil del graduado, ni la añadidura de cursos particulares ni los enfoques u objetivos de los cursos, son inalterables. Permita la libertad de hacer modificaciones en un área a la luz de lo que esté configurándose en otro ámbito.

4. Apruebe las directrices para las actividades de aprendizaje

Una vez que se haya logrado un acuerdo acerca de los componentes generales del currículo y sus énfasis, miembros individuales de la facultad deberán desarrollar las directrices detalladas de la actividad de aprendizaje.[24] Al principio será una «obra en proceso» en la medida en que los colegas evalúen el contenido y el proceso educativo y se hagan las modificaciones necesarias para garantizar que los resultados y procesos transformadores estén explícitamente en su lugar. El decano dará la aprobación final de las directrices del curso (o preferiblemente el comité de asuntos académicos que trabaja con el decano).

5. Implemente el currículo para la enseñanza y el aprendizaje transformador

Los detalles concretos de los nombramientos de profesores que enseñaran los cursos, organizar los horarios, asignar los espacios, etc., consumen mucha de la energía del decano, sobre todo en los seminarios pequeños.

---

24. He preferido «directrices» en lugar de «sílabo» (o prontuario) para describir la definición de lo que está planificado para una materia. El sílabo, por lo general, es una lista del contenido que será abordado en la clase; «currículo» abarca los objetivos de aprendizaje, el lugar, los métodos de enseñanza y las estrategias de evaluación, por lo que el sílabo es un subconjunto de un currículo. Como este capítulo se refiere al currículo como un proceso que involucra al seminario (e incluso más allá), utilizo «directrices» para referirme a la descripción del proceso curricular en cursos individuales.

Pero, a través de todo el proceso, mantenga el espíritu de colaboración informando a las partes interesadas para que no se sientan distanciadas del proceso. Esto es de suma importancia para la transición de un currículo tradicional a uno más explícitamente transformador.

Los facilitadores de los cursos y las actividades de aprendizaje tendrán que ser orientados acerca de la educación transformadora. Una sesión informativa sobre la justificación y el *modus operandi* esperado será muy beneficiosa para quienes por primera vez estén enseñando en el seminario o facilitando un curso dado.

No será difícil organizar esta orientación para los docentes que trabajan en el campus; por ejemplo, podría hacerlo durante una de las reuniones de facultad. Sí tendrá que organizar una orientación especial para los docentes adjuntos y a media jornada que no hayan participado en el desarrollo del nuevo currículo y que estén menos alineados con la educación transformadora, de modo que entiendan las exigencias. Si estas personas no pueden participar en las sesiones de orientación de la facultad, al menos debería requerírseles que tengan una sesión con el decano cuando estén organizando sus cursos. Si las sesiones no pueden ser presenciales, organice la orientación en línea (p. ej. vía Skype).

6. Monitoree y revise el currículo transformador

El decano académico debe asegurarse de que existan mecanismos de control de calidad para mantener la educación transformadora enfocada y en buen funcionamiento. Esta supervisión puede ocurrir por medios formales e informales y en diferentes momentos de la implementación del currículo.

a. Dentro de un semestre

El decano y otros líderes probablemente seguirán estas estrategias:

- Revisar y reflexionar sobre el proceso de la educación transformadora durante las reuniones de *la facultad*.
- *Platicar de manera casual con los miembros de la facultad* sobre sus cursos. Pregunte, ¿qué está funcionando? y ¿qué ajustes podrían hacerse?
- Los miembros de la facultad podrían *invitarlos a observar alguna sesión de clase* como un «crítico amistoso» para observar la dinámica

de enseñanza y aprendizaje; dele seguimiento con las preguntas del punto anterior.

b. Al final del semestre

- Revise las evaluaciones de los estudiantes al final del curso. Asegúrese de que estén bien diseñadas y que incluyan elementos para medir el efecto transformador. Asimismo, desarrolle herramientas de evaluación para las actividades de aprendizaje que no estén asociadas con las clases.
- Prepare un proceso de moderación para la evaluación de las tareas. Se puede hacer tanto entre la facultad como con moderadores externos. Lo importante es que esté bien organizado para que los estudiantes sigan recibiendo sus tareas y calificaciones en un tiempo razonable.
- Organice revisiones de fin de semestre ente el facilitador del curso y el decano (y tal vez uno o dos miembros de la facultad, especialmente de la misma disciplina). Estas revisiones reconocerán las fortalezas y las debilidades en la actividad de aprendizaje y sugerirán lo que podría hacerse de una manera diferente la próxima vez. Tome notas de estas revisiones de las directrices para las actividades; asegúrese de entregarle una copia a la persona que facilitará el curso o la actividad.

Se dice que la «familiaridad genera desprecio», así que, el decano académico tendrá que convencer al profesor, que ha enseñado ese curso varias (¡o más!) veces, de que debe revisarlo. Aquí es donde la colegialidad mejorada pagará dividendos para que los miembros de la facultad estén dispuestos a hacerles cambios a sus clases favoritas, pero sin sentirse amenazados.

c. Al final del año académico

- Una revisión más detallada al fin del año académico sería lo apropiado. Sin duda, la tarea le corresponderá al decano y los miembros del comité de asuntos académicos e idealmente con toda la facultad (p. ej., en un retiro).
- Esta revisión identificará las áreas del currículo que ameritan ajustes o revisiones tanto en términos de contenido como de proceso. Tal

vez hace falta añadir un nuevo curso con un enfoque en particular; o dos cursos podrían ser fusionados para evitar la duplicación de contenido o resultados; o habrá que darle mayor atención al desarrollo de competencias particulares, por lo que habrá que asignarle una actividad de aprendizaje.

d. A medida que el primer ciclo del currículo llega a su fin

- La eficacia de la educación transformadora requiere que el currículo sea revisado a fondo al final de un ciclo (de dos a cuatro años, por lo general). Probablemente será un proceso, «interno, en el seminario», iniciado por el decano y complementado con ideas aportadas por la denominación y otras organizaciones que estén interactuando con los estudiantes. Esta revisión ofrece una crítica más completa de la capacidad del currículo para alcanzar los objetivos del seminario, y oportunidades para hacer los ajustes necesarios para el siguiente ciclo.

e. De tres a cinco años después de que los estudiantes se hayan graduado

- Organice una revisión a fondo tras haber graduado varias promociones de estudiantes. Esta revisión proporciona un marco para determinar en qué medida las iglesias y organizaciones están llevando a cabo su ministerio de manera más eficaz y con un mayor impacto gracias al trabajo de los graduados. Esta revisión se extiende desde los límites del seminario hasta las partes interesadas, por lo que el presidente jugará un papel importante. El resultado puede llevar a un nuevo enfoque curricular, la modificación de los perfiles de los graduados y al compromiso de continuar o eliminar programas particulares.

Funciones de los líderes académicos en la mejora de la ecología para la enseñanza y el aprendizaje transformador

Una ecología social describe la relación entre los seres humanos y los diversos dominios que habitan (social, espiritual y físico). Un cambio en los elementos de cualquiera de estos dominios afectará a los demás, ya sea positiva o negativamente. Esto es cierto para cualquier sociedad o institución, como los seminarios.

Los líderes académicos de un seminario se beneficiarán de apreciar la ecología social en la que implementarán las estrategias para la educación transformadora, discutidas en la sección anterior. Lo que esté sucediendo en la ecología social del seminario puede ser muy poderoso como parte del currículo oculto, como ya fuera mencionado; por lo tanto, los líderes académicos que estén conscientes de su poder serán más capaces de aprovecharlo en la enseñanza y el aprendizaje transformador.

Se pueden identificar ocho áreas de la ecología de un seminario que probablemente jueguen un papel crucial en asegurar condiciones propicias para mejorar la calidad de los procesos de educación transformadora, su implementación y el respaldo de las partes interesadas.

1. Los líderes académicos reconocen que el compromiso con la enseñanza y el aprendizaje transformador empieza por ellos

El Dr. Josué tristemente comprendió que, si los líderes académicos no están comprometidos con la educación transformadora y sus implicaciones, será muy difícil que se conviertan en parte integral del «ADN» del seminario.[25]Algunos docentes, por su cuenta, pueden implementar las estrategias de la educación transformadora en sus cursos y otros aspectos de la vida en el seminario, y recibir el aplauso de los estudiantes en sus evaluaciones, pero no ganará tracción generalizada a menos que cuente con el respaldo total y el aliento de los líderes académicos claves.

Este compromiso no compete solamente a «los de arriba». Si el presidente y el decano fueran los únicos entusiasmados con la educación transformadora, seguramente no funcionaría. Las probabilidades de éxito aumentan cuando los líderes *lideran* el proceso. Así lo demuestra la historia de un seminario que desarrolló un currículo integrado y transformador:

25. La metáfora del ADN se refiere a las «visiones, valores y sentido de propósito que unen a una organización» de modo que los individuos «entiendan y absorban la misión y el desafío del emprendimiento». Garth Morgan, citado en "Corporate DNA" [ADN Corporativo] *Wikipedia*, acceso 7 de mayo 2015, http://en.wikipedia.org/wiki/Corporate_DNA.

> Por encima de todo hemos aprendido la importancia de contar con el respaldo de la facultad... El compromiso mutuo con la visión, la misión y los valores y con el perfil del graduado ideal, ha sido fundamental... Fue crucial que el presidente respaldará y promoviera el proyecto. Hemos tenido la bendición de contar con un presidente solidario que ha hecho todo lo posible para promover el proceso de educación integrativa y defenderlo ante la junta y la comunidad.[26]

Del mismo modo, Orbelina Eguizábal, escribiendo sobre los «líderes académicos como agentes de cambio», ha resaltado este punto citando a Bárbara Kaufman, consultora estadounidense de educación superior: «Los líderes académicos, a todos los niveles, son llamados a adoptar "una visión audaz que desafíe el *estatus quo* de preciadas suposiciones acerca de la misión, los programas académicos, las estrategias de recaudación de fondos y las relaciones comunitarias" ... La habilidad para navegar en esas aguas es crucial para los líderes... [capacitados] para dirigir a la institución a través del cambio de manera eficiente».[27]La necesidad de que los líderes adopten una visión de la educación transformadora se hace más fuerte en los seminarios en los que las «preciadas suposiciones» están profundamente arraigadas y, por lo tanto, con toda probabilidad sean desafiadas por un enfoque transformador, más integral e integrado.

Si los líderes académicos o las partes interesadas no están dispuestos a adoptar la educación transformadora, no todo está necesariamente perdido. Los miembros de la facultad (como el Dr. Josué, del Seminario del Calvario) que entiendan la pertinencia de la educación transformadora pueden convertirse en agentes de cambio eficaces. Empero, el resultado no está garantizado.

---

26. Shaw, *Transforming*, 12.

27. Orbelina Eguizábal, «Líderes académicos como agentes de cambio», en *Fundamentos para el liderazgo académico, Trad. Mayra Urízar de Ramírez, 2017*, ed. Fritz Deininger y Orbelina Eguizabal (Hamburgo: VTR, 2013), 252.

2. Los líderes académicos median el desarrollo de la visión de la enseñanza y el aprendizaje transformador

Los líderes académicos deben ser conscientes de las perspectivas de las personas que están interesadas en la forma y la orientación de «su seminario»: las partes interesadas.

Cuando esté agitándose el movimiento hacia la educación transformadora, de seguro se oirán voces competidoras. Por ejemplo, la denominación puede reclamarle al seminario que los graduados sean defensores de su postura teológica, mientras que la facultad quizás planteará preocupaciones sobre la libertad de cátedra; los laicos esperan que los graduados sean competentes en múltiples ministerios tan pronto lleguen a la iglesia, mientras que los líderes comunitarios suplican por una colaboración eclesial que haga frente a los problemas sociales de la justicia, el desempleo y la desintegración familiar.

Lo cierto es que los presidentes y decanos pueden verse atrapados en el fuego cruzado de estas perspectivas. Por esto tienen que escuchar a las partes interesadas, a nuestro Dios trino y alentar a otros a que hagan lo propio.. Podría ser estratégico que, en tales situaciones, el presidente facilite «reuniones aclaratorias» (convocadas específicamente para buscar juntos la dirección del Espíritu) en donde las partes interesadas busquen, juntos, la perspectiva de Dios acerca de la educación transformadora en el seminario.[28] Los presidentes suelen ser los intermediarios clave entre las partes interesadas tanto dentro como fuera del campus. Su papel conlleva lo siguiente:

- Escuchar atentamente la visión, las expectativas y las preocupaciones planteadas por las partes interesadas.
- Mediar los puntos de vista de cada una de las partes ante los demás.
- Articular la dinámica del enfoque de la educación transformadora a medida que cobre forma.
- Defender y promover el enfoque acordado entre las partes interesadas.

Una vez que se ha tomado la decisión de dirigirse hacia la adopción de un currículo más orientado por un enfoque transformador, los presidentes y

---

28. Richard Foster, *Celebration of Discipline: The Path to Spiritual Growth* (Londres: Hodder & Stoughton, 1999), 226f.

decanos deben ser sus más fervientes defensores ante las partes interesadas. Así, aumentarán las probabilidades de que lo adopten como su propia visión.

3. Los líderes académicos facilitan una cultura de enseñanza y aprendizaje transformador

Como ya fuera señalado, la educación transformadora debe estar integrada en el «ADN» del seminario (en su razón de ser) y ya para este punto del capítulo debería ser obvio que su implementación eficaz requerirá algo más que uno o dos profesores que se hayan atrevido a probarlo. Antes bien, lo que hace falta para maximizar su efecto es que los valores de la institución estén alineados con los de la educación transformadora.[29] Este alineamiento traerá consigo una mayor coherencia entre los valores expresos y los operantes en el seminario, es decir, una integración de la política y la práctica. Él desarrollo de una cultura seminarista apropiada es crucial; los líderes académicos son la clave para facilitar este desarrollo. Aquí debe tomarse en cuenta el poder del currículo oculto.

Se pueden identificar ocho dimensiones que moldean y sostienen la cultura de una comunidad:[30]

- Cómo se le da forma al *ambiente* de la comunidad.
- Cómo son desarrollados y de qué manera se participa en los *rituales.*
- Cómo es utilizado el *tiempo;*
- Cómo es organizada la vida *comunitaria.*
- Cómo *interactúan* las personas entre sí.
- Cómo se practican las *disciplinas.*
- Cómo son determinados y celebrados los *modelos a seguir.*
- Cómo es utilizado el *lenguaje.*

---

29. Por «valores» entiéndase «las prioridades que las personas y las sociedades [y organizaciones] atribuyen a ciertas creencias, experiencias y objetos, al decidir cómo vivirán y qué atesorarán». Brian V. Hill, "An Education of Value: Towards a Value Framework for the School Curriculum,", en *Report of the Review of the Queensland School Curriculum 1994: Shaping the Future* (Brisbane: Queensland Government, 1994), 237. Los valores no son simplemente cognitivos, sino que tienen un enfoque mucho más integral, relacionado con la probabilidad de que las personas/instituciones actúen de ciertas maneras.

30. John Westerhoff, "Hidden Curriculum in the Classroom," *Church Teachers* 21, no. 1 (1993): 45–47.

Un seminario que tenga la educación transformadora incrustada en su ADN reflejará estas dimensiones culturales de maneras cualitativamente distintas de otros seminarios. Y los valores del seminario expresados en estas dimensiones reflejarán las perspectivas de la educación transformadora.

Los líderes del seminario deben estar atentos a cualquier desconexión entre los valores expresos y los operantes en la cultura del seminario. Considere los «valores operativos» en estos escenarios:

- La facultad lamenta que los estudiantes no participen plenamente en las actividades formativas en el campus (capillas, días de oración, etc.). Pero se descubre que, aunque la carga académica máxima para los estudiantes a tiempo completo es de quince créditos por semestre, casi una cuarta parte del estudiantado carga unos diecinueve créditos por semestre.
- Un miembro de la facultad espera que los estudiantes vuelvan un sábado para recuperar las clases que perdieron durante el día semestral de oración y reflexión comunitarias.
- El boletín del seminario resalta las publicaciones de los miembros de la facultad y sus conferencias en el extranjero, pero rara vez menciona a los que están involucrados cotidianamente con sus estudiantes en la evangelización, siembra de iglesias y eventos comunitarios.

Para los seminarios, enunciar sus valores está estrechamente vinculado con el proceso de desarrollar una teología sólida para la educación teológica.[31] La mayoría tiene una declaración escrita. Vale la pena examinarlas cada cierto tiempo para asegurarse de que la cultura del seminario esté «en forma» en cuanto a su compromiso con las perspectivas de la educación transformadora. Estos chequeos abarcarán todo el currículo y toda la comunidad a partir de

31. Seis valores teológicos parecen ser particularmente significativos en el contexto de la ET que refleja TTL:
Valoramos la variedad creativa de Dios.
Valoramos a los seres humanos.
Valoramos la interacción entre el amor y el juicio de Dios.
Valoramos la educación y equipamos al pueblo de Dios para la transformación.
Valoramos la colaboración en comunidad.
Valoramos la educación y el equipamiento con un enfoque misionero.
Estos seis valores son considerados en detalle en Allan Harkness, "Assessment," 183–201.

estas preguntas:[32]¿Cuáles son los valores y las características que queremos ver reflejados en las diversas dimensiones de nuestra cultura seminarista (y por qué)?

- ¿Cuáles son los valores y las características que verdaderamente se expresan en las diversas dimensiones de nuestra vida en el seminario?
- ¿Qué medidas son necesarias para remodelar la cultura del seminario de modo que se acerque más a una que afirme la educación transformadora?

4. Los líderes académicos mejoran la colegialidad para la enseñanza y el aprendizaje transformador

Para que la educación transformadora se arraigue al seminario, será preciso fomentar una mayor colegialidad entre la facultad; una vez más, los líderes académicos serán los fomentadores clave del proceso.

Muy a menudo los miembros de la facultad tienden a aislarse de sus colegas en dos áreas que afectan la eficacia de la educación transformadora:

- La «mentalidad de silo» que traen a su enseñanza: llevan a cabo sus cursos como si fueran unidades de estudio independientes, con poca, si alguna, referencia al contenido y enfoque de otros aspectos del currículo.
- Independencia en los procesos pedagógicos: no interactúan con otros miembros de la facultad sobre cómo están afrontando sus responsabilidades docentes (ya sea en el aula o en la supervisión de la investigación) y su facilitación de otras actividades de aprendizaje.

Ambas áreas se prestan para la identificación de disonancia entre los valores expresos y los operantes en el seminario. Una buena y efectiva implementación de la educación transformadora requiere menos individualismo y más colegialidad: relaciones que mejoran la sensación de integración de los elementos del currículo y la necesidad de acuerdos sobre los principios y prácticas que optimizan la educación transformadora.

32. Adaptado de Peg Neuhauser, citado en http://www.askmar.com/Exit/Strategies/Merging/Cultures.pdf; acceso 2 de mayo de 2015.

La colegialidad puede definirse como «una relación entre la facultad que se caracteriza por la confianza, la franqueza, el apoyo y la colaboración en la enseñanza y el aprendizaje, desarrollada como una expresión de comunidad».[33] Se trata de compartir la responsabilidad. Y la colegialidad no es lo mismo que llevarse bien: «En muchos [seminarios] los profesores tienen relaciones amistosas y cordiales con sus colegas, disfrutan de la compañía del otro en la sala del personal y se respetan mutuamente. Sin embargo, las buenas relaciones personales, por importantes que sean, no garantizan la colegialidad. En cambio, los profesores quizás piensen que porque se llevan bien también están de acuerdo en el enfoque de la enseñanza, incluso cuando enseñan aislándose y hasta contradiciéndose los unos a los otros».[34]Las siguientes sugerencias son cuatro maneras de mejorar la colegialidad:[35]

- *Compartamos nuestras historias:* Cuando los miembros de la facultad tienen oportunidad de compartir sus historias, es probable que dejen de sentirse solos con sus luchas y frustraciones, y se sientan afirmados y alentados por las alegrías y los éxitos de sus colegas.
- *Compartamos recursos y métodos:* La mayoría de los profesores reconoce que carece de los recursos necesarios para cumplir su papel transformador. La colegialidad tiene que ver con el intercambio de recursos que los sostengan en su servicio como docentes: esto puede estar relacionado con el contenido (señalando artículos sobre temas, libros, recursos electrónicos, personas) o procesos (métodos y herramientas para una enseñanza eficaz).
- *Participemos en trabajo colaborativo:* Los miembros de la facultad expresan su interdependencia cuando colaboran en la facilitación de la educación transformadora. Por ejemplo, considere oportunidades para enseñar en equipo, ya sea un curso completo o en parte (p. ej., invitar a un colega experto o con una perspectiva diferente sobre

33. Adaptado de Robert Koole, "Strengthening Teaching through Collegiality", en *Educating Christian Teachers for Responsive Discipleship*, ed. P. de Boer (Lanham, MD: University Press of America, 1993), 100.

34. Ibíd.

35. Adaptado de Koole, "Strengthening Teaching."

el tema); de igual manera, pueden colaborar en la organización de tareas y ejercicios interdisciplinarios.

- *Reflexionemos pedagógica y teológicamente:* La colegialidad ocurre cuando los miembros de la facultad reflexionan juntos acerca de su experiencia en la educación transformadora. El ejercicio de la reflexión[36] permite que aprendamos los unos de los otros; en este caso, aprendemos a ser facilitadores más eficaces del aprendizaje transformador en el seminario.[37]

Estas formas de expresar la colegialidad pagarán dividendos para el desarrollo de una cultura de educación transformadora ([[update pages number 8 bullet points up that starts "Se pueden identificar ocho dimensiones que moldean y sostienen la cultura de una comunidad"]]pág. 15x) al profundizar el compromiso con el equipo de la facultad como una «comunidad de práctica»: «Un grupo de personas que comparten una preocupación, un conjunto de problemas o una pasión sobre un tema y que interactúan constantemente para profundizar sus conocimientos y dominio de la materia».[38]

Los miembros de la facultad traen sus experiencias previas en la educación superior y ET, por lo cual es posible que no expresen altos niveles de colegialidad. Pero en la medida en que sus líderes planteen y modelen las expectativas de colegialidad, mayor será la probabilidad de que sea la realidad normativa en el seminario. A continuación, se presentan ejemplos de las maneras en que el presidente y el decano académico pueden alentar la colegialidad:

- *Formal:* Aproveche las reuniones de facultad, los retiros y las reuniones departamentales para mejorar la colegialidad usando las cuatro maneras detalladas anteriormente.
- *No formal:* Anime a los miembros de la facultad a que inviten a un colega a visitar una de sus clases o actividades de aprendizaje como un «crítico amistoso» (una persona que apoya el proceso

36. Este es un elemento también desarrollado por Argris y Schön. Véase la nota 21.

37. Para el concepto del meta aprendizaje («aprender a aprender»), véase Norman Jackson, "Exploring the Concept of Metalearning" (monografía presentada en el seminario de Meta-Aprendizaje, Universidad de Middlesex, 2004).

38. Etienne Wenger, Richard McDermott, y William Snyder, *Cultivating Communities of Practice: A Guide to Managing Knowledge* (Boston: University of Harvard Press, 2002), 4.

con un ojo crítico sobre la dinámica de la actividad). Después, que compartan un té o café para que el amigo afirme dos o tres aspectos positivos del proceso e identifique dos o tres aspectos que podrían haberse mejorado. No hace falta un informe. Planee hacerlo una vez al semestre.
- *Informal:* Utilice oportunidades espontáneas para charlar con los miembros de la facultad sobre aspectos de la enseñanza y facilitación de las actividades de aprendizaje.

Uno de los beneficios secundarios de esforzarse por mejorar la colegialidad es que cuando surgen los problemas (como es de esperarse) serán tratados en un ambiente de mayor confianza, amistad y respeto, con mayores probabilidades de resolverlos satisfactoriamente. Por ejemplo, las evaluaciones de la facultad, que deben atender las preocupaciones sobre la presencia del profesor en el aula, pueden ser incómodas si ha habido poco contacto y colegialidad con el decano durante el año. Cualquier malentendido, sobre todo de naturaleza cultural, será manejado con mayor eficacia si los profesores ven a su presidente como un colega, en lugar de un «jefe» con quien han interactuado muy poco a lo largo del año.

He estado refiriéndome a los miembros de la facultad como colegas. el presidente y el decano académico también deben alentar la colegialidad con el personal administrativo y de apoyo para que la institución completa refleje el espíritu de la educación transformadora.

5. Los líderes académicos alientan, alientan, alientan

Considere que las iniciativas del Dr. Josué pudieron haber rendido fruto si hubiera recibido el respaldo (tanto él como la facultad) de su presidente; o si el decano académico hubiera respondido de otra manera a su lista de recursos.

Dentro del seminario serán muchos los factores que conspirarán en contra de la educación transformadora, y es muy posible que el desánimo opaque el entusiasmo por su implementación. ¿Cuál es el antídoto? Infundir aliento y estímulo en grandes dosis, tanto a la facultad como el personal, cuando hay movimiento que contribuye hacia el diseño e implementación de la educación transformadora.

Los líderes académicos son quienes más necesitan apodarse «Bernabé» ('hijo de ánimo' Hch 4:36 NTV), que se les conozca porque «se animan y edifican unos a otros» (1Ts 5:11), «promoviendo lo que contribuya a la paz» (Ro 14:19) y «advertirse los unos a otros todos los días» (Heb 3:13 NTV).

Las maneras apropiadas dependerán de las culturas y personalidades. No obstante, para el presidente y el decano académico, iniciativas como las siguientes tienen buen potencial:

- *Palabras alentadoras:* Expresiones formales o informales de agradecimiento a través del correo electrónico, mensajes de textos o tuits. Hágalo con miembros particulares o exprésele a las partes interesadas que está agradecido por las contribuciones de un profesor o una profesora en particular.
- *Sacar tiempo:* No espere que los profesores simplemente añadan a su atareada agenda el tiempo para desarrollar los aspectos de la educación transformadora. ¿A quién más podría delegarle algunas de esas responsabilidades para que ese profesor o profesora se pueda enfocar en la nueva tarea?
- *Recursos financieros:* asegure que la asignación de fondos sea razonable para el desarrollo y el perfeccionamiento de la educación transformadora.
- *Desarrollo profesional:* anime a los profesores y al personal a que se adiestren en la educación transformadora y costee (o subvencione generosamente) las finanzas requeridas. La formación puede estar relacionada con la educación teológica o el fortalecimiento de la pedagogía transformacional en términos generales (p. ej., tomar un curso en el instituto de educación local), para luego adaptarlo al enfoque transformador del seminario.
- *Recuérdele a la facultad su primer amor:* Graham Cheesman, un mentor respetado en la educación teológica plantea este desafío:

  > [ET] no se trata solamente del pensamiento. Se trata de sentimiento y dedicación también, se trata de amor… Entonces, ¿dónde entra el amor en la educación teológica? … ¿Acaso no son los tres grandes amores del maestro teológico la gente, su asignatura y Dios? … Si no amamos a los estudiantes, no

> debemos estar en esta profesión... Si no amamos nuestra asignatura, estamos enseñando en el área equivocada... Si no amamos al Dios al que servimos, ¿qué sentido tiene esto? [39]... [El amor] guía nuestros programas de desarrollo del personal. Estos deben ir dirigidos hacia la restauración y el desarrollo de tanto el amor como el conocimiento. *Los directores y los decanos académicos son responsables de esta área.*[40]

6. Los líderes académicos permiten los «¡Ay!» en el camino hacia la enseñanza y el aprendizaje transformador

El infundir aliento está relacionado con el empoderamiento. Pero como suele suceder en cualquier emprendimiento nuevo, cuando se diseña e implementa la enseñanza y el aprendizaje transformador, las cosas no siempre marcharán de acuerdo con el plan. Los que tengan varias tareas no sobresaldrán en todas. Por el camino pueden haber tropezones que serán significativos y algunos erroares muy obvios. *¡Ay!*

«*¡Ay!*» es «lo que decimos cuando admitimos que hemos cometido un error. *Ay* es una palabra muy importante en el vocabulario del estudiante. ¡Quizás sea una de la primera que deba aprender!».[41] *¡Ay!* Lo decimos por varias razones y con distintos valores. Se pueden identificar cuatro categorías:[42]

- *¡Ay, qué estupidez!:* «Tonterías que suceden sin razón aparente». Por ejemplo, alguien echa a la basura la carpeta que contenía las copias maestras de las directrices de los cursos de los últimos cinco años.
- *¡Ay! (¡ayes! simples):* «Errores que eran prevenibles, pero que la secuencia de decisiones hizo inevitables». Quizás se trate de un malentendido. Por ejemplo, la discusión sobre la educación

---

39. El concepto de «comunidades de prácticas» tiene gran potencial para la educación teológica. Perry Shaw sugiere que se añada «el amor por la enseñanza». Véase su comentario en el blog de Cheesman, 2 de mayo de 2015.

40. Graham Cheesman, "Love," *Teaching Theology* (blog), acceso 1 de mayo de 2015, http://teachingtheology.org/2015/05/01/love. Italics mine.

41. "OOPS! The Place of Mistakes in Learning." Hoja de recursos preparada por Donald N. Larson (1981). Fuente desconocida.

42. Adaptado de Scott Berkun, "How to Identify and Learn from Your Mistakes," *Lifehacker* (blog), 29 de noviembre de 2011, acceso 4 de mayo de 2015, http://lifehacker.com/5863490/how-to-learn-from-your-mistakes.

transformadora aparece siempre al final de la agenda de la reunión de facultad, por lo que a menudo es diferida.

- *¡Ay, caramba!:* «Errores definidos pero que hay que esforzarse para prevenirlos». Bajo esta categoría cae el ejemplo anterior de la pobre participación de los estudiantes en las actividades formativas del seminario.
- *¡Ay, de verdad! (¡ayes! complejos):* «Errores que tienen causas complicadas y ninguna manera obvia de evitarlos la próxima vez». Tal vez se deban a la falta de conocimientos técnicos o a la incapacidad de adaptar lo que ha funcionado en otros entornos; por ejemplo, la decisión de excluir de la Maestría en Divinidades un curso que ayude a los estudiantes a apreciar la cosmovisión no cristiana de su nación.

¿Qué deben hacer los líderes del seminario con los *¡Ay!* en el proceso de la educación transformadora? «El error está en no aprovechar los errores en el proceso del aprendizaje».[43] Se les puede dar un giro positivo como escalones para mejorar la práctica. Los primeros dos son fáciles de resolver; los ¡Ay, caramba! y ¡Ay, de verdad!, un tanto más difíciles. Los errores complejos presentan el reto doble de identificarlos y resolverlos eficazmente. La sabiduría será necesaria para entender lo que está sucediendo y entonces, desarrollar las estrategias para solucionar el problema; incluso podría requerir una intervención sistémica. Si al final del primer párrafo leyó «erroares», ¿cómo reaccionó? (Sí, fue intencional.) ¡Los líderes académicos pueden responder al ¡Ay! positiva o negativamente. Una respuesta negativa sería apresurarse a señalar el error (tal vez públicamente) e inmediatamente reasignar la responsabilidad a otra persona. Una respuesta más positiva sería dialogar sobre lo sucedido, determinar las razones, considerar maneras de avanzar que toman en cuenta las repercusiones del error y sugerir estrategias para reencaminar la iniciativa de educación transformadora.

El buen manejo de los errores es un corolario de las palabras de afirmación y aliento. El ambiente cambia cuando los errores son identificados y resueltos,

43. Así se titula un artículo de Richard Curwin, *Edutopia* (blog), 28 de octubre de 2014, acceso 3 de mayo de 2015, http://www.edutopia.org/blog/use-mistakes-in-learning-process-richard-curwin.

en contraste con la percepción común de que el presidente (o el decano) llama a la gente solamente para quejarse.

7. Los líderes académicos influyen en el proceso de acreditación

Desde una perspectiva misionera-eclesial, los líderes del seminario pueden intuir que deben seguir el proceso de la educación transformadora, pero surge la pregunta: «Si seguimos hacia la educación transformadora, ¿cómo se afectaría la acreditación de nuestros programas?». Esta preocupación es importante.

La mayoría de los seminarios son miembros de una asociación regional (p. ej., la Asociación Teológica de Asia cuenta con unos 300 miembros; la Asociación para la Educación Teológica Cristiana en África con 150 miembros). Estas asociaciones acreditan los programas de sus miembros, a la vez que facilitan la creación de entes colaborativos, servicios de valor agregado y distribución de los recursos. Ofrecen, además, un mecanismo de control de calidad que compara y evalúa los programas según las normas más aceptadas y establecidas. Esta función acreditadora es muy valiosa en los países que no reconocen directamente a los seminarios.

Téngase presente que la asociación acreditadora es «nuestra» agencia (pertenece a los miembros) y tiene procedimientos para atender las interrogantes de sus miembros. Por lo tanto, si existe el respaldo para que los procesos de la educación transformadora sean considerados expresiones válidas de la educación teológica, debería ser posible sostenerlos y desarrollarlos de manera profesional dentro del marco de la acreditación.

Los líderes académicos procurarán asegurar el reconocimiento de la agencia acreditadora, ya que por lo general son quienes representan a la institución en la asociación y están vinculados con otros líderes. Su función como promotores redundará en que la facultad exprese una mayor confianza y entusiasmo por la educación transformadora al ver que sus esfuerzos tienen el visto bueno de sus colegas en otras instituciones.

La promoción de la educación transformadora alienta la colegialidad entre los seminarios a nivel regional; con toda probabilidad, al conocerse sus beneficios, otros líderes considerarán el potencial de este enfoque para sus respectivas instituciones.

8. Los líderes académicos gestionan el cambio para que todos ganen con la enseñanza y el aprendizaje transformador

Una cosa es estar convencido de que hace falta un cambio y otra muy distinta ser un agente de cambio eficaz. *Entre los elementos que los líderes deben considerar para administrar el cambio de enfoque están los siguientes:*[44]

a. Oren

Oren acerca de si deben o no proponer los cambios. Si deciden proceder, oren por la actitud correcta. Es fácil convertirse en un agente de cambio chillón.. Todos deben sujetarse al amor y la gracia como Jesús.

b. Hagan su tarea

Asegúrense de que cuentan con los datos correctos de la situación actual. Por ejemplo, antes de proponer que los cursos de teología sean enseñados desde la perspectiva de la educación transformadora, averigüen cómo está enseñándose actualmente: examine las directrices del programa, visite varias clases y converse con la facultad sobre sus métodos de enseñanza.

c. Involucren a otros

Dialogue con sus profesores y otras partes interesadas acerca de la posibilidad del seminario de moverse hacia la educación transformadora:

- Aprenderán a expresar su visión.
- Tendrá la oportunidad de corregir los malentendidos y las malas interpretaciones.
- Le dan a la gente la oportunidad de pensar en las ideas a su propio ritmo.
- Si comienza en un espacio público (p. ej., una reunión de facultad o la junta directiva), mayor será la probabilidad de una confrontación.

En la vida de una organización habrá personas que ejerzan más influencia que otras. Reúnase personalmente con los que forman y mueven la opinión;

44. Adaptado de Ron Buckland (Australia), comunicación personal, basado en talleres de capacitación de liderazgo que dirige. Véase además Eguizábal, "Academic Leaders."

hacerlo le ayudará por las cuatro razones anteriores. Su influencia será crucial en las reuniones para tomar decisiones acerca de la adopción de su visión.

d. Enfóquense en los asuntos clave

Aunque compartan su visión en persona, cuídense de mantenerse enfocados en los asuntos clave y no en las personalidades en juego. Sean particularmente sensibles a las personas que sienten un compromiso con las «viejas costumbres». A nadie le gusta quedar en vergüenza. Oren por el apoyo de estas personas al proceso del cambio.

e. Compartan la responsabilidad

Cuando la gente siente que el cambio propuesto es «suyo», aumentarán las probabilidades de éxito. Cuando discutan la visión para la educación transformadora, de seguro tendrán que modificar algunas de sus ideas. Acepten esta realidad. Qué triste es un agente de cambio con una mente cerrada; no tenemos derecho a someter a otros a un proceso al que no estamos dispuestos a someternos a nosotros mismos.

f. Esperen en el tiempo de Dios

Determinen el momento adecuado para los cambios. Más vale tomarlo con calma. Si empujan y apuran a la gente para que cambie, encontrarán resistencia. Mantengan sus sueños grandes, pero sus expectativas bajas.

g. Encuentren un punto de entrada

Durante sus conversaciones sondeen las áreas en que existe un consenso para el cambio. Por ejemplo, las iglesias expresaron que querían que los graduados del Seminario del Calvario predicaran sermones más «relevantes». Este podría haber sido un punto de partida para discutir con la facultad las dimensiones de la predicación eficaz y qué cambios curriculares podrían servir a los estudiantes.

h. Desglosen el cambio en pasos manejables

No traten de lograrlo todo a la vez. Si es una cuestión de «todo o nada», es muy posible que se quedarán en nada. Mediten en los pasos de la visión y enfóquense en los más importantes. De esa manera, podrán fallar en algunos pero no perderán el todo.

i. Edifiquen sobre el éxito

«Nada es más exitoso que el éxito». Su primera recomendación debe hacer algo obvio para la mayoría de las partes. Disfruten ese logro juntos y probablemente verán una mayor disposición a hacer otros cambios.

j. Revisen constantemente

Evalúen y comprueben a medida que planifiquen y ejecuten cada paso del proceso. Identifiquen los desafíos, problemas y oportunidades. Háganse preguntas como, «¿Podemos ir más rápido?»; «¿Necesitamos reducir la velocidad?»; «¿Quién debe involucrarse más?».

Conclusión

El desafío para los seminarios es «vivir de tal manera que honren el mensaje de Cristo» (paráfrasis de Fil 1:26) y se requiere de:

- Creyentes, líderes y eruditos que leen y viven bien las Escrituras. Fieles. Rigurosos. Cristocéntricos.
- Creyentes, líderes y eruditos que leen y viven bien sus propias vidas. Carácter. Sabiduría. Madurez.
- Creyentes, líderes y eruditos que leen y viven bien en sus iglesias y mundos. Astucia. Discernimiento. Compasión. Valentía. Destreza.[45]

Hay tres maneras comunes de lograr implementar un cambio:

- *Revolución:* Elimina lo viejo y reconstruye por completo.
- *Reforma:* Esto implica que lo que se hizo en el pasado está mal y requiere una remodelación.
- *Innovación:* Con miras al futuro, que será diferente, busca aprovechar lo mejor del pasado y hacer las cosas de otro modo para lograr metas que valen la pena.

La educación transformadora, en los seminarios, trata de esto último. Los líderes del seminario son nombrados para ser innovadores eficaces y alcanzar

45. Adaptado de Mark Strom, antiguo principal de Laidlaw College, Nueva Zelanda (s.f.). Fuente original desconocida.

esta visión para el reino de Dios. Y pueden seguir adelante, confiando en que el Dios trino que los ha llamado, asimismo facilitará los recursos necesarios.

Reflexión y puntos de acción

1. ¿Quiénes son sus líderes académicos y las partes interesadas?

¿Quiénes son el presidente (rector o principal) y decano académico en su seminario? ¿Quiénes los respaldan? ¿Quiénes son las partes interesadas de su seminario? Tenga en cuenta a estas personas al reflexionar sobre este capítulo. Deténgase y ore por ellas.

2. Educación Teológica Transformadora

Reflexione sobre «Venga tu reino, hágase tu voluntad» en el contexto del país y la región del mundo en donde se ubica su seminario. ¿Dónde ve las pruebas del reino de Dios y su voluntad, tomando en cuenta los cinco aspectos de Mateo 6:10 mencionados al principio del capítulo? ¿Dónde ve la oposición a su reino y a su voluntad?

Organice sus pensamientos sobre la condición actual de la formación ofrecida por su seminario de acuerdo con el siguiente análisis (*SOAR* por su acrónimo en inglés):

- *Fortalezas:* ¿Qué estamos haciendo bien (incluya activos, capacidades y logros)?
- *Oportunidades:* ¿Cuáles son nuestras mejores oportunidades (incluidas las necesidades y posibilidades insatisfechas)?
- *Aspiraciones:* ¿A qué podríamos aspirar (incluyendo cómo nos gustaría ser conocidos)?
- *Resultados:* ¿Cuáles son los resultados medibles que indicarán que estamos logrando nuestra visión del futuro?

Quizás convenga que evalúe y valide sus ideas con otros colegas y partes interesadas del seminario.

3. Diseño de enseñanza y aprendizaje transformador

Tenga en mente una o dos de sus clases:

- Repase los bosquejos de cada curso. Evalúe el enfoque de los objetivos en cuanto a los siete dominios del aprendizaje para cristianos listados en la página [[update page number "References a section under "¿Qué es la «enseñanza y el aprendizaje transformador" early in the chapter on 7 different type of "gains" (ganancias). It is marked with a note (near the heading for What is TTL)"]]141? ¿Qué nota?
- Revise los siete elementos del ciclo curricular (Gráfica 9). ¿En cuál de estos elementos invierte la mayor parte del tiempo y la energía? ¿A cuál dedica menos tiempo y esfuerzo? ¿Qué sugieren sus respuestas?

Haga una lista de todas las actividades compulsorias para sus estudiantes durante su estadía en el seminario.

- ¿Cuáles están explícitamente identificadas como «experiencias de aprendizaje intencional que el seminario planifica para sus estudiantes»?
- ¿Cómo es reconocida la participación en dichas actividades (p. ej. , en el expediente del estudiante graduado, carta de recomendación, etc.)?
- ¿Cuáles son obligatorias, pero no están identificadas en los documentos de los estudiantes graduados?
- Haga sugerencia sobre maneras en que estas actividades (o elementos) podrían contribuir más intencionalmente a los perfiles de los graduados.

4. Valores

Utilice las condiciones límite (Tabla 2) para discutir con sus colegas cuáles de los valores del seminario deben ser reconocibles en el diseño del currículo. Compárelos con los valores expresos (impresos). ¿En dónde hay superposición? ¿Dónde siente disonancia? ¿Qué podría beneficiarse de una revisión?

En la sección, «Los líderes académicos facilitan la cultura para la enseñanza y el aprendizaje transformador», se ofrecen tres breves escenarios de la vida en un seminario. ¿Cuál valor siente que transmite cada uno de estos? Piense en ejemplos de su seminario en donde aparentemente existe discordancia entre los valores declarados y los operantes. Sugiera ejemplos que moldean y sostienen la cultura de la comunidad en cada una de las ocho dimensiones de la sección «Los líderes facilitan una cultura de educación transformadora».

5. Perfiles de graduados

¿Tiene su seminario perfiles de los graduados?

- ¿Sí? Revíselos en cuanto a su idoneidad para un currículo basado en la educación transformadora.
- ¿No? Busque la oportunidad de diseñarlos.

6. Diseño de cursos para la educación transformadora

Tome uno de sus cursos (o uno que se le haya pedido que enseñe) y el «graduado ideal» de ese programa al cual pertenece (tenga a mano el perfil del graduado).

a. Piense …

- ¿Cuáles son los principales resultados esperados en la vida de los estudiantes que terminen este curso?
- ¿Cuáles son las tres cosas más importantes que los estudiantes podrán hacer como resultado de este curso? ¿Por qué?
- ¿Cuáles son dos o tres cosas que no «saldrían bien» si un estudiante fracasara en este curso?

b. Analice …

Analice, agrupe y resuma sus hallazgos. Seleccione las ideas más significativas.

c. Cree…

Escriba de tres a cuatro declaraciones de los resultados del aprendizaje, terminando con esta frase: «*Al final de este curso, se espera que los estudiantes …*».

d. Compruebe …

Hágale estas preguntas a los resultados de aprendizaje que propuso:

- ¿Abonan al logro de nuestros objetivos y visión para la educación transformadora en el seminario?
- ¿Incluyen una gama de dominios apropiados?

7. Mejorar la ecología para la educación transformadora

Una sección de este capítulo identificó las ocho áreas en las que los líderes académicos contribuyen al desarrollo de una ecología para la educación transformadora.

- ¿Cuáles de las ocho áreas están bien desarrolladas y observadas en su seminario? ¿Cuáles son las dinámicas operantes que ameritan una marca de «visto bueno»? Dé gracias a Dios por estos.
- ¿Qué áreas son débiles o no se observan? Pregunte, ¿cómo podríamos mejorar estas áreas? ¿A quién más debemos involucrar en este proceso? Ore y luego, comparta sus inquietudes con las personas apropiadas.

8. Colegialidad para la educación transformadora

¿Qué palabras describen mejor las relaciones entre los miembros de la facultad y el personal de su seminario? ¿Qué demuestran estas palabras en términos del nivel de colegialidad?

Tome en cuenta la diferencia entre colegialidad y llevarse bien y sugiera maneras en las que podrían mejorar o desarrollar la primera de estas.

9. Infundir aliento

Pídale a Dios que identifique a un miembro de la facultad y a un miembro del personal que necesiten unas palabras de aliento y busque una manera creativa y culturalmente aceptable de ofrecérselos (p. ej., una tarjeta, un regalo, un correo electrónico, salir a comer, etc.). Ahora, ¡Hágalo!

10. Trate con los «¡Ayes!» en el proceso de la educación transformadora

¿Cómo, en general, son atendidos los errores en su seminario? ¿Qué podría hacerse de un modo distinto (de maneras culturalmente apropiadas)?

11. Buena gestión del cambio para la educación transformadora

¿Cuál de los diez elementos para gestionar el cambio mencionados anteriormente no estuvo presente en el Seminario del Calvario? Imagine que acaban de nombrarle a la presidencia del Seminario del Calvario. Enumere los objetivos que establecería el primer año para mejorar la educación transformadora en el seminario y el proceso de gestión del cambio para alcanzar los objetivos.

Véase usted como agente de cambio para algo en específico y relacionado con el desarrollo de la educación transformadora. ¿A cuáles elementos tendrá que prestar especial atención? En oración bosqueje un curso de acción con fechas. Anote las fechas clave en su diario para que pueda comprobar su progreso.

¿Quiénes son las partes interesadas a las que deberá convencer del enfoque de la educación transformadora? Ore por la manera oportuna de interactuar con estas.

Recursos para seguir estudiando

Ambrose, Susan, Michael Bridges, Michelle DiPetro, Marsha C. Lovett, y Marie K. Norman. *How Learning Works: Seven Research-Based Principles for Smart Teaching.* San Francisco: Jossey-Bass, 2010.

Cannell, Linda. *Theological Education Matters: Leadership Education for the Church.* Newburgh, IN: EDCOT, 2006.

Edgar, Brian. "The Theology of Theological Education." *Evangelical Review of Theology* 29, no. 3 (2005): 208–217.

Estep, James, Roger White, y Karen Estep. *Mapping Out Curriculum in Your Church: Cartography for Christian Pilgrims.* Nashville, TN: B & H, 2012.

Harkness, Allan. "An Educator's Questions for Bible Teachers in Theological Schools." *MBTS Theological Journal* 4 (2014): 133–152.

———. "Assessment in Theological Education: Do Our Theological Values Matter?" *Journal of Adult Theological Education* 5, no. 2 (2008): 183–201.

———. "De-Schooling the Theological Seminary: An Appropriate Paradigm for Effective Ministerial Formation." En *Tending the Seedbeds: Educational Perspectives on Theological Education in Asia*, editado por Allan Harkness, 103–128. Manila: Asia Theological Association, 2010.

———. "Learning Approaches in Theological Education Institutions: Faculty and Student Expectations in a South East Asian Seminary." *Journal of Adult Theological Education* 9, no. 2 (2012), 139–157.

Hill, Brian V. *Beyond the Transfer of Knowledge: Spirituality in Theological Education.* Auckland: Impetus Publications, 1998.

———. "Do Theological Studies Foster Spirituality?" *Journal of Christian Education* 44, no. 3 (2001): 33–42.

ICETE. "ICETE Manifesto on the Renewal of Evangelical Theological Education." Acceso agosto 2015. http://icete-edu.org/manifesto/.

Lausanne Movement. "The Cape Town Commitment: A Confession of Faith and a Call to Action." 2011. (véase en especial II.F.4.) http://www.lausanne.org/en/documents/ctcommitment.html.

Shaw, Perry. *Transforming Theological Education: A Practical Handbook for Integrative Learning.* Carlisle: Langham Global Library. 2014.

Wilhoit, Jim. "Spiritual Formation in Community." *Common Ground Journal* 7, no. 1 (2009): 71–84.

En la red

http://www.icete-edu.org/resources. Monografías presentadas durante las consultas internacionales de ICETE y que abarcan asuntos tanto eclesiales como de ET, llevadas a cabo en 2003 (Reino Unido); 2006 (Tailandia); 2009 (Hungría); 2010 (Sudáfrica); y 2012 (Kenia).

http://theologicaleducation.net. «Recurso gratuito para la educación teológica y evangélica del Concilio Internacional y la Asociación Europea de Acreditación Evangélica».

http://theologicaleducation.org. Este sitio fue mantenido por Graham Cheesman, director del Centro para la Educación Teológica (bajo el Colegio Bíblico de Belfast, Irlanda del Norte) durante su vida (2005–2010) como candidato doctoral y un centro de enseñanza para la educación teológica. «Este sitio está diseñado para preservar la obra de ese tiempo, desarrollado para el estudio de la educación teológica y tener materiales disponibles para todos los que trabajan en este campo».

7

La evaluación del aprendizaje en el desarrollo curricular

Charles de Jongh

El escenario: Una travesía personal

He estado involucrado en la educación superior privada durante más de quince años, al principio como profesor en una universidad teológica cristiana en Sudáfrica y en fechas recientes en Australia. Cuando comencé a dar conferencias, el cuerpo estudiantil era razonablemente homogéneo, compuesto en su mayoría por hombres caucásicos bien educados que se preparaban para el ministerio pastoral. Esa composición cambió muchísimo en los años siguientes con un cuerpo estudiantil heterogéneo en términos de edad, cultura, educación y género. En general, las edades iban de los 18 a los 60 años, era más representativo de la diversidad cultural de la sociedad sudafricana, los antecedentes educativos iban desde la educación limitada hasta los títulos profesionales de posgrado y había un aumento en la matrícula de las mujeres.

El enseñar a un grupo homogéneo que, en términos generales, había recibido una buena escolarización hizo que perpetuara el estilo de educación que yo había recibido; a saber, que la experiencia de aprendizaje estaba compuesta por dos componentes principales: conferencias y evaluación, principalmente con tareas escritas y exámenes. La mayoría de los estudiantes se desempeñaban a un nivel razonable; sin embargo, esto no significaba que disfrutaran del enfoque de la evaluación. Por lo general, la evaluación se caracterizaba por la reproducción de material en forma escrita, esencialmente tareas, ensayos, exámenes y pruebas. Esto significaba que la experiencia de muchos estudiantes se ajustaba a la crítica de Brown, Race, y Rust:

> Tal vez la crítica más poderosa que pueda hacérsele a las evaluaciones tradicionales es que las calificaciones o clasificaciones del grado de los estudiantes dependen demasiado de un conjunto limitado de habilidades, incluyendo:
>
> - su habilidad para contestar exámenes escritos contra el reloj.
> - su capacidad de «mantener la calma» bajo la presión del tiempo y en un entorno hostil.
> - su habilidad para escribir con estilo, más allá del contenido.[1]

En muchos campos es una excepción que los estudiantes sean evaluados por otros medios. Sternberg describe la situación relatando sus propias experiencias en un curso de Psicología de primer año: «El principal medio de enseñanza era la conferencia y el desempeño se medía a través de pruebas de lo que recordábamos y comprendíamos de los enseñado en el curso».[2] En mi caso, no me sentía satisfecho con la manera en que impartía las conferencias y evaluaciones, las cuales estaban influenciadas por lo que había aprendido, pero no tenía idea de qué podía hacer para cambiar mi método. Sin embargo, esto comenzó a cambiar a medida que el cuerpo estudiantil se volvió más heterogéneo. Las circunstancias cambiantes me desafiaron a que cuestionara esa forma de evaluar a los estudiantes pidiéndoles que reprodujeran por escrito el contenido. Entre los estudiantes sobresalían tres grupos, descritos como los *estudiantes cuya lengua materna no era el inglés*, los «*académicos*» y «*no académicos*». Los estudiantes *cuya lengua materna no era el inglés*, estaban siguiendo las pautas de la universidad para la instrucción, pero para muchos era un segundo idioma en el mejor de los casos. Los estudiantes «*académicos*» no tenían problemas para dominar y cumplir con los requisitos académicos;

1. Sally Brown, Phil Race, y Chris Rust, "Using and Experiencing Assessment", en *Assessment for Learning in Higher Education, ed. Peter Knight* (Londres: Kogan Page), 83–84.
2. Robert J. Sternberg, "Assessing What Matters," *Educational Leadership* 65, no. 4 (2007): 20.

mientras que los estudiantes «*no académicos*» casi siempre luchaban con los requisitos y a veces no alcanzaban el mínimo del 50% en sus calificaciones. Si bien había de todo en cada grupo, los tres descriptores amplios siguen siendo válidos. Al tomar en cuenta a estos grupos, y reconociendo que el contenido esencial del estudio académico a nivel de educación superior es fijo, comencé a preguntarme si sería posible hacer cambios en la evaluación del aprendizaje.

Me pareció que los estudiantes que hablaban el inglés como segundo idioma a veces sencillamente lo que necesitaban era el *espacio y el tiempo* para adaptarse a las exigencias del estudio. Sin embargo, no lo tenían porque la mayoría de los elementos de evaluación exigía un alto nivel de competencia en inglés desde el principio. Los estudiantes «académicos» satisfacían las demandas típicas de la educación superior con relativa facilidad, pero se aburrían con las evaluaciones; para algunos eran demasiado fáciles. En tercer lugar, los estudiantes «no académicos», por lo general, se habían matriculado para cumplir con los requisitos de sus iglesias o denominaciones, aunque les costaba responder adecuadamente a los requisitos académicos de una institución de educación superior. Lo curioso es que este último grupo me inspiró a que me replanteara la evaluación del aprendizaje. Entre estos estudiantes no académicos descubrí otras destrezas (p. ej., habilidades prácticas) que me llevaron a experimentar con otras formas de evaluación, incluyendo el uso de drama, música y modelos. También experimenté con intercambio de roles, tareas prácticas e informes orales sobre visitas a lugares de interés.

Además de mi experiencia personal en el aula, me atrajo el contexto más amplio, ya que se me exigía contribuir a la respuesta de la universidad a los cambios en el panorama educativo sudafricano. Tras las primeras elecciones democráticas en Sudáfrica en 1994, la nueva dispensación política experimentó una serie de avances significativos en la educación, incluida la educación superior. Uno de los acontecimientos clave fue la introducción de la educación basada en resultados (OBE por sus siglas en inglés) como el enfoque filosófico y práctico para la educación en Sudáfrica. Por ende, se requirió que las instituciones de educación superior privadas (PHEIs por sus siglas en inglés) enmarcaran la enseñanza dentro de la OBE y presentando los documentos que comprobaran que nuestros programas de estudio, calificaciones y cursos seguían dicho formato. Este proceso fue importante en el sentido de que afirmaba mis primeras reflexiones y pensamientos acerca de la evaluación, al tiempo que me obligaba a llevar esos procesos adelante.

Uno de los aspectos clave de la OBE es el énfasis en que los *resultados del aprendizaje* sean claros y deliberados en cuanto a las destrezas que los estudiantes deben dominar para cumplir los requisitos mínimos de una unidad de estudio. OBE, por lo tanto, afecta la evaluación del aprendizaje, ya que su objetivo es determinar en qué medida los estudiantes han dominado el resultado dado. Malan hace hincapié en que «la palabra clave en la evaluación [OBE]… es demostración. Les … corresponde a los estudiantes … el demostrar sus conocimientos, capacidad, competencia o destreza, mientras que a los evaluadores corresponde el juzgar la calidad de dicha demostración».[3] Como tal, la OBE va dirigida a la evaluación de los resultados; no obstante, la evaluación sigue limitada a las formas tradicionales de la *lectura* y *escritura*. Como resultado, muchos estudiantes no solamente están siendo evaluados a la luz de lo resultados estipulados; también son evaluados, indirecta e involuntariamente, sobre su capacidad de *leer* y *escribir*, ya que inciden sobre la calidad de sus elementos de evaluación. Esto significa que el medio para demostrar su dominio es una desventaja para los estudiantes que no sean *buenos* ni *excelentes* lectores y escritores. Por lo tanto, es menester que elaboremos estrategias de evaluación que estén enfocadas lo más directamente posible en los resultados declarados, reconociendo al mismo tiempo que el impacto de la forma de evaluación no puede eliminarse del todo.

Definiciones

A continuación, conviene que definamos dos términos clave (*la evaluación del aprendizaje* y la *educación basada en resultados*) que están directamente relacionados con el tema de este capítulo, a saber, la evaluación del aprendizaje en el desarrollo curricular.

Evaluación del aprendizaje

La mayoría de las referencias a la evaluación del aprendizaje o evaluación procesal del aprendizaje son simplemente conocidas como *evaluación*; pero

3. Beverly Malan, *Excellence through Objetivos* (Cape Town: Kagiso, 1997), 30.

se requiere una definición básica para mayor claridad. La evaluación es el medio por el cual el educador medirá el aprendizaje de los estudiantes. Por lo general, enfatiza la capacidad de los estudiantes para reproducir, en forma escrita, el contenido de lo enseñado y obtener una calificación. Al describir este enfoque de la evaluación, Sternberg comenta que «nuestro sistema educativo está configurado para reconocer y recompensar a las personas que sobresalen en destrezas como la repetición mecánica. También recompensa a los estudiantes que son fuertes en el análisis y la crítica de argumentos».[4] La forma más común es la *reproducción* o el *examen*, lo que significa que la mayoría de los elementos de evaluación son presentados por escrito y luego, reciben una calificación o nota. Sin embargo, otros van más allá de esta comprensión y ven la evaluación como el medio que permite que el educador no solamente conozca más a fondo a sus estudiantes, sino también mejore su propia enseñanza y el aprendizaje de los estudiantes. Ramsden define la evaluación como una contribución para «enseñar más eficazmente a partir de lo que los estudiantes saben y desconocen».[5] Por lo tanto, el énfasis se mueve de lo que los estudiantes hacen o desconocen, a cómo el educador mejora su enseñanza a la luz de lo que los estudiantes han dominado. Walvoord y Anderson definen la evaluación como «la recopilación y el análisis sistemático de información para mejorar el aprendizaje de los estudiantes».[6] Esto alude al doble potencial de la evaluación: a saber, la evaluación del progreso de los estudiantes y la mejora de la práctica de la enseñanza y el aprendizaje. Sin duda la evaluación debe enfocarse tanto en el desarrollo de los estudiantes como en el mejoramiento de la enseñanza. Por lo tanto, implica un elemento objetivo, que son los elementos de evaluación y un elemento subjetivo, el desarrollo de los estudiantes. La información y los conocimientos obtenidos de la evaluación se pueden utilizar tanto para el desarrollo del estudiante como para mejorar la enseñanza, lo que significa que va más allá de la consideración mecánica de los elementos de evaluación y las calificaciones. Desde luego, en la mayoría de los contextos, la evaluación gira en torno al logro de determinada unidad de

---

4. Robert Sternberg, "Examining Intelligence," *BizEd* 5, no. 2 (2006): 22.

5. Paul Ramsden, *Learning to Teach in Higher Education* (Londres: RoutledgeFalmer, 2003), 177.

6. Barbara E. Walvoord y Virginia Johnshon Anderson, *Effective Grading: A Tool for Learning and Assessment in College* (San Francisco: Jossey-Bass, 1998), 2.

estudio; por lo tanto, la definición de trabajo óptima para este capítulo es la siguiente: *La evaluación del aprendizaje se define como ese proceso por el cual el educador se esfuerza por evaluar la medida en que un alumno ha dominado, o aún no ha dominado, un resultado o los resultados dados del aprendizaje.*

Educación basada en resultados

Spady sostiene que la OBE «significa la organización de un sistema educativo en torno a lo indispensable para que *todos los estudiantes culminen con éxito sus experiencias de aprendizaje*».[7] Su título de por sí indica que los resultados son la dimensión de orientación crítica.[8] En consecuencia, la OBE exige un conjunto claro de resultados para cada unidad de aprendizaje, los cuales moldearán la enseñanza. De modo que, la *educación basada en resultados es un modelo que prioriza la declaración intencional de los resultados del aprendizaje, los cuales moldean la enseñanza, el aprendizaje y la evaluación.* Hager, Gonczi, y Athanasou argumentan que, «para llevar a cabo cualquier proceso de evaluación lo crucial es decidir qué se debe evaluar».[9] Por ende, la OBE *comienza* y *termina* con los resultados: dirigen toda la enseñanza y son la vara para medir el logro de los estudiantes. Por esta razón, los resultados son vitales para todos los aspectos de la evaluación, sobre todo su preparación y declaración; se espera que el educador determine a partir de estos los requisitos de evaluación. Se espera que estos resultados definan lo siguiente:Quién llevará a cabo el comportamiento deseado (p. ej., el estudiante).

- Qué comportamiento demostraría el objetivo (p. ej., escribir).
- Cuál será el resultado del comportamiento (p. ej., el producto).
- En qué condiciones ocurrirá el comportamiento (p. ej., en un examen de dos horas).

7. William G. Spady, *Objetivos-Based Education: Critical Issues and Answers* (Arlington, VA: American Association of School Administrators, 1994), 24.

8. Ernie Stringer, *Action Research in Education*, 2a ed. (Columbus, OH: Pearson, 2008), 159.

9. Paul Hager, Andrew Gonczi, y James Athanasou, "About Assessing 'Competence,'" en *Understanding Objetivos-Based Education: Teaching and Assessment in South Africa – A Reader, ed. John Gultig et al.* (Cape Town: SAIDE/Oxford, 1998), 55.

- Cuál será el estándar utilizado para evaluar el éxito del producto (p. ej., 70% correcto).[10] En el contexto de este capítulo se asumirá que el currículo de una institución determinada ha establecido claramente los resultados, que van desde los resultados de los programas de estudio hasta las unidades individuales. El capítulo girará en torno a la evaluación del aprendizaje y la enseñanza en el contexto de una unidad de estudio individual; sin embargo, los principios pueden ser aplicados a mayor escala.

Evaluación del aprendizaje

Resultados y evaluación

En la evaluación sobre la base de los resultados (OBE), «los estudiantes son evaluados en términos de si son capaces de demostrar un resultado».[11] Esto significa que *demostración* es la palabra clave en la evaluación a partir de los resultados. En otras palabras, los estudiantes deben demostrar su conocimiento, capacidad, competencia o destreza, mientras que los educadores deben evaluar la calidad de esa demostración. Los educadores, basándose en su demostración, deben evaluar si los resultados son suficientes para que se les otorguen los créditos necesarios. Por lo tanto, la relación clave es entre el estudiante y los resultados evaluados. Como tal, la OBE supone que lo que será evaluado es la relación directa entre el estudiante y el resultado del aprendizaje. Véase la siguiente ilustración:

10. Vaneeta-marie D'Andrea, "Organizing Teaching and Learning: Objetivos-Based Planning," en *A Handbook for Teaching and Learning in Higher Education*, ed. Heather Fry, Steve Ketteridge, y Stephanie Marshall (Londres: Kogan Page, 2000), 32.

11 Maskew Miller Longman, "OBE Teacher's Manual," acceso 1 diciembre de 2005, http://www.mml.co.za.

Esto significa que la evaluación es planificada a partir de los objetivos del aprendizaje, los cuales deben estar descritos en el currículo y los materiales de estudio; luego, se determina el tipo y la forma de evaluación más adecuados. Empero, a la luz de las diferencias entre los estudiantes, habrá que prestarle mucha atención a los diversos tipos y métodos de evaluación (abordados más adelante en el capítulo) porque el énfasis ya no está en estos; más bien se trata de determinar el grado o la medida en que el estudiante ha dominado los objetivos del aprendizaje.

Evaluación y aprendizaje

La mayoría de los académicos coinciden en que la evaluación del aprendizaje es uno de los factores más influyentes en la forma en que los estudiantes aprenden.[12] En consecuencia, tanto su experiencia como las exigencias de la evaluación afectarán su aprendizaje. La evidencia sugiere que la evaluación ejerce una influencia significativa, probablemente hasta dominante, sobre el aprendizaje, en lugar de ser al revés.[13] Mientras que la mayoría de los educadores preferirían un proceso que fuera del aprendizaje a la evaluación, la mayoría de los estudiantes diría que va de la evaluación al aprendizaje. Biggs ilustra las dos perspectivas de la siguiente manera:

Educador: objetivos → actividades de enseñanza → *evaluación*
AlumnoEstudiante: *evaluación* → actividades de aprendizaje → resultados[14]

Esto significa que los estudiantes primero considerarán los requisitos de evaluación y valiéndose de ello tomarán una decisión con respecto al aprendizaje. Como resultado, los educadores deben entender que las prácticas

12. David Boud, "Assessment and Learning: Contradictory or Complementary?," en *Assessment for Learning in Higher Education, ed. Peter Knight* (Londres: Kogan Page, 1995), 37; John Bowden y Ference Marton, *The University of Learning: Beyond Quality and Competence* (Londres: RoutledgeFalmer, 1998), 61–62; Noel Entwistle, "Learning and Studying: Contrasts and Influences," en *Creating the Future: Perspectives on Educational Change*, ed. Dee Dickinson (New Horizons for Learning, 2002), acceso 16 Junio 2017, http://education.jhu.edu/PD/newhorizons/future/creating_the_future/index.html; Catherine Haines, *Assessing Students' Written Work* (Londres: RoutledgeFalmer, 2004), 3.

13. George Madaus, "The Influence of Testing on the Curriculum," en *Understanding Objetivos-Based Education*, 40.

14. John Biggs, *Teaching for Quality Learning at University*, 2a ed. (Maidenhead: Open University, 2003), 140–141.

y los requisitos de evaluación generalmente moldearán la manera en que sus estudiantes aprenden. Boud argumenta que los requisitos de evaluación envían «un mensaje a los estudiantes sobre lo que deberían estar aprendiendo y cómo. El mensaje está codificado, es difícil de entender y a menudo el personal y los estudiantes lo leen de manera diferente».[15] Si tomamos en cuenta la perspectiva de los estudiantes, es evidente que el educador debe *controlar* cautelosa y significativamente la evaluación, sobre todo los requisitos. De particular importancia es el peligro de utilizar métodos y tipos de evaluación inapropiados o inadecuados que no dirigirán ni alentarán el aprendizaje de los estudiantes. Ramsden hace hincapié en que «es nuestra evaluación, no el estudiante, la causa del problema».[16] Por el contrario, una evaluación deliberada afectará positivamente a los estudiantes.[17] Hay que ser precavidos en cuanto a la suposición de que el uso de ciertos métodos y tipos de evaluaciones producen *automáticamente* ciertos tipos de aprendizaje. Lo más probable es que lo determinante sea la *manera* en que son utilizados. Otra área de precaución es que ciertas asignaturas y contenidos no se prestan para otros acercamientos al aprendizaje. Por ejemplo, hay ocasiones en las que los estudiantes simplemente necesitan dominar los fundamentos, como en los primeros niveles con el aprendizaje por memorización. Por último, hay que tener en cuenta que la calidad de la enseñanza también afecta la percepción y respuesta de los estudiantes a la evaluación.[18] En resumen, independientemente de las precauciones, el consenso es que la evaluación es el factor determinante del aprendizaje de los estudiantes.Los objetivos de la evaluación

Una pregunta importante ya ha sido planteada en cuanto a los objetivos de la evaluación: ¿Por qué hay que evaluar el aprendizaje? Si la educadora no comprende los objetivos de la evaluación, generalmente se quedará corta en su intención de ofrecer una educación de calidad. Las propuestas sobre los objetivos de la evaluación pueden resumirse de la siguiente manera:

15. Boud, "Assessment and Learning," 37.

16. Ramsden, *Learning to Teach*, 68.

17. Denise Chalmers y Richard Fuller, *Teaching for Learning at University* (Londres: Kogan Page, 1996), 38–39.

18. Peggy Nightingale, "Accessing and Managing Information," en *Assessing Learning in Universities*, ed. Peggy Nightingale et al. (Sydney: University of New South Wales, 1996), 125.

medir el logro, estimular el aprendizaje, monitorear el progreso y respaldar el aprendizaje.

Para medir el logro

El objetivo más común de la evaluación del aprendizaje es medir el logro.[19] La intención es calificar las presentaciones de los estudiantes para resaltar y clasificar su dominio de uno o varios resultados. Muchos estudiantes comparten la experiencia de que la evaluación cumple exclusivamente esta función: se espera que dominen el material establecido y *al final* son evaluados para ver si lo lograron. Este objetivo es la experiencia común de los estudiantes; sin embargo, casi siempre es negativa, ya que para muchos el examen también es una evaluación de su destreza para escribir rápido, repetir los datos y ser concisos.[20] Es cuestionable si estas prácticas miden adecuadamente el logro cuando, por ejemplo, el examen final pretende evaluar toda una unidad de estudio y contribuir hasta el 100% de la calificación final de los estudiantes. Para estimular el aprendizaje

El segundo objetivo se ve en el cambio gradual de la evaluación vista únicamente como un medio para medir el logro hacia el entendimiento de que su otro objetivo (para algunos, el primario) es estimular el aprendizaje.[21] Siebörger y Macintosh argumentan que «la evaluación que no estimula el aprendizaje de los estudiantes, ni les dice lo que deben hacer para mejorar, no está cumpliendo con su propósito educativo».[22] Este movimiento es significativo tanto para los estudiantes como para los educadores, ya que la evaluación es dirigida hacia la dimensión subjetiva de estimular su aprendizaje. Una de las posibles consecuencias sería que los estudiantes no estén tan enfocados en el logro, sino más motivados para aprender a través de los métodos y las estrategias de evaluación adecuados. Como ya ha sido comentado, la mayoría de los estudiantes no ha tenido una experiencia positiva con la evaluación, por

19. Stringer, *Action Research*, 159.

20. D. Logan, "Students' Views on Assessment," en *Conference on Assessment of Learning, Courses and Teaching, ed. ULIE* (Londres: ULIE, 1971), 9.

21. Robert L. Ebel, "The 'Essentials' of Educational Measurement," en *Understanding Objetivos-Based Education*, 46; Howard Gardner, *Multiple Intelligences: The Theory in Practice – A Reader* (Nueva York: Basic, 1993), 178.

22. Rob Siebörger y Henry Macintosh, *Transforming Assessment* [(Cape Town: Juta, 2004), 6.

lo que no podría decirse que los ha motivado a aprender. Muchos estudiantes probablemente argumentarían que su única motivación es lograr sus metas académicas, que van desde aprobar el grado hasta obtener la calificación más alta, ya sea personalmente o en general.

Para monitorear el progreso

Otro objetivo de la evaluación es monitorear el progreso con fines formativos y acumulativos: «Facilitar información sobre el nivel de los logros de los pupilos [o estudiantes] en diversos puntos y al final».[23] La intención es ayudar a los estudiantes a través del proceso de aprendizaje por medio de comentarios periódicos y deliberados. Para muchos estudiantes, uno de los aspectos más desalentadores de la experiencia de aprendizaje es la falta de retroalimentación tanto formal como informal. Gardner destaca la importancia de este objetivo: «Corresponde al evaluador hacer comentarios útiles para el estudiante en el momento, identificando áreas de fortaleza y debilidad, dando sugerencias de lo que debe estudiar o trabajar, señalando cuáles hábitos son o no productivos, indicándole qué puede esperar en futuras evaluaciones y así por el estilo».[24] En otras palabras, para que la evaluación monitoree el progreso debe servir las necesidades tanto del educador como del estudiante. Esto es particularmente difícil en contextos donde la matrícula es elevada o los educadores están bajo la presión de sus responsabilidades generales. En tales contextos, el objetivo del monitoreo de los progresos se añadiría a la presión apremiante de completar la presentación del material del curso y calificar los elementos de la evaluación.

Para respaldar el aprendizaje

Al objetivo anterior del monitoreo de los progresos se añade el respaldo del aprendizaje.[25] En términos de este objetivo, la evaluación puede considerarse como *el arco de* regreso al proceso de aprendizaje del estudiante; como

23. David Lambert y David Lines, *Understanding Assessment: Purposes, Perceptions, Practice* (Londres: RoutledgeFalmer, 2000), 4.

24. Gardner, *Multiple Intelligences*, 178.

25. Siebörger y Macintosh, *Transforming Assessment*, 6; Walvoord y Anderson, *Effective Grading*, 17.

insiste la Autoridad Sudafricana de Calificaciones:[26] «Los propósitos de la evaluación… cada vez más son entendidos como que tienen la función principal de respaldar el aprendizaje». En otras palabras, al igual que con el monitoreo del progreso, respaldar a los estudiantes significa que la evaluación no es un fin en sí mismo, sino un engranaje vital en la rueda del desarrollo y alimentación del aprendizaje.[27] La intención de la evaluación es desarrollar al estudiante como aprendiz, en lugar de ser una herramienta para resaltar sus fracasos y deficiencias. Tal desarrollo puede incluir la identificación temprana de deficiencias técnicas (p. ej., en la redacción de tareas o la técnica del examen) y el reconocimiento de que los estudiantes quizás no comprendieron o entendieron el material (p. ej., cuando la mayoría de los estudiantes luchan con un aspecto de la prueba).Al reflexionar sobre los objetivos de la evaluación, concluiría que en muchos casos solamente el primero de los objetivos (la medición del logro) es común en todos los contextos y prácticas. Los tres restantes son probablemente la excepción en la mayoría de los casos.

Requisitos de la evaluación

Esta sección responderá la importante pregunta, «¿Cuáles son los principales requisitos cualitativos que deben estar presentes en las prácticas de evaluación?». En respuesta, se puede argumentar que los cuatro requisitos principales de la evaluación son validez, confiabilidad, objetividad y viabilidad.

Validez

La validez de la evaluación ha sido definida de muchas maneras; sin embargo, en esencia, se refiere a la precisión con que un instrumento *mide lo que debe medir*.[28] En otras palabras, la validez considera si un elemento de evaluación

26. South African Qualifications Authority, "NQF Objectives and What Does Our NQF Look Like?," acceso 17 de noviembre de 2005, http://www.saqa.co.za/show.asp?main=about/nqfobjectives.htm.

27. David Lazear, *Multiple Intelligence Approaches to Assessment: Solving the Assessment Conundrum*, de. rev. (Chicago: Zephyr, 1999), 81; George R. Taylor, *Informal Classroom Assessment Strategies for Teachers* (Lanham, MD: Scarecrow, 2003), 42.

28. Haines, *Assessing*, 32; Lambert y Lines, *Understanding Assessment*, 7; Siebörger y Macintosh, *Transforming Assessment*, 11; Pearl G. Solomon, *The Assessment Bridge* (Thousand Oaks, CA: Corwin, 2002), 67.

de verdad está evaluando lo que pretende. Walvoord y Anderson aplican el concepto argumentando que el educador debe «elegir [elementos de evaluación] que tengan la mayor probabilidad de incitar en... los estudiantes el tipo de aprendizaje que quiere medirse».[29] Luckett y Sutherland elaboran al respecto señalando que la validez «vincula tanto la cuestión de la "idoneidad *de* propósito" (¿Estamos evaluando las cosas correctas?) como la "idoneidad *para* el propósito" (¿Estaremos evaluándolas del modo correcto?)».[30] Dentro de la amplia demanda por validez se han propuesto cinco dimensiones,[31] a saber, constructo, contenido, factorial, predictiva y criterio. La validez del constructo se refiere a qué tan bien se refiere la evaluación a los constructos más amplios de lo que esté evaluándose, mientras que la validez del contenido se refiere a su relación con el área o elemento que está siendo evaluado. La validez factorial considera si la evaluación es apropiada para los estudiantes y el nivel en cuestión, relacionada a su vez con la validez predictiva, que considera el efecto en los estudiantes. La validez relacionada con los criterios se refiere a la medida en que la evaluación es un indicador razonable de los resultados futuros.

Confiabilidad

La confiabilidad se refiere a la coherencia de los resultados de la evaluación y a la medida en que obtendría resultados similares en circunstancias diferentes.[32] Estas diferencias de contexto pueden abarcar diferentes escenarios, situaciones, estudiantes, ocasiones y evaluadores.[33] Las exigencias de confiabilidad están asociadas con la anticipación de compatibilidad entre los objetivos y resultados.

29. Walvoord y Anderson, *Effective Grading*, 22.

30. Kathy Luckett y Lee Sutherland, "Assessment Practices That Improve Teaching and Learning," *Improving Teaching and Learning in Higher Education: A Handbook for Southern Africa, ed. Sinfree Makoni* (Johannesburgo: WITS University, 2000), 106.

31. Brown, Race, y Rust, "Using and Experiencing," 82; Richard Wakeford, "Principles of Student Assessment," en *Handbook for Teaching and Learning*, 44; Peggy Nightingale et al., "Assessment Project Glossary," en *Assessing Learning in Universities, ed. Peggy Nightingale et al.* (Sydney: University of New South Wales, 1996), 273–274.

32. Nightingale et al., "Assessment Project Glossary," 271; Siebörger y Macintosh, *Transforming Assessment*, 12; Andrzej Wojtczak, "Evaluation of Learning Objetivos (Revised)," acceso 8 de diciembre de 2009, http://www.iime.org/documents/elo.htm.

33. Haines, *Assessing*, 32; Lambert y Lines, *Understanding Assessment*, 11; Luckett y Sutherland, "Assessment Practices," 107.

Como Ramsden indica, «cuanto más predecible, estrecho y convencional sea el objetivo de aprendizaje bajo medición, más probable será que la evaluación produzca resultados compatibles».[34] Si tomamos en cuenta que la confiabilidad *limita* las características de la evaluación, cabría preguntarse cómo está relacionada con la validez.A manera de ilustración, Siebörger y Macintosh indican que la redacción de un ensayo es una manera válida de evaluar si el estudiante puede escribir una pieza larga.[35] No obstante, dada la naturaleza de la evaluación de la escritura, la confiabilidad rara vez será alta. La pregunta es cuál de las dos es la más importante. El consenso general es que ninguna evaluación puede ser completamente válida ni confiable. Además, se entiende que la validez es más importante que la confiabilidad, ya que «si una prueba [o elemento de evaluación] no nos dice nada útil ni utilizable sobre el individuo [alumno] … ¿de qué vale [la evaluación]?».[36]

Objetividad

La objetividad se refiere a la coherencia e imparcialidad en las dimensiones *técnicas* y *subjetivas* de la evaluación. La evaluación debe ser objetiva en su elemento técnico, pero también en lo subjetivo en el trato de los estudiantes. La dimensión técnica se refiere a la manera en que los elementos de la evaluación son construidos y ejecutados. Es decir, toma en cuenta si el valor dado a un elemento es proporcional al material en el contexto del curso; si encaja con la manera en que se enseñó el material; si los criterios y las expectativas fueron comunicadas claramente; y si la calificación es lo más objetiva posible.[37] En cuanto a la dimensión subjetiva, se refiere a la manera en que los estudiantes experimentan la evaluación e incluye lo siguiente: ayudarles a que entiendan los requisitos; un entorno de aprendizaje propicio; cero favoritismo (p. ej., varones sobre mujeres); estar al tanto del efecto de la preferencia por un diseño y tipo de evaluación particulares; tomar en cuenta la posible discriminación cultural, económica o social; acometer problemas con el lenguaje; y confrontar

34. Ramsden, *Learning to Teach*, 185.
35. Siebörger and Macintosh, *Transforming Assessment*, 12.
36. Lambert and Lines, *Understanding Assessment*, 11–12.
37. Haines, *Assessing*, 32–33; Siebörger y Macintosh, *Transforming Assessment*, 13.

la discriminación en calificar a favor o en contra de ciertos estudiantes.[38] En resumen, la esencia de la objetividad es minimizar o eliminar, hasta donde sea posible, cualquier prejuicio o discriminación de la evaluación.Con respecto al reclamo por la objetividad, puede argumentarse que no es automática dentro del enfoque tradicional de *lectura y escritura* de la mayoría de las evaluaciones. Por ejemplo, en lo fundamental cabría preguntarse si es justo que el examen dure el mismo tiempo tanto para los escritores rápidos como los lentos. Yo me he encontrado con la pregunta de la capacidad física de un estudiante; la creciente tendencia hacia el uso exclusivo de los ordenadores significa que muchos estudiantes no son eficaces en la escritura a mano. Asimismo, la objetividad abarca otros retos más amplios como la cosmovisión, el género y la cultura, por mencionar algunos. Hay que preguntarse si, a la luz de estas diferencias, es justo que utilicemos el método de evaluación más común con todos los estudiantes.

Viabilidad

El requisito final es que la evaluación sea viable, que se refiere a la necesidad de que sea práctica y realista. La viabilidad generalmente surge en contextos que incluyen sobreevaluación, escasez de recursos, un volumen excesivo y requisitos irrazonables.[39] Desde la perspectiva del educador, muchas veces surgen problemas como el tiempo necesario para administrar la evaluación y su aplicación práctica. Lambert y Lines señalan que, «La capacidad de gestión se refiere a que la tarea de evaluación no debe ocupar demasiado tiempo administrativo para que los costos, en el sentido más amplio, no superen a los beneficios».[40] Al plantear estos asuntos, Geyser ha propuesto una serie de recursos: instalaciones y recursos adecuados, un personal adecuado, plazos escalonados para la presentación, la coordinación del calendario de evaluación, sistemas administrativos adecuados y más eficientes.[41] Aunque reconozco que la viabilidad plantea desafíos para la evaluación (sobre todo cuando la matrícula

38. Haines, *Assessing*, 32–33, 38; Lambert y Lines, *Understanding Assessment*, 18, 173; Siebörger y Macintosh, *Transforming Assessment*, 13.

39. Hester Geyser, "Learning from Assessment," en *Teaching and Learning in Higher Education, ed. Sarah Gravett and Hester Geyser* (Pretoria: Van Schaik, 2004), 97–98.

40. Lambert y Lines, *Understanding Assessment*, 18.

41. Geyser, "Learning from," 97–98.

es numerosa), entiéndase que el estudiante es la primera consideración de la educación, por lo que hay que atender cualquier cosa que afecte negativamente su experiencia de aprendizaje. Tal vez la influencia negativa más significativa es una evaluación escrita más uniforme que, aunque es más fácil de administrar, es menos valioso para el estudiante. Si bien reconozco que lo mejor sería alejarse de la evaluación uniforme, también comprendo lo que ello exigiría de los educadores y sistemas. Sin embargo, añado que algunos campos de la educación superior han demostrado que el cambio es posible; por ejemplo, en la formación de médicos, donde los niveles iniciales de estudio siguen siendo tradicionales, pero los posteriores tienden hacia una evaluación variada, incluyendo juegos de roles y requisitos prácticos.[42]

Métodos de evaluación

El análisis indica que la evaluación puede llevarse a cabo de un sinnúmero de formas, paralelas a los métodos considerados por una variedad de fuentes, y que son resumidos en la gráfica siguiente.[43] Esta sección ha sido incluida para resaltar la increíble variedad de los métodos de evaluación disponibles para el educador, pero que rara vez han sido parte de la experiencia de muchos estudiantes en la educación superior. Acerca del valor de este tipo de lista Ramsden comenta que «los profesores al menos deben esta al tanto de la existencia de una variedad de métodos en todas las áreas temáticas».[44] Este resumen básico confirma que la evaluación puede ser variada.

42. Wojtczak, "Evaluation of Learning."

43. Biggs, *Teaching for Quality*, 170–212; Haines, *Assessing*, 42–44; Chris Hughes y Doug Magin, "Demonstrating Knowledge and Understanding," en *Assessing Learning in Universities, ed. Peggy Nightingale et al.* (Sydney: University of New South Wales, 1996), 149; Lambert y Lines, *Understanding Assessment*, 131; Lazear, *Multiple Intelligence*, 142, 148, 158–160; Luckett y Sutherland, "Assessment Practices," 115–120; Nightingale, "Accessing and Managing," 269–270; Taylor, *Informal Classroom*, 45, 118; Wakeford, "Principles," 46–50; Walvoord y Anderson, *Effective Grading*, 193–195.

44. Ramsden, *Learning to Teach*, 186.

Métodos orales
Grabaciones de audio, debates, diálogos, charlas, discusiones grupales, entrevistas, escuchar, narraciones, informes orales, exámenes orales, presentaciones, cuestionarios, interrogatorios, juegos de rol, simulaciones.
Métodos escritos
Reseñas, autobiografías, bibliografías anotadas, bibliografías, documentos informativos, presupuestos, listas de viñetas, análisis y estudios de casos, listas, ensayos contemplativos, relatos de incidentes críticos, definiciones, diarios, ensayos, exámenes, notas de campo, exámenes finales, inventarios, notas de laboratorio, cartas, registros, preguntas de selección múltiple, problemas matemáticos, preguntas de pareo, artículos de periódicos, notas, pruebas objetivas, opiniones, obras de teatro, poemas, planificación de proyectos, proyectos, reflexiones, informes, documentos de investigación, informes científicos, guiones, inventarios, preguntas de respuestas cortas, historias, resúmenes, informes técnicos, pruebas, registro de pensamiento, verdadero o falso, problemas de palabras, repasos.
Métodos gráficos
Anuncios, folletos, dibujos animados, gráficas, mapas o redes cognitivas, diagramas, dibujos, diagramas de flujo, tablas, mapas, presentaciones multimedia, planos, carteles, presentaciones de PowerPoint, presentaciones, bocetos, presentaciones de diapositivas, grabaciones de vídeo, entornos de aprendizaje virtual.
Productos
Arquitectura, artefactos, obras de arte, juegos, ejercicios de simulación, trabajo de laboratorio, manuales, modelos, música, actuaciones, fotografías, portafolios, trabajo práctico, escultura, ayudas visuales, páginas web.

Construcción de elementos de evaluación

En vista de la gran diversidad de tipos y métodos de evaluación, así como de sus elementos, resta por considerar cómo se construyen dichos elementos. Aunque existen varias propuestas, la esencia del proceso es ilustrada en las tablas siguientes.

Tabla 3. Objetivos de Aprendizaje y Elementos de Evaluación (1a Opción)

Objetivos de aprendizaje	**Elementos de evaluación**
Objetivo #1	Elemento de evaluación #1
Objetivo #2	Elemento de evaluación #2
Objetivo #3	Elemento de evaluación #3
Objetivo #4	Elemento de evaluación #4

Sin embargo, también es posible combinar la evaluación de los objetivos:

Tabla 4. Objetivos de Aprendizaje y Elementos de Evaluación (2a Opción)

<table>
<tr><th>Objetivos de aprendizaje</th><th>Elementos de evaluación</th></tr>
<tr><td>Objetivo #1</td><td rowspan="2">Elemento de evaluación #1</td></tr>
<tr><td>Objetivo #2</td></tr>
<tr><td>Objetivo #3</td><td rowspan="2">Elemento de evaluación #2</td></tr>
<tr><td>Objetivo #4</td></tr>
</table>

El enfoque tradicional para la evaluación de los resultados del aprendizaje puede ilustrarse de la siguiente manera:

Tabla 5. Objetivos de Aprendizaje y Elementos de Evaluación (3a Opción)

<table>
<tr><th>Objetivos de aprendizaje</th><th>Elementos de evaluación</th></tr>
<tr><td>Objetivo #1:
Los estudiantes entienden el efecto del contexto histórico y cultural del Pentateuco.</td><td rowspan="2">Elemento de evaluación #1:
Una prueba sobre el contexto y los asuntos preliminares del Pentateuco.</td></tr>
<tr><td>Objetivo #2:
Los estudiantes entienden los asuntos preliminares del Pentateuco.</td></tr>
<tr><td>Objetivo #3:
Capacidad para interpretar el texto bíblico del Pentateuco.</td><td>Elemento de evaluación #2:
Presentar una exégesis de uno de los siguientes pasajes del Pentateuco:
______________________</td></tr>
<tr><td>Objetivo #4:
Capacidad para extraer los temas teológicos del texto del Pentateuco.</td><td>Elemento de evaluación #3:
Presentar un ensayo acerca del tema de la creación en Génesis 1–11.</td></tr>
</table>

Sin embargo, aquí se ilustra un acercamiento más variado de la evaluación de los resultados del aprendizaje:

Tabla 6. Objetivos de Aprendizaje y Elementos de Evaluación (4a Opción)

<table>
<tr><th>Objetivos de aprendizaje</th><th>Elementos de evaluación</th></tr>
<tr><td>Objetivo #1:
Los estudiantes entienden el efecto del contexto histórico y cultural del Pentateuco.</td><td rowspan="2">Elemento de evaluación #1:
Los estudiantes prepararán una entrada para una enciclopedia bíblica acerca del contexto histórico y cultural del Pentateuco o de los asuntos preliminares clave relacionados con el Pentateuco.</td></tr>
<tr><td>Objetivo #2:
Los estudiantes entienden los asuntos preliminares del Pentateuco.</td></tr>
<tr><td>Objetivo #3:
Capacidad para interpretar el texto bíblico del Pentateuco.</td><td>Elemento de evaluación #2:
Los estudiantes deberán predicar un sermón a partir de la exégesis de uno de los siguientes pasajes del Pentateuco:
____
____
__________</td></tr>
<tr><td>Objetivo #4:
Capacidad para extraer los temas teológicos del texto del Pentateuco.</td><td>Elemento de evaluación #3:
Entregar un ensayo acerca del tema de la creación en Génesis 1–11.</td></tr>
</table>

En la primera ilustración, todos los elementos de evaluación están fuertemente inclinados hacia la *lectura y la escritura,* mientras que la segunda ilustración ofrece una mayor variedad para los estudiantes. Sin embargo, es evidente que ambos están comprometidos con la evaluación de los objetivos del aprendizaje.

Resumen final

Concluimos este capítulo con un resumen de los puntos clave:

1. Los objetivos del aprendizaje son una dimensión crítica del currículo y de las unidades individuales de estudio y deben estar claramente indicados de antemano.

2. Los objetivos del aprendizaje declarados son la consideración más importante cuando se construye la evaluación del aprendizaje.
3. Los estudiantes determinarán su acercamiento al aprendizaje basándose en los elementos de evaluación.
4. El objetivo de la evaluación del aprendizaje es evaluar en qué medida un estudiante ha dominado los objetivos expresos del aprendizaje.
5. Existen varios métodos de evaluación disponibles y deben utilizarse de manera significativa, más allá del énfasis típico de *lectura y escritura*.

Cada uno de estos puntos clave amerita un análisis deliberado durante el desarrollo de los elementos de evaluación porque afectarán el resultado final de la experiencia de aprendizaje de los estudiantes.

Reflexión y puntos de acción

A continuación, se presentan tres actividades diferentes para ayudarle a reflexionar y actuar sobre los asuntos abordados en este capítulo.

Evalúe su situación actual

Siempre es importante que consideremos nuestra situación actual en relación con la evaluación del aprendizaje. Responda las siguientes preguntas:

1. ¿Establece claramente el currículo del programa de su institución los objetivos de aprendizaje que indican lo que se esperaría de los estudiantes al finalizar sus estudios? Si es así, ¿cómo se espera que el personal traduzca estos resultados en su evaluación del aprendizaje? Si no es así, considere cómo pudiera estar afectando su enfoque para la evaluación del aprendizaje.
2. ¿Tiene claramente indicados cada una de sus unidades de estudio los objetivos de aprendizaje? Si es así, ¿cómo se espera que el personal traduzca estos resultados en su evaluación del aprendizaje? Si no es así, ¿en qué fundamenta la evaluación?

3. Si los objetivos de aprendizaje están claramente indicados en las unidades de estudio, ¿cómo son utilizados en la construcción de los elementos de evaluación?
4. ¿Qué tan bien evalúan sus elementos de evaluación actuales el dominio de los estudiantes, preferiblemente según lo expresan los objetivos del aprendizaje?
5. ¿Promueven sus elementos de evaluación actuales el tipo de aprendizaje que usted desea para sus estudiantes?
6. Elabore una lista de los diferentes métodos de evaluación que son utilizados en su institución y, a continuación, compárela con las opciones presentadas en este capítulo. ¿Cómo comparan en términos de variedad?

Considere su futuro

En función de sus respuestas a las preguntas anteriores, tenga en cuenta los siguientes puntos:

1. ¿Cómo puede determinar y presentar los resultados de aprendizaje claramente indicados para el currículo/currículos del programa de su institución?
2. Si sus unidades de estudio no tienen resultados de aprendizaje claramente indicados, ¿cómo va a desarrollarlos?
3. Si los resultados de aprendizaje se indican claramente para las unidades de estudio, ¿cómo se pueden utilizar para construir mejor los elementos de evaluación?
4. ¿Cómo puede mejorar la calidad de sus elementos de evaluación para que evalúen adecuadamente en qué medida los estudiantes han dominado los resultados de aprendizaje declarados?
5. ¿Cómo pueden sus elementos de evaluación actuales promover mejor el tipo de aprendizaje que usted desea de sus estudiantes?
6. ¿Cómo puede diversificar sus métodos de evaluación del aprendizaje?

Empezar

Permita que cada conferencista seleccione una de las unidades de estudio y haga uso de la tabla siguiente (véase las tablas anteriores) para desarrollar los objetivos de aprendizaje, si es necesario, y los elementos de evaluación relacionados, asegurándose de que usen métodos variados. Una vez completado el ejercicio, tomen turnos para reflexionar sobre las propuestas de los demás.

Objetivos de aprendizaje	**Elementos de evaluación**
Objetivo #1	Elemento de evaluación #1
Objetivo #2	Elemento de evaluación #2
Objetivo #3	Elemento de evaluación #3
Objetivo #4	Elemento de evaluación #4

Recursos para seguir estudiando

Angelo, Thomas A., y K. Patricia Cross. *Classroom Assessment Techniques: A Handbook for College Teachers.* San Francisco: Jossey-Bass, 1993.

Biggs, John. *Teaching for Quality Learning at University.* 2a ed. Maidenhead: Open University, 2003.

Bowden, John, y Ference Marton. *The University of Learning: Beyond Quality and Competence.* Londres: RoutledgeFalmer, 1998.

Chalmers, Denise, y Richard Fuller. *Teaching for Learning at University.* Londres: Kogan Page, 1996.

de Jongh, Charles. "Theories of Multiple Intelligences and Learning Assessment for Deep Learning in Higher Education." EdD tesis, University of Johannesburg, 2010.

Driscoll, Amy, y Swarup Wood. *Developing Objetivos-Based Assessment for Learner-Centred Education: A Faculty Introduction.* Sterling: Stylus, 2007.

Fry, Heather, Steve Ketteridge, y Stephanie Marshall, eds. *A Handbook for Teaching and Learning in Higher Education.* Londres: Kogan Page, 2003.

Gravett, Sarah, y Hester Geyser, eds. *Teaching and Learning in Higher Education.* Pretoria: Van Schaik, 2004.

Gultig, John, Cass Lubisi, y Ben Parker, eds. *Understanding Objetivos-Based Education: Teaching and Assessment in South Africa – A Reader.* Cape Town: SAIDE/Oxford, 1998.

Haines, Catherine. *Assessing Students' Written Work.* Londres: RoutledgeFalmer, 2004.

Heywood, John. *Assessment in Higher Education: Student Learning, Teaching, Programmes and Institutions.* Londres: Jessica Kingsley, 2000.

Knight, Peter, ed. *Assessment for Learning in Higher Education.* Londres: Kogan Page, 1995.

Lambert, David, y David Lines. *Understanding Assessment: Purposes, Perceptions, Practice.* Londres: RoutledgeFalmer, 2000.

Lazear, David. *Multiple Intelligence Approaches to Assessment: Solving the Assessment Conundrum.* Ed. rev. Chicago: Zephyr, 1999.

Leamnson, Robert. *Thinking About Teaching and Learning.* Sterling: Stylus, 1999.

Makoni, Sinfree, ed. *Improving Teaching and Learning in Higher Education: A Handbook for Southern Africa.* Johannesburgo: WITS University, 2000.

Malan, Beverly. *Excellence Through Objetivos.* Cape Town: Kagiso, 1997.

Marton, Ference, Dai Hounsell, y Noel James Entwistle, eds. *The Experience of Learning.* Edinburgh: Scottish Academic, 1984.

Nightingale, Peggy, et al., eds. *Assessing Learning in Universities.* Sydney: University of New South Wales, 1996.

Prosser, Michael, and Keith Trigwell. *Understanding Learning and Teaching: The Experience in Higher Education.* Buckingham: SRHE & Open University, 1999.

Ramsden, Paul. *Learning to Teach in Higher Education.* 2a ed. Londres: RoutledgeFalmer, 2003.

Rowntree, Derek. *Assessing Students.* Londres: Harper & Row, 1977.

Siebörger, Rob, y Henry Macintosh. *Transforming Assessment.* Cape Town: Juta, 2004.

Solomon, Pearl G. *The Assessment Bridge.* Thousand Oaks: Corwin, 2002.

Sternberg, Robert J., y Wendy M. Williams, eds. *Intelligence, Instruction, and Assessment: Theory into Practice.* Londres: Lawrence Erlbaum, 1998.

Walvoord, Barbara E., y Virginia Johnson Anderson. *Effective Grading: A Tool for Learning and Assessment in College.* San Francisco: Jossey-Bass, 1998.

8

El aprendizaje híbrido: el diseño curricular para el aprendizaje efectivo

Rhonda McEwen

Este capítulo examina la integración de la tecnología para mejorar la educación teológica global, enfocándose en los principios y las prácticas del diseño del aprendizaje eficaz en un contexto en línea y semipresencial (o híbrido). Se parte desde una perspectiva crítica de la influencia de la tecnología en el contexto global y contemporáneo de la educación, así como de sus posibilidades. Luego, se explica cómo la tecnología ha renovado el interés en el aprendizaje, con implicaciones particulares para los contextos educativos en línea e híbrido. A continuación, se describen los roles de la comunidad y la cultura en el diseño de los currículos en línea, seguido por una discusión de las prácticas para mejorar el aprendizaje de los estudiantes. Por último, concluye con consideraciones institucionales en torno a su implementación.

Tecnología y educación hoy

¡Bienvenidos a la era digital! La educación no es lo que solía ser en el mundo tan dinámico en el que vivimos. El aprendizaje ya no está limitado a un espacio institucional, está al alcance «en cualquier momento, lugar y tema».[1] Nunca habíamos sido tan presionados a reestructurar y reenmarcar las formas y los medios en que impartimos la educación como ocurre en nuestro contexto social actual. «La tecnología ha cambiado a los estudiantes y docentes, el acceso al conocimiento, la naturaleza de la comunidad, los hábitos de aprendizaje, nuestra comprensión de la paciencia y prácticamente todo sobre nuestra educación».[2] Es casi imposible escapar del impacto omnipresente de la tecnología en nuestro mundo actual. De Zengotita[3] (un antropólogo convertido en crítico de la cultura) argumenta que los medios de comunicación juegan un papel casi divino en la forma en que reparten la realidad para nuestro consumo diario, proporcionando una interpretación exclusivamente humana, sin referencia a un Dios Creador, omnisciente y omnipotente. Shuurman afirma que «la tecnología está cargada de valor».[4] Este cuestiona la fuente de la autoridad y en qué o en quién debemos confiar. De mayor preocupación para los educadores es que la internet «nos alienta a "navegar" en lugar de sumergirnos profundamente en la lectura reflexiva. En un mar de hipervínculos, tendemos a escanear texto e imágenes y revolotear de un enlace a otro».[5] Como dice Carr: «Decenas de estudios a cargo de psicólogos, neurobiólogos, educadores y diseñadores de páginas web apuntan a la misma conclusión: cuando nos conectamos entramos en un entorno que promueve la lectura superficial, el pensamiento apresurado y distraído y el aprendizaje superficial».[6] Bowen lamenta que la reflexión es «una víctima de la era digital y uno de los objetivos principales de la educación superior debe ser recuperar ese tiempo».[7] Aparte de desalentar la reflexión, una postura acrítica hacia la tecnología, que solo abraza sus méritos, entraña

1. Qiuyun Lin, ed., *Advancement in Online Education: Exploring the Best Practices*, Vol. 1 y 2 (Nueva York: Nova Science, 2012), 12.

2. José Antonio Bowen, *Teaching Naked: How Moving Technology Out of Your College Classroom Will Improve Student Learning* (San Francisco: Jossey-Bass, 2012), ix.

3. Thomas de Zengotita, *Mediated: How the Media Shapes Your World and the Way You Live in It* (Nueva York: Bloomsbury, 2005).

4. Derek C. Shuurman, *Shaping a Digital World: Faith, Culture, and Computer Technology* (Downers Grove, IL: InterVarsity Press, 2013), 15.

5. Ibíd., 18.

6. Nicholas Carr, *The Shallows* [Los superficiales] (Nueva York: W. W. Norton, 2010), 115–116; citado en Shuurman, *Shaping*, 18.

7. Bowen, *Teaching*, 27.

una cosmovisión en la que prevalecen la técnica y la eficiencia, como Jacques Ellul advirtió una vez.[8] Y aunque las «técnicas» mejoradas ciertamente pueden fortalecer y apoyar las estrategias de enseñanza, cabe señalar que los «medios» no deben convertirse en un «fin», como advierte el maestro en Eclesiastés, quien señala que el verdadero sentido de la vida está en seguir los propósitos de Dios en este mundo. Ostrander concluye así: «Entonces, ¿qué debe hacer un educador cristiano en medio de cambios tan portentosos? ¿Cómo usamos la tecnología sin dejar que nos use a nosotros?».[9] Thomas y Brown nos recuerdan que «el cambio nos obliga a *aprender de* una manera diferente»[10] y que en el siglo veintiuno en esencia eso significa abrazar el cambio, ver el futuro como «un conjunto de nuevas posibilidades, en lugar de algo que nos obliga a hacer ajustes».[11] Cuando consideramos la educación teológica en el siglo veintiuno a la luz de un mundo cambiante, ¿qué cambios podríamos hacer en nuestra comprensión del aprendizaje? ¿Qué estrategias podemos emplear para administrar el grado de conexión con los demás que permite la tecnología? ¿Cuáles son las implicaciones para el desarrollo curricular? ¿De qué manera informa e incluso altera la tecnología nuestro concepto de la enseñanza y el papel docente? ¿Cómo equiparemos a la facultad? ¿Cómo equiparemos a los estudiantes? ¿De qué forma las modalidades del aprendizaje híbrido y en linea podrán fomentar la transformación que aspiramos en el servicio a la iglesia y su misión en el mundo? Este capítulo nos invita a que consideremos estas preguntas.

Nuevos retos y posibilidades

La introducción de las modalidades del aprendizaje en línea e híbrida abre nuevas posibilidades para quienes se dedican a la educación teológica global,

8. Jacques Ellul, *The Technological Society* (Nueva York: Vintage, 1964), xxv; citado en Shuurman, *Shaping*, 20–21.

9. Dr. Rick Ostrander, "Christian Learning in the Digital Age," *The Colossian Forum*, 15 de noviembre de 2012, acceso 6 de diciembre de 2016, http://www.colossianforum.org/2012/11/15/article-christian-learning-in-the-digital-age/.

10. Douglas Thomas y John Seely Brown, *A New Culture of Learning: Cultivating the Imagination in a World of Constant Change* (Lexington, KY: CreateSpace, 2011), 43.

11. Ibíd.

ya sea en el liderazgo administrativo o en las funciones docentes. «La educación teológica en línea está cobrando auge por todo el mundo y esas comunidades multiculturales están transformando a los estudiantes».[12] El potencial de mayor accesibilidad puede abrir puertas para la divulgación, la asequibilidad y la creación de redes como nunca antes; sin embargo, algunos eruditos sugieren cautela en nuestra aplicación e implementación de la tecnología. Carr-Chellman, en el tomo que editó acerca de la educación en línea en Asia, Europa, América del Norte, África, Australia y Nueva Zelanda, afirma que «al abrir el acceso a poblaciones que no lo tenían, ya fuera por su ubicación geográfica, estatus laboral o discapacidades físicas, la retórica de la educación en línea sugiere que esta nueva tecnología democratizará la educación, derribando los muros elitistas de la torre de marfil».[13] Sin embargo, desde una perspectiva mundial, no todos tienen la oportunidad de beneficiarse de estos avances. Y todavía quedan muchos escépticos en cuanto a si el mero hecho de facilitar el «acceso abierto» de veras satisface las necesidades de las poblaciones que más lo necesitan.[14] Más aún, la educación en línea como una importación de «una talla universal» ha sido vinculada con la globalización: «El preparar una clase que estará disponible en todo el mundo para cualquier persona interesada es eficiente, pero cultural y contextualmente es inescrupuloso».[15] Hasta en la educación teológica las formas occidentales pueden ser vistas como superiores, lo que también atañe a la educación een línea. La tecnología lejos de ser «neutral en cuanto a los valores», tiende a reflejar puntos de vista muy occidentales sobre el conocimiento, el lenguaje, el tiempo y el individuo autónomo,[16] dándole poca consideración a los conocimientos originados en la comunidad. Asimismo, Selwyn sugiere que la tecnología educativa puede «reforzar o desafiar las creencias globales y locales dominantes sobre la

12. Melinda Thompson y Meri MacLeod, "To the Ends of the Earth: Cultural Considerations for Global Online Theological Education," *Theological Education* 49, no. 2 (2015): 113–125, aquí 124.

13. Alison A. Carr-Chellman, ed., *Global Perspectives on E-Learning: Rhetoric and Reality* (Thousand Oaks, CA: Sage, 2005), 1.

14. Ibíd., 9.

15. Ibíd.

16. Ibíd.

enseñanza y el aprendizaje… idioma o religión».[17] Si la educación tecnológica no toma en cuenta las diferencias culturales, en el peor de los casos, podría ser tenida como «la imposición de una cultura dominante ya sea una "cultura global" homogénea, comercial o "americanizada"».[18] Pero aún con estas advertencias los educadores cristianos ahora cuentan con la oportunidad de aprender unos de los otros dentro del contexto mundial más amplio. Los avances tecnológicos ofrecen mayores oportunidades para entablar vínculos interculturales y explorar maneras innovadoras de cultivar entornos educativos más propicios para el aprendizaje formativo y transformador. Lejos de fomentar la «enseñanza desencarnada», el uso de la tecnología en los contextos de aprendizaje en línea e híbridos puede profundizar y enriquecer la calidad del aprendizaje, y fomentar el diálogo y la colaboración dentro de las comunidades de aprendizaje.

El aprendizaje híbrido

Un entorno de aprendizaje combinado o híbrido aspira a lo «mejor de ambos mundos», utilizando modalidades presenciales y en línea. Este afirma el valor de una comunidad presencial, al tiempo que ofrece flexibilidad y accesibilidad; el aprendizaje continúa libre de la rigidez de la estructura del aula. «La instrucción híbrida no amenaza las funciones de enseñanza establecidas ni la autoridad del instructor presencial. Este incorpora los recursos y las prácticas que han demostrado ser eficaces en aplicaciones totalmente en línea, pero dejándoles a los instructores el espacio para que hagan lo que mejor saben hacer».[19] Morrison comenta que la reducción del tiempo que los estudiantes pasan en el aula tradicional puede beneficiar a las instituciones porque fomenta una mayor eficiencia en la administración de los recursos para la instrucción y de las instalaciones. Además, los estudiantes pueden beneficiarse de la comodidad y flexibilidad del aprendizaje en línea, disponiendo de más tiempo para dedicarse

17. Neil Selwyn, *Education in a Digital World: Global Perspectives on Technology and Education* (Nueva York: Routledge, 2013), 20.

18. Ibíd.

19. Barbara Means, Marianne Bakia, y Robert Murph, *Learning Online: What Research Tells Us about Whether, When and How* (Nueva York: Routledge, 2014), 180.

al ministerio y las responsabilidades familiares.[20] La instrucción híbrida respeta una variedad de estilos de aprendizaje, incluidos los de las culturas orales a las que pudiera dificultárseles la modalidad de solamente texto en línea. Las discusiones en clase sufren las «limitaciones del tiempo, clases numerosas y la dominación por parte de unos cuantos estudiantes locuaces a expensas de los más callados y reflexivos»,[21] y, por lo tanto, el aprendizaje híbrido puede llevar al alumno a un mayor compromiso con su aprendizaje. El formato en línea facilita una mayor personalización, variación del ritmo, tiempo de preparación y participación de los estudiantes.[22] Además, abre una variedad más amplia de contenido y medios de instrucción. En lugar de escuchar pasivamente, el tiempo de clase se puede utilizar para una interacción más activa, el análisis y la síntesis de contenido en un entorno de aprendizaje transformador e intencional.[23] Las investigaciones han encontrado que los cursos híbridos mejoran el rendimiento y la retención de los estudiantes en comparación con los cursos que son ofrecidos totalmente en línea o presenciales.[24] El adaptarse a la enseñanza y el aprendizaje híbrido puede ser un poco inquietante al principio, ya que exige una mayor interacción tanto con el instructor como entre los estudiantes. Quizás hasta sea una experiencia transformadora para los instructores en la medida en que se desprendan de los métodos de enseñanza más arraigados y hasta aislados en pro de un paradigma de aprendizaje más colaborativo.[25] A continuación, se consideran tanto las modalidades híbridas (en línea y presencial) como las exclusivamente en línea.

---

20. Debbie Morrison, "Is Blended Learning the Best of Both Worlds?," Online Learning Insights, 17 January 2013, acceso 24 de julio de 2015, https://onlinelearninginsights.wordpress.com/2013/01/17/is-blended-learning-the-best-of-both-worlds/.

21. Michelle D. Miller, *Minds Online: Teaching Effectively with Technology* (Cambridge, MA: Harvard University Press, 2014), 144.

22. Jared Stein y Charles R. Graham, *Essentials for Blended Learning: A Standards-Based Guide* (Nueva York: Routledge, 2014), 61.

23. Este es el punto de Bowen.

24. *Blended Learning*, EDUCAUSE Center for Applied Research.

25. Sheryl Nussbaum-Beach y Lani Ritter Hall, *The Connected Educator: Leading and Learning in a Digital Age* (Bloomington, IN: Solution Tree, 2012).

Un nuevo aprendizaje

En medio de la discusión de la tecnología y la educación superior se ha dado el desarrollo emocionante de la renovación del énfasis en el aprendizaje. Esa orientación hacia el aprendizaje permite que las instituciones se adapten y respondan al panorama cambiante de la educación superior y las realidades globales. Como Cannell predijera hace casi una década, «el cambio de un paradigma de instrucción a un paradigma de aprendizaje puede ser el próximo mar de cambio en el desarrollo histórico de la educación teológica».[26] En lugar de limitarnos a «integrar la tecnología en las formas tradicionales de enseñanza», ha llegado el momento de reconsiderar cómo entendemos y practicamos la educación.[27] En otras palabras, ¿cómo cultivamos entornos que sean más propicios para el aprendizaje, ya sea en línea o en persona? Si bien este énfasis en el aprendizaje es «sentido común» para los educadores, la verdad es que sus implicaciones son profundas para la educación superior.El aprendizaje es mucho más que una técnica. Este involucra la mente, el alma, el espíritu y el cuerpo; implica conocimiento, emoción, habilidad, disposición y postura. Y aunque las herramientas, estrategias e incluso contextos para la enseñanza luzcan diferentes en esta era digital, nunca había sido tan necesario darle importancia al aprendizaje. Dewey afirmó hace un siglo atrás, «la necesidad de la enseñanza y el aprendizaje formal o intencional aumenta a medida que las estructuras y los recursos sociales se tornan más complejos».[28] Thomas y Brown sugieren en su obra innovadora que hace falta un nuevo tipo de aprendizaje para enfrentar los profundos cambios que la tecnología ha traído al siglo veintiuno.[29] Mientras que «el enfoque desde la enseñanza trata *sobre* el mundo… la nueva cultura del aprendizaje gira en torno a la interacción *dentro* del mundo».[30] Esta opinión afirma una comprensión más «constructiva» del aprendizaje como «el proceso cultural y social de involucrarse con el mundo

26. Linda Cannell, *Theological Education Matters: Leadership Education for the Church* (Newburgh, IN: EDCOT, 2006), 271.

27. Linda Harasim, *Learning Theory and Online Technologies* (Nueva York: Routledge, 2012), 2.

28. John Dewey, *Democracy and Education* [Democracia y educación] (1916; Nueva York: MacMillan, 1990), 255; citado por Louise Starkey, *Teaching and Learning in the Digital Age* (Nueva York: Routledge, 2012), 10.

29. Thomas y Brown, *A New Culture*, 17.

30. Ibíd., 38.

cambiante que nos rodea».[31] Desde una perspectiva cristiana, la orientación hacia el aprendizaje reconoce que, como estudiantes creados a imagen de Dios, estamos en un camino de descubrimiento o comprensión de la obra de Dios en el mundo. El aprendizaje no está limitado a lo que ocurre dentro de cada cabeza, sino que es un proceso profundamente arraigado al contexto sociocultural de los estudiantes. De igual manera, es profundamente relacional. Los estudiantes descubren nuevas ideas, acciones y maneras de vivir en el mundo de Dios a través del diálogo y la interacción deliberada con otros. Este acercamiento al aprendizaje implica responsabilidad mutua: docente y estudiantes y los estudiantes entre sí.

Bowen sugiere lo siguiente: «El trabajo de la facultad debe estar más enfocado hacia el diseño de las experiencias de aprendizaje y la interacción con los estudiantes… Ahora que la tecnología ha creado una manera más económica de entregar contenido, los profesores deben dedicar más tiempo a encontrar el punto de entrada adecuado, crear el entorno de apoyo, comunicar altos estándares y guiar el aprendizaje de los estudiantes».[32] Los estudios en cognición pueden contribuir a una mejor comprensión de la enseñanza y el aprendizaje en línea; en otras palabras, «alinea nuestra enseñanza con la forma en que la mente trabaja».[33] Miller sugiere que la tecnología puede facilitar una serie de maneras para fomentar la eficacia del aprendizaje, aunque advierte que no promueve el aprendizaje simplemente «por su mera presencia… Más bien, la tecnología nos permite amplificar y expandir el repertorio de técnicas de los profesores eficaces para obtener la atención, el esfuerzo y la dedicación, los cuales son la base del aprendizaje».[34] Los métodos de enseñanza que utilizan la resolución de problemas, la colaboración, la creación de productos digitales, los casos prácticos, el aprendizaje adaptativo, e incluso los juegos, activan ambos lados del cerebro, de modo que los resultados del aprendizaje deben reflejar esta perspectiva integral de la enseñanza.[35] Ante la creciente diversidad de formas y medios de aprendizaje algunos eruditos han sugerido que necesitamos una

31. Ibíd., 47.

32. Bowen, *Teaching*, 246.

33. Miller, *Minds*, xii.

34. Ibíd.

35. Rosemary Lehman y Simone Conceicao, *Motivating and Retaining Online Students: Research-Based Strategies That Work* (San Francisco: Jossey-Bass, 2014).

nueva teoría del aprendizaje.[36] Las teorías tradicionales limitan el aprendizaje a la cognición o la ciencia del cerebro, sin embargo, aun con la adición de teorías más psicosociales, la mayoría de estas son altamente individualistas. La perspectiva integral abarca todos los dominios del aprendizaje: cognitivos, psicomotores y afectivos. Asimismo, entiende que el aprendizaje está anclado a las comunidades y «la interrelación de esas comunidades» con potencial de transformación tanto a nivel individual como corporativo (es decir, social y político).[37] Las personas aprenden y nuevos conocimientos son generados a través de su interacción en el contexto de la comunidad.

Enfóquese en la comunidad

La tecnología, como nunca, ha convertido el aprendizaje en una labor profundamente social y puede mejorar la naturaleza colectiva y colaborativa del aprendizaje. A la vanguardia de las discusiones contemporáneas sobre el currículo surgen conceptos tales como el aprendizaje colaborativo, las comunidades de investigación y las comunidades de prácticas. La tecnología puede apoyar y ampliar el aprendizaje en comunidad, en lugar de estar definida y, por ende, limitada por la ubicación geográfica.[38] Por ejemplo, *las comunidades de prácticas*[39] pueden ser utilizado no solamente entre los estudiantes, sino también entre los colegas de la facultad con el fin de fomentar el diálogo interdisciplinario en torno a asuntos apremiantes y prácticas innovadoras. «El potencial de formar redes de estudiantes digitales apenas ha sido aprovechado. Las comunidades de aprendizaje virtual tienen el potencial de transformar el aprendizaje profesional, generando progreso e innovación a cuenta de nuestros estudiantes y de nosotros mismos».[40] Además, la utilización de comunidades de prácticas en contextos más formales, como la educación teológica, puede fomentar el diálogo interdisciplinario, la investigación colaborativa y la innovación docente. Este enfoque requiere competencias interpersonales e

---

36. Por ejemplo, Carolyn Haythornthwaite y Richard N. Andrews, *E-Learning Theory and Practice* (Thousand Oaks, CA: Sage, 2011).

37. Ibíd., 224.

38. Etienne Wenger, Nancy White, y John D. Smith, *Digital Habitats: Stewarding Technology for Communities* (Portland, OR: CP Square, 2009).

39. Véase Wenger, White, y Smith, *Digital*.

40. Nussbaum-Beach y Hall, *The Connected*, 4.

interculturales. «Lo que la discusión de las comunidades de aprendizaje virtual implica es que convertirse en un buen estudiante virtual en parte conlleva el saber moverse con facilidad, familiaridad y confianza entre diferentes tipos de comunidades».[41]Empero, para muchos estudiantes y profesores de educación teológica, la interacción y la colaboración no son necesariamente habilidades intuitivas, especialmente porque muchos de nosotros venimos de modelos competitivos que enfatizaban el éxito individual.[42] Por lo tanto, los educadores que utilizan el aprendizaje en línea deben tener la habilidad esencial de la facilitación: el ayudar a los estudiantes a vincularse, colaborar e interactuar juntos hacia el propósito del aprendizaje. La facultad puede ayudarlos a crear vínculos entre su experiencia y el conocimiento externo, ellos mismos, otros estudiantes, expertos en la materia, y dentro de las comunidades locales, globales y virtuales.[43]Un entorno de aprendizaje combina lo virtual con lo real. Las relaciones formadas en el aula presencial pueden ser fortalecidas continuando el debate con la comunidad en línea. Ostrander lo explica así: «Después de una discusión animada en clase, puedo darle seguimiento a la conversación con un correo electrónico en *Blackboard*. La clase puede utilizar la plataforma social para crear grupos de estudio e intercambiar ideas sobre las tareas. Un profesor puede desarrollar un curso en línea para que sus estudiantes continúen su preparación durante el verano. Estas son algunas de las valiosas maneras en que la tecnología puede fortalecer el proceso del aprendizaje».[44]El papel de la comunidad de aprendizaje en los entornos en línea e híbridos refleja la convicción teológica de que como seres humanos creados a imagen de Dios (mujeres y hombres de todas las culturas y etnias) somos seres relacionales. Además, nuestra singular aprehensión de la revelación de Dios siempre será parcial y finita, profundamente influenciada por nuestras perspectivas epistemológicas, culturales y cosmovisión. Por lo tanto, necesitamos que otros portadores de imágenes aclaren nuestra visión para que lleguemos a una comprensión más rica y veraz de la obra de Dios en el mundo. Y el proceso

41. Haythornthwaite y Andrews, *E-Learning*, 200.

42. Rita-Marie Conrad y J. Ana Donaldson, *Engaging the Online Learner: Activities and Resources for Creative Instruction* (San Francisco: Jossey-Bass, 2011), 6.

43. Starkey, *Teaching*.

44. Ostrander, "Christian Learning."

de descubrimiento es más profundo y enriquecedor cuando esta comunidad abarca las diversas perspectivas de estudiantes y educadores de todo el mundo.

Enfóquese en la cultura

El aprendizaje trata de las personas y las relaciones: entre el instructor y los estudiantes, así como dentro de la comunidad de aprendizaje. Y las personas son diferentes. Estas diferencias se acentúan cuando aprendemos en comunidad por medio de métodos colaborativos y cooperativos en los contextos en línea. Los entornos del aprendizaje virtual están desprovistos de las señales que normalmente facilitan la comunicación. Muchas veces amplifican las cuestiones interculturales «porque la falta de proximidad física en el aprendizaje virtual hace que dependa más de la comunicación visual, verbal y bidimensional (imágenes, ya sean fijas o en movimiento, pero no escultóricas, más sonido) y por lo tanto, exponiéndose a malos entendidos porque carece de la tridimensionalidad de la comunicación física y los gestos, el contexto local y otras señales que ayudan a la comprensión mutua».[45]Más aún, en nuestras redes personales, que cada vez están más interconectadas, «es natural que los problemas importantes y las tensiones sociales y culturales migren de la sociedad en general a los entornos en línea».[46] En los entornos de aprendizaje multicultural tan frecuentes en la educación en línea, Haythornthwaite y Andrews sugieren que, «el convertirse en un buen alumno virtual en un mundo de diversidad cultural significa saber entender y adaptarse a las diferentes culturas de aprendizaje y específicamente a las diferentes maneras en que las comunidades virtuales median con el mundo real en determinados contextos».[47]Si bien la tecnología ha abierto el acceso al aprendizaje de maneras sin precedentes, de por sí dista mucho de ser neutral en cuanto a los valores, como señalásemos al principio de este capítulo. Las diferencias culturales salen a relucir cuando sistemas educativos (como un currículo en línea diseñado en un país) en su totalidad son «impuestos inapropiadamente» en otro país: «Lo que fue considerado como una "solución mundial" para el aprendizaje bien

45. Haythornthwaite y Andrews, *E-Learning*, 192.

46. Kjeli Erik Rudestam y Judith Schoenholtz-Read, eds., *Handbook of Online Learning*, 2a ed. (Thousand Oaks, CA: Sage, 2010), 67.

47. Haythornthwaite yAndrews, *E-Learning*, 201.

puede imponerles un modelo inapropiado a las culturas».[48] Por lo tanto, los educadores que incluyen la tecnología en los entornos educativos deben ser sensibles a la diversidad representada en los valores culturales e «incluso los supuestos culturales que están incrustados en el currículo».[49]En primer lugar, los educadores deben ser conscientes de las influencias y el efecto de la cultura en el diseño del curso, las interacciones entre los estudiantes y el instructor y los diversos antecedentes de los estudiantes, para que desarrollen las estrategias que respondan a los desafíos de las variaciones culturales. Estos factores pueden contribuir a las diferentes expectativas y añadirle «una complejidad sustancial a la educación en línea».[50] Por ejemplo, «los estudiantes de otras culturas o sistemas educativos parten de diferentes suposiciones sobre cómo funciona el aprendizaje, cuándo es apropiado hablar con el docente y qué constituye un contenido adecuado para el curso».[51] Carroll hace referencia a tres facetas de la diversidad que pueden influir en la enseñanza y el aprendizaje en los contextos híbridos: la movilidad educativa (movimiento a través de las fronteras nacionales); la variedad pedagógica (diferentes valores, creencias y preferencias en el aprendizaje); y aprender en inglés.[52] Además, si estas variaciones no son tomadas en cuenta en el diseño del aprendizaje híbrido y contextos en línea, tanto los instructores como los estudiantes podrían terminar frustrados con las dinámicas de poder, el currículo oculto y los diferentes supuestos en torno a la participación y evaluación del curso.Una perspectiva integral e integrada del diseño curricular, considera el grupo particular de personas que tomará la clase: sus antecedentes, expectativas, preferencias de aprendizaje, relación con la materia, sus compañeros y compañeras de clase, el instructor o la instructora y cualquier cosa otra cosa que afectará el diseño. Además, los factores esenciales que informan el diseño del aprendizaje son el tipo de contenido (conocimiento,

48. Ibíd., 205. Véase además Thompson y MacLeod, "To the Ends."

49. Colin Latchem, "Towards Borderless Virtual Learning in Higher Education," en *Global Perspectives on E-Learning: Rhetoric and Reality*, ed. Alison A. Carr-Chellman (Thousand Oaks, CA: Sage, 2005), 52–65.

50. Thompson and MacLeod, "To the Ends," 116.

51. Bowen, *Teaching*, 235.

52. Jude Carroll, *Tools for Teaching in an Educationally Mobile World* (Nueva York: Routledge, 2015), 17.

actitudes y habilidades) que será más relevante y aplicable para un grupo en particular y cómo interactuará con este contenido para aprenderlo.

Los educadores que trabajen exclusivamente en el entorno en línea tendrán que esforzarse por familiarizarse con sus estudiantes, reconociendo que las variaciones en género, edad, origen étnico, contexto sociocultural, experiencia en línea previa y afiliación religiosa informarán y moldearán las suposiciones de los estudiantes, así como sus interacciones y contribución a la comunidad de aprendizaje. Los profesores pueden desempeñar un papel importante como mediadores[53] entre tales variaciones dando directrices explícitas para la interacción, participando activamente y facilitando el debate en línea dentro de un espacio de aprendizaje hospitalario e inclusivo para todas las voces. Thompson y MacLeod sugieren que el modelo para el diseño de cursos de la *Comunidad de Consulta* (*COI*, por sus siglas en inglés) puede ser productivo en los entornos de enseñanza en línea, multiculturales y mundiales porque sus tres partes cubren la presencia social, la presencia cognitiva y la presencia docente.[54]Aunque los modelos de valores culturales difieren (y tomando en cuenta que las culturas están cambiando rápidamente), conviene que identifiquemos las dimensiones existentes, incluso implícitamente, tanto entre los estudiantes como entre los instructores. Estas incluyen lo siguiente:[55]

- Jerarquía / igualdad
- Comunidad / competencia
- Compromiso / desapego
- Dependencia / independencia
- Exposición al riesgo / aversión al riesgo
- Masculino / femenino
- Emocionalidad / neutralidad emocional
- Orientación a corto plazo / largo plazo
- Universalismo / particularismo
- Mayoría / minoría

---

53. Ibíd.

54. Thompson y MacLeod, "To the Ends," 123; Véase D. R. Garrison, "Online Community of Inquiry Review: Social, Cognitive, and Teaching Presence Issues," http://files.eric.ed.gov/fulltext/EJ842688.pdf.

55. Adaptado de Rudestam y Schoenholtz-Read, *Handbook*, 65.

- Orientado hacia las tareas / orientado hacia el proceso
- Divulgación / encubrimiento
- Estructura / sin estructura

La educación requiere un profundo compromiso con el aprendizaje en contextos en donde tanto los estudiantes como la facultad provienen de diversas culturas. Además, este aprendizaje de las diferencias culturales y las opiniones diferentes requiere que seamos pacientes, auténticos, respetuosos y humildes. Sin embargo, vale la pena esforzarnos por cultivar entornos de aprendizaje que sean atractivos para todos los estudiantes. Puesto que nuestra singular aprehensión de la revelación de Dios siempre será parcial y finita, profundamente influenciada por nuestras perspectivas epistemológicas, culturales y cosmovisión, necesitamos una comunidad hermenéutica que nos lleve a una comprensión más rica y veraz de la obra de Dios en el mundo.

Por lo tanto, los entornos de aprendizaje en línea ofrecen la oportunidad de interactuar con un grupo de estudiantes cada vez más diverso en nuestro cambiante contexto mundial. En la siguiente sección se examinan algunos principios y prácticas clave para fomentar la participación de los estudiantes.

Prácticas para mejorar el aprendizaje de los estudiantes

Un requisito esencial para una enseñanza eficaz es que el diseño curricular cultive intencionalmente el aprendizaje de los estudiantes. Esta orientación hacia el aprendizaje implica que los instructores no son los principales dispensadores de contenido, sino más bien los «diseñadores de las experiencias de aprendizaje».[56] Con el advenimiento de la internet y la riqueza de conocimientos disponibles de una variedad de fuentes, los educadores ahora tienen la responsabilidad de variar sus técnicas y prácticas para que los estudiantes interactúen con el contenido, en lugar de impartirles la información a modo de conferencia magistral. «La pedagogía, no la tecnología, es fundamental para el éxito de un curso en línea».[57] Un predictor clave en el aprendizaje es la participación

56. Miller, *Minds*, 87.

57. Rena M. Palloff y Keith Pratt, *Lessons from the Virtual Classroom: The Realities of Online Teaching*, 2a ed. (San Francisco: Jossey-Bass, 2013), 190. Véase además, Stein y Graham, *Essentials*, 1–3.

de los estudiantes. El diseño curricular que facilita la participación de los estudiantes requiere que los instructores contemplen cómo incorporarán tanto el aprendizaje en el aula como por computadora, en el caso de un curso híbrido, o si el curso se llevará a cabo completamente en línea. En cualquier caso, la organización, la planificación y la preparación son fundamentales; es más difícil dejar que el programa «surja» en los contextos en línea. Según las autoras de «Determine la visión e imagine el proceso».[58] Las mejores prácticas de diseño incluyen:

- Variedad en las tareas: combine el trabajo intenso con el menos intenso, la reflexión personal con el trabajo más académico.
- Construya sobre la interacción y no solamente el contenido.
- Busque y utilice una variedad de recursos de contenido, aplicaciones, vínculos con eventos actuales y ejemplos a los que se pueda acceder fácilmente desde los equipos de los estudiantes.
- Combine el aprendizaje conceptual básico con el personalizado.
- Planifique una buena actividad de cierre (es decir, una «tarea distintiva»).[59]

Cualquiera sea la modalidad, las prácticas que mejor fomentan la participación incluyen la interacción entre pares, el hacer hincapié en la práctica o aplicación, la variedad, partir del conocimiento de los estudiantes y resaltar los procesos superiores de pensamiento.[60] El depender del texto escrito en el contexto en línea exige que los estudiantes asuman un papel más activo en el aprendizaje, en lugar de absorber pasivamente la sabiduría del instructor. De igual manera, el papel del instructor puede que requiera una postura más facilitadora en lugar de directiva, renunciando a cierto control en pro del fomento de la comunidad de aprendizaje.[61] El tono, el momento y la totalidad de las interacciones contribuyen a un entorno de aprendizaje de colaboración. Palloff y Pratt, expertos en la educación en línea, recomiendan que, para maximizar la participación de los estudiantes,

58. Judith V. Boettcher and Rita Conrad, *Online Teaching Survival Guide: Simple and Practical Pedagogical Tips* (San Francisco: Jossey-Bass, 2010); Palloff y Pratt, *Lessons.*

59. Boettcher y Conrad, *Online*; Palloff y Pratt, *Lessons.*

60. Miller, *Minds*, 20–24.

61. Palloff y Pratt, *Lessons*, 24.

los instructores deben articular expectativas claras sobre cuánto tiempo se requiere; inicien y contribuyan a la discusión; desarrollen la discusión con sus comentarios;avancen la discusión haciendo preguntas a los comentarios de los estudiantes; trayendo la discusión de vuelta al tema; creando una atmósfera cálida y hospitalaria mediante información suplementaria que personalice el aprendizaje, como videos, fotografías y otros recursos y ejemplos de la vida real que sean pertinentes y útiles para el grupo.[62] De hecho, el aprendizaje ocurre en la interacción activa con el contenido dentro de la comunidad de aprendizaje.Los foros de discusión son un aspecto del aprendizaje comunitario. Los instructores pueden diseñar actividades mediante preguntas, respuestas y reflexiones que fomenten la interacción y guarden relación con la experiencia diaria. La participación de los estudiantes puede ser incluida en la evaluación y calificación del curso. Las tareas grupales y el diálogo en línea pueden promover el aprendizaje colaborativo, al igual que la retroalimentación entre pares sobre las tareas. Y la discusión puede llevarse a cabo en formatos sincrónicos y asincrónicos.[63] Una buena discusión deja a los estudiantes en control: «El éxito de las tareas colaborativas en un curso en línea depende de que el instructor esté dispuesto a establecer expectativas claras y luego dejarles el camino libre a los estudiantes».[64]El concepto de la «presencia social» se refiere a «la capacidad de presentarse bien por escrito».[65] En un contexto en línea hay que comunicarse frecuentemente debido a la falta de señales no verbales como gestos, expresiones faciales, tono de voz o postura física. Hasta en el entorno virtual los instructores pueden tener «horas de oficina» para discusiones sincrónicas a través de chats, Skype u otros medios.El definir las expectativas tanto de la evaluación de los resultados como de la interacción y el proceso de aprendizaje es útil en los contextos presenciales y en línea; no obstante, es bien crítico al comienzo de un curso en línea. «La primera discusión de una clase

62. Palloff y Pratt, *Lessons*; cf. Bowen, *Teaching*.

63. Adaptado de Palloff y Pratt, *Lessons*, 43–44; Mark A. Maddix, James R. Estep, y Mary Lowe, eds., *Best Practices of Online Education: A Guide for Christian Higher Education* (Charlotte, NC: Information Age, 2012), 35–36; Boettcher y Conrad, *Online*; y Tisha Bender, *Discussion-Based Online Teaching to Enhance Student Learning: Theory, Practice, and Assessment* (Sterling, VA: Stylus Publishing, 2012).

64. Palloff y Pratt, *Lessons*, 99.

65. Bowen, *Teaching*, 192.

puede girar en torno a las pautas. Esto permite que los estudiantes asuman la responsabilidad por la manera en que participarán tanto en el curso como con sus compañeros, a la vez que también promueve la colaboración en el proceso de aprendizaje».[66] Las directrices y el uso de rúbricas sientan los parámetros de la discusión y proveen una estructura flexible. Palloff y Pratt sugieren en su última obra (*The Excellent Online Instructor* [El excelente instructor en línea]) que un educador debe demostrar su visibilidad, compasión, comunicación, dedicación y organización[67] como se evidencia en las siguientes prácticas recomendadas. Los educadores en línea eficaces:

- Entienden la *diferencia* entre presencial y en línea.
- Establecen su *presencia* al principio del curso y animan a sus estudiantes a hacer lo propio.
- Comprenden la importancia de *edificar la comunidad* y le dedican tiempo al comienzo de la clase.
- Promueven *la interactividad* entre los estudiantes a través de buenas preguntas que animen la discusión y estimulen a los estudiantes a buscar las respuestas.
- Incorporan *el trabajo colaborativo* en el diseño y la presentación de su curso en línea.
- Respetan a *los estudiantes como compañeros* en el proceso del aprendizaje.
- Están *activos y dedicados* al curso con comentarios de retroalimentación oportunos y constructivos.
- Son *francos, flexibles, compasivos, abiertos* y dan el ejemplo.

En muchos sentidos puede decirse que todo instructor debe poseer estas cualidades, pero en el entorno en línea deben ejecutarse a través de la tecnología.[68]Por lo tanto, si bien la educación híbrida o en línea resulta atractiva para una institución que está buscando ahorrar recursos, desde un punto de vista curricular, estas modalidades de aprendizaje requieren intencionalidad y planificación. Dada la abundancia de contenido en este mundo tan saturado de

66. Palloff y Pratt, *Lessons*, 35.

67. Rena M. Palloff y Keith Pratt, *The Excellent Online Instructor: Strategies for Professional Development* (San Francisco: Jossey-Bass, 2011), 19.

68. Ibíd.

información, en un entorno en línea los educadores deben desarrollarse como facilitadores que fomentan la interacción y aplicación eficaz del contenido.

Implicaciones institucionales

De la discusión anterior se desprende que la transición de un currículo presencial a uno que incorpore las modalidades del aprendizaje en línea e híbrido requiere una cuidadosa planificación. Como nos recuerda Latchem: «Tal visión exige liderazgo, visión organizacional y un pensamiento estratégico, el diseño de cursos y presentaciones que eduquen, empoderen y respeten a la diversidad cultural y la búsqueda de la excelencia».[69]Esto puede ser un emprendimiento de gran envergadura para la institución, y su éxito dependerá del compromiso de las partes interesadas.[70] Por lo tanto, lo prudente sería comenzar poco a poco con un programa o una selección de cursos que incorporen la tecnología para facilitar el aprendizaje de los estudiantes. Al proceder de esta manera tendrán el tiempo para hacer los cambios necesarios en la infraestructura para moverse de un currículo presencial a uno en línea e híbrido. Estos cambios requerirán «más colaboración, innovación, dándole atención a la tutoría de los estudiantes» y los «cursos y las materias pueden adoptar un formato modular» con el fin de desarrollar una «mayor capacidad para aceptar a diferentes tipos de estudiantes».[71] Y, aunque esa transición no esté exenta de desafíos y ajustes, puede abrirles nuevas oportunidades a las instituciones teológicas en su acercamiento al laicado, tanto local como global. Además, puede ofrecer una mayor flexibilidad tanto en los programas de grado para el ministerio pastoral como para estudiantes que buscan certificación para un ministerio vocacional.También es esencial considerar las perspectivas de la facultad, reconociendo que para muchos representará una desviación radical de sus conceptos sobre la enseñanza y el aprendizaje. El liderazgo institucional, incluidos los decanos, puede modelar este nuevo acercamiento al aprendizaje dedicando tiempo y espacio para capacitar a los docentes en las

69. Latchem, "Towards Borderless," 195.

70. Elliot King y Neil Alperstein, *Best Practices in Online Program Development: Teaching and Learning in Higher Education* (Nueva York: Routledge, 2015), 131.

71. Clayton M. Christensen y Henry J. Eyring, *The Innovative University: Changing the DNA of Higher Education from the Inside Out* (San Francisco: Jossey-Bass, 2011), 386–387.

modalidades híbridas y en línea. Las estrategias pueden incluir promover los estudios acerca de la enseñanza y el aprendizaje, la mejora de los resultados del aprendizaje, la necesidad de pedagogía con base empírica, la creación de revisiones docentes sólidas, la concesión de incentivos como subvenciones y tiempo para rediseñar los cursos y el desarrollo de un centro de recursos para la excelencia en la enseñanza.[72]Palloff y Pratt sugieren que, además de formación, los docentes deben tener «una voz en la selección de la tecnología y en la formulación de las normas en torno a la apropiación del curso, la gobernanza, la compensación, las cargas de trabajo y los tamaños de las clases, los cursos y la propiedad intelectual».[73] Asimismo, recomiendan que el plan estratégico de una institución incluya la infraestructura necesaria para el sostenimiento de la enseñanza en línea como, «el desarrollo de los cursos, la compra de tecnología, la compensación de los docentes por el desarrollo y la presentación de los cursos, y formación».[74]Estas sugerencias no serán factibles para todas las instituciones; sin embargo, cabe la posibilidad de compartir recursos y colaborar con otras instituciones afines como los miembros de ICETE. El desarrollo de comunidades de práctica y consulta dentro de la educación teológica mundial facilitará las oportunidades para conectarse y dialogar con colegas de otras instituciones.

Las instituciones teológicas del mundo variarán en cuánto a la medida en que adoptarán la y tecnología en sus currículos a través del aprendizaje en línea e híbrido. Pero los líderes académicos no tienen que sentirse solos en esta tarea. Gracias a que vivimos en la era informática contamos con muchísimos recursos, incluidas las mejores prácticas y estrategias probadas por las investigaciones, a partir de las cuales los administradores y profesores pueden orientar sus planes de implementación. (Véase la sección de recursos al final del capítulo).

72. Adaptado de Bowen, *Teaching*, 247–252.

73. Palloff y Pratt, *Lessons*, 202.

74. Ibíd.

Conclusión

Planes de estudio bien elaborados y métodos de enseñanza que fomenten el diálogo y el pensamiento crítico pueden lograr que la tecnología promueva el aprendizaje profundo tanto de los estudiantes como de los profesores. Además, puede facilitar la construcción de puentes entre los educadores teológicos y otras instituciones educativas, comunidades e individuos, para que aprendan y compartan perspectivas de una manera que jamás sería posible en la educación tradicional. Estos nuevos modos de aprendizaje «pueden ser un medio para la formación de redes y asociaciones internacionales, la internacionalización de los currículos, promover el personal virtual y la movilidad de los estudiantes y en general, alentar la educación superior a que tenga perspectivas más internacionales».[75] Dios ha abierto puertas de posibilidades para ampliar la difusión de la educación teológica a través de la tecnología en nuestro mundo cada vez más globalizado. La cuidadosa consideración de los papeles de la cultura y la comunidad, y las mejores prácticas para la participación docente e institucional, pueden lograr que las modalidades de aprendizaje en línea e híbridas abran nuevas posibilidades para la educación teológica global.

Reflexión y puntos de acción

1. ¿Por qué son importantes las comunidades de aprendizaje en línea para las instituciones de educación superior cristiana? ¿Cuáles son las características esenciales? ¿Cómo contribuyen a la formación cristiana?[76]
2. ¿Cómo puede determinar si la interacción está siendo efectiva en un curso en línea? ¿En un curso presencial? ¿Cuáles son algunas de las prácticas necesarias para garantizar la presencia de los docentes en un curso en línea? ¿De qué manera puede el instructor fomentar una comunidad de aprendizaje en un curso en línea?[77]
3. Considere su propia institución. ¿Qué va bien en su implementación de la tecnología dentro del currículo? ¿Dónde necesita crecer?

75. Latchem, "Towards Borderless," 179.
76. Adaptado de Maddix, Estep, yLowe, *Best Practices*, 39.
77. Ibíd.

4. ¿Cuáles son las competencias más esenciales para que un estudiante sea eficaz en un curso híbrido o en línea (es decir, qué debe saber)?
5. ¿Cuáles son las competencias más esenciales para un instructor en un entorno de aprendizaje híbrido o en línea (es decir, conocimientos, habilidades, actitudes)? ¿En qué debería enfocarse su desarrollo profesional?
6. ¿Cómo puede facilitar la innovación y el aprendizaje dentro de su institución? Considere las políticas o los procedimientos que fomentan o mejoran la innovación (como el uso de la tecnología dentro del currículo) en lugar de obstaculizarla. ¿Qué sistemas debe diseñar para facilitar el aprendizaje efectivo?

Recursos para seguir estudiando

Bates, Tony, y Albert Sangra. *Managing Technology in Higher Education: Strategies for Transforming Teaching and Learning.* San Francisco: Jossey-Bass, 2011.

Bender, Tisha. *Discussion-Based Online Teaching to Enhance Student Learning: Theory, Practice, and Assessment.* Sterling, VA: Stylus, 2012.

Boettcher, Judith. "Ten Best Practices for Teaching." *Designing for Learning.* Acceso 24 de julio de 2015. http://www.designingforlearning.info/services/writing/ecoach/tenbest.html.

Boettcher, Judith V., y Rita Conrad. *Online Teaching Survival Guide: Simple and Practical Pedagogical Tips.* San Francisco: Jossey-Bass, 2010.

Bonk, Curtis J., y Charles R. Graham. *The Handbook of Blended Learning: Global Perspectives, Local Designs.* San Francisco: Wiley, 2006

Bowen, Jose Antonio. *Teaching Naked: How Moving Technology Out of Your College Classroom Will Improve Student Learning.* San Francisco: Jossey-Bass, 2012.

Cannell, Linda. *Theological Education Matters: Leadership Education for the Church.* Newburgh, IN: Edcot, 2006.

Carr, Nicholas. *The Shallows.* Nueva York: W. W. Norton, 2010.

Carr-Chellman, Alison A., ed. *Global Perspectives on E-Learning: Rhetoric and Reality.* Thousand Oaks, CA: Sage, 2005.

Carroll, Jude. *Tools for Teaching in an Educationally Mobile World.* Nueva York: Routledge, 2015.

Cavanagh, Thomas. "The Blended Learning Toolkit: Improving Student Performance and Retention." *Educause Review, 15 Diciembre 2011.* Acceso 24 de julio de 2015. http://www.educause.edu/ero/article/blended-learning-toolkit-improving-student-performance-and-retention.

Christensen, Clayton M., y Henry J. Eyring. *The Innovative University: Changing the DNA of Higher Education from the Inside Out.* San Francisco: Jossey-Bass, 2011.

Conrad, Rita-Marie, y J. Ana Donaldson. *Engaging the Online Learner: Activities and Resources for Creative Instruction.* San Francisco: Jossey-Bass, 2011.

Dewey, John. *Democracy and Education.* 1916. Reimpreso. Nueva York: MacMillan, 1990.

Edelstein, Susan, y Jason Edwards. "If You Build It, They Will Come: Building Learning Communities through Threaded Discussions." *Online Journal of Distance Learning Administration.* Acceso 24 de julio de 2015. http://www.westga.edu/~distance/ojdla/spring51/edelstein51.html.

Ellul, Jacques. *The Technological Society.* Nueva York: Vintage, 1964.

Harasim, Linda. *Learning Theory and Online Technologies.* Nueva York: Routledge, 2012.

Haythornthwaite, Carolyn, and Richard N. Andrews. *E-Learning Theory and Practice.* Thousand Oaks, CA: Sage, 2011.

Ifenthaler, Dirk, y Maree Gosper. *Curriculum Models for the 21st Century: Using Learning Technologies in Higher Education.* Nueva York: Springer, 2013.

Jung, Joanne. *Character Formation in Online Education: A Guide for Instructors, Administrators, and Accrediting Agencies.* Nashville, TN: Zondervan, 2015.

King, Elliot, y Neil Alperstein. *Best Practices in Online Program Development: Teaching and Learning in Higher Education.* Nueva York: Routledge, 2015.

Latchem, Colin. "Towards Borderless Virtual Learning in Higher Education." En *Global Perspectives on E-Learning: Rhetoric and Reality*, editado por Alison A. Carr-Chellman, 52–65. Thousand Oaks, CA: Sage, 2005.

Lehman, Rosemary, y Simone Conceicao. *Motivating and Retaining Online Students: Research-Based Strategies That Work.* San Francisco: Jossey-Bass, 2014.

Lin, Qiuyun, ed. *Advancement in Online Education: Exploring the Best Practices.* Vol. 1 and 2. Nueva York: Nova Science, 2012.

Maddix, Mark A., James R. Estep, y Mary Lowe, eds. *Best Practices of Online Education: A Guide for Christian Higher Education.* Charlotte, NC: Information Age, 2012.

Means, Barbara, Marianne Bakia, y Robert Murphy. *Learning Online: What Research Tells Us About Whether, When and How.* Nueva York: Routledge, 2014.

Miller, Michelle D. *Minds Online: Teaching Effectively with Technology.* Cambridge, MA: Harvard University Press, 2014.

Morrison, Debbie. "Is Blended Learning the Best of Both Worlds?" *Online Learning Insights.* 17 January 2013. Acceso 24 Julio 2015. https://onlinelearninginsights.wordpress.com/2013/01/17/is-blended-learning-the-best-of-both-worlds/.

Nussbaum-Beach, Sheryl, y Lani Ritter Hall. *The Connected Educator: Leading and Learning in a Digital Age.* Bloomington, IN: Solution Tree, 2012.

Ostrander, Rick. "Christian Learning in the Digital Age." *The Colossian Forum.* 15 November 2012. http://www.colossianforum.org/2012/11/15/article-christian-learning-in-the-digital-age/.

Palloff, Rena M., y Keith Pratt. *Building Online Learning Communities: Effective Strategies for the Virtual Classroom.* San Francisco: Jossey-Bass, 2007.

———. *The Excellent Online Instructor: Strategies for Professional Development.* San Francisco: Jossey-Bass, 2011.

———. *Lessons from the Virtual Classroom: The Realities of Online Teaching.* 2a ed. San Francisco: Jossey-Bass, 2013.

Rudestam, Kjeli Erik, y Judith Schoenholtz-Read, eds. *Handbook of Online Learning.* 2a ed. Thousand Oaks, CA: Sage, 2010.

Selwyn, Neil. *Education in a Digital World: Global Perspectives on Technology and Education.* Nueva York: Routledge, 2013.

Shuurman, Derek C. *Shaping a Digital World: Faith, Culture, and Computer Technology.* Downers Grove, IL: InterVarsity Press, 2013.

Smith, Robin M. *Conquering the Content: A Blueprint for Online Course Design and Development.* 2a ed. San Francisco: Jossey-Bass, 2014.

Starkey, Louise. *Teaching and Learning in the Digital Age.* Nueva York: Routledge, 2012.

Stein, Jared, y Charles R. Graham. *Essentials for Blended Learning: A Standards-Based Guide.* Nueva York: Routledge, 2014.

Thomas, Douglas, y John Seely Brown. *A New Culture of Learning: Cultivating the Imagination in a World of Constant Change.* Lexington, KY: Create Space, 2011.

Thompson, Melinda, y Meri MacLeod. "To the Ends of the Earth: Cultural Considerations for Global Online Theological Education." *Theological Education* 49, no. 2 (2015): 113–125.

Tobin, Thomas, B. Jean Mandernach, y Ann T. Taylor. *Evaluating Online Teaching: Implementing Best Practices.* San Francisco: Jossey-Bass, 2015.

Vai, Marjorie, y Kristen Sosulski. *Essentials of Online Course Design: A Standards-Based Guide.* Nueva York: Routledge, 2011.

Wenger, Etienne, Nancy White, y John D. Smith. *Digital Habitats: Stewarding Technology for Communities.* Portland, OR: CP Square, 2009.

de Zengotita, Thomas. *Mediated: How the Media Shapes Your World and the Way You Live in It.* Nueva York: Bloomsbury, 2005.

Parte III

La creación de comunidades de aprendizaje

9

El desarrollo de una comunidad de aprendizaje en la educación teológica

Fritz Deininger

El desarrollar comunidades de aprendizaje es una tarea difícil y exigente para el líder académico. Después de haber preparado el mejor currículo, él o ella debe prestar atención a que sea implementado eficazmente. Esto incluye formar al seminario y sus programas de estudio como comunidades de aprendizaje. A pesar de que los seminarios teológicos no son la comunidad primaria de los estudiantes, desempeñan un papel importante en la formación de sus vidas durante el transcurso de sus estudios. Ya sea que la educación teológica se lleve a cabo en un entorno presencial o a través de cursos modulares, clases nocturnas o a distancia, los líderes académicos y todos los involucrados en la enseñanza tienen que buscar la manera de desarrollar la atmósfera de una comunidad de aprendizaje. Cualquiera sea la manera en que el estudio esté organizado, los estudiantes deben sentir que son parte de la comunidad. ¿Cómo pueden los líderes académicos, los profesores, el personal y los estudiantes colaborar intencionalmente en la edificación de una comunidad de aprendizaje?

En este capítulo queremos explorar algunos aspectos que contribuyen al desarrollo de comunidades en donde la enseñanza y el aprendizaje son parte de la formación de la vida para el ministerio. ¿Cómo definimos lo que es una comunidad de aprendizaje? ¿Qué efecto tiene sobre la vida de los estudiantes? ¿Cómo puede desarrollarse una cultura institucional que contribuya a la formación de los estudiantes? ¿De qué maneras puede el líder académico formar a la facultad como una comunidad de aprendizaje? ¿Qué papel desempeña la interacción en el aula en el proceso de enseñanza y aprendizaje? ¿Cuáles son los desafíos que confronta el desarrollo de una comunidad de aprendizaje? Los líderes académicos son fundamentales en la edificación del seminario y los programas de estudio como comunidades de aprendizaje.

Definición de una «comunidad de aprendizaje»

El seminario es una comunidad de aprendizaje que existe para un propósito determinado y que reúne a los estudiantes por un tiempo limitado. Profesores y estudiantes comparten objetivos comunes. Juntos exploran el conocimiento bíblico y estudian la teología, así como otras áreas relevantes para el ministerio. Practican las destrezas ministeriales y desarrollan la vida cristiana. Caminan y crecen juntos durante el proceso de enseñanza y aprendizaje.

El significado de una «comunidad de aprendizaje» varía según el contexto cultural. Los líderes académicos junto con la facultad (tal vez también el personal y con la aportación de los estudiantes) deben definir qué es una comunidad dentro de su contexto. Algunas de las siguientes imágenes podrían ayudarles a formular una definición.

Imágenes que describen una comunidad de aprendizaje

Las siguientes imágenes son una muestra a la que podrían añadirse otras. Los líderes académicos y los profesores podrían reunirse a conversar en torno a lo siguiente: ¿Cuál es la imagen que mejor describe a nuestra comunidad de aprendizaje? Esta podría ser una oportunidad para formarse otras imágenes de la institución.

La imagen de crear una comunidad de aprendizaje asume que aún no existe. Las partes involucradas colaboran para forjar una comunidad de aprendizaje. La facultad, el personal y el estudiantado contribuyen a la creación de un entorno que fomente la enseñanza y el aprendizaje en comunidad. Las contribuciones individuales son importantes. Pablo expresa este aspecto cuando escribe sobre su visita a la iglesia de Roma: «Tengo muchos deseos de verlos para impartirles algún don espiritual que los fortalezca; mejor dicho, para que unos a otros nos animemos con la fe que compartimos» (Ro 1:11–12). Cuando lo aplicamos a la educación teológica, aprendemos de Pablo que la mutualidad es un aspecto importante de la creación de una comunidad de aprendizaje.

La imagen de formar una comunidad de aprendizaje sugiere que diferentes partes serán unidas como las piezas de un rompecabezas. Cada parte es importante para completar la imagen. En la educación teológica todo contribuye a la formación de una comunidad de aprendizaje: los profesores y el personal, así como los programas académicos. Los líderes académicos son fundamentales en la formación de una comunidad de aprendizaje que fomente un entorno de enseñanza eficaz, el aprendizaje y la transformación de vidas y relaciones. Esta imagen de «formar» sugiere que implica esfuerzo, así como creatividad, para juntar las partes y que se complementen.

La imagen de cultivar una comunidad de aprendizaje proviene de la agricultura. Esta connota que el agricultor está trabajando duro para cosechar el fruto. Pablo usa esta imagen para referirse a su trabajo y al de Apolo. Dios les había asignado sus tareas: Pablo lo llama plantar y regar. Lo más importante es que «Dios ha dado el crecimiento» (1Co 3:5–6). Si lo aplicamos al cultivo de una comunidad de aprendizaje, es obvio que el curso del estudio debe rendir fruto. Esa comunidad de aprendizaje tiene que ser cultivada intencionalmente para que dé fruto.

La imagen del desarrollo de una comunidad de aprendizaje supone que se trabajará y edificará sobre un fundamento. De parte del estudiante podría ser la voluntad de aprender para su vida personal y el ministerio. O puede referirse a que la facultad está lista, no solamente para compartir sus conocimientos, sino también sus vidas y recursos. Aprenden y crecen juntos, y son acompañados por un esfuerzo comunitario.

Todas estas imágenes son significativas porque cada una destaca un aspecto de la comunidad de aprendizaje. Juntas conforman una visión integral de la tarea de los líderes académicos y la facultad. Las imágenes pueden ser llevadas ante la facultad y los estudiantes para concienciarlos acerca de la importancia del estudio teológico en comunidad.

Hacia una definición de «comunidad de aprendizaje»

La definición de una comunidad de aprendizaje puede ser una declaración genérica de lo que la institución representa o puede incluir la situación explícita de un programa de estudio. De hecho, debemos hablar de «comunidades de aprendizaje» en plural debido a la diversidad de los métodos de estudio. No existe un patrón ni un plano único.

Una comunidad de aprendizaje podría ser definida como *un lugar donde los profesores, los estudiantes y el personal tiene objetivos en común y trabajan juntos para fortalecer la enseñanza y el aprendizaje en el contexto de una cultura y tradición educativa en común.* Se hace hincapié en la formación para que el resultado sea la idoneidad para el ministerio agradable a Dios y para su gloria.

Los profesores y estudiantes que han sido reunidos para el objetivo de la educación teológica conforman una comunidad de aprendizaje de preparación integral para el ministerio. Trabajan juntos para fortalecer el proceso de la enseñanza y el aprendizaje y para desarrollar la capacidad de los estudiantes. Juntos crecen espiritual y académicamente, apoyados por una cultura institucional que fomenta el crecimiento personal, así como el ayudarse los unos a otros en el desarrollo espiritual y académico.

La comunidad de aprendizaje de un seminario no sustituye a la comunidad cristiana de la iglesia. Se complementan entre sí. Los estudiantes tienen que estar integrados a una iglesia local que los apoye durante sus estudios. Esto incluye el apoyo moral, aliento para soportar los tiempos difíciles y las experiencias desafiantes, el asesoramiento pastoral, la corrección cuando fuese necesario y, a veces, ayuda financiera. El liderazgo de la iglesia debe sentirse responsable del miembro que está preparándose para el ministerio o estudiando para su crecimiento personal. También el estudiante debe rendir cuentas para que el estudio de la teología no se convierta en solo una empresa personal.

Al mismo tiempo, los estudiantes, mientras están matriculados en un programa, tienen que ser integrados en una comunidad de aprendizaje. Necesitan ser introducidos a la vida en comunidad para que como individuos valoren la oportunidad de contribuir a alcanzar el objetivo y crecer juntos en el proceso de aprendizaje. El seminario debe trabajar en estrecha colaboración con la iglesia para complementar el papel de la iglesia en el desarrollo de un estudiante.

La importancia del desarrollo de una comunidad de aprendizaje

La importancia de la vida comunitaria en la educación teológica se refleja en el «Manifiesto sobre la Renovación de la Educación Teológica Evangélica» de ICETE. Este demuestra que el estudio de la teología irá más allá de la producción de graduados a medida que cada institución se convierta en una comunidad de aprendizaje:

> Nuestros programas de educación teológica deben estar orientados hacia la comunidad cristiana a la cual se está sirviendo. Erramos cuando nuestros programas se desarrollan simplemente en términos de alguna noción tradicional o personal de la educación teológica. En cada nivel de diseño y operación, nuestros programas deben dar evidencia visible de haberse diseñado con una atención cuidadosa a las necesidades y expectativas de la comunidad cristiana a la que se está sirviendo. Para lograr este propósito, debemos establecer múltiples formas de interacción continua entre el programa y la iglesia, tanto al nivel oficial como al nivel de las bases, ajustando y desarrollando regularmente el programa a la luz de estos contactos. Nuestros programas teológicos deben llegar a ser manifiestamente de la iglesia, por la iglesia, y para la iglesia. Esto lo tenemos que lograr, mediante la gracia de Dios.[1]

Esta declaración puede servir como punto de partida para hablar del papel que los líderes académicos, la facultad y el personal juegan en la construcción del seminario como comunidad. De hecho, la pregunta no es si queremos convertirnos en una comunidad de aprendizaje, sino cómo desarrollaremos al seminario como un lugar de enseñanza y aprendizaje eficaz, donde los estudiantes crezcan íntegramente en la vida y el ministerio.

Los cambios en las maneras de estudiar teología le hacen más difícil al líder académico la tarea de crear comunidades de aprendizaje. La convivencia en las instituciones ofrece muchas oportunidades para la vida y la interacción comunitarias. Sin embargo, muchos programas son desarrollados mediante

1 «ICETE Manifiesto sobre la Renovación de la Educación Teológica Evangélica», acceso 8 de noviembre de 2016, www.icete-edu.org/manifesto.

clases nocturnas, cursos modulares o en el aula virtual. La edificación de una comunidad de aprendizaje, importante aun si el tiempo es corto, amerita nuevas maneras de interactuar y comunicarse.

¿Qué distingue a la educación teológica de otros campos de estudio? No todos los campos de estudio demandan el desarrollo de una vida principalmente integral. Los estudiantes adquieren conocimientos, aprueban los exámenes y se gradúan sin tener en cuenta sus vidas privadas. El estudio de la teología difiere porque la capacitación ministerial abarca un conocimiento académico, el desarrollo de la vida personal, destrezas prácticas, el desarrollo del liderazgo y las habilidades para relacionarse con los demás. Muchas instituciones toman en cuenta el desarrollo personal en la evaluación previa a la graduación.

La importancia del desarrollo de comunidades de aprendizaje resalta en tres ámbitos. En primer lugar, queremos contrarrestar las tendencias sociales. En segundo lugar, veremos su efecto sobre la vida cristiana. En tercer lugar, examinaremos algunos de los principios bíblicos que debemos aplicar en nuestra vida.

Contrapeso a las tendencias de la sociedad

La educación teológica ocurre dentro del marco de una cultura y sociedad seculares. Las tendencias filosóficas y los patrones educativos influenciarán a la comunidad de aprendizaje teológico. De hecho, muchas de las nuevas perspectivas en el área de la pedagogía y la andragogía, los métodos de enseñanza y la enseñanza transformadora y los procesos de aprendizaje han abierto nuevos aspectos que impactan la efectividad de la formación y el desarrollo de los estudiantes. Los líderes académicos y los profesores teológicos deben estar al tanto de los nuevos descubrimientos y adoptar lo que es de valor en la educación teológica.

De igual manera, es necesario que contrarrestemos algunas de las tendencias de la sociedad. El individualismo es parte de la sociedad moderna en muchas partes del mundo, hasta en las culturas relacionales. Esto también influye en la educación teológica. Joy Oyco-Bunyi ha señalado una tendencia que el plan curricular debe tomar en cuenta: «El estilo de vida moderno es tal que uno puede subsistir sin ningún tipo de comunidad. ¡El advenimiento de la educación en línea ahora permite que completemos un grado universitario sin la experiencia comunitaria!».[2] ¿De qué manera el programa de estudios y el aula puede superar la tendencia al individualismo?La sociedad moderna también tiende a enfocarse en el logro de los objetivos personales. Los estudiantes confrontan el desafío de competir entre sí, en lugar de preocuparse por el progreso de los demás. Los programas de capacitación teológica deben tratar de contrarrestar, o equilibrar, esta manera individualista de ver la vida y el aprendizaje. ¿Cómo la facultad puede ayudar a los estudiantes con el logro de sus objetivos personales y a la vez, fomentar que se interesen por el progreso de los demás? Por ejemplo, en una de mis clases de griego tuve un estudiante que avanzó más allá de los demás en conocer el idioma. Se tomó tiempo para practicar con algunos estudiantes más débiles lo que habían aprendido en clase. Este aprendizaje comunitario tuvo un impacto en la vida juntos.

El liderazgo académico y la facultad tienen que discernir y evaluar las tendencias sociales y educativas. ¿Cuáles son las tendencias en su contexto? ¿A cuáles debe responder la institución teológica? ¿Hasta qué punto es necesario que el diseño del currículo y de la enseñanza y el aprendizaje tomen en cuenta los asuntos sociales?

Efecto en la vida cristiana

Mi trayectoria en el estudio teológico y la preparación ministerial ha sido una experiencia enriquecedora. Esta confirma la importancia de la comunidad de aprendizaje. Yo estudié en un seminario cuyo programa residencial facilitó una formación integral. Los estudiantes vivíamos, estudiábamos y trabajábamos juntos. ¿Cuál fue el efecto de esta experiencia (del seminario como comunidad de aprendizaje) sobre mi vida? En primer lugar, recibí valiosas lecciones para mi desarrollo personal. Tuve que adaptarme a la vida comunitaria. El consejo de mis compañeros hizo que reaccionara y me conociera mejor a mí mismo. Así, cobré confianza y aprendí a aceptar la crítica. Aunque era tímido, aprendí a relacionarme con los demás. En segundo lugar, en cuanto a lo académico, aprendimos juntos a través de los grupos de discusión que formábamos fuera del aula. Estudiábamos juntos para los exámenes. Mi confianza en lo que había entendido de la Biblia y la teología solidificó mi ministerio. En tercer lugar,

2. Joy Oyco-Bunyi, *Beyond Accreditation: Value Commitments and Asian Seminaries* (Bangalore: Theological Book Trust, 2001), 59.

los tiempos de adoración y oración me ayudaron a crecer espiritualmente. En cuarto lugar, atesoro la experiencia de haber escuchado los testimonios de mis profesores y visto sus vidas ejemplares. En quinto lugar, nuestras actitudes y aptitud para el trabajo con otras personas fueron puestas a prueba mediante esas colaboraciones en el estudio y ministerio. Y la lista sigue. Sin duda, agradezco la manera en que esa comunidad de aprendizaje me formó y contribuyó a mi desarrollo.

El conocimiento académico es uno de los cimientos de una vida cristiana genuina. El desafío del estudio teológico es relacionar el conocimiento académico y bíblico con la vida real del estudiante para que se convierta en parte de su ser. Robert Clinton, quien ha estudiado la vida de muchos líderes cristianos, concluye lo siguiente: «El ministerio eficaz fluye del ser y Dios está interesado en nuestro ser. Está formándolo».[3] También sabe que en la educación teológica: «Nuestro mayor desafío como líderes es desarrollar un carácter piadoso».[4]Esta preocupación de que la educación teológica desarrolle un carácter que se refleje en el ser de quienes estén preparándose para el ministerio resuena con lo que Pablo enseña en 1 Timoteo 3:1–13 y Tito 1:5–9 acerca de los ancianos y los diáconos. En ambos pasajes sugiere una norma moral alta para los escogidos para servir como líderes en la iglesia. No apoya la idea de que los conocimientos académicos o las destrezas sean menos importantes. Sin embargo, de primera mano sabe que una vida ejemplar es valiosa para el ministerio y exhorta a los creyentes a que lo imiten: «Pongan en práctica lo que de mí han aprendido, recibido y oído, y lo que han visto en mí, y el Dios de paz estará con ustedes» (Fil 4:9).

Una comunidad de aprendizaje consta de al menos tres elementos para el desarrollo integral y la preparación ministerial: enculturación, socialización y educación. Estas tres áreas serán presentadas brevemente con el fin de estimular el diálogo entre el liderazgo y la facultad sobre su aplicación a sus contextos.

Enculturación

Joy Oyco-Bunyi en su estudio «Más allá de la acreditación» exhorta a que el seminario sea una comunidad que «encultura a sus miembros en una

3. J. R. Clinton, *The Making of a Leader* (Colorado Springs, CO: NavPress, 1988), 13.

4. Ibíd., 57.

cosmovisión cristiana». Continúa explicando que «una definición de enculturación es la formación de los individuos en las costumbres, normas y creencias de una comunidad. Tenemos que reconocer el poder de la institución académica para moldear la identidad de las personas».[5]Los estudiantes tienen que interiorizar la cosmovisión cristiana, las normas y los estándares de la vida cristiana, así como la doctrina bíblica que sustenta su fe. Estos tienen que desarrollar su identidad cristiana para poder administrar bien sus vidas personales. El seminario como comunidad de aprendizaje fomenta el aprendizaje permanente para que la enseñanza bíblica transforme las mentes y el carácter de los estudiantes. Deben distinguir entre la manera cristiana y la manera secular de pensar y abordar el ministerio. Harry Blamires señala que, «la mente cristiana se distingue porque cultiva una perspectiva eterna».[6] Este contrasta la mentalidad secular con la cristiana: «La mentalidad secular usa nuestra vida en la tierra como el marco de referencia: mantiene los cálculos arraigados a criterios mundanos. El pensar como cristiano es aceptar que las cosas están directa o indirectamente relacionadas con el destino eterno del ser humano como hijo o hija, redimido y escogido, de Dios».[7] Por lo tanto, Joy Oyco-Bunyi plantea este desafío al líder académico y la facultad: «Una mentalidad y un estilo de vida cristianos: Nuestros programas deben modelar un patrón de pensamiento integral que gire en torno a la verdad bíblica como el núcleo integrador de la vida y la realidad. La vida tiene que estar teológicamente integrada para que demuestre que la teología importa».[8] Pablo en su enseñanza respalda la transformación que lleva de una cosmovisión secular a una mentalidad cristiana. A los cristianos romanos insta a que no «… se amolden al mundo actual, sino sean transformados mediante la renovación de su mente» (Ro 12:2). La mente renovada es la base para el discernimiento de la voluntad de Dios. Pablo ora por los colosenses para que Dios los llene con el conocimiento de su voluntad y «toda sabiduría y comprensión espiritual». Este aumento en el conocimiento de la voluntad de Dios produce frutos que

5. Oyco-Bunyi, *Beyond Accreditation*, 58.

6. Harry Blamires, *The Christian Mind: How Should a Christian Think?* (c. 1963; Vancouver: Regent College, 2005), 67.

7. Ibíd., 44.

8. Oyco-Bunyi, *Beyond Accreditation*, 12.

conducen a (1) un estilo de vida que agrada a Dios, (2) una vida eficaz en las buenas obras, (3) una comprensión más profunda de Dios y (4) perseverancia bajo presión (Col 1:9–11). Pedro también confirma que el desarrollo espiritual personal conduce a una vida eficaz (2P 1:5–8).

Como líderes académicos y docentes debemos esperar que nuestros estudiantes sean transformados. Ciertamente, no basta con un curso de formación espiritual para que ocurra esta enculturación de los valores cristianos. Antes bien, debe ser una parte intencional del currículo de cada curso y del proceso de enseñanza y aprendizaje. A medida que la vida cristiana se vuelve más y más una realidad para los estudiantes, esperaríamos ver la desaparición de problemas como el plagio.

Socialización

El ministerio cristiano es altamente relacional, ya sea al frente de una iglesia o trabajando con una organización cristiana. Estas relaciones con los miembros de la iglesia o del equipo y con otros líderes crean muchas situaciones desafiantes. Los estudiantes que no aprendieron a socializar durante su desarrollo tendrán dificultades para relacionarse con otras personas. Otro factor importante es el tejido de la comunidad. Hoy en día, ciertos patrones culturales en las relaciones sociales están siendo desafiados. ¿Cómo enseñamos a los estudiantes para que encajen en la sociedad y al mismo tiempo, sepan relacionarse con gente de los distintos ámbitos de la vida? La vida comunitaria del seminario debe ayudarles a desarrollar sus destrezas sociales.

A menudo escuchamos decir que «la teología debe estudiarse en comunidad». ¿Por qué la comunidad desempeña un papel tan importante en el estudio de la teología? Porque el intercambio de ideas e información, y la discusión de ciertos temas, son parte del proceso que construye las convicciones teológicas de cada persona. Esto es importante para la discusión de temas en el ministerio. Además, la vida cristiana es comunitaria. Los estudiantes tienen que experimentar esa vida en comunidad para que puedan edificar iglesias como comunidades cristianas que impacten a la sociedad. Estoy de acuerdo con Joy Oyco-Bunyi en que «la socialización y la educación deben ir juntas».[9]Educación

9. Ibíd., 59.

La educación es la totalidad de lo que la sociedad transmite de una generación a la siguiente y que ha sido de valor en la vida social, la reflexión intelectual, la parte de la religión que establece las normas y los valores, así como la cultura y el patrimonio histórico de los pueblos. Parte del proceso educativo ocurre de manera informal en el hogar y mediante la participación en la sociedad. La educación formal ayuda a entender el funcionamiento de la sociedad, el lenguaje, las artes y la ciencia, y ofrece una comprensión más profunda de los rituales de la fe y la religión.

La educación teológica añade otro componente. El estudiante no solo aprende para superarse, sino también para crecer junto con los demás. Los estudiantes aprenden a integrar la fe y la práctica. Estos aprenden a adoptar valores con un fundamento bíblico. Se les está enseñando estrategias de aprendizaje para integrar la fe y la práctica.

Craig Dykstra está convencido de que, «en el contexto cultural actual, los educadores cristianos deben pensar en: cómo mover a las personas de su dependencia de "obras de caridad al azar" hacia patrones de vida compartidos que están informados por las ideas más profundas de nuestras tradiciones; y en cómo llevarlos de las espiritualidades privatizadas hacia una participación más meditada en la actividad de Dios en el mundo».[10] Asimismo señala que en la educación teológica es necesario que practiquemos e implementemos juntos la enseñanza bíblica:Las prácticas son aquellas actividades humanas y cooperativas a través de las cuales crecemos y desarrollamos nuestro carácter y sustancia moral como individuos y comunidades. Estas son el resultado de las experiencias y las pruebas a lo largo del tiempo, desarrollando patrones de expectativas recíprocas entre los participantes. Esas [prácticas] son las maneras en que colaboramos, y a través de las cuales, dirigimos y damos significado a la vida humana, incrementando nuestra capacidad de hacer el bien. Y son enseñables debido a que son compartidas, modeladas y constantes. Nos enseñamos mutuamente a participar en ellas. Podemos transmitirlas de una a otra generación.[11]El proceso de la enseñanza y el aprendizaje para el ministerio debe afectar la vida cristiana del estudiante. Eso es lo que se espera.

10. Craig R. Dykstra, *Growing in the Life of Faith: Education and Christian Practices*, 2a ed. (Louisville, KY: Westminster John Knox, 2005), 67.

11. Ibíd., 69–70.

Los profesores deben saber cómo facilitar el desarrollo personal y espiritual de los estudiantes. Hay que desafiarlos a que adopten un estilo de vida en consonancia con la enseñanza bíblica.

Aplicación de los principios bíblicos

Los estudiantes necesitan experimentar la vida en comunidad para poder llegar a ser ministros eficaces en la comunidad cristiana. Joy Oyco-Bunyi afirma que «el cristianismo es comunitario. Dios esperaba que el ser humano fuera gregario, sin lo que no aprendería algunas cosas. La comunidad moldea su identidad personal, sistema de valores y cosmovisión». Está convencida de que «nuestros seminarios deben demostrar qué es la comunidad bíblica».[12]Mostrar cómo se incorporan los creyentes al cuerpo de Cristo es algo central en la enseñanza del Nuevo Testamento. Los cristianos dependen los unos de otros y deben desarrollar una comunidad que fomente el crecimiento de cada miembro y su capacidad para relacionarse con los demás. El seminario es un lugar de formación en donde los principios bíblicos son aplicados a la vida y vividos en comunidad. El seminario debe ser una comunidad que practica la fe. A continuación, estudiaremos algunas de las áreas que estimularán nuestra imaginación acerca de la manera en que podemos practicarla en el contexto del seminario.

En Efesios 4:11–16, Pablo describe a los cristianos que crecen juntos hasta el pleno conocimiento de Cristo y edificándose mutuamente en la fe hasta alcanzar la madurez en Cristo. Cada uno contribuye al crecimiento de la comunidad cristiana para que resista el embate de las falsas enseñanzas.

En cualquier ministerio será importante que los líderes hayan aprendido a amarse y aceptarse unos a otros (Ro 15:7; 1Jn 4:7, 11–12; Jn 13:34) porque lidiarán con personas de diferentes ámbitos de la vida que vendrán con sus convicciones u opiniones sobre la manera de hacer las cosas. El aprendizaje de cómo responderles a las personas difíciles puede comenzar en el seminario. Esto incluye la forma en que nos tratamos los unos a los otros cuando las cosas no salen como esperabamos; la forma en que criticamos o juzgamos a los demás (Ro 2:1; 13:14; Mateo 7:1–5) o en que hablamos de los demás («no hablen mal unos de otros», Stg 4:11; «No se quejen unos de otros», Stg 5:9).

12. Oyco-Bunyi, *Beyond Accreditation*, 58.

El aprender a relacionarnos con las personas y qué decir de ellas fortalece a la comunidad cristiana.

La mejor preparación ministerial es practicar vivir en comunidad: aprender a servir con humildad y a someterse a otras personas (Gá 5:13; Ef 5:21; 1P 5:5), alentarlas en su vida cristiana (Heb 10:24–25), perdonarlas (Col 3:13), ser hospitalarios (1P 4:9) o interesarse en ellas (1P 5:14; Ro 16:16; 1Co 16:20; 2Co 13:12).

Otro de los ámbitos desafiantes es el desarrollo del carácter personal, las actitudes, la identidad cristiana o la confianza en diversas áreas, como lo señala Pablo: «Siempre humildes y amables, pacientes, tolerantes unos con otros en amor» (Ef 4:2). Después de haber descrito las relaciones dentro de la comunidad cristiana (Fil 2:1–4), Pablo concluye que «la actitud de ustedes debe ser como la de Cristo Jesús» (Fil 2:5). Este prosigue demostrando que Jesús estuvo dispuesto a dejar a un lado su ambición personal, prefiriendo obedecer al Padre, aunque significara que sufriría en la cruz (Fil 2:6–11).

He destacado solamente algunos de los principios bíblicos que se deben manifestar en las vidas de aquéllos que sirven a Dios en diferentes ministerios. La educación teológica debe llevar a que los estudiantes practiquen su fe, para que así puedan edificar una comunidad fuerte de creyentes.

Dietrich Bonhoeffer fue un teólogo alemán que organizó adiestramientos para pastores bajo las difíciles circunstancias y restricciones de la Segunda Guerra Mundial. Era su convicción que «tanto el trabajo teológico como la verdadera comunión pastoral crecen solamente en una vida que está regida por la comunión con la Palabra por la mañana y la noche, así como un horario fijo de oración».[13] Bonhoeffer hacía hincapié en la vida devocional en la educación teológica debido a dos razones. En primer lugar, no era meramente un maestro de la oración, sino que su vida devocional era un ejemplo para los estudiantes. Quería darles el ejemplo de lo esencial que la oración es en la vida de un pastor. Durante sus devociones matutinas con los estudiantes hacía oraciones extensas. Los estudiantes testificaron que sentían que las oraciones de Bonhoeffer en las devociones de la mañana y la noche provenían de su profundo amor por el Señor y la comunidad cristiana. En segundo lugar, Bonhoeffer creía que los

13. Eric Metaxas, *Bonhoeffer: Pastor, Martyr, Prophet, Spy* [Bonhoeffer: Pastor, mártir, profeta, espía] (Nashville, TN: Thomas Nelson, 2010), 271.

estudiantes debían aprender que, «La vida de oración y comunión con Jesús debe ser el centro. Todo el ministerio emana de ella».[14] En su libro, *Vida en comunidad*, Bonhoeffer describe detalladamente su concepto de la comunidad cristiana en la educación teológica. Este estudio es una inspiración para los líderes académicos y profesores hoy en día.[15]

El cultivo de la cultura institucional como comunidad de aprendizaje

Cada institución desarrolla su propia cultura. A veces ha sido heredada, por lo que en todos los niveles administrativos habrá que concienciar a los empleados de que cada uno cumple un papel importante en el cultivo de una cultura de aprendizaje.

El papel importante del líder académico

Los líderes académicos no solamente están a cargo de desarrollar el currículo de los programas de estudio, sino que también juegan un papel importante en la creación de una comunidad de aprendizaje. Estos convocan a los estudiantes al estudio, pero también a la junta, la facultad, el personal y las partes interesadas a que crezcan juntos. Este liderazgo, desde el centro de la institución, ofrece una oportunidad –y responsabilidad-- única de aportar a las vidas de la facultad y el personal, como señala Jean McLean: «Dentro de las escuelas, los directores académicos están a cargo principalmente de la administración de los programas académicos y del personal del cual dependen estos objetivos educativos. En su función de líderes fomentan la comprensión y el compromiso con la misión, y colaboran con los administradores, docentes y otros grupos en el desarrollo del currículo, la edificación de la facultad, el fortalecimiento de la enseñanza, el aprendizaje y la erudición, asó como el sustento de la vida comunitaria».[16]

14. Ibíd., 273.

15. Dietrich Bonhoeffer y Samuel Wells, *Life Together*, Nueva ed. [*Vida en comunidad*] (Londres: SCM, 2015)

16. Jeanne P. McLean, *Leading from the Center: The Emerging Role of the Chief Academic Officer in Theological Schools*, Scholars Press Studies in Theological Education (Atlanta, GA: Scholars Press, 1999), 4–5.

El papel del personal administrativo

La creación de un equipo de apoyo competente es vital para una comunidad de aprendizaje. El equipo completo debe entender que es parte del proceso de enseñanza y aprendizaje de la institución. Por ejemplo, los bibliotecarios apoyan a los estudiantes en sus investigaciones, más allá de supervisar el préstamo de los libros. Robert Banks destaca la importancia del personal de apoyo en el desarrollo de la comunidad de aprendizaje: «También debe haber oportunidades para que el personal que éste capacitado teológicamente sirva de mentor a los estudiantes o participe junto con los profesores y estudiantes cuando ministren "en el campo". La comunidad cobrará aún más vitalidad si el personal docente organiza dichos equipos ministeriales y participa en los mismos grupos eclesiásticos, ya sea dentro o fuera del campus o en las residencias comunitarias».[17]

El líder académico sin duda puede respaldar la función del personal administrativo en la institución, de modo que entiendan que contribuyen al desarrollo de los estudiantes. Por experiencia propia sé que los estudiantes hablan con el personal acerca de sus asuntos personales y sus estudios. Esto contribuye al desarrollo personal de los estudiantes. Sus reuniones y conversaciones informales son valiosas oportunidades para guiarlos.

Desarrollar la creatividad en las actividades de la institución

Cada seminario tiene ciertas actividades que están integradas en el currículo. No debemos subestimar el aspecto social como parte del desarrollo integral de los estudiantes. Algunas de las actividades que congregan a los profesores, el personal y los estudiantes incluyen los tiempos de adoración y oración, las excursiones comunitarias, los festivales deportivos y las ocasiones ministeriales. El líder académico debe alentar la participación de los profesores y el personal en las actividades del seminario.

En nuestro contexto en Bangkok, los estudiantes estaban interesados en nuestras vidas como docentes, en cómo organizábamos nuestros apartamentos y vida cotidiana. Los invitábamos a nuestros apartamentos y lo llamabamos «hogar abierto». Era una invitación voluntaria para los estudiantes de

17. Robert J. Banks, *Reenvisioning Theological Education: Exploring a Missional Alternative to Current Models* (Grand Rapids, MI: Eerdmans, 1999), 207.

posgrado. Por lo general, cada uno aportaba un platillo o cocinábamos juntos. El programa informal incluía el intercambio de experiencias personales o testimonios, la discusión de temas relacionados con el seminario o teología, juegos o los estudiantes nos entrevistaban sobre nuestras vidas y ministerios. Estos tiempos eran el punto culminante del calendario académico. Entendimos que estas confraternizaciones informales harían que nuestras relaciones con los estudiantes perduraran más allá de su tiempo en el seminario.

El cultivo de la facultad como una comunidad de aprendizaje

Cada seminario teológico ha desarrollado una vocación institucional que forma parte de la visión original y es manifestada a través de los patrones de la vida comunitaria, los valores reflejados en la enseñanza y la investigación, los procesos de toma de decisiones y la gobernanza. De igual manera, está plasmada en el currículo y los programas de estudio. Los profesores desempeñan un papel importante en el desarrollo de la cultura institucional y la comunidad. Los líderes académicos tienen que desarrollar con ellos un equipo de educadores eficaces o una comunidad de aprendizaje. Nos enfocaremos en los dos aspectos que fundamentan el desarrollo de la facultad como una comunidad de aprendizaje.

La vocación corporativa de la facultad

El punto de partida es reconocer que la vocación o el llamado de cada profesor y profesora es la base sobre la cual desarrollar una relación de aprendizaje entre la facultad. Gregory Jones resume el alcance de la vocación docente: «La vocación a una vida académica, entendida como la entrega a la enseñanza y el aprendizaje teológico, la investigación y la erudición, el servicio y el compromiso, es para personas cuyo conocimiento y amor por Dios mejora a través de las disciplinas del estudio».[18] ¿Por qué es importante la vocación a la vida académica o a la educación teológica? Porque moldea la vida del maestro y

18. Gregory L. Jones, "Negotiating the Tensions of Vocation," en *The Scope of Our Art: The Vocation of the Theological Teacher*, ed. Gregory L. Jones y Stephanie Paulsell (Grand Rapids, MI/Cambridge: Eerdmans, 2001), 213.

la maestra: el compromiso con la enseñanza, el aprendizaje y la institución. Esto determina nuestro quehacer y aspiraciones. Al mismo tiempo, cada miembro de la facultad es parte de la comunidad, como explica Gordon Smith: «Una de las maneras más útiles de reflexionar sobre los seminarios es trayendo el tema de la vocación comunitaria o corporativa. Esta sugerencia supone que, desde una perspectiva teológica, no podemos hablar de la vocación del individuo sino de la comunidad. Todas las vocaciones son cumplidas en solidaridad con las otras; cada persona cumple su vocación individual cuando está asociada a la de otra».[19] Gordon Smith también señala lo siguiente: «Logramos nuestro potencial, ya sea la transformación personal o hacer la diferencia en el mundo, cuando colaboramos».[20] Por lo tanto, la vocación o el llamado de cada miembro de la facultad hacia la institución y la enseñanza y el aprendizaje fundamenta el desarrollo de una comunidad de aprendizaje entre los profesores. Esta afectará a la institución y al cuerpo estudiantil.

El aprendizaje conjunto de la facultad

Los líderes académicos son fundamentales para lograr que la facultad trabaje en equipo y desarrolle una comunidad de aprendizaje. A continuación, mencionaremos algunos aspectos prácticos. Sin duda habrá que profundizar en estos y adaptarlos al contexto cultural de la institución.

Las relaciones personales de los profesores

El cultivo de una comunidad de aprendizaje empieza por que nos conozcamos y entendamos las necesidades de cada docente y su familia. Esa relación personal fomenta el aprecio mutuo. Las comidas comunitarias propician el que nos conozcamos o profundicemos nuestra amistad. El líder académico tiene que encontrar maneras de fomentar la apertura a ese compartir entre la facultad. Se les debe animar a que planifiquen actividades conjuntas, y la institución debe planificar actividades periódicas para los docentes.

---

19. Gordon T. Smith, "Attending to the Collective Vocation," en *The Scope of Our Art: The Vocation of the Theological Teacher*, ed. Gregory L. Jones y Stephanie Paulsell (Grand Rapids, MI/Cambridge: Eerdmans, 2001), 242.

20. Ibíd., 241.

Reuniones de la facultad

La agenda de las reuniones no debe estar limitada a las discusiones sobre el estudiantado y los quehaceres cotidianos, sino que podría incluir conversaciones acerca de la enseñanza y el aprendizaje en el aula. ¿Qué dificultades están enfrentando en sus cursos? ¿Hay tiempo para orar unos por otros? Si la facultad está de acuerdo con aprender juntos, **el líder académico** deberá ser más intencional y creativo con la planificación de las reuniones. De antemano podría pedir que algunos compartan en la reunión y reservar tiempo para discusión y oración. Otra recomendación es que las reuniones alternen entre sesiones con agendas "de trabajo" y otras dirigidas a conversar sobre las preocupaciones relacionadas con el aula.

El aprendizaje mutuo

Aquí trata sobre el intercambio de experiencias en la enseñanza y el aprendizaje. Los miembros de la facultad de mayor experiencia pueden compartir lo que han aprendido y la manera en que sus métodos han evolucionado con el tiempo. Podrían presentarse técnicas de enseñanza. ¿Qué ha funcionado? Los profesores podrían intercambiar ideas para el desarrollo o la mejoría de cierto programa de estudios, y luego organizar un taller conjunto para presentarlo. Por supuesto, este ejercicio solamente será posible si ya han desarrollado una relación personal.

Ejercicios académicos

Los profesores podrían leer un libro y juntos evaluar su contenido. Se les podría asignar temas de investigación que sean oportunos para la institución. Sus hallazgos podrían ser presentados por escrito al resto de la facultad. Sé de una institución en la que un profesor redactó un artículo sobre la formación espiritual para discutirlo con sus colegas. En otro seminario, la facultad discutió capítulos de un libro que los estimulaba a pensar en la excelencia en la educación teológica. Los ejercicios académicos pueden estar relacionados con temas prácticos o teológicos. Estas discusiones ciertamente conciencian acerca de los diferentes puntos de vista, pero asimismo edifican la confianza y el entendimiento entre la facultad.

De hecho, el líder académico junto con la facultad tiene que discernir qué compete a su propio desarrollo. Todo es cuestión de su disposición, tiempo e interés en hacerlo.

El cultivo de una comunidad de aprendizaje en el aula

El aula, virtual o presencial, juega un papel importante en la enseñanza y el aprendizaje de la educación teológica. Por lo tanto, la interacción entre profesora y estudiantes ofrece oportunidades únicas. La enseñanza y el aprendizaje efectivos dependen tanto de la actitud del estudiante como del desempeño de su profesor. Mary-Ann Winkelmes destaca la importancia del aprendizaje formativo en el aula: «El único lugar y momento en que los profesores pueden constatar que una comunidad de aprendizaje formativo está ocurriendo en el seminario es en el lugar y la hora de sus propias clases. El aula del seminario es sin duda el lugar más factible para el tipo de formación gradual, intelectual y espiritual que parece haber sucedido dentro de las comunidades residenciales de las generaciones seminaristas del pasado».[21] La importancia del aula como comunidad de aprendizaje será demostrada en dos áreas: la conversión del aula en una comunidad de aprendizaje y el desarrollo de una cultura de aprendizaje.

El fomento de una comunidad de aprendizaje entre los estudiantes

Yau-Man Siew deriva de su experiencia personal algunas ideas útiles para el fomento de una comunidad de aprendizaje en el aula. Su franqueza allana el camino para que los estudiantes también compartan abiertamente. Después de que los estudiantes se presentan a sí mismos, procede con la explicación del curso y sus requisitos. Éste da gran importancia a la primera clase del curso: «Antes de explicar el curso, comparto una breve historia, una narrativa personal del efecto que sus ideas esenciales han tenido sobre mi vida y ministerio».[22] Siew fomenta la comunidad de aprendizaje con la metáfora de una comunidad

21. Mary-Ann Winkelmes, "Formative Learning in the Classroom," en *Practical Wisdom: On Theological Teaching and Learning*, ed. Malcolm L. Warford (Nueva York: Peter Lang, 2004), 162–163.

22. Yau-Man Siew, "Fostering Community and a Culture of Learning in Seminary Classrooms: A Personal Journey," en *Christian Education Journal* 3, no. 1 (2006): 80

de estudiantes que están en un viaje de descubrimiento. Este da importancia a las relaciones entre los estudiantes pues está convencido de que el empeño puesto en planificar la agenda y las actividades de enseñanza y aprendizaje logrará la comunidad. También promueve las reuniones y la interacción fuera del aula. Su objetivo es que los estudiantes aprendan a escuchar, discutir y reflexionar sobre los textos o artículos asignados. De igual manera, los anima a que estén pendientes los unos de los otros. Según Siew, los estudiantes aprecian la discusión porque toma en cuenta las lecturas asignadas. Este edifica la comunidad de aprendizaje instando a sus estudiantes a que «colaboren» en la redacción de sus ensayos finales. Esta es su conclusión: «Una comunidad de aprendizaje es imposible sin respeto mutuo entre los miembros de la clase. Yo los animo a que lo demuestren prestando atención y manteniendo la etiqueta de la clase».[23] Estos ejemplos de la experiencia de Yau-Man Siew comprueban que es posible fomentar una comunidad de aprendizaje en el aula. El profesor juega un papel importante en la intencionalidad de organizar a sus estudiantes como una comunidad. Este guía a los estudiantes y fomenta un ambiente propicio para la enseñanza y el aprendizaje.

El fomento de una cultura de aprendizaje en el aula

Tanto el profesor como los estudiantes son responsables de fomentar una cultura de aprendizaje. Su comprensión y expectativas afectan el proceso de enseñanza y aprendizaje. Tienen valores y convicciones distintas sobre lo que ocurrirá en el aula. Por consiguiente, es crucial que entiendan los roles y las expectativas mutuas.

La reflexión de Yau-Man Siew es útil para fomentar una comunidad y cultura del aprendizaje en el aula. Para él, una «excelente metáfora» es el docente como «guía o compañero en la peregrinación hacia el aprendizaje». Hace todo lo posible para prepararse para la clase y en la evaluación comparte las teorías que encontró significativas. Dice así: «Este diálogo puede ser un excelente modelo de praxis reflexiva (reflexión activa y acción reflexiva), que es uno de los valores clave de mi pedagogía».[24] Los estudiantes saben lo que Yau-Man Siew espera de ellos. Anima a los «estudiantes a que lean sus materiales

23. Ibíd., 83.

24. Ibíd., 85–89; aquí, 85.

con una mente abierta» y a valorar el concepto que «toda verdad es la verdad de Dios». A estos fines, asigna un diario quincenal de una página «en donde los estudiantes detallan la manera en qué las lecturas y el aprendizaje en clase están desafiando sus perspectivas o construyendo nuevos marcos de referencia para la vida y el ministerio».[25] En conclusión, Yau-Man Siew dice: «Los profesores pueden hacer una diferencia grande en la peregrinación de el o la seminarista hacia el aprendizaje cuando fomentan una comunidad y cultura de aprendizaje. Esto requiere una colaboración genuina con los estudiantes y una revisión franca de los valores pedagógicos que comparten».[26]

Desafíos al desarrollo de una comunidad de aprendizaje

Los líderes académicos, la facultad y el estudiantado enfrentan muchos desafíos a la hora de desarrollar una comunidad de aprendizaje. Cada grupo debe reflexionar sobre estos desafíos, evaluando lo que han contribuido y haciendo los ajustes necesarios. Entiéndase que llegar a ser una comunidad de aprendizaje no es automático, es un proceso que requiere el esfuerzo intencional de todas las partes involucradas.

Desafíos para el liderazgo académico

El puesto de un líder académico es exigente debido a la variedad de funciones y responsabilidades, como Jeanne McLean describe en su valioso estudio del decanato titulado, *Leading from the Center* [Dirigiendo desde el centro]: «El decano cumple sus deberes trabajando con la facultad, el presidente y los administradores, el personal académico, los estudiantes, los miembros de la junta, los líderes de la denominación y las organizaciones académicas. Cada uno representa a muchos miembros con sus variadas expectativas, que a veces se contraponen a las de los oficiales académicos. En su trabajo con estas personas y grupos, el decano está llamado a servir como gerente, líder y pastor de la comunidad».[27] Esta posición al centro de las operaciones es una oportunidad única para desarrollar la cultura institucional en una

25. Ibíd., 86.
26. Ibíd., 89–90.
27. McLean, *Leading*, 4.

comunidad de aprendizaje. El proceso comienza formado a la facultad como equipo y educando a los profesores nuevos acerca del espíritu (*ethos*) y los valores de la institución. También incluye que el diseño del currículo y la cultura de enseñanza y aprendizaje contribuyan a la vida comunitaria. El líder académico enfrenta el desafío de unir a las personas, los programas, el liderazgo institucional y los estudiantes para que el seminario sea un lugar para la capacitación efectiva para el ministerio.

Los líderes académicos tienen que comunicarle a los grupos interesados acerca del desarrollo integral de los estudiantes. La reputación de la institución como una comunidad de aprendizaje será un activo valioso para atraer estudiantes de calidad que estén llamados al ministerio. Además, los grupos interesados participarán en la comunidad de aprendizaje a través de su apoyo. También recibirán a los graduados con expectativa y agradecimiento.

El desarrollo de una comunidad de aprendizaje es más complejo ahora de lo que era cuando la mayoría de la educación teológica ocurría en programas residenciales. El líder académico tiene que lidiar con las varias modalidades de estudio. Los estudiantes estudian cursos modulares, clases nocturnas o a través de internet. Están involucrados en las extensiones, a cierta distancia de la sede principal. Por lo tanto, es difícil convertirlos en una comunidad donde se interesan unos por otros. Los líderes académicos tienen que ser sabios y creativos, y encontrar nuevas maneras de sostener la vida comunitaria. También deben involucrar a los docentes en el desarrollo de las nuevas estrategias de edificación de las comunidades de aprendizaje.

Desafíos para los profesores

Muchas instituciones carecen de los recursos para contratar profesores a tiempo completo. Estas dependen de profesores que asumen otras responsabilidades para ganarse la vida. Los profesores vienen y enseñan, pero no tienen mucho tiempo para interactuar con los estudiantes. A menudo tampoco pueden participar en las actividades de la institución o en las reuniones de la facultad o el personal. Este obstáculo podría superarse en parte a la hora de firmar el contrato. La institución debe ser clara y explícita en cuanto a sus expectativas. Un acuerdo escrito podría describir estas condiciones.

Los profesores son ejemplos de lectura en sus campos, así como en su crecimiento, la investigación y el estudio personal. Sin duda es un desafío entender que los estudiantes aprenden de lo que somos. Pablo le dice a Timoteo: «Tú, en cambio, has seguido paso a paso mis enseñanzas, mi manera de vivir, mi propósito, mi fe, mi paciencia, mi amor, mi constancia» (2Ti 3:10). Timoteo asimismo conocía el sufrimiento de Pablo. Su ejemplo había sido tan eficaz que le dice a Timoteo: «Pero tú permanece firme en lo que has aprendido y de lo cual estás convencido, pues sabes de quiénes lo aprendiste» (2Ti 3:14). Timoteo había oído la enseñanza de Pablo y había visto su vida. Aprendió los valores cristianos de la vida de Pablo. Pablo enseñó a Timoteo en los entornos prácticos de la vida.

Como ya fuera mencionado, Dietrich Bonhoeffer fue un conocido teólogo apasionado por la capacitación de los pastores. Tomaba en serio la predicación. Este entendía que el sermón era un medio por el cual Dios hablaba a su pueblo. Quería que los estudiantes entendieran que la predicación no era un mero ejercicio intelectual, sino una oportunidad de escuchar lo que Dios quería comunicar a través del predicador. Bien conocía lo difícil de ser el ejemplo de los estudiantes, como explica Eric Metaxas: «Bonhoeffer sabía que la mejor manera de comunicar sus ideas y sentimientos acerca de la homilética era predicando. Un sermón en un servicio real era muchísimo mejor que una conferencia sobre homilética. Los seminaristas debían verlo como alguien que, al igual que Jesús, vivía lo que enseñaba. La enseñanza y el estilo de vida son las dos partes de un todo».[28] Como profesor, Dietrich Bonhoeffer sabía que su ejemplo era importante para el proceso de enseñanza y aprendizaje de los pastores. Al mismo tiempo, quería demostrarles sus convicciones: «Quería que sus seminaristas tuvieran grabado en sus mentes que la fiel exposición de la Palabra de Dios tenía el poder de desbaratar a la gente para que viera su propia necesidad, dándoles también una respuesta no enmascarada con "religión" ni falsa piedad. La gracia de Dios pura y sin explicaciones tocaría a la gente».[29] Dietrich Bonhoeffer sabía que los estudiantes no aprendían solamente de lo que oían en el aula, sino del ejemplo de su maestro. Este vivía lo que enseñaba. También formó una comunidad de aprendizaje. Juntos practicaban las disciplinas espirituales en su vida comunitaria. Estudiaban y ministraban juntos.Robert Banks resume muy bien el desafío de los profesores:

28. Metaxas, *Bonhoeffer*, 272.
29. Ibíd.

«La formación personal no ocurre principalmente a través de programas explícitos ni de la asistencia a la capilla; antes bien ocurre como resultado de la levadura del ejemplo de los profesores y otras figuras clave (incluyendo a administradores y líderes estudiantiles), junto con la cultura y misión del seminario y una amplia gama de grupos que funcionan a la par del currículo y las actividades disponibles».[30]

Desafíos para los estudiantes

Los estudiantes de las instituciones teológicas muchas veces trabajan para mantener a sus familias y pagar sus estudios. No les es fácil administrar los estudios, el ministerio y la vida familiar. En los programas residenciales el desafío para los estudiantes es convivir y colaborar con estudiantes de diferentes orígenes étnicos. ¿De qué manera los acompaña la institución para que se sientan cuidados?

Los altos estándares de la educación teológica, que se relacionan con lo concerniente a la acreditación y los requisitos internacionales, obligan a que los estudiantes tengan que escoger entre ser negligentes con sus estudios y estar absortos en sus actividades ministeriales. Añádanse los eventos sociales que forman parte de la edificación de la comunidad de aprendizaje. ¿De qué manera ayudarán los líderes académicos y los profesores a los estudiantes con cómo manejan sus vidas?

Los estudiantes enfrentan el desafío personal de dedicarse a conocer más y más a Dios, al crecimiento en la sabiduría de Dios, al llamado a la vida santa y sacrificada y al desarrollo de una calidad de vida espiritual que honre a Dios mientras completan sus estudios académicos. Su compromiso de aprender influirá el resultado de su estudio.

Uno de los desafíos comunitarios es que practiquen lo que Pablo describe en Filipenses 2:1–5: «Cada uno debe velar no solo por sus propios intereses, sino también por los intereses de los demás» (v. 4). Esta preparación es valiosa para cualquier ministerio. Un ejemplo de mi experiencia ilustra este punto. Una de nuestras estudiantes había aprendido a manejar su vida y tiempo mucho antes de que viniera al seminario. Ella completaba sus tareas mucho antes de la fecha límite. Su tiempo libre lo dedicaba a darles tutorías a otros estudiantes que

30. Banks, *Reenvisioning*, 201.

tenían dificultades con el uso de las computadoras o en otras áreas. Después de graduarse entró en un ministerio eficaz en la iglesia.

Los estudiantes también enfrentan el desafío de aprender a relacionarse con otros durante su preparación para el ministerio en la iglesia. Esto incluye sus relaciones con personas que provienen de diferentes culturas. Los cuerpos estudiantiles de muchos seminarios ofrecen excelentes oportunidades para la práctica de este tipo de relaciones. Samuel Escobar lo resalta de esta manera: «Un ministerio comprometido con la *koinonía* tendrá que lidiar con la diversidad cultural. Dicho ministerio requerirá que sus practicantes examinen sus propias presunciones culturales, abriéndose a las diferencias de los demás, y que aún estén dispuestos y sean capaces de fortalecer los compromisos fundamentales de la iglesia».[31] Los estudiantes enfrentan muchos desafíos a la hora de contribuir a la comunidad de aprendizaje del seminario. Los líderes académicos y los profesores necesitan concienciarlos de que juegan un papel importante en el desarrollo de una comunidad de aprendizaje.

Conclusión

El desarrollo de una comunidad de aprendizaje en la educación teológica es más que necesario para la preparación ministerial. Los líderes académicos tienen el desafío de buscar formas creativas de construir comunidades que propicien el aprendizaje y el desarrollo integral de los estudiantes. Los cambios en las modalidades educativas han dificultado esta tarea. Los líderes académicos, los profesores y el personal tendrán que ser creativos en la emocionante aventura de facilitar las comunidades de aprendizaje para la gloria de Dios.

Reflexión y puntos de acción

1. Prepare una declaración que describa una comunidad de aprendizaje. Si su institución no tiene una definición de comunidad de aprendizaje, cree una declaración que la describa.

31. Samuel Escobar, "What Is the Ministry toward Which We Teach?," en *Practical Wisdom: On Theological Teaching and Learning*, ed. Malcolm L. Warford (Nueva York: Peter Lang, 2004), 148.

2. Los profesores son importantes para el desarrollo de una comunidad de aprendizaje. ¿Qué está haciendo su institución para cultivar la facultad como una comunidad de aprendizaje?
3. ¿De qué manera puede incluir al personal de su institución en la edificación de una comunidad de aprendizaje?
4. Utilice el Manifiesto de ICETE como base para una conversación con la facultad. ¿Cuáles desafíos plantea esta declaración? ¿Cómo se podrían implementar algunas de sus sugerencias en su institución?
5. ¿Qué desafíos enfrenta como líder académico en la creación de una comunidad de aprendizaje? ¿Cómo se pueden superar esos obstáculos?
6. Los estudiantes necesitan entender su parte en el desarrollo de una comunidad de aprendizaje. ¿Cómo puede crear conciencia de su responsabilidad?

Recursos para seguir estudiando

Blamires, Harry. *The Christian Mind: How Should a Christian Think?* c. 1963. Vancouver: Regent College, 2005.

Bonhoeffer, Dietrich, y Samuel Wells. *Life Together.* Nueva ed. Londres: SCM, 2015.

Deininger, Fritz, y Richard Herring. "The Challenges and Blessings of Spiritual Formation in Theological Education." En *Educating for Tomorrow: Theological Leadership for the Asian Context*, editado por Manfred W. Kohl y A. N. L. Senanayake, 113–126. Bangalore: SAIACS; Indianapolis: Overseas Council International, 2002.

Dykstra, Craig R. *Growing in the Life of Faith: Education and Christian Practices.* 2a ed. Louisville, KY: Westminster John Knox, 2005.

Escobar, Samuel. "What Is the Ministry toward Which We Teach?" En *Practical Wisdom: On Theological Teaching and Learning,* editado por Malcolm L. Warford, 143–157. Nueva York: Peter Lang, 2004.

Jones, Gregory L. "Negotiating the Tensions of Vocation." En *The Scope of Our Art: The Vocation of the Theological Teacher*, editado por Gregory L. Jones y Stephanie Paulsell, 208–224. Grand Rapids, MI/Cambridge: Eerdmans, 2001.

Klimoski, Victor. "Evolving Dynamics of Formation." En *Practical Wisdom: On Theological Teaching and Learning, editado por* Malcolm L. Warford, 29–48. Nueva York: Peter Lang, 2004.

Lingenfelter, Sherwood G. "In Pursuit of a Community That Does Diversity Well." En *C(H)AOS Theory: Reflections of Chief Academic Officers in Theological Education*, editado por Kathleen D. Billman and Bruce C. Birch, 220–231. Grand Rapids, MI: Eerdmans, 2011.

Metaxas, Eric. *Bonhoeffer: Pastor, Martyr, Prophet, Spy*. Nashville, TN: Thomas Nelson, 2010.

Oyco-Bunyi, Joy. *Beyond Accreditation: Value Commitments and Asian Seminaries.* Bangalore: Theological Book Trust, 2001.

Siew, Yau-Man. "Fostering Community and a Culture of Learning in Seminary Classrooms: A Personal Journey." *Christian Education Journal* 3, no. 1 (2006): 79–91.

Smith, Gordon T. "Attending to the Collective Vocation." En *The Scope of Our Art: The Vocation of the Theological Teacher,* editado por Gregory L. Jones y Stephanie Paulsell, 240–261. Grand Rapids, MI/Cambridge: Eerdmans, 2001.

Winkelmes, Mary-Ann. "Formative Learning in the Classroom." En *Practical Wisdom: On Theological Teaching and Learning*, editado por Malcolm L. Warford, 161–179. Nueva York: Peter Lang, 2004.

10

El efecto del currículo oculto en la enseñanza, el aprendizaje y el desarrollo espiritual

John Kpaleh Jusu

Un joven graduado del seminario asumió la responsabilidad de organizar el estudio bíblico de los adultos. Un domingo hizo este anuncio: «La clase de estudio bíblico para adultos para este trimestre comenzará con el tema de la hermenéutica. Recoja las instrucciones para las tareas en la secretaria. La clase se reunirá en el salón 111. Yo seré el profesor».

La fecha del inicio de la clase pasó sin que nadie se anotara. El joven graduado estaba frustrado y se quejó de que nadie estaba interesado en el estudio bíblico para adultos. Pero ¿de dónde habrá sacado la idea de que toda oportunidad educativa debe suceder en un aula con un profesor? ¿Dónde aprendió que el estudio bíblico comienza con el tema de la hermenéutica? Además, ¿dónde aprendió que las clases comienzan con tareas previas? El seminario no lo habrá enseñado, pero eso fue lo que aprendió. Tal es el poder del currículo oculto, el currículo que enseña lo que no está siendo enseñado.

Definiciones del currículo oculto

Varias definiciones de «currículo» tratan de distinguir entre las diversas expectativas e interacciones que ocurren en el sistema educativo formal. Glatthorn identifica seis tipos de currículo:

1. El currículo recomendado o ideal (propuesto por un comité de expertos y profesionales en la materia);

2. El currículo escrito u oficial (propuesto por organismos acreditadores o reguladores);

3. El currículo enseñado (lo que los profesores enseñan en el aula);

4. El currículo de apoyo (recursos que apoyan la enseñanza y el aprendizaje);

5. El currículo probado o medido (el que se examina en las pruebas);

6. El currículo aprendido (lo que los estudiantes aprenden de verdad).[1]

Los primeros cinco *tipos curriculares* en la taxonomía de Glatthorn tratan sobre experiencias planificadas. Las diferentes partes interesadas planifican las experiencias del aprendizaje de los estudiantes. El sexto tipo *curricular* define «currículo» como las experiencias reales de los estudiantes en el sistema educativo formal. Estas distinciones críticas entre los elementos del proceso educativo demuestran la discrepancia entre lo que los seminarios pretenden enseñar y lo que enseñan de verdad. Glatthorn afirma que el currículo más importante es lo aprendido por los estudiantes. Durkheim indicó que en las escuelas ocurre más enseñanza y aprendizaje de lo que contienen los libros de texto y manuales. Esta discrepancia da lugar al concepto del currículo oculto.[2]

El currículo didáctico abarca las actividades de aprendizaje y enseñanza (incluyendo los resultados predeterminados) que han sido explícita y conscientemente planificadas y ejecutadas. Sin embargo, durante el proceso

1. Alan A. Glatthorn, *Curriculum Renewal* (Alexandria, VA: ASCD, 1987), 3–4.
2. Emile Durkheim, *Moral Education* (Nueva York: Free Press, 1961), 148.

educativo el seminario expone, ya sea de manera consciente o inconsciente, al estudiantado, la facultad y el personal a experiencias episódicas y tipicamente informales que no fueron planificadas concienzudamente. Este es el currículo oculto, también descrito como «el aprendizaje colateral»[3] y un «subproducto del aprendizaje».[4] La descripción del currículo oculto como aprendizaje colateral ha polarizado la discusión. Una propuesta, de Emil Durkheim, reconoce que el currículo oculto es la brújula moral de la sociedad,[5] mientras que Ivan Illich, cuya perspectiva es más liberal (influenciada por el marxismo), sugiere que es un currículo malévolo y dañino (oprime a los estudiantes para someterlos o limitarlos a ciertos roles sociales y económicos predefinidos por la sociedad).[6] Cualquiera sea la perspectiva, existe consenso en cuanto a que el currículo oculto representa los valores y las disposiciones no escritas, extraoficiales y fortuitas aprendidos por los involucrados en el proceso educativo. Por lo tanto, un examen crítico del currículo oculto ayuda a entender los roles sociales y las relaciones de autoridad que afectan el aprendizaje dentro de las culturas y estructuras educativas. En este capítulo, examinaremos la naturaleza del currículo oculto con el fin de sugerir algunas maneras en que su influencia puede reforzar el currículo explícito.

La naturaleza del currículo oculto

El término *currículo oculto* apareció por primera vez en el libro, *La vida en las aulas*, de Philip Jackson. No obstante, el concepto se remonta a John Dewey, quien lo describió como el *aprendizaje colateral.*[7] Desde la época de Dewey, los sociólogos educativos han tratado de definir la noción de «oculto». El término *oculto* plantea preguntas como: ¿Por qué debería ocultarse el aprendizaje? ¿Quién lo ha ocultado y con qué propósito? ¿Qué hacemos con

3. Daniel Tanner and Laurel N. Tanner, *Curriculum Development: Theory into Practice* [(Nueva York: Macmillan, 1980), 38–40.

4. Elizabeth Vallance, "Hiding the Hidden Curriculum: An Interpretation of the Language of Justification in Nineteenth-Century Educational Reform," *Curriculum Theory Network* 4, no. 1 (1973): 5–21.

5. Emile Durkheim, *Education and Sociology* (Nueva York: Free Press, 1956).

6. Ivan Illich, *Deschooling Society* (Londres/ NuevaYork: Marion Boyars, 1994), 32–33.

7. John Dewey, *Experience and Education: The 60th Anniversary Edition* (West Lafayette, IN: Kappa Delta Pi, 1998), 49.

él si lo hallamos? ¿Fue ocultado intencionalmente? Por otro lado, ¿estará oculto porque el currículo mismo tiene que ser descubierto, que nadie lo ha notado o reconocido aún?[8] Este capítulo examina algunas de estas preguntas partiendo de la premisa de que pudiera no tratarse tanto del contenido del currículo, sino de la estructura educativa, el entorno y los procesos del aprendizaje. De modo que, cuando hablamos del currículo oculto, no estamos refiriéndonos a un «objeto» en términos de los documentos físicos que componen nuestros catálogos, sino más bien a las suposiciones implícitas y los marcos de referencia para las maneras en que llevamos a cabo el aprendizaje y la enseñanza. Estamos refiriéndonos a esos comportamientos, valores y actitudes que son aprendidos en un sistema educativo formal, pero que no están oficialmente incluidos en el catálogo.¿

Cuál es la parte «oculta» del currículo? Panorama ideológico

Las opiniones sobre el papel de la educación en la sociedad nos pueden dar una idea de lo que el currículo «oculta». Aquellos que tienen *una visión funcionalista* utilizan la *teoría del consenso* para explicar el papel de la educación como la transmisión de las verdades y los valores eternos de una generación a la otra con el fin de asegurar la homogeneidad y la continuidad de la sociedad. Estas verdades y valores presentes en el currículo oculto permiten que funcionemos eficazmente en la sociedad. Durkheim, el principal defensor de este punto de vista, es citado así: «La sociedad solamente puede sobrevivir si entre sus miembros existe un grado significativo de homogeneidad. La educación, por lo tanto, perpetúa y refuerza esta homogeneidad, fijando desde el principio en el niño las similitudes esenciales requeridas por la vida colectiva».[9] La sociedad, siendo «exterior» y «superior» a los individuos, debe determinar cuáles son esos valores y culturas colectivas, los cuales el currículo transmitirá a través de mecanismos implícitos. Durkheim señaló lo siguiente:La escuela tiene todo un sistema de reglas que predeterminan la conducta del niño. Debe venir a clase regularmente; debe llegar a la hora especificada con un comportamiento y una

8. Para un resumen de estas preguntas y otras definiciones de «currículo oculto», véase Eric Margolis et al., "Peekaboo: Hiding and Outing the Curriculum," en *The Hidden Curriculum in Higher Education*, ed. Eric Margolis (Nueva York/Londres: Routledge, 2001), 1–19.

9. Steven Lukes, *Emile Durkheim: His Life and Work – A Historical and Critical Study* (Stanford, CA: Stanford University Press, 1973), 203.

actitud apropiados. No debe perturbar las cosas en clase. Debe haber aprendido sus lecciones, hecho su tarea razonablemente bien, etc. Por lo tanto, el niño debe cargar con una serie de obligaciones. Estas, en conjunto, constituyen la disciplina de la escuela. Es a través de la práctica de la disciplina escolar que inculcamos el espíritu de disciplina en el niño.[10]Nótese la función del currículo oculto en la transmisión de los valores de la sociedad. Por ejemplo, a través de los códigos de vestimenta y los uniformes escolares enseñamos a los estudiantes a presentarse bien en la vida. Las escuelas disciplinan la tardanza para resaltar el valor de la puntualidad en la sociedad. El calendario y el cronograma diario enseñan el arte de la obediencia y la importancia de los horarios. El trabajo grupal enseña colaboración y cooperación. Otras de las cosas que enseñamos a través del currículo oculto son el respeto por la autoridad, la tolerancia y la paciencia.

Muchos han observado que, si bien nuestro sistema educativo formal está plagado con estos requisitos de conformidad, casi nunca tienen que ver con los objetivos educativos explícitos, pero indirectamente transmiten un mensaje sobre los valores de la sociedad. En general, los funcionalistas ven al currículo oculto como algo positivo en términos de la preparación de los estudiantes para la adultez responsable.

El análisis marxista de la educación ofrece otra perspectiva acerca de lo que está «oculto». A partir de la *teoría de la correspondencia,* explica la escuela como un microcosmos de la superestructura en la que el currículo oculto reproduce y hace cumplir lo que sucede en la sociedad en general.[11] La teoría de la correspondencia, propuesta por Samuel Bowles y Herbert Gintis, afirma que el sistema educativo es injusto y coacciona a la gente a que acepte para sí las funciones predefinidas por una sociedad jerárquica y desigual.[12] Al contrario de la percepción popular, que las escuelas promueven la reforma y la movilidad social, en realidad su función oculta es la producción de una fuerza laboral sumisa, obediente y disciplinada. El argumento crítico es que existe un nivel de *correspondencia* o ajuste entre los sistemas de escolarización

---

10. Durkheim, *Moral Education*, 148.

11. Louis Althusser, "Ideology and Ideological State Apparatus," en *Lenin and Philosophy, and Other Essays*, trans. Ben Brewster (Londres: New Left Books, 1971), 127–188.

12. Samuel Bowles and Herbert Gintis, *Schooling in Capitalist America: Educational Reform and the Contradictions of Economic Life* (Nueva York: Basic, 1976).

y los sistemas políticos y económicos. En el sistema educativo, por ejemplo, los estudiantes renuncian a su individualidad, no controlan el currículo ni sus estructuras de recompensas y obtienen poca o ninguna satisfacción del trabajo. Estas anomalías, según los marxistas, corresponden con los puestos futuros que ocuparán en la fuerza laboral, donde tampoco controlarán ni su trabajo ni su remuneración y de la que derivarán muy poca satisfacción. En consecuencia, los currículos de las instituciones educativas preparan a los estudiantes para el ejercicio de funciones predefinidas, siendo un instrumento o herramienta que prepara obreros y obreras para sus perfiles en la sociedad.[13] Los defensores de la perspectiva marxista pueden argumentar, además, que las reglas, los castigos y las recompensas educativas funcionan extrínsecamente para enseñarle a las personas que deben ajustarse a la sociedad, quieranlo o no. Por ejemplo, a partir de la diferenciación de roles y los estereotipos incorporados en libros de texto y actividades de aprendizaje, los estudiantes aprenden que su posición en la sociedad es natural; la obediencia a las instrucciones de los profesores sin duda es una sombra de cómo tendrá que seguir las órdenes de los jefes. La escuela fomenta la puntualidad porque el estudiante no es dueño de su tiempo; este pertenece a la escuela o a los profesores y en el futuro a sus jefes.

Estas dos teorías coinciden en que el currículo oculto transmite valores y actitudes, pero difieren en cuanto a sus significados y propósitos.

Por lo general, los cristianos conservadores evitan las perspectivas marxistas sobre la educación debido a las inclinaciones negativas del marxismo en torno a la escolarización y el capitalismo. Sin embargo, no podemos seguir ignorando esta perspectiva de la educación debido a que la injusticia social impregna nuestra comunidad global. Asimismo, a medida que más instituciones teológicas evangélicas y conservadoras se conviertan en universidades de artes liberales hechas y derechas, y que nuestros seminarios e institutos bíblicos terciarios sigan en tensión con los requerimientos gubernamentales, nuestras instituciones de educación superior pronto se volverán campos de batalla ideológicos en donde el marxismo, en sus diversas formas, tendrá su voz. Kellner argumenta lo siguiente:

13. Frank M. Howell y Lynn W. McBroom, "Social Relations at Home and at School: An Analysis of the Correspondence Principle," en *Sociology of Education* 55, no. 1 (Asociación Sociológica Americana, 1982): 40–52.

> Las teorías neomarxistas han tratado de superar su estrechísimo enfoque en temáticas de clase y economía, haciendo hincapié en el desarrollo de teorías de acción y resistencia e incorporando las dimensiones de género, raza, sexualidad y otras posturas en nociones ampliadas de educación multicultural, democratización y justicia social. También han desarrollado una amplia gama de propuestas para la reconstrucción de la educación y el desarrollo de pedagogías y prácticas educativas alternativas. Sin embargo, estas posturas neomarxistas son fuertemente disputadas por las posturas conservadoras, así que el campo de la educación sigue siendo un terreno disputado donde las posiciones neomarxistas son parte de la oposición.[14]

El terreno disputado es el currículo oculto. Los administradores han comenzado a enfrentarse a preguntas que sus estudiantes nunca antes habían hecho, tales como: «¿Por qué no tenemos profesoras en el departamento de estudios teológicos?». «¿Por qué la administración es mayormente de un grupo étnico y no de otros?». «¿Por qué no nos ponemos de acuerdo sobre cuándo deben empezar las clases?». «¿Por qué debemos tomar este curso?». «¿Por qué la capellanía no permite que los estudiantes de otras denominaciones prediquen en la capilla?». «¿Por qué la capilla es obligatoria?». Los seminarios tradicionales están debatiendo este tipo de preguntas. Muchos seminarios e institutos denominacionales tradicionalmente de orientación evangélica han perdido la batalla en el currículo oculto y hoy son otra cosa.

El currículo oculto, por lo tanto, es «una fuerza extremadamente poderosa que afecta a los estudiantes, positiva o negativamente dependiendo de las circunstancias. No obstante, esta fuerza tiende a ser ignorada por los administradores escolares, los profesores, los padres, los estudiantes y los entornos académicos en general, incluyendo a los editores de libros de texto».[15]

---

14. Douglas Kellner, "Marxian Perspectives on Educational Philosophy: From Classical Marxism to Critical Pedagogy," acceso 29 de diciembre de 2014, https://pages.gseis.ucla.edu/faculty/kellner/essays/marxianperspectivesoneducation.pdf.

15. Byron G. Massialas, "The Hidden Curriculum and Social Studies," en *Crucial Issues in Teaching Social Studies, K-12*, ed. Byron G. Massialas (Belmont, CA: Wadsworth 1996), 119–137.

Las dos perspectivas (teorías de consenso y correspondencia) tienden a presentar a los estudiantes como entidades pasivas bajo el control de la sociedad o los intereses de los grupos dominantes. También está de moda la *teoría de la resistencia*,[16] la que postula que el currículo oculto es un flujo de intereses y culturas en conflicto en el que ni los estudiantes ni los profesores son meros espectadores o receptores pasivos de las ideologías dominantes, sino agentes activos que negocian, acomodan, rechazan e inclusive desvían la agenda de socialización. La teoría de la resistencia explica algunos de los comportamientos que oficialmente están desaprobados en nuestras instituciones, tales como el fraude académico y el plagio, el servilismo bien machacado y dirigido (adulación académica), «ganarle al sistema» (sobre todo en las evaluaciones), la resistencia estudiantil, el robo y la mutilación de los libros de la biblioteca, la obsesión con las calificaciones y otras malas mañas. Estos comportamientos niegan por completo el propósito del currículo explícito de la institución.

La enorme cantidad de erudición[17] que ha sido dirigida hacia la comprensión de las consecuencias del currículo oculto subraya la necesidad de tomarlo en serio. Los profesores y administradores que ignoran estas consecuencias y se engañan a sí mismos con que están en control del currículo oculto, y que siempre funcionará a su favor, desmerecen sus profesiones y a los estudiantes que deberían estar desarrollando.

La perspectiva final sobre lo que está «oculto» es la *cristiana*. Esta perspectiva está en contra de cualquier práctica y pensamiento que trate el currículo oculto como un medio de adoctrinamiento, negación de la individualidad y manipulación. Este comprende la comunidad de aprendizaje como una de gracia orientada al servicio. Sus estudiantes no salen a cumplir con los papeles definidos por la sociedad ni se ajustan al orden social; más bien salen como individuos transformados que a su vez, transformarán a la sociedad. Por lo tanto, el currículo oculto tiene una agenda transformadora que encarna las virtudes del fruto del Espíritu: «Amor, alegría, paz, paciencia, gentileza, bondad, fidelidad, humildad y control propio» (Gá 5:22–23, NTV). El papel del Espíritu Santo cobra mayor importancia en el proceso del aprendizaje en vista de que los estudiantes absorberán lecciones que pudieran no estar

16. Michael W. Apple, *Education and Power* (Boston: Routledge & Kegan Paul, 1982), 13.
17. Véase Margolis et al., "Peekaboo," 1–21.

relacionadas con los objetivos del seminario, y que los profesores transmiten información sin darse cuenta. El currículo oculto es la base de la alianza entre el maestro, el estudiante y el Espíritu Santo, especialmente cuando hemos establecido que su efecto puede ser positivo o negativo.

¿En dónde está oculto el «currículo oculto»?

La educación es un proceso de enculturación a través del cual la sociedad transmite sus valores, habilidades y actitudes de una a otra generación. En la educación formal, el currículo oculto juega un papel crítico en esta transmisión. *El glosario de la reforma educativa: para periodistas, padres y miembros de la comunidad*[18] ha identificado varias de las áreas y actividades que encarnan el currículo oculto. A continuación, resumimos los lugares en donde el currículo se esconde.

En la orientación cultural

Los hábitos y disposiciones institucionales presentan una cultura que encarna ideologías educativas. Las expectativas culturales con respecto al rendimiento académico envían un mensaje muy fuerte a los estudiantes. Los profesores, por ejemplo, que tienen grandes expectativas de todos sus estudiantes pueden alienar a los estudiantes que provienen de comunidades débiles y desposeídas. Tales profesores promueven las virtudes de la excelencia a expensas de los estudiantes débiles, quizás hasta sin darse cuenta de ello. Los estudiantes tal vez evitan las clases cuyos profesores tienen expectativas muy altas y plazos estrictos. Además, lo que nuestra cultura recompensa y castiga envía el mensaje de las cosas que son aceptables e inaceptables en la sociedad. Un estudiante se sentirá aceptado o alienado de acuerdo con los patrones de integración de su universidad, ya sea una institución multicultural o un seminario con muchas denominaciones.

18. "Hidden Curriculum," *The Glossary of Education Reform: For Journalists, Parents, and Community Members*, acceso 29 de diciembre de 2014, http://edglossary.org/hidden-curriculum.

En los temas curriculares

Los temas o las materias que escogemos para nuestras clases y evaluaciones aportan otra dimensión al currículo oculto. Por lo general, hay materias o temas que nunca se enseñan en nuestro sistema educativo. Eisner lo denomina el currículo «nulo».[19] Por ejemplo, un estudiante me dijo que el estudio de la antropología, la conducta humana y la administración financiera no son pertinentes en las instituciones teológicas porque tratan asuntos carentes de valor eterno. Nuestra selección de qué enseñamos y qué no envía un mensaje sobre las cosas que son importantes en la vida. Incluso cuando enseñamos un curso, aquello que será parte del examen –y qué no– también envía un mensaje acerca de lo que es importante aprender.

En las estrategias de enseñanza

Los profesores transmiten con sus métodos de enseñanza mensajes mixtos a los estudiantes. Esas metodologías están profundamente consagradas en filosofías educativas que socializan al estudiante en diferentes direcciones. Por ejemplo, los valores promovidos en un aula constructivista (el pensamiento independiente, la solución de problemas, la persistencia, el ingenio y la automotivación) pueden ser completamente distintos de los proyectados por el aula positivista (dependencia, conformidad, reproducción y pasividad). Los estudiantes *absorben* estas características dominantes de la enseñanza y posiblemente las usarán cuando salgan del seminario.

En las normas de la institución

Los seminarios, al igual que la mayoría de las organizaciones, tienen reglas, políticas y procedimientos. Estas normas muchas veces envían mensajes fuertes y hasta negativos a los estudiantes. Por ejemplo, los reglamentos en torno al pago de la matrícula, los requisitos de graduación, los códigos de vestimenta y los procedimientos disciplinarios, envían mensajes no intencionales acerca de la buena voluntad y el amor cristianos. Las normas y los procedimientos van dirigidos a que el estudiantado entienda sus responsabilidades y el comportamiento esperado. Pero también le envían un mensaje al estudiante

19. Elliot W. Eisner, *The Educational Imagination: On the Design and Evaluation of School Programs*, 3ra ed. (Upper Saddle River, NJ: Prentice Hall, 1994), 97–107.

que no va a sus clases porque no ha podido pagar su matrícula, que solamente los ricos reciben formación. Cuando esas normas impiden que un estudiante —con excelente trayectoria ministerial y liderazgo ejemplar— se gradúe por una diferencia de 0.02 en su promedio, se le está diciendo que sus calificaciones académicas son lo más importante. El acatar el código de vestimenta quizás esté diciéndoles que serán juzgados por sus apariencias tanto dentro como fuera del seminario.

¿Cómo es transmitido el currículo oculto?

La escolarización provee el espacio para que los estudiantes desarrollen ciertas suposiciones culturales que afectan su aprendizaje. Los profesores traen sus parcialidades y suposiciones culturales al aula y tienden a recompensar a los estudiantes que reproducen o imitan esas tendencias. Los profesores deben examinar críticamente esas suposiciones culturales porque pueden estar introduciendo mensajes codificados al contexto educativo, mensajes que tendrán un efecto en los estudiantes.

Una de las maneras en que los profesores transmiten sus valores ocultos es a través del *lenguaje*. Teóricos como Dewey,[20] Taylor[21] y Sager[22] han indicado que las enseñanzas no intencionales son transmitidas y aprendidas más por la manera en que se dicen y hacen las cosas que por lo que se dice o se hace. Las palabras tienen el poder de crear la realidad y este no radica tanto en la expresión directa como en el uso inconsciente de metáforas, improvisaciones y eslóganes.

La gente suele referirse a los propósitos y las actividades educativas con la metáfora de la fábrica. La mayoría de las declaraciones de misión de las instituciones usan la expresión «producimos» y sus derivados. Sterling describe las escuelas como lugares que, «producen jóvenes y cualificaciones; existen metas y objetivos precisos; el currículo dirige cada etapa de la producción;

20. John Dewey, *Democracy and Education* (Mineola, NY: Courier Dover Publications, 2004), 23–40.

21. K. B. Taylor, "Mapping the Intricacies of Young Adults' Developmental Journey from Socially Prescribed to Internally Defined Identities, Relationships, and Beliefs," *Journal of College Student Development* 49, no. 3 (2008): 215–234.

22. Michelle Sager, "Understanding the Hidden Curriculum: Connecting Teachers to Themselves, Their Students and the Earth" (Portland University 2013), 9.

los profesores son técnicos y, por lo tanto, sustituibles y los trabajadores no tienen que pensar demasiado».[23] Los estudiantes son la materia prima. Un técnico tras otro, ajeno a los demás, les imparte una dosis de su experiencia. Los estudiantes son pasivos en el proceso y, después de la evaluación, pasan a la siguiente línea de producción hasta que, al final, salen «bien preparados». A su vez, se convertirán en técnicos que reproducen el proceso. El trabajo de fábrica es rutinario y también lo es el proceso de enseñanza, en el cual tanto profesores como estudiantes están desconectados del proceso de producción.

Esta suposición cultural que sustenta nuestra enseñanza tiene implicaciones desagradables. No permite que el estudiante integre la vida, la fe y el aprendizaje; empuja a los estudiantes a esforzarse siempre por dar con las «respuestas correctas» y les presenta un modelo de enseñanza y aprendizaje hostil al aprendizaje de adultos. La educación es presentada como un proceso mecánico en el que basta con que uno haga las cosas bien y diga las palabras mágicas para que todo esté bien.

Además de la metáfora raíz de la fábrica, las palabras utilizadas para describir el espíritu institucional a menudo están cargadas de valores y producen cierto tipo de cultura. Los lemas, eslóganes y otras frases transmiten valores ocultos que tienden a formar a los estudiantes. Eslóganes como «Aprender a servir», «Servicio» e «Iluminados para iluminar al mundo», producen una perspectiva de servicio en los estudiantes. Por otro lado, los eslóganes encapsulados en el concepto de la «excelencia» probablemente les inculcarán una cultura de excelencia académica desvinculada del servicio cristiano. Cuando estos eslóganes son declarados constantemente, terminan adentrándose en el subconsciente de los estudiantes y la facultad a tal punto que afectan su comportamiento dentro de la comunidad académica.

La infraestructura y el espacio físico también comunican mensajes con que los estudiantes construyen el currículo oculto. La educación es llevada a cabo en un entorno artificial: el aula. Las maneras en que los profesores y administradores organizan y utilizan el espacio comunican lo que es más importante e inherentemente el mejor entorno de aprendizaje. Sager,[24] en

23. S. Sterling, *Sustainable Education: Re-visioning Learning and Change*, Schumacher Society Briefing no. 6 (Dartington: Green Books, 2001).

24. Sager, "Understanding," 14.

referencia a Orr,[25] ha tocado lo que yo describiría como la obsesión de la escuela por los «rectángulos»: «Los niños pasan gran parte de su día dentro de un aula rectangular, sentados en un escritorio rectangular, mirando una pizarra o una pantalla rectangulares». El mensaje es que no hay manera de aprender sin rectángulos. Cualquier otra experiencia no es aprendizaje, sino una actividad «extracurricular». El aprendizaje no ocurrirá a menos que los profesores organicen los escritorios en filas rectangulares frente a una pizarra o pared rectangulares para la proyección de una presentación de PowerPoint, que también tiene dimensiones rectangulares.

El mensaje es que otras formas de acomodar los asientos, como en círculos, no llevan a un aprendizaje profundo; el aprendizaje auténtico no se da bajo un árbol o durante excursiones o caminatas al aire libre. De igual modo, las experiencias de vida de los estudiantes no son importantes para el aprendizaje porque no ocurrieron en un entorno o material (libro) rectangular. Shaw sostiene que tales arreglos enseñan sutilmente la posición del estudiante (un receptáculo a ser llenado) y del maestro (el gurú que imparte el conocimiento). El mensaje general es que el aprendizaje experiencial no es válido y, por lo tanto, no debe ser parte de la experiencia en el aula. Shaw reconoce que «el diseño del aula crea una distancia emocional subconsciente que restringe la sensación de libertad en la opinión y la discusión».[26] La virtud intelectual de la reflexión sobre la experiencia es coartada, profundizándose la brecha entre la vida real y las experiencias en el aula.

El *énfasis* y *la estructura del aprendizaje* también son un medio que comunica los valores ocultos. La obsesión de la escolarización con las pruebas y la estandarización envía el mensaje que en la educación lo más importante es lo que los profesores miden. Atributos inconmensurables como las actitudes no son importantes. La medición hace de la educación un ejercicio de precisión en que el objetivo es producir las respuestas correctas. La cultura de la precisión hace que los estudiantes insistan en consejos que los ayuden a aprobar el examen; insisten en que los profesores ofrezcan las respuestas e

25. D. W. Orr, "The Liberal Arts, the Campus, and the Biosphere," *Harvard Educational Review* 60, no. 2 (1990): 205–216.

26. Perry Shaw, *Transforming Theological Education: A Practical Handbook for Integrative Learning* (Carlisle: Langham Global Library, 2014), 82.

interpretaciones «correctas» de los acontecimientos, que luego reproducirán exactamente en el examen.

La obsesión por la «corrección», evaluada en los exámenes, dice a los estudiantes que lo más importante en la educación es adentrarse en la mente de su profesor y reproducirlo cuando sea necesario. Freire lo llama «el modelo bancario»[27] que mata la iniciativa, la creatividad, la valentía, la resiliencia y es intolerante y punitivo hacia el error humano. Este crea una competencia poco saludable, desconecta el aprendizaje y promueve la imagen del profesor como «gurú», «rabino» o «súper conocedor». Aleja a los estudiantes de sus propias experiencias e inteligencia porque los profesores hacen la investigación y ofrecen las respuestas en una bandeja magistral. Los estudiantes se limitan a absorber cuidadosa y fielmente el material ya procesado. Esto mata el aprendizaje transformador. La obsesión con la estandarización y los exámenes envía un mensaje simple: la inteligencia intelectual (demostrado en la medida en que los materiales son reproducidos) es más importante que los saberes naturales, creativos y relacionales.

La *dicotomía entre la teoría y la práctica* promovida en los procesos educativos contemporáneos también comunica un valor oculto acerca de lo que importa en el aprendizaje. La teoría y la práctica son presentadas de manera lineal y secuencial. Por ejemplo, los estudiantes aprenden los principios teóricos de la predicación, pero nunca predican un sermón en clase. Los profesores instan a sus estudiantes a que pospongan sus compromisos ministeriales hasta que terminen su trabajo académico. El mensaje es que «no están vinculados». Por el contrario, Dewey insiste en que todos los principios (teorías) son de por sí abstractos; son concretados solamente en las consecuencias, que son el resultado de su aplicación. Dice así.

> Una onza de experiencia es mejor que una tonelada de teoría simplemente porque solo la experiencia da significado y comprueba la teoría. Una experiencia muy humilde es capaz de engendrar y conducir cualquier cantidad de teoría (o contenido intelectual), pero una teoría aparte de una experiencia no puede ser definitivamente captada ni aun como teoría. Tiende a convertirse

27. Paulo Freire, *Pedagogy of the oppressed* (Londres: Penguin, 1996), 52–67.

> en una mera fórmula verbal, en una serie de eslóganes empleados para hacer innecesario e imposible el pensamiento o el teorizar auténticos.[28]

El currículo oculto y la formación espiritual

Hasta ahora hemos expuesto la naturaleza del currículo oculto. Hemos demostrado en términos muy generales sus características, lo que «esconde» y cómo se transmite. En esta sección, examinaremos esas tendencias generales dentro del contexto explícito de la formación espiritual y ministerial de los estudiantes.

El currículo oculto es uno de los principales elementos disuasorios de la formación espiritual de los estudiantes. La importancia de la espiritualidad en el seminario puede degradarse con los mensajes que enviamos acerca de los créditos por hora, las reglas de asistencia a la capilla y la semana de énfasis espiritual. Por ejemplo, la importancia del curso de Formación Espiritual o Ministerio en el Campo es disminuida cuando solamente equivale a un crédito o resulta en aprobado/desaprobado. Muchas veces nuestro currículo trata la formación espiritual como si fuera información espiritual: permitimos que los estudiantes lean las disciplinas espirituales como conceptos pietistas y les exigimos que reproduzcan esos conceptos en un examen. Al igual que la mayoría de las cosas que evaluamos en «exámenes escritos», el estudiante las olvidará tan pronto lo haya terminado. En mi opinión, la formación espiritual no puede ser enseñada por completo en el currículo explícito. Su lugar está en el currículo oculto.[29]

La agrupación Socios Globales para la Educación Transformadora (GATE por sus siglas en inglés), en su serie de talleres para docentes de todo el mundo, insisten en lo difícil que es enseñar la vida espiritual que toca las actitudes y el carácter; más bien requiere de modelaje. Nuestros estudiantes están ansiosos por ver la realidad de la naturaleza de Dios y su providencia en el flujo natural

---

28. John Dewey, *Democracia y educación: Una introducción a la filosofía de la educación*, Lorenzo Luzuriaga, trad., 6ta. Ed. (Buenos Aires: Editorial Losada, 2004). 128.

29. F. C. Power and L. Kohlberg, "Moral Development: Transforming the Hidden Curriculum," en *Curriculum Review* 26 (1986): 14–17.

de la vida de las personas que tanto estiman: sus profesores; tienen que ver (no solamente leer) una fe auténtica; necesitan ver la integración de la espiritualidad en la academia. Necesitan ver de primera mano que la fe, la vida y el aprendizaje no son solamente conceptos que mezclamos para nuestra comodidad, sino que siempre deben estar unidos. Quieren ver, aprender e imitar. Jesús les dijo a sus oyentes, «aprendan de mí»[30] y Pablo a sus seguidores: «Imítenme a mí, como yo imito a Cristo».[31] Jesús, y más tarde Pablo, forjó una asociación entre lo que ahora llamamos el currículo formal y el currículo oculto para fomentar el desarrollo espiritual y moral de sus seguidores. Glatthorn cree que el currículo oculto abarca «aquellos aspectos de la educación, aparte del currículo intencional, que parecen alterar las percepciones de valor y el comportamiento de los estudiantes».[32] Cabe recordar que, «la atmósfera, el carácter y los valores institucionales reflejados a lo largo y a lo ancho de la vida del seminario son fundamentales para la educación en la espiritualidad, el carácter y los valores. Un currículo oculto que crea un entorno espiritual y moralmente edificante, que resuena y respalda las lecciones del currículo manifiesto, formará el crecimiento religioso y la seriedad de nuestros estudiantes».[33]

La insistencia en el uso del currículo oculto para ayudar a que los estudiantes crezcan en su relación con Cristo no resta importancia a los logros académicos. Todo ejercicio de formación espiritual dentro de la academia debe estar sujeto a los estándares más rigurosos. De hecho, White señala que los estándares académicos adquieren más valor: «La verdadera educación no ignora los valores del conocimiento científico o las adquisiciones literarias; pero valora más el poder que la información; la bondad más que el poder; el carácter más que los requisitos intelectuales».[34] Por lo tanto, cualquier emprendimiento académico es un paso hacia la piedad y la semejanza de Cristo. Para White, la educación tiene como fin «elevar y ennoblecer el carácter del hombre para

30. Mt 11:29 (NVI).

31. 1 Co 11:1 (NVI).

32. Alan A. Glatthorn, *Curriculum Leadership* (Glenview, IL: Scott Foresman, 1987), 20.

33. Yoel Finkelman, *The Hidden Curiculum and Mahshevet Yisrael Education* (Jerusalén: Academy for Torah Initiatives and Directions, 2006), 3.

34. Ellen G. White, *Education* (Nampa, ID: Pacific, 2002), 25.

que refleje la nueva imagen del Creador».[35] Su argumento sienta una agenda redentora para el proceso educativo: la educación no gira en torno al profesor ni al estudiante ni a las evaluaciones, sino a Cristo. Una educación cuyo objetivo sea el desarrollo de líderes semejantes a Cristo facilita la integración porque Cristo es el Señor de todo.[36]

Por lo tanto, los seminarios no deben limitar la formación espiritual a una clase o tema de estudio ni a grupos o reuniones de capilla particulares. Cada rincón de la institución tiene que estar saturado con la vida espiritual y el carácter que glorifican a Dios. La mentalidad de Cristo debe caracterizar nuestros compromisos y relaciones. Por tanto, el currículo oculto juega un papel crítico en la formación espiritual.

El currículo oculto y la formación ministerial

El currículo oculto no solamente es crítico en la formación espiritual; juega un papel en la formación ministerial que requiere el desarrollo de habilidades blandas. Una vez más, los Asociados de GATE nos recuerdan que somos mentores y asesores de habilidades; no podemos enseñarlas con efectividad en el currículo explícito. Las habilidades duras conciernen principalmente las destrezas técnicas necesarias para llevar a cabo un cierto tipo de trabajo, mientras que las habilidades blandas (también conocidas como la inteligencia emocional) son las habilidades intrapersonales e interpersonales[37] que caracterizan nuestras relaciones con nosotros mismos y los demás. No debemos dar por sentado que las personas con habilidades duras automaticamente poseen grandes habilidades blandas. Los problemas que surgen dentro de la iglesia rara vez tienen que ver con la falta de habilidades duras; los líderes confrontan muchos problemas en el área de las habilidades blandas. Sin embargo, aunque sean importantes rara vez son tocadas en el currículo explícito.

35. Ellen G. White, *Counsels to Parents, Teachers and Students* (Nampa, ID: Pacific, 2011), 52.

36. Col 1:15–18 (NTV).

37. Prasanta K. Padhi, "Soft Skills: Education Beyond Academics," *IOSR Journal of Humanities and Social Science* 19, no. 5, Ver. 6 (May 2014): 1–3; acceso 11 Febrero 2016, www.iosrjournals.org.

Schulz[38] plantea el caso para la integración de las habilidades blandas en los cursos de habilidades duras: «Un método muy eficiente y eficaz es la incorporación de las habilidades blandas en los cursos de habilidades duras para que la enseñanza de un contenido en particular sea más atractiva y a la vez, mejore las habilidades blandas». Schulz define las habilidades blandas como aquellas categorías que están fuera del radar de la educación formal. De hecho, con su sugerencia de que estos rasgos o talentos, como prefiere llamarlos, sean integrados en las habilidades duras, está sugiriendo una integración de los currículos ocultos implícitos y explícitos. Con esta integración, se logra poner el foco en esas habilidades y rasgos del carácter de los estudiantes que no eran valorados ni tomados en cuenta.

Los profesores exponen el currículo oculto cuando siguen la recomendación de integrar las habilidades blandas con las duras en la formación espiritual y ministerial. Ahora los estudiantes tendrán que responder por las habilidades y actitudes que han acumulado de manera acrítica por tanto tiempo. Estas ahora jugarán un papel importante en el currículo formal. Si bien podría darse de varias maneras, un modelo curricular africano titulado, «Más de una milla de profundidad»,[39] presenta una forma muy innovadora de fusionar las habilidades blandas con las duras en una situación de aprendizaje. Lo primero que hace es identificar todo lo que el estudiante necesita para cierta destreza ministerial; luego identifica todo lo que necesita para lograrla con excelencia. Se trata de las destrezas y las actitudes requeridas, los valores, las relaciones que debe apreciar y los conocimientos básicos necesarios para el cumplimiento del deber. Todo queda integrado en la actividad que llevará a cabo. Después de la actividad, los estudiantes deben reflexionar acerca de su desempeño: lo que hicieron bien o mal y su responsabilidad por los resultados. Los creadores de este modelo creen que el circuito Acción-Reflexión-Acción (ARA) es lo que hace posible la integración de las habilidades blandas con las duras y el mejoramiento de la formación ministerial. La actividad precede la teoría. Nuestros seminarios funcionan al revés. Los estudiantes reciben toda la teoría

38. Bernd Schulz, "The Importance of Soft Skills: Education Beyond Academic Knowledge," en *NAWA: Journal of Language and Communication* (Junio 2008): 146–154.

39. El «Más de una milla de profundidad – Currículo Global» es una respuesta africana a la formación ministerial de base. Véase www.entrust4.org.

antes de la práctica. En tal caso, están preparados para el ministerio, pero no *en el* ministerio.

La integración del currículo oculto probablemente mitigará su poder destructivo. El currículo oculto quedará expuesto por el modelaje de la vida espiritual en todo lo que hagamos en la academia y la mentoría o el coaching de las habilidades blandas, convirtiéndolo en una herramienta muy productiva en manos de las instituciones y los profesores que aspiran a la transformación integral de las personas, quienes a su vez serán agentes de transformación.

Problemas con la integración

Hemos examinado la naturaleza «oculta» del currículo, sus posibles escondites y modo de transmisión. También hemos visto su efecto sobre la formación espiritual y ministerial. En esta sección, exploraremos los efectos de la relación entre los currículos ocultos y explícitos en el aprendizaje.

El currículo oculto a menudo se ejecuta en paralelo al currículo explícito o formal. La relación entre los dos puede ser cordial, de apoyo mutuo, o pueden ser adversarios que se contradicen. ¿Qué esta pasando en los seminarios que está haciendo que el currículo oculto sea inicuo o que apoye el currículo formal?

Discordancia

En ocasiones hay una discordancia entre lo que decimos en nuestro currículo, lo que pretendemos enseñar y evaluar, y lo que los estudiantes aprenden en clase. Los objetivos y los procesos educativos están desajustados. Por ejemplo, es común que los seminarios proclamen que están produciendo líderes transformadores para la sociedad, pero continúen utilizando metodologías «conformistas». Estas imponen la sumisión, la inflexibilidad y la conformidad a través del currículo oculto, aunque explícitamente afirman que están produciendo agentes de transformación. Castellana explica esta incoherencia en su estudio sobre la edificación de la paz. Según esta, las escuelas restringen la libertad de los estudiantes con la promesa de que están «preparándolos [a los estudiantes] para la libertad [que encontrarán] más adelante y en otros lugares». Esta señala que la sumisión es el sello distintivo de estos currículos. Más aún, esta metodología socava la paz porque «al obligar a los estudiantes a someterse, estos no aprenden a enfrentar los conflictos sin violencia».[40] Un currículo dirigido a la edificación de la paz, en lo referente al liderazgo transformador, debe crear el espacio para que los estudiantes compartan y analicen ideas opuestas, participen democráticamente en los procesos de toma de decisiones y promuevan la imparcialidad y la justicia. No obstante, en muchas aulas el silencio es una virtud, la reproducción es de oro y la conformidad el éxito.

Otro ejemplo de la manera en que el currículo oculto contradice al currículo explícito tiene que ver con la promoción de los valores familiares. La mayoría de las instituciones teológicas valora la estabilidad de la familia. En consecuencia, construyen residencias para los estudiantes casados, animándolos a acompañar a sus cónyuges (una muy buena intención del currículo explícito); pero tan pronto empiezan las clases, los cónyugues matriculados abandonan esos edificios. Pasan la mayor parte de su tiempo en clases o en la biblioteca. Mi profesor me aconsejó que «vendiera mi cama» si quería pasar su clase. Esos dos años fueron agonizantes para mi familia, aun cuando esa institución predicaba la unidad familiar. Otras áreas en las que el currículo oculto niega el currículo explícito incluyen: la edificación de la comunidad, la formación espiritual y las calificaciones y notas. Las demandas curriculares a menudo destruyen los ideales de los procesos educativos.

Perry Shaw asimismo ha señalado varios ejemplos de las contradicciones entre los currículos ocultos y explícitos. Le preocupa lo que los profesores enseñan acerca de Dios y la oración. Aunque el catálogo y la retórica de la institución exaltan a Dios y la oración, Shaw lamenta que «muchos de nuestros profesores enseñan sin orar o no reconocen que necesitamos la dirección del Espíritu Santo en nuestra enseñanza … comunicamos que Dios no se interesa por lo que enseñamos y ni siquiera está presente en las clases».[41]

Shaw reconoce otras áreas de discordancia. También existe cuando presentamos el ministerio como un área para la colaboración, pero fomentamos

40. Elizabeth Castellana, "Prophylactic Peace Education: How the Hidden Curriculum in Public Schools Prevents Rather Than Promotes Building Capacities for Peace" (2004), 6; citado por Ananda Mahto, "The Potential Negative Effects of a Hidden Curriculum," *Ananda Mahto* (blog), 10 de julio de 2006, acceso 5 de febrero de 2016, http://www.anandamahto.wordpress.com.

41. Perry W. H. Shaw, "Training to Failure, Training to Success: The Hidden Curriculum of Seminary Education," *Theological Reflections* 7 (2006): 84–100.

la competencia en la educación; cuando indicamos que somos seres integrales, pero promovemos la idea de que la mente es la parte más importante de la personalidad humana; cuando predicamos la idea de la servidumbre en el liderazgo, pero presentamos al profesor como «el principio y fin de todo»; y cuando decimos que cada estudiante es único, pero impartimos un «currículo para todos los tamaños».[42]

El currículo oculto erosiona sistemáticamente gran parte de las intenciones del currículo explícito. La parte agonizante es que la facultad y los oficiales de la institución creen que el currículo oculto sirve a los mejores intereses de los estudiantes. Algunos hasta entienden que no es su responsabilidad y, por lo tanto, se niegan a tocarlo. Su argumento es que atenderlo le restaría un tiempo «precioso» a las exigencias del currículo escrito.

La restauración de la armonía

Cuando son confrontados con la incongruencia entre el currículo formal y el oculto, la mayoría de los educadores aborrecen la situación. La mayoría estaría de acuerdo en que esta situación debería ser corregida o al menos minimizada. El currículo oculto puede respaldar el currículo formal para que el aprendizaje sea más saludable.

Seddon reconoce que el currículo oculto implica el aprendizaje de actitudes, normas, creencias, valores y suposiciones (a menudo expresadas en reglas, rituales y regulaciones) que rara vez son cuestionadas.[43] El juicio sobre si un currículo oculto es positivo o negativo depende de la postura de valores de la persona interesada. Esta observación refuerza la idea de que no es natural que los currículos estén desencontrados; la facultad y la administración crean las experiencias y condiciones que los estudiantes traducen en el currículo oculto. Es importante notar que no responden a un currículo oculto; más bien lo construyen por medio de sus interpretaciones, percepciones y acciones. Armonizar el currículo oculto y el formal requiere que analicemos qué pudo producir la desarmonía, para luego considerar cómo la podemos restaurar.

42. Shaw, *Transforming*, 79–91.

43. T. Seddon, "The Hidden Curriculum: An Overview," *Curriculum Perspectives* 3, no. 1 (Jan. 1981): 1–6.

Hacer caso omiso del poder del currículo oculto

La mayoría de los profesores con los que me he encontrado no toman en serio el currículo oculto. O bien están ajenos a sus consecuencias en el aprendizaje de los estudiantes o piensan que su responsabilidad es enseñar el currículo explícito (como se indica en sus contratos de trabajo). Blumberg y Blumberg[44] al parecer están de acuerdo porque indican que el currículo oculto es, a decir verdad, un subproducto del sistema educativo. Estos concluyen que tanto las universidades como los profesores deben enfocarse en el currículo explícito y obviar los subproductos. Aunque en otras situaciones los subproductos y productos siguen cada cual por su lado, ese no es el caso aquí: el estudiante tiene que vivir con ambos. Los profesores y los administradores educativos no deben hacer caso omiso del currículo oculto para salvar la brecha entre los dos tipos de experiencias de aprendizaje; deben reconocer que el currículo oculto puede deshacer su arduo trabajo. La enseñanza no es tan simplista como la mayoría cree; antes bien, es una interacción compleja y muchas veces hasta desagradable entre variables culturales, sociales, psicológicas y físicas. Los profesores sin saberlo podrían estar usando métodos y teorías perjudiciales si ignoran las fuerzas ocultas que militan en contra de sus buenas intenciones.[45]

Creer que los estudiantes aprenden lo que enseñamos implícitamente

Los profesores creen erróneamente que el aprendizaje ocurre porque han enseñado y que los estudiantes aceptarán por completo los dictados del currículo implícito. Jusu descubrió que los estudiantes quizás reproduzcan fielmente lo que recibieron de su profesor con tal de aprobar los exámenes, pero aún así oponerse por completo a las enseñanzas implícitas del currículo.[46] Sus acciones y sistemas de creencias niegan lo que presentan en el examen. De modo que, los profesores deben ser conscientes de lo que están enseñando,

44. Blumberg y Blumberg, *Unwritten Curriculum*, 5–21.

45. M. Parr, "Knowing Is Not Enough: We Must Do! Teaching Development through Engagement in Learning Opportunities," *International Journal of Learning* 12, no. 6 (2005): 135–140.

46. John K. Jusu, "Patterns of Epistemological Frameworks amongst Master of Divinity Students at the Nairobi Evangelical Graduate School of Theology" (Tesis PhD, Trinity International University, 2008), 174.

pero también de lo que sus estudiantes están aprendiendo. Su responsabilidad es desafiar el pensamiento de sus estudiantes, en lugar de depositarles varias capas de información sin un examen crítico.

Ser acrítico de nuestras suposiciones

Los profesores y los administradores deben cuestionar las suposiciones que aportan al ámbito del aprendizaje y la enseñanza. Esas creencias, valores y suposiciones que dan por veraces deben ser discutidas y traídas al escrutinio crítico. Los miembros de la facultad deben justificar educativamente sus decisiones en torno al diseño, la presentación y evaluación del curso. Por lo general, están siguiendo la conveniencia y la tradición («siempre lo hemos hecho de esta manera»). La facultad tiene que deconstruir el paradigma dominante en la educación y cambiar el hábito sistémico de no cuestionar las suposiciones culturales.

Una visión limitada de nuestra responsabilidad

La facultad a menudo limita su responsabilidad con los estudiantes a la interacción en el aula o aquellas concernientes a sus cursos. No están al tanto de las otras experiencias de los estudiantes con sus colegas y el personal administrativo. Como profesionales, los profesores deben estar al tanto de la manera en que sus colegas están edificando a los estudiantes. Hace falta que tengan una perspectiva sistémica del proceso educativo, que lo puedan ver como un todo con partes entrelazadas. Deben tratar a cada estudiante como una «persona cabal», única y portadora de la imagen de Dios. La colaboración y el trabajo en equipo debe fomentarse en todos los niveles del desarrollo, la implementación y evaluación del currículo.

Creer que el profesor no es parte del currículo

Muchos profesores viven bajo la filosofía de «haz como digo, no como vivo». Se absuelven a sí mismos de los valores implícitos y las disposiciones requeridas por su enseñanza. Por un lado, amonestan a los estudiantes a que hagan tal cosa, pero en sus vidas hacen todo lo contrario. En el aula enseñan acerca de la justicia, imparcialidad y democracia, pero no las practican. Para evitar esta dicotomía e hipocresía, Robert Ferris (uno de los socios sénior de GATE), insiste durante sus talleres de desarrollo docente en que «la facultad es el currículo».[47] La vida del profesor es el currículo del cual los estudiantes aprenden.[48] Estos aprenden lecciones duraderas del carácter, la actitud y los valores de sus profesores. Por lo tanto, sus actitudes deben complementar el currículo explícito.

La mentalidad de que el currículo explícito enseña todo lo necesario

La falacia de que los seminarios tienen las respuestas para cuanto problema existe ha mantenido la brecha entre lo oculto y explícito. Por ejemplo, cuando las instituciones desean fomentar la formación espiritual de los estudiantes preparan un curso formal. Los profesores ignoran que están afectando la cabeza (información), el corazón (actitudes y valores) y las manos (destrezas) de los estudiantes. Por consiguiente, usan un método estándar que sirve para un área (la cabeza) para afectar a las demás. Los profesores pueden usar el currículo explícito para la información (conocimiento), pero también deben adiestrar y modelar valores. Existen varios métodos para el desarrollo de las habilidades críticas y el modelaje de los valores y las actitudes, los cuales no dependen de la enseñanza del currículo explícito.

Los profesores solamente podrán usar el currículo oculto si están conscientes de su poder tanto para reforzar o militar contra lo explícito. Tienen que convencerse de que los estudiantes aprenderán mucho más de lo creen haberles enseñado. Estos deben cuestionar los presupuestos de su profesión, percibirse a sí mismos como una parte integral del currículo y adoptar otros paradigmas para impartir habilidades y actitudes.

Cómo aprovechar el poder del currículo oculto

La institución como entidad debe también facilitar un entorno que favorezca la integración de los currículos ocultos y formales. Sugiero lo siguiente:

1. La institución debe asegurarse de que su declaración de misión sea bien conocida entre las partes interesadas. Si el currículo explícito está diciendo una cosa, pero algo distinto está saliendo del currículo oculto, lo más probable es que la misión y los valores

47. Si desea explorar las obras, la filosofía y los talleres de GATE, véase www.gateglobal.org.
48. 2 Co 3:2–3.

de la institución hayan sido malentendidos. Además, debe tener un lema que convoque y congregue a los miembros de la comunidad. Debe ser parte de la decoración de las aulas y las zonas públicas. Los lemas y eslóganes unen a la gente en una causa común.

2. La institución debe organizar ceremonias y rituales académicos que reúnan a la comunidad para celebrar los éxitos, los logros de excelencia en todas las dimensiones, incluyendo lo académico, la piedad personal, la eficacia en la evangelización, el discipulado, el liderazgo en la siembra de iglesias y actividades extramurales, atléticas, artísticas y demás. La institución debería valorarlas a todas.
3. La institución debe promover el aprendizaje en el campo. El espíritu que anima este tipo de aprendizaje es la descentralización de la educación: llevarla fuera del rectángulo (el salón enclaustrado) que rara vez tiene algo que decir acerca del aprendizaje en el contexto de lo cotidiano.[49] Las aulas rara vez respaldan las experiencias o los sentimientos que deseamos evocar en los estudiantes, sino que sofocan el compromiso crítico con los problemas que le importan al estudiante. Freire indica lo siguiente: «La reflexión auténtica no considera al hombre como abstracción ni aislado del mundo, sino en su relación con el mundo».[50] Cuando el aprendizaje ocurre en una situación concreta, el estudiante se sentirá vinculado con el contexto y motivado para hacer algo al respecto. Este enfoque puede promover el aprendizaje experiencial, construir aprendizaje en torno a asuntos críticos y mover el aprendizaje del dominio de las respuestas correctas a uno de diálogo y participación colectivas.
4. La institución debe instituir un sistema de evaluación integral en el que la formación espiritual y de carácter sean tratadas con la misma seriedad que lo académico. El sistema de recompensas debe tomar en cuenta la buena disciplina, la contribución a la vida comunitaria, el servicio, la deportividad y el respeto por los demás. Estas pocas cosas bien pueden crear el entorno para que los estudiantes construyan

49. Sager, "Understanding," 25.
50. Freire, *Pedagogía*, 7.

experiencias de aprendizaje positivas que refuercen el currículo explícito. Shaw sugiere que limitemos la cantidad de tareas que tengan valor numérico.[51] Debemos establecer ciertos objetivos para las competencias como requisitos para la promoción de grado.

Conclusión

La poderosa influencia del currículo oculto hace que sea un tema polémico en los procesos educativos formales. Dado que el currículo oculto es el resultado de las experiencias de los estudiantes (y de lo que experimentan en el seminario), las posibilidades abundan para que sea negativo o positivo. El currículo oculto y el formal están activos. El uno complementa o se opone al otro. La educación puede transmitir muchas de sus metas más profundas y deseables a través del currículo oculto. Si la justicia, la imparcialidad, el respeto mutuo y el trabajo duro penetraran todas las facetas de la educación, los estudiantes aprenderían a ser justos, imparciales y diligentes. Estos aprenderán a servir observando el esfuerzo y servicio de la facultad y la administración; estándares altos inculcarán el hábito de la excelencia en todas sus actividades.

Este capítulo ha demostrado tanto las connotaciones negativas como las positivas del currículo oculto por medio de un resumen de las teorías al respecto. El cristianismo ve al currículo oculto como un instrumento para mejorar la formación espiritual y edificar las aptitudes del estudiante para la vida. La atención crítica de la facultad y la administración, cualesquiera sean sus posiciones en sus contextos, y la medida en que integren el currículo oculto, determinarán sus efectos.

Reflexión y puntos de acción

1. Medite en su vida como estudiante y considere las maneras en que el currículo oculto afectó (a) negativa y (b) positivamente su aprendizaje. ¿Cómo minimizaría lo negativo y promovería lo positivo en su propio quehacer docente?

51. Shaw, *Transforming Theological Education*, 98.

2. ¿ Qué opina de que los profesores están demasiado ocupados con el currículo formal como para entrometerse con el currículo oculto?
3. Tome en cuenta su institución (el uso del espacio, la infraestructura, la estructura de la autoridad, las relaciones personales, los procesos de formación, etc). ¿Qué mensajes implícitos, a su juicio, transmiten (a) al estudiantado, (b) a la facultad y al personal, así como (c) a otras partes interesadas?
4. ¿A los intereses de quiénes está sirviendo el currículo oculto en su contexto? ¿Cuál es la relación entre su institución y este grupo de interés?
5. Cornbleth[52] ha descrito los siguientes elementos como críticos para la difusión de los valores del currículo oculto:
   - Disposición de tiempo, instalaciones, materiales y exámenes.
   - Compartimentación de los programas por temas y la posterior fragmentación del conocimiento.
   - Libros de texto tratados como las fuentes de conocimiento más autorizadas.
   - Sistemas de calificaciones.

   En vista de estos elementos, haga un examen crítico y comente los tipos de valores que su institución promueve. Ofrezca sugerencias para usarlos para mejorar los aspectos positivos del currículo oculto.
6. ¿Cómo influirá el poder del currículo oculto su selección de profesores y libros de texto para su institución?
7. ¿Qué opina de que el currículo oculto es perjudicial para el currículo formal? Justifique su posición.
8. ¿De qué manera cree que las leyes gubernamentales o las normas de acreditación alejan el currículo oculto del explícito? Analice las maneras en que podría manejarlo.
9. Priorice las estrategias que usaría para convencer a sus colegas a que atiendan al efecto negativo del currículo oculto. ¿Qué deben tomar

52. C. Cornbleth, "Curriculum In and Out of Context," *Journal of Curriculum and Supervision* 3, no. 2 (1988): 85–96; acceso 1 de febrero de 2016, http://www.ascd.org.

en cuenta, en cuanto al uso del currículo oculto, si deciden irse a otro seminario?

Recursos para seguir estudiando

Eisner, Elliot W. *The Educational Imagination: On the Design and Evaluation of School Programs*. 3ª ed. Nueva Jersey: Prentice Hall, 1994 (Caps. 3 y 4).

Mahto, Ananda. "The Potential Negative Effects of a Hidden Curriculum." *Ananda Mahto* (blog), 10 Julio 2006. http://www.anandamahto.wordpress.com.

Margolis, Eric, et al. "Peekaboo: Hiding and Outing the Curriculum." En *The Hidden Curriculum in Higher Education*, editado por Eric Margolis, 1–19. Nueva York/Londres: Routledge, 2001.

Shaw Perry. "Training to Failure, Training to Success: The Hidden Curriculum of Seminary Education." *Theological Reflections* 7 (2006): 84–100.

———. *Transforming Theological Education: A Practical Handbook for Integrative Learning*. Carlisle: Langham Global Library, 2014 (Cap. 5).

11

El iseño curricular integrado para el desarrollo holístico de los estudiantes

Vera Brock

Me encantan las casas que tienen un buen diseño, una buena construcción, que también son hermosas y cómodas. Algunas casas parecen frías porque reflejan planos arquitectónicos que no son cálidos ni acogedores. En mi opinión, un currículo bien planificado es similar a una casa bien diseñada. Todo fluye con explicaciones claras de su razón de ser. El resultado es atractivo y satisfactorio. Por esta razón, la redacción de un currículo es un desafío creativo. Este tema es muy pertinente para los participantes en la educación teológica. Es necesario que pensemos y repensemos constantemente la tarea curricular para que no pierda su dinamismo. No podemos permitirnos caer en la tentación de mantener el sistema existente.

Este capítulo ofrece pautas para el desarrollo de un currículo que satisfaga las preocupaciones de la comunidad a la que enviaremos a los graduados. Más que nunca, la iglesia necesita obreros y obreras que sepan equilibrar una teología saludable con una vida cristiana personal ejemplar, que ofrezcan respuestas bíblicas, profundas y coherentes a las grandes preguntas de hoy. Un currículo integral que equilibre el conocimiento, la vida y el quehacer será una gran herramienta para vida de los estudiantes que la transitarán.

Para que alcancemos el objetivo de capítulo, debemos comenzar con algunas definiciones. Estas verdades serán la base de un currículo eficaz e integrado, donde las actividades contribuyan al objetivo: el desarrollo integral de los estudiantes.

Principios de la construcción del currículo: una base curricular – los fundamentos de la planificación curricular

¿Por dónde empieza la construcción de una hermosa residencia o un edificio de oficinas altamente funcional? ¡Con los cimientos, por supuesto! No se trata solamente de los materiales, sino de los principios que fundamentarán nuestras decisiones.

Hubo un momento en mi vida en el que quise casa propia. Hablé con una amiga arquitecta, mostrándole el tipo de casas que me gustaban y pidiéndole que diseñara algo para mí. Pero no tuve respuesta para su primera pregunta: «¿Dónde construirás esta casa?». Mi respuesta fue: «No lo sé, pero cuando encuentre un terreno ya tendré los planos de construcción». Ella me respondió de la siguiente manera: «Una casa no es diseñada así. En primer lugar, necesitamos una parcela para hacernos una idea de cosas tales como la dirección de la luz solar». Cuando finalmente encontré el terreno para mi casa, ella elaboró un hermoso plano que fue del agrado de todos. La casa se convirtió en un hogar maravilloso para mí. Pero para llegar a esa conclusión que parecía sencilla, primero era necesario que la arquitecta hubiera estudiado arquitectura por años para establecer los fundamentos correctos. El diseño del proyecto (¡mi casa!) fue posible gracias a su vasto conocimiento.

Del mismo modo, no podemos iniciar un plan curricular hasta que tengamos una idea de dónde se llevará a cabo. Además, el diseño parte de una rica acumulación de conocimiento y experiencia. El plan curricular es solamente el resultado visible de un largo y laborioso proceso de planificación. Cada decisión que se toma como parte del diseño curricular debe estar basada en el conocimiento pedagógico, la experiencia y el estudio en el área. También debe estar basada en la investigación y observación de otras instituciones, ya sea positivamente, con la esperanza de adaptar algunas de las ideas que han dado grandes resultados, o negativamente, para evitar los mismos errores.

La mayoría de las personas involucradas en la educación teológica comenzó su trayectoria en las áreas de Biblia y teología, pero con muy poca preparación (en el mejor de los casos) en educación. Cuando tenemos que tomar decisiones académicas o curriculares, ¿qué hacemos? Copiamos o reproducimos lo que vimos, asistidos por sugerencias extraídas de nuestra propia experiencia educativa como estudiantes o profesores. Nuestro punto de referencia es casi siempre nuestro seminario y suplementamos con ideas de los modelos educativos que hemos observado a lo largo de los años.

En un artículo sobre los problemas curriculares, el Dr Emilio Núñez describe varios tipos de currículo que suelen usarse, sobre todo en escuelas nuevas. Es importante pensar acerca de estas cosas para no caer en los mismos problemas. Entre los tipos presentados por el Dr. Núñez, dos son especialmente comunes en los países del mundo mayoritario. El primero es el *currículo como vela*, un programa que carece de objetivos definidos, por lo cual es arrastrado hacia donde sople el viento. Es una mezcla de materias que realmente no llevan al estudiante en una dirección particular. Fue desarrollado de acuerdo con la disponibilidad y los intereses de los profesores, ¡resultando en un caos! El segundo es el *currículo importado*. Este currículo es una imitación de lo utilizado en otras partes del mundo. Si funciona en otro lugar, ¡lo copiaremos! El peligro, por supuesto, de desarrollar el currículo de esta manera es que pasamos por alto la realidad cultural, social y eclesiástica de nuestro propio contexto.[1]

Thomas H. Groome sugiere que consideremos el pasado, el presente y el futuro como fundamentales para la planificación de un programa educativo y su currículo.

El pasado

Somos productos de la comunidad y la cultura en la que vivimos y trabajamos. El conocimiento nuevo elabora sobre lo que hemos acumulado. No es necesario dejar que cada generación descubra las cosas por su cuenta o que estemos pensando todo el tiempo en cómo «reinventar la rueda». Nuestra herencia cristiana es rica en conocimiento bíblico e histórico y un importante

1. Emílio A. Núñez, "El problema del currículo," en *Nuevas Alternativas de Educación Teológica*, ed. C. René Padilla (Miami: Nueva Creación, 1986), 59–70.

punto de partida para el desarrollo del aprendizaje. En este sentido, un currículo integrado para la educación teológica debe preservar el cúmulo de conocimientos y tradiciones y ofrecérselo a las generaciones presentes y futuras. El Dr. Noelliste escribe que uno de los propósitos de la educación teológica es el mantenimiento de la integridad de la fe cristiana que ha sido nuestra desde la enseñanza apostólica. Las disciplinas académicas como el conocimiento bíblico y teológico son pilares importantes para el desarrollo de otros saberes.[2] Sin embargo, si permanecemos en el pasado, corremos el riesgo del énfasis desmedido en el contenido. Este tipo de currículo fomenta el aprendizaje pasivo y una metodología educativa que recompensa solamente la memorización.

El presente

Esta es la dimensión del ahora, hoy. Aquí preguntamos cuáles son los temas y las preguntas que el desarrollo del currículo deberá tomar en cuenta. El estudiante cuenta con muchísima información acerca de su mundo. Nuestro trabajo es ayudarle a leer, discernir, y evaluar lo que están estudiando. El presente añade nuevos conocimientos a los que ya tenía. Aporta disciplinas educativas contemporáneas al proceso educativo. Requiere que los estudiantes participen activamente en su aprendizaje a través de casos de estudio y otros ejercicios prácticos que los ayudan a reflexionar sobre el presente. El contenido de las materias temáticas no va solamente dirigido hacia la memorización, sino a la comprensión y al desarrollo de su análisis. La reflexión sobre el contenido y la situación actual les ayudará en la medida en que ofrezcan ideas y soluciones bíblicas a sus situaciones.

El futuro

Dentro del contenido curricular el futuro corresponde al ámbito del «todavía». Los estudiantes aún no están sumergidos en la labor ministerial. No obstante, lo aprendido será fundamental cuando lleguen a esas cosas o asuman el liderazgo. Los estudiantes deben estar bien preparados para los cambios que ocurrirán

2. Dieumeme Noelliste, "Handmaiden to God's Economy: Biblical Foundations of Theological Education," in *Foundations for Academic Leadership*, ed. Fritz Deininger and Orbelina Eguizabal (Hamburg: VTR, 2013), 30.

en el futuro. Se trata de un espacio abierto y en gran parte desconocido. Si deseamos que los estudiantes sean eficaces en el futuro, tenemos que prepararlos desde ahora.

La sabiduría acumulada, la experiencia actual de los estudiantes y el celo por el futuro no compiten entre sí. Estos son tres aspectos de la realidad. Estas tres fuentes deben ser consultadas y equilibradas en una tensión educativa, sana y fructífera. El futuro nace de la herencia del pasado y de la creatividad del presente, pero con una novedad que va más allá de ambos. Las actividades educativas deben ocuparse de las tres dimensiones del tiempo: pasado, presente y futuro.[3]

Integridad educativa

Es lamentable que muchos educadores desconozcan sus propias filosofías educativas porque las preguntas curriculares están intimamente vinculadas con ellas. El currículo hace preguntas tales como: ¿A quién queremos capacitar? ¿Para quién y para qué queremos adiestrarlos? ¿Cómo queremos adiestrarlos? La primera pregunta tiene que ver con los estudiantes; la segunda considera las vocaciones y las destrezas que necesitarán para responder a sus contextos; la tercera se refiere a las formas involucradas en hacer educación.

Cierto pastor fue seleccionado como director del programa de formación teológica de su denominación. Como su única experiencia educativa se remontaba a sus días de estudiante vino a preguntarme: «¿Qué nuevas asignaturas usted ofrecería en esta escuela? Usted viene de un programa grande y me gustaría enseñar los cursos que usó en su escuela». El pobre hombre estaba perdido en su nuevo trabajo.

¿Qué puede hacer aparte de copiar lo que otros están haciendo? Este pequeño seminario existía para formar *a sus propios* pastores con las creencias y prácticas particulares de la denominación. Pero el nuevo director descubrió que la mayoría de los pastores de su denominación no querían ser docentes en el seminario. Tal vez carecían del conocimiento, las credenciales académicas o falta de tiempo para enseñar mientras pastoreaban. El director tenía un

3. Thomas H. Groome, *Educação Religiosa Cristã: Compartilhando Nosso Caso e Visão* (São Paulo: Paulinas, 1985).

problema muy difícil en sus manos: hacer que el seminario funcionara como se esperaba, pero sin la cooperación de la denominación. Este buscó docentes calificados que estuvieran dispuestos a enseñar. El resultado fue un equipo docente de diversas creencias doctrinales. Las clases impartidas reflejaban su disponibilidad, pero sin que las asignaturas siguieran una lógica. Los estudiantes se graduaron con una mentalidad mucho más abierta de lo esperado por la denominación. Por lo tanto, no eran aptos para el ministerio pastoral dentro de la denominación. Unos años más tarde la escuela cerró permanentemente. ¡Quizás fue mejor así!

Este tipo de experiencia es más común de lo que imaginamos. Tal vez por eso muchos seminarios terminan independizándose de sus iglesias y denominaciones. En lugar de trabajar juntos, terminan como rivales.

El cimiento de un buen plan curricular es una filosofía educativa sólida. Los valores educativos de un programa ejercerán una gran influencia sobre el currículo. La planificación curricular inevitablemente revela la teoría educativa de sus creadores, lo que entienden por la enseñanza y el aprendizaje.

El propósito de la educación

¿Qué significa educar? ¿Cuál es nuestra razón para educar o capacitar a la gente? ¿Son adecuadas nuestras respuestas para el mundo contemporáneo? Los educadores y los sistemas educativos confrontan muchos desafíos. Un seminario que ofrezca un currículo para la formación integral de los estudiantes responderá bien a los retos educativos: ¿será un aprendizaje que reproduce o uno que transforma; uno que informa o uno que es formativo; uno en que se depende de otros o uno que valora la autonomía?. El equilibrio saludable entre estas diversas percepciones del aprendizaje nos ayudará con el logro de nuestras metas educativas.

Aprendizaje que reproduce vs. aprendizaje que transforma

Algunos seminarios solamente mantienen el *statu quo*. Su fin es preparar a las personas para un papel o responsabilidad particular, ya sea en la iglesia, la comunidad o algún otro lugar. A esto lo llamamos el aprendizaje que reproduce. Es necesario reproducirla para el funcionamiento de la sociedad continúe de generación en generación, de acuerdo con la cosmovisión de todos. El aprendizaje transformador, por el contrario, ayuda a que la persona utilice principios fundacionales sólidos en su análisis del mundo, su evaluación de ideas y propuestas de cambios y entonces, trabaje en la transformación de múltiples situaciones.

Aprendizaje que informa vs. Aprendizaje formativo

El aprendizaje informativo es otra de las descripciones de lo que Paulo Freire catalogó como la «educación bancaria». El estudiante es visto como un receptor de la información de su profesor, una cabeza que sirve de depósito de información. Más tarde, la evaluación es un retiro de lo que fue depositado, con suerte con intereses. Se espera que los estudiantes utilicen y transmitan este depósito de información en respuesta a otras situaciones.[4] En cambio, el aprendizaje formativo está interesado en toda la persona. Da importancia a que el conocimiento produzca el tipo de actitudes, capacidades y destrezas que el estudiante necesitará para adaptarse a cualquier situación.

Aprendizaje dependiente vs. autonomía en el aprendizaje

El aprendizaje dependiente no crea en el estudiante la capacidad de pensar por sí mismo. El estudiante depende de su profesor que es esencialmente visto como un gurú. En el caso de la educación teológica, en lugar del estudio teológico de la Biblia, se enfatiza el pensamiento teológico de ciertos autores. La investigación se limita a entender las ideas de personas que han sido cuidadosamente seleccionadas por la institución. La alternativa es enseñarles a los estudiantes a que lleguen a sus propias posturas teológicas o bíblicas. Esto sucede cuando son expuestos a una variedad de autores para que evalúen sus pensamientos e implicaciones para la teología bíblica. Es cierto que cuando estamos lidiando con la verdad de la Biblia no queremos alentar la independencia espiritual o la rebelión contra el Señor. Lo que queremos es que nuestras instituciones formen a nuestros estudiantes de tal manera que sepan interactuar con las situaciones que encontrarán en sus ministerios. Queremos graduados con cimientos sólidos en Biblia y teología. Queremos desarrollar sus destrezas de conocimiento, análisis y evaluación de modo que sostengan sus conclusiones y defiendan sus creencias coherentemente.

4. Paulo Freire, *Educação e Mudança* (Rio de Janeiro: Paz e Terra, 1983), 38.

Vivimos con innumerables desafíos en el campo de la educación. Lo mismo ocurre con la educación teológica. Uno de esos desafíos es el «mundo digital». Para muchos de nosotros es una cultura completamente nueva. Algunos educadores ven cualquier avance tecnológico como una amenaza, mientras que para otros es un sueño hecho realidad. Sin embargo, pocos saben aprovechar al máximo las nuevas tecnologías en el proceso de enseñanza y aprendizaje de los programas existentes. Los educadores de hoy tienen una tarea complicada. Para que los seminarios y las instituciones teológicas se beneficien de lo que está sucediendo en el mundo educativo secular necesitan equipos docentes especializados y bien calificados que estén al día. Buarque comenta que las universidades de un mundo en transformación deben crear una estructura o centros de formación de nivel superior para la educación continua de sus profesores.[5]

Aprender a aprender

La actividad educativa debe nutrirse de una filosofía de la educación coherente. Una buena filosofía educativa ayuda a que los profesores desarrollen teoría a partir de la práctica y viceversa. Esta reflexiona sobre los procesos de enseñanza y aprendizaje para entenderlos. La educación es dinámica. La educadora debe esforzarse por entender estos fenómenos y mejorar su práctica. A fin de que respondamos a los retos que el mundo y la sociedad ponen ante nuestros estudiantes es menester que conceptualicemos la educación como un proceso de *aprendizaje para aprender*.[6] Esta idea lleva al estudiante a la autonomía. La enseñanza adquiere el significado de ayudar al estudiante a que aprenda. El aprendizaje se convierte en un término activo. Es importante que el estudiante participe en su aprendizaje y construya su propia comprensión. Los estudiantes que han aprendido a aprender y tienen las herramientas para

5. Cristovam Buarque, *A aventura da universidade* (Rio de Janeiro: Paz e Terra, 1994), 48.

6. Mejores estrategias para que entremos en un proceso de comprensión de lo que no entendíamos anteriormente. Por esta razón, se convierte en un proceso reflexivo sobre lo que entendemos y pensamos (metacognición), percibir cómo sabemos y aprendemos y entender qué tenemos que aprender. En tal caso, para que aprendamos tenemos que desarrollar nuestras percepciones en torno a lo que queremos: motivaciones, voluntad, necesidades, ambiciones, etc. Todo esto influirá en la manera en que «descubrimos» y aprendemos. Véase Bárbara Santos, http://www.aprendaaaprender.com.br/o-que-e-aprender-a-aprender-BárbaraSantos-PsicopedagogaClínicaeInstitucional, 20 octubre 2014.

hacerlo continuarán este proceso por el resto de sus vidas. De esta manera participarán en un proceso de educación continua. Cuando nos enfocamos así en el proceso de aprendizaje, alentamos el descubrimiento y las habilidades de la reflexión crítica. No obstante, dada la diversidad de los estudiantes, esa estructura debe ser flexible y sensata, sin imponerles ideas o procesos que vayan más allá de sus capacidades.

Otra observación importante es que los estudiantes necesitarán conocimientos multidisciplinarios para enfrentarse a los problemas de la vida profesional, ya sea en el ministerio cristiano o en otras áreas. El estudio multidisciplinario es difícil en los seminarios especializados. Hoy en día, el mundo entiende que el conocimiento es edificado constantemente. El graduado tiene que mantenerse aprendiendo, desarrollando sus habilidades y profundizando su comprensión. Esto implica la disposición para el aprendizaje permanente. Tenemos que fomentar en los estudiantes este espíritu de observación y aprendizaje, de mantenerse al día, durante sus estudios. Este es uno de los pilares curriculares para el desarrollo integral del estudiante.

Una educación teológica que entienda que su función primordial es aferrarse al conocimiento y reproducirlo terminará conversando consigo misma, huyendo del mundo real y el clamor por el cambio tanto en la iglesia como la sociedad. Buarque afirma que los profesores cuyas clases giran en torno a presentaciones brillantes y eficientes o folletos diseñados para que los estudiantes aprueben los exámenes, a decir verdad, están obstaculizando su crecimiento.[7] Más que un buen profesor, la mejor ayuda que podemos brindarles es un *modus operandi* que los equipe para que hagan buenas preguntas. Esto los empuja a que descubran las respuestas por sí mismos. Paulo Freire, en su reflexión sobre la formación de los docentes, considera que sus espíritus deben estar abiertos a las preguntas de sus estudiantes, ser curiosos y hacer sus propias preguntas.[8]

Por lo tanto, percibimos que una educación que provoca el aprendizaje y el desarrollo integral de los estudiantes no puede ser un proceso de caerles encima con un paquete de conocimientos procesados por otros. La verdad

7. Buarque, *A aventura*, 76.

8. Freire, *Pedagogia da Autonomia: Saberes Necessários à Prática Educativa* (São Paulo: Paz e Terra, 1996), 52.

es que esa cantidad de información y conclusiones simplemente los ahogará. Hace falta que los llevemos a convertirse en investigadores que propongan sus propias soluciones a los problemas y, sobre todo, que practiquen lo que predican, sean consistentes con sus palabras y acciones.

El propósito de la educación teológica

A medida que continuamos nuestra ruta hacia la planificación de un currículo integral conviene que hagamos la siguiente pregunta: ¿Cuál es el propósito de la educación teológica? ¿Buscamos perpetuar el liderazgo eclesiástico de acuerdo con el modelo de nuestra preferencia, especialmente en las instituciones al servicio de una denominación particular? ¿O queremos convertirnos en un centro de estudio bíblico que examine los temas contemporáneos que sean relevantes e interesantes para el mundo evangélico? ¿O perseguimos otros propósitos?

En la actualidad, la educación teológica, especialmente en América Latina, confronta una crisis con respecto a la identidad de las instituciones educativas. Múltiples presiones dificultan la tarea. Entre las tales están las presiones externas de la necesidad de un personal capacitado y acreditado o de ofrecer el «producto» que complazca a la denominación. También incluyen presiones internas como las finanzas, la matrícula o la plantilla de profesores. El Dr. Emilio Núñez, en su discurso en una de las primeras conferencias de AETAL en el 1991, señaló que sabemos claramente cuál no es el propósito de la educación teológica. Según éste, no se trata de imitar a otros, tampoco de ofrecer una alternativa a la educación superior, ni satisfacer el apetito intelectual de los que quieren saber mucho, pero sin tomar en serio lo que la Palabra de Dios dice sobre la vida y el servicio cristiano.

El Dr. Núñez culminó con la siguiente preocupación: el peligro de buscar la excelencia académica podría conducir a la profesionalización de la educación teológica. El resultado podría ser la formación de «profesionales de la fe», personas que no sentirían su propio pecado ni mucho menos los de sus miembros, que no sabrían guiar al pueblo ni acercarlo a Dios.[9]

9. Emílio A. Núñez, "Palestra apresentada na Conferência da AETAL" (Águas de São Pedro, São Paulo, Brazil, July 1991).

Hay muchas maneras legítimas de expresar el propósito de la educación teológica, siempre y cuando apunten en la misma dirección. Uno de sus objetivos importantes es la formación de líderes ministeriales que nunca se cansen de buscar la santidad, ejerciendo con gracia y justicia. Esto implica la formación del carácter. La educación teológica desarrolla a los líderes que el Espíritu Santo ha dotado para el ejercicio de funciones explícitas dentro de la iglesia (Ef 4:11): apóstoles, profetas, evangelistas, pastores-maestros. El seminario o instituto bíblico es el lugar ideal para capacitarlos. Sin embargo, en nuestra defensa de cualquier propósito o declaración de misión debemos recordar que la Biblia es fundamental. Sin la Biblia la educación teológica pierde su razón de ser.

El propósito de la institución

El propósito específico de la institución es otro punto importante a considerar para la planificación y el desarrollo del currículo. No podemos ser todo para todos. El equipo de planificación debe determinar cuáles son las áreas que pueden atender con excelencia. Es decir, ¿cuál debe ser la contribución única de esta institución al reino de Dios? ¿Acaso será su énfasis en la teología, las misiones o el estudio de los lenguajes originales? Si no definimos nuestra identidad, corremos el riesgo de parecernos al resto de las instituciones teológicas. Esa competencia disminuye la contribución específica de cada una al reino.

En países como Brasil, u otros del mundo mayoritario, hemos visto una explosión de programas teológicos de nivel avanzado en los últimos años. De hecho, es una necesidad. Pero la mayoría de estos seminarios no cuentan con una infraestructura adecuada o un personal calificado. Sus materias y ofrecimientos no tienen mucha coherencia. Las clases son enseñadas por profesores con títulos que, casualmente, tienen tiempo libre. Las clases son tan buenas (o malas) como sus profesores. Estos programas no preparan a la gente para ministerios específicos, sino que ofrecen diplomas avanzados. El resultado puede ser un currículo tan desenfocado que cualquier asignatura es factible. Cuando los cursos modulares no están bien diseñados, lamentablemente alientan la prisa por obtener diplomas de nivel avanzado.

Una vez estuve en una conversación sobre un programa modular. Alguien hizo el siguiente comentario: «¡Esta es la única manera en que encontramos suficientes profesores! Todo lo que hacemos es descubrir quién está disponible o encontrar a alguien con un doctorado en el país. Todo es cuestión de encontrar una fecha. Y de esta manera nuestro programa es respetado por su impresionante facultad. Además, reducimos nuestros costos porque compartimos los profesores entre diferentes programas de capacitación». Entonces pregunté lo siguiente: «¿Y qué resultado educativo esperan?». La respuesta fue: «Ah, ofrecemos un programa de maestría. ¡Mucha gente quiere matricularse para obtener un título acreditado!». ¿Será esta la manera de desarrollar un currículo? Creo que nos faltan dos puntos básicos de la planificación curricular. El primero es que deberíamos preguntarnos cuál es el resultado esperado del programa. El nivel no es tan importante como la meta. ¿Cuál es la realidad que anhelamos para nuestros estudiantes cuando concluyan sus estudios?

El segundo punto esencial de la planificación curricular es que no se trata de una lista de asignaturas enseñadas por profesores calificados. Las asignaturas y los profesores no componen todo el currículo. Un plan integrado toma en cuenta el entorno y las actividades de la institución. ¿Qué queremos decir con esto? Nos referimos a que todas las personalidades (personal, facultad y el estudiantado), junto con las actividades (incluidas las clases) y el propio entorno de aprendizaje aportan al logro de los resultados deseados.

El currículo es más que una lista de las asignaturas de un programa de estudios. El currículo es una «serie de eventos planificados con el propósito de provocar que uno o más estudiantes aprendan».[10]

Gilberto Teixeira dice que el currículo debe ser funcional. Además de promover el aprendizaje de los contenidos y el dominio de destrezas específicas, debe facilitar las condiciones para la aplicación e integración de estos contenidos y habilidades. Y esto se logra mediante el uso o la creación de situaciones que desarrollen la capacidad de los estudiantes para resolver problemas.[11]

10. Izes Calheiros, "Curriculum Planning Course", AETAL, ca. 1990.

11. Gilberto Teixeira, "Planejamento educacional e planejamento de ensino," acceso 15 de julio de 2010, www.serprofessoruniversitario.pro.br.

La selección de los materiales para la construcción de nuestro currículo: los recursos humanos – profesores y estudiantes

Cualquiera puede desarrollar un hermoso plan arquitectónico. No obstante, una mala selección de materiales rendirá un producto poco satisfactorio. Lo mismo sucede con la planificación curricular. Hay que encontrar los mejores recursos humanos: profesores dotados y cualificados, junto con estudiantes comprometidos con su aprendizaje. Los recursos humanos darán vida al plan de desarrollo integral.

El currículo tiene aspectos menos obvios que transmiten o confirman la mayoría de las verdades transmitidas en un programa de capacitación. Los educadores los llaman currículos *ocultos* o *invisibles* —son cosas experimentadas por los estudiantes, que afectaron sus emociones o su ser. La formación de un estudiante va más allá del estudio en el aula y las tareas. Cada persona tiene una variedad de experiencias durante sus días como estudiante. Por lo tanto, entre los elementos que componen la vida académica de los estudiantes debemos hacernos las siguientes preguntas: ¿Contribuye el entorno al propósito de la institución? ¿Viven sus profesores lo que enseñan? Un currículo oculto es «el conjunto de actitudes, valores y comportamientos que no están explicitados en el currículo, pero que son enseñados implícitamente a través de las relaciones sociales, los rituales, el comportamiento durante el desempeño de las labores y el uso del espacio y tiempo dentro de la escuela».[12] Un currículo integrado asegurará la coherencia entre el propósito de la institución y su quehacer diario.

El equipo docente

Para que el equipo docente sea una parte eficaz del plan curricular tiene que estar convencido de la visión y el propósito del currículo; el cual, a su vez, debe ser bíblico y estár fundado sobre una filosofía sólida de aprendizaje espiritual, educativo y personal. Es importante que colaboren hacia un fin común. No hay espacio para «estrellas brillantes». No basta con que los profesores ostenten títulos graduados de algún lugar. Antes bien, necesitamos personas cuyas vidas y ministerios sean de la más alta calidad. Sus cualificaciones deben ser

12. Amélia Hamze, "O currículo e a aprendizagem," acceso 15 de julio de 2010, http://educador.brasilescola.uol.com.br/trabalho-docente/o-curriculo-aprendizagem.htm.

examinadas cuidadosamente. El hacer excepciones podría poner en riesgo todo el plan educativo.

Cualificaciones personales

En un plan curricular serio para una educación teológica que espera impactar a la iglesia, el docente debe ser una persona digna de imitación por los estudiantes. En la medida en que sea posible debe hacerse eco del apóstol Pablo: «Imítenme a mí, como yo imito a Cristo» (1Co 11:1). Las cualificaciones personales incluyen la vida pública y eclesial, así como privada y familiar. Toda su vida debe armonizar con su enseñanza. Su compromiso y relación con el Señor deben ser genuinos. No basta con que afirme que es creyente; tiene que tomar en serio la vida cristiana para que sea un ejemplo para los estudiantes. Los profesores deben estar creciendo en su fe. Deberían estar esforzándose por practicar las verdades transformadoras de su nueva vida en Cristo. Deben tomar en serio su compromiso con la iglesia local y con el reino. Estas cosas afectarán positivamente a los estudiantes. Necesitamos un equipo docente que pase el escrutinio tanto del Señor como de la sociedad. Nada debe estar oculto. Si bien nadie es perfecto, en nuestra búsqueda de personas que tomen en serio la santidad queremos a las que sepan arrepentirse de sus errores y aplican los principios bíblicos para obtener el perdón.

Cualificaciones educativas

El papel docente es un tanto diferente dentro del proyecto curricular para el aprendizaje integral. Su tarea no es solamente ayudar a que los estudiantes comprendan lo que el seminario ha determinado que deben aprender, sino además a que reflexionen sobre las decisiones y los hechos de sus vidas. Debe ayudarles a utilizar sus herramientas educativas para crecer en su conocimiento y aplicar sus destrezas en otras situaciones. De esa manera están motivándolos a que aprendan por su cuenta, en lugar de que el seminario y sus profesores sean sus únicas fuentes de desarrollo intelectual y personal.

En general, la mayor parte de lo que sabemos sobre el aprendizaje es el resultado de nuestra experiencia como profesores o estudiantes o de los materiales que fueron diseñados para la formación de los maestros de primaria o secundaria. Serbino observa que los profesores universitarios usan metodologías empíricas e imitan los modelos tradicionales de los antiguos maestros.[13] De modo que resaltan el contenido, convirtiéndose en transmisores de la información, máquinas que enseñan un material sobre el que no han pensado críticamente. Demo añade que, si bien el profesor es un creador de conocimiento, la verdad es que solamente es una vieja pieza de la máquina que transmite las cosas.[14] La falta de preparación pedagógica no es un problema exclusivo del mundo de la educación teológica. La mayoría de las instituciones de aprendizaje son negligentes con los aspectos pedagógicos y didácticos de la formación de sus profesores. Por lo general, cualquiera que tenga conocimiento del tema o alguna experiencia en el área puede convertirse en profesor.

Los educadores teológicos deben acordarse de que están trabajando con adultos. Sus estudiantes se han graduado de escuelas secundarias o universidades. Por lo tanto, el profesor debe fomentar el que debatan respetuosamente sus diversos puntos de vista. Neusi Berbel dice que no podemos obligarlos a que piensen como nosotros, pero sí defender nuestro punto de vista y alentarlos a que construyan sus argumentos. La interacción en el aula debe llevar al intercambio de ideas entre el profesor y sus estudiantes. Esto conduce a debates saludables y a la difícil tarea de crear nuevos conocimientos.[15] La enseñanza debe centrarse más en la autonomía de los estudiantes que en la dependencia intelectual fomentada por el sistema educativo.

Cada docente debe organizar su metodología teniendo en cuenta qué clase de participación de los estudiantes desea. Su participación conlleva empujarlos a que observen, prueben cosas, comparen y contrasten, relacionen diferentes conceptos, analicen, escriban, agrupen ideas, desarrollen hipótesis y expliquen o defiendan sus argumentos. El profesor revela su concepto del proceso educativo a través de lo que hace en el aula. La práctica pedagógica no es neutral; se basa en un concepto particular de la educación, aun cuando el docente no esté consciente de ello. El saber enseñar va más allá de su habilidad para explicar sus conocimientos. Es una tarea compleja que requiere preparación, compromiso, participación y responsabilidad.

---

13. Raquel V. Serbino, "A educação do educador universitário," *Didática* 5, no. 18 (En/Dic 1982): 27.

14. Pedro Demo, "Crise dos Paradigmas da Educação Superior," *Educação Brasileira* 16, no. 32 (En 1994): 36.

15. Neusi Aparecida N. Berbel, *Metodologia do Ensino Superior: realidade e significado* (Campinas, Brasil: Papirus,1994), 160.

El cuerpo estudiantil

¿Es la educación teológica algo para ofrecer a todas las personas o solamente a algunas? ¿Será solamente para quienes tengan un llamado y hayan sido comisionados por sus iglesias o es un proyecto personal para quien lo desee? ¿Tienen los estudiantes que ser creyentes o personas interesadas en estudiar la Biblia? Las instituciones tienen que ser claras en cuanto a la composición de su cuerpo estudiantil porque la variedad es grande en cuanto a cómo se lo puede imaginar. Uno de los asuntos que debe ser discutido a fondo es el grado de compromiso esperado tanto del estudiante como su iglesia. La iglesia debe reconocer la vocación y el llamamiento de su miembro y enviarle a prepararse. Esta colabora con el seminario en el desarrollo de los candidatos para el ministerio del evangelio.

Las preguntas anteriores plantean asuntos muy interesantes que lamentablemente no podemos discutir en detalle. Lo que está claro es que las personas que establecen los criterios de admisión ya sean administradores, pastores o donantes, deben ponerse de acuerdo. Y sus decisiones deben ser claras para los que estén a cargo del proceso de admisión. Toda decisión relacionada con la admisión tendrá consecuencias para la vida de la iglesia, el cuerpo de Cristo.

La mejor respuesta a las preguntas anteriores surgirá durante el desarrollo del perfil del estudiante. Toda persona involucrada en el proceso educativo debe estar convencida de la idoneidad este perfil. Uno de los obstáculos al desarrollo e implementación del currículo es la desavenencia entre el liderazgo y su equipo docente con respecto a lo que se espera de los estudiantes entrantes y lo que se espera de los graduados. Estos dos perfiles están muy vinculados con la naturaleza y el propósito del programa. En términos generales, las personas matriculadas en un programa de educación teológica deben demostrar cosas tales como un amor creciente por Dios y por los que aún no lo conocen, la capacidad de compartir el evangelio y comunicar la enseñanza bíblica, madurez espiritual, conciencia de su don espiritual y cómo utilizarlo para el crecimiento de la iglesia, así como un crecimiento saludable en lo personal y relacional.

Los estudiantes teológicos son adultos, pero generalmente provienen de una generación distinta de la de sus profesores. Según la teoría generacional de William Strauss y Neil Howe, (historiadores sociales y autores de la obra *Generaciones* a principios de la década de los ochenta) los profesores de hoy están trabajando con estudiantes que encajan en la Generación X y la Generación Y, y dentro de poco la Generación Z. Según estos autores, estos grupos reflejan seres sociales distintos, con características únicas, rasgos culturales y comportamientos que los definen.

Generación X

Se refiere a los nacidos entre 1961 y 1981. Esta gente vive a la sombra de la generación postguerra. El aumento en la tasa de divorcios y las madres que se unieron a la fuerza laboral los obligaron a madurar a una edad más temprana. En esta época surgió el VIH/sida, resultado, en parte, de la revolución sexual de la generación postguerra. La generación X creció en tiempos de recesión económica, por lo que tienden a ser cuidadosos con su dinero, no cediendo fácilmente a las campañas publicitarias. Valoran la honradez y tienden a ser irreverentes. Les preocupa el ambiente y vieron el surgimiento de la internet.

Generación Y

Se refiere a los nacidos entre 1982 y 2004. También son conocidos como la generación del milenio (o milenial). Crecieron durante la revolución tecnológica, por lo que son más diestros que otras generaciones. El mundo digital siempre ha sido parte de su vida cotidiana. El fácil acceso a las nuevas tecnologías los ayudó a que desarrollaran competencias y habilidades distintas de las generaciones anteriores.

Generación Z

Esta generación está compuesta por los nacidas entre 1995 y 2012. Este grupo no está incluido en la teoría de Strauss y Howe, pero el término Z les ha sido dado en continuidad con las generaciones anteriores. Aún no sabemos qué pasará con esta generación. Sin embargo, somos conscientes del mundo en el que están creciendo. Esta es la generación de la *pantalla táctil,* es decir, sin botones o perillas. Ya están conectados con una tecnología muy avanzada y sofisticada en cuanto al acceso a una gran variedad de información y opciones de aprendizaje personalizado, todo ello con grandes oportunidades de éxito.[16]

16. Neil Howe y William Strauss, *Millennials Rising: The Next Great Generation* (Nueva York: Knopf Doubleday, 2000).

Un educador debe sensibilizarse y estar al tanto de la realidad de que nuestros estudiantes pertenecen a diferentes generaciones, cada una con sus esperanzas e inquietudes. Vale la pena que estudiemos este tema para que nuestro currículo sea adecuado para los estudiantes de hoy, y no para los de ayer o los de mañana

Nuestro fin: el desarrollo integral de los estudiantes

¿Qué significa el 'desarrollo integral' aparte de las frases trilladas en los catálogos de la mayoría de las instituciones teológicas? Los términos *holístico* o *integral* cobraron auge en la educación durante la década de los noventa. Algunos los adoptaron inmediatamente, mientras que otros temieron que contaminarían el mundo de la teología. La educación o formación integral sugiere que el currículo está diseñado para facilitar el desarrollo *cabal* de la persona. Durante muchos años, la racionalidad, ese concepto de que el *saber* es más importante que lo que uno *siente* o *hace*, ha afectado negativamente a la educación. Las acciones eran menos importantes que una buena retórica y una clara demostración verbal y escrita del conocimiento adquirido.

Encontramos una serie de ejemplos de esto, especialmente negativos, en los que solo se enfatizó la formación académica o intelectual, y se ignoraron las dimensiones espirituales y ministeriales de la formación teológica. Estos ejemplos incluyen estudiantes que regresaban a sus dormitorios borrachos, involucrados en relaciones sexuales antibíblicas o cuyas actitudes no respondían a las de verdaderos creyentes. Los detractores de la formación integral explican que la iglesia local es la que debe responsabilizarse por la formación del carácter del estudiante enviado al seminario. Estos creen que una institución teológica solamente debe enfocarse en la verdad y el conocimiento.

Pero es inconcebible que tratemos la Biblia como cualquier otro libro informativo. Ese tipo de estudio es solo un ejercicio intelectual. ¿Cómo podemos estudiar la Biblia sin esperar que afecte a los estudiantes o que cambie sus vidas? ¿Dónde encaja la reverencia dentro del estudio de la Palabra de Dios? ¿Cómo deben entender los educadores el papel de la Biblia en la transformación de las vidas de las hijas y los hijos de Dios?

El currículo que toma en cuenta el desarrollo integral de los estudiantes obviamente incluirá el ámbito académico e intelectual. Pero también considerará las actividades que contribuyen al desarrollo personal, social, emocional y (lo más importante) espiritual del estudiante. Una visión integral de la enseñanza y el desarrollo afecta su entorno educativo. También afectará el entorno físico de la institución. El estudiante aprende de los espacios bien amueblados, adecuados y limpios. Hasta la administración de las finanzas y otras áreas son parte del entorno de aprendizaje.

Detalles finales: la decoración de la casa – Decisiones sobre las actividades curriculares

El proyecto está terminado y la casa ha sido construida. Ha llegado el momento de darle vida amueblándola, decorándola y añadiendo los detalles que la transformarán de fría en acogedora y cálida. No es cuestión de tirar unas cosas por doquiera, pues los objetos valiosos tienen que estar bien ubicados. De lo contrario, perderán su belleza y uso. Algo similar ocurre con la planificación curricular. Hay que pensar, planificar y estructurar hasta los detalles más pequeños para que logremos nuestros objetivos. La planificación curricular es un ejercicio multidisciplinario, ya que es la visión de la manera en que las actividades de los docentes, bajo la dirección del seminario, alcanzarán las metas educativas.[17] A través de sus objetivos generales, la planificación curricular expone la filosofía educativa de la institución.

Ya hemos visto que la planificación curricular es un anticipo global y sistemático de las actividades que ocurrirán en el entorno académico. No es meramente un listado de la oferta de cursos o disciplinas. Sin embargo, los cursos deben estar diseñados a partir del plan maestro del seminario. Los planes de enseñanza deben anticipar los resultados propuestos para cada uno de los niveles de estudio.

En la educación teológica encontramos a personas que tratan de espiritualizar su obra con respuestas tan simplistas como: «Sólo enseñamos la Palabra de Dios, por lo tanto, nuestro currículo es perfecto». O dicen cosas como: «Dios es soberano; lo hemos dejado en sus manos». Creo que es mejor planificar las actividades del currículo integral con el entendimiento de que Dios está en control y transformará lo que sea necesario. Nuestra parte es ser

17. Teixeira, "Planejamento."

sabios y creativos con nuestros planes. Esta es la responsabilidad ministerial dada por Dios a aquellos que están involucrados en la educación teológica.

Hemos llegado al momento de la planificación. A lo largo del proceso habrá que tomar muchas decisiones. Pero primero debemos tomar algunas decisiones académicas. Por ejemplo, ¿qué nivel de estudio ofreceremos? ¿Cuánto tiempo tomará completar este programa? ¿Con qué frecuencia se reunirán las clases? ¿Serán diurnas, nocturnas o sabatinas? ¿Módulos mensuales o semanales? El estudio puede ser adaptado a muchos formatos. Tenga presente que las asociaciones teológicas regionales han implementado las normas de calidad y excelencia de las agencias acreditadoras internacionales. Estos son los reglamentos para la otorgación de títulos y diplomas.[18] Estas normas de acreditación definen la cantidad de créditos o la duración aproximada de las clases individuales. Asimismo, ofrecen equivalencias para la transferencia de créditos entre los programas de distintos seminarios. Estos estándares le ayudarán a determinar la estructura de su programa. Sin embargo, solamente tratan la parte académica. No es tan fácil usar los números para «estructurar» los aspectos espirituales, prácticos y sociales del programa.

A partir del tiempo que estime para la culminación de su programa planifique las actividades o experiencias que servirán al desarrollo espiritual, emocional y espiritual de los estudiantes. Entre todos podemos crear una lista de ideas para determinar cuáles son factibles y en qué secuencia. Considere los diferentes grados de madurez de sus estudiantes y cuán útil sería repetir algunas de estas actividades con el fin de lograr las metas.

Cada vez que ofrecemos talleres sobre la planificación curricular y mencionamos la idea de las actividades, nos encontramos con excusas acerca de su imposibilidad. Los líderes dicen que sus programas existen en entornos nocturnos o sabatinos en donde los estudiantes no pueden malgastar su tiempo en actividades no académicas. Algunos señalan que dejan tales actividades extracurriculares como opcionales. ¿Qué están diciendo con todas estas excusas? Que ven estos eventos extracurriculares de veras como «extra». No los ven como parte del plan integral del programa. ¡Están asumiendo que el aprendizaje solamente ocurre en el aula! ¿Será cierto? Nosotros afirmamos que

18. Véase los Manuales de Acreditación de la Agencia de ICETE en su región: ACTEA, AETAL, ABHE, ATA, CETA, EEAA, E-AAA, SPABC.

todas las actividades que ocurren fuera del aula, incluyendo las planificadas, son parte del currículo formal del seminario. La participación de los estudiantes no debe ser opcional.

Eventos planificados

Los eventos planificados incluyen las actividades dentro del aula, las tareas, actividades fuera de clase y las concernientes a todos los programas institucionales. El objetivo no es que llenemos el calendario semanal o anual con programas legítimos o tradicionales. Estas actividades deben tener objetivos: ayudar a desarrollar el carácter del estudiante, permitirle que experimente algo nuevo, que ejercite lo que ha aprendido en el aula, que desarrolle un espíritu de servicio, etc.

Estas actividades no deben ser interrupciones ni ocurrencias de último minuto. Hay que planificarlas, ya sean institucionales o relacionadas con un curso en particular. Por ende, deben ser compulsorias para todos los estudiantes. No se trata de entretenerlos. Las planificamos como parte del currículo integral.

Un día, un profesor universitario compartió su frustración sobre este asunto. Les había pedido a sus estudiantes que llevaran a cabo cierto proyecto de investigación. Aunque la clase tenía que realizar la tarea en un lugar dado, no era un proyecto grupal. El profesor tuvo la intención correcta con el diseño de una actividad creativa, pero no tomó en cuenta quiénes eran estos estudiantes ni si eran capaces de llevarla a cabo. Este programa era nocturno y la mayoría de los estudiantes trabajaba durante el día. Muchos viajaban desde otras ciudades, por lo que era imposible que fueran al lugar asignado. El profesor me habló de un estudiante que en varias ocasiones le preguntó si podía trabajar con otra de sus compañeras porque no podía cumplir la tarea del modo que había sido asignada. El profesor no le dio permiso ni modificó los requisitos de la asignación. A fin de cuentas, casi ninguno de los estudiantes hizo la tarea. Me quedé pensando: ¿Cuál era el propósito de esta actividad? Si el profesor quería enriquecer el aprendizaje de sus estudiantes, su asignación fue bien frustrante. No tomó en cuenta que la mayoría de sus estudiantes no podrían completarla exitosamente. Pero lo que sentí de su historia fue la reacción típica de muchos profesores: «Quiero innovar, hacer cosas diferentes. Pero los estudiantes no están dispuestos a acompañarme. Lo único que quieren es pasar mi clase fácilmente». Muchos docentes ni siquiera tratan de desarrollar actividades creativas relacionadas con sus áreas de estudio. O los estudiantes no cumplen algunas tareas porque perciben que no tienen un fin educativo; solamente son relleno.

Otro peligro en esta área es que repitamos lo mismo que siempre hemos hecho. Un buen currículo conlleva una serie de revisiones para asegurarse de que los cursos y las actividades sean útiles. Sin embargo, muchos planes curriculares están desactualizados en términos de lo que ofrecen y cómo lo ofrecen.

Por ejemplo, una institución estableció una actividad para los estudiantes de nuevo ingreso. Los estudiantes tenían que descender por una ladera empinada.[19] Era un gran reto estar colgado de una cuerda, dependiendo de otra persona para descender la montaña. Se esperaba que la experiencia les enseñara a depender de Dios. Y funcionó. Durante el tercer año del programa, uno de los estudiantes estaba atravesando por un momento muy difícil y tenía que tomar unas decisiones. Este pensaba lo siguiente: si el Señor me dio la fuerza y la valentía para descender de la montaña, seguramente me ayudará con esta decisión.

Pero pasaron los años, el mundo cambió y la actividad cobró mucha popularidad. Ya no era un desafío, sino una excursión divertida para los estudiantes. No los provocaba a que dependieran de Dios. Era menester que cambiaran la actividad a tenor con los objetivos deseados.

Otro ejemplo de una actividad planificada es una mañana de silencio, sin ninguna conversación o contacto con otros (¡incluyendo los mensajes de texto!). En el tan conectado mundo de hoy puede ser valioso que los estudiantes tengan un tiempo de reflexión, oración, meditación y simplemente «conectarse» con el Señor. El silencio era normal entre los cristianos, pero ahora hay que planificarlo como una experiencia nueva.

Sin duda, entre seres humanos creativos casi cualquier actividad podría ser parte del currículo institucional, independientemente del formato del programa. La gran pregunta es si estamos acostumbrados a la mentalidad de que el aprendizaje solamente ocurre dentro del aula por medio del estudio y la

19. El rappel es una actividad en la que los participantes utilizan sogas para escalar o descender una pared o un acantilado.

memorización de una enorme cantidad de material y tareas. Esto es solamente una parte del currículo. Otras actividades, aunque no sean intencionales, contribuirán al aprendizaje de los estudiantes.

Las actividades curriculares deben empujar, provocar o estimular a los estudiantes a que crezcan en todas las áreas. Debemos sacarlos de sus zonas de comodidad. De lo contrario, no las llevarán a cabo. El objetivo es que estimulemos su crecimiento poniéndolos a prueba en situaciones similares a las que encontrarán en el ministerio. Cuando los exestudiantes se reúnen, incluso cuando pertenecen a diferentes años o promociones, no reviven las clases ni el contenido de lo que aprendieron. Ciertamente estas cosas eran parte de la base de su aprendizaje, pero se les añadieron otras. Así que, sus recuerdos giran en torno a las personas, ya sean sus profesores, los empleados o sus compañeros. Se acuerdan de las cosas que sucedieron mientras estudiaban en el seminario. Por lo tanto, nos reafirmamos en que las experiencias, los sentimientos y las emociones vividas calan más hondo que la información recibida.

Las actitudes que queremos ver en nuestros estudiantes deben ser cotidianas en la enseñanza y en la vida de la institución. En un currículo integral que valora el ser y hacer, los modelos y el discipulado informal marcan profundamente a los estudiantes. Mucho se ha escrito sobre el aprendizaje permanente. También lo queremos para nuestros estudiantes. Así que, necesitan vernos como aprendices que desarrollamos materiales nuevos para nuestras conferencias, nos mantenemos al día con las publicaciones y asistimos a conferencias. Cuando los estudiantes nos ven entusiasmados con lo que estamos aprendiendo, entienden la importancia de seguir aprendiendo cosas nuevas.

No queremos que nuestros estudiantes aprendan a mostrar un liderazgo que sea autoritario sino uno que siga el modelo de Cristo –el siervo líder. Sin embargo, esto no sucederá si lo que perciben en el campus son líderes autoritarios que no dialogan con nadie. Esto crea una disonancia entre lo que enseñamos y vivimos. Podemos aprender mucho sobre el liderazgo servicial creando equipos de profesores y estudiantes que lleven a cabo trabajos prácticos. El calendario anual puede incluir una semana o un fin de semana en el que estos equipos lleven a cabo sus ministerios. Incluso un estudiante podría ser elegido como líder del equipo, con el resto de los estudiantes y el profesor bajo su liderazgo. Cuando salimos de nuestras zonas de comodidad, demostramos quiénes somos de verdad.

Una de las realidades del mundo contemporáneo actual es que la gente necesita trabajar en equipo, con buena planificación y con buenos recursos. De la misma manera, la iglesia de hoy y de mañana necesita líderes que sepan colaborar entre ellos sin competencia, a fin de avanzar en el evangelio. Trabaje en equipo con sus estudiantes y organicen mejor los programas de su institución. Sin duda, el calendario curricular tendrá fechas especiales, como una conferencia teológica o misionera. Permita que los estudiantes trabajen juntos en la organización de dichos eventos. Esto les enseñará a trabajar en equipo, escucharse, respetarse y apoyar a los más débiles o los que fallan. De estas oportunidades saldrán muchas otras lecciones importantes.

Todas las áreas del programa, junto con el espacio físico, tienen una función educativa y deben ser aprovechadas dentro del concepto del currículo integral. Por ejemplo, si el comedor o la cafetería tienen el objetivo de estimular la confraternización, no sirve reservar un espacio para la facultad o sus «cristianos élite». Visité una institución que tenía una sala especial en donde el equipo de liderazgo recibía una comida distinta de la servida a los estudiantes. Dicha estructura enseña la importancia del estatus y el poder. Alienta a los estudiantes a que piensen que «un día llegarán allí también», buscando los privilegios y la honra dada a sus profesores. En lugar de esto, utilice la cafetería para fomentar las relaciones con los estudiantes porque el lugar en donde comemos y hablamos también es parte de nuestro espacio educativo.

Los espacios deportivos también pueden fomentar buenas actitudes en los líderes. Asimismo, son parte de nuestro currículo integral. Por lo general, nuestra verdadera personalidad sale a la luz cuando jugamos. De modo que la organización de eventos deportivos (¡incluso un campeonato de videojuegos si no tiene campos deportivos!) sería una parte importante del calendario académico y un laboratorio para aprender de la vida. En una ocasión, el director de una institución se disculpó con sus estudiantes públicamente por no haberse comportado durante un partido de fútbol. ¡Qué lección tan importante para los futuros pastores!

Una vida cristiana saludable también tendrá en cuenta las artes. El currículo integral puede y debe incluir programas culturales en nuestro calendario académico. Cierta institución teológica celebraba un festival anual de las artes para que sus estudiantes desarrollaran sus talentos, fueran musicales o en pintura, escultura, poesía, etc. Se ha convertido en una de sus actividades más sobresalientes durante el año. En esa institución, el profesor de la clase de Salmos asignó unos «salmos contemporáneos», animando a sus estudiantes a que escribieran poemas o presentaran sus dibujos, pinturas o fotografías. Luego, los animó a que los sometieran para el festival de las artes. ¡Hubo mucha celebración y adoración del Señor!

Otro aspecto importante hoy es la responsabilidad social. Los estudiantes necesitan saber que las Escrituras hablan muchísimo del tema. El amor a nuestro prójimo demuestra que pertenecemos al Señor. El seminario puede afectar a una comunidad a través de proyectos sociales, sean permanentes o cada cierto tiempo. Por ejemplo, lleve a un grupo de estudiantes a un centro de cuidado infantil en un área necesitada, en donde además de llevarles una enseñanza bíblica, colaboren con labores de limpieza o construyan algo recreativo para los niños. Un estudiante participó en este tipo de proyecto y testificaba que nunca había visto tanta pobreza. Era una época fría y los niños carecían de abrigo. La mayoría dependía casi exclusivamente de las comidas del centro. Este estudiante no pudo comerse su almuerzo. Más bien lo compartió con los niños del centro. Ciertamente este proyecto cambió su vida.

Somos muy buenos con la práctica de los sermones. Los estudiantes estudian la teoría de la preparación y exposición de un mensaje. Luego, tienen la oportunidad de practicarla casi siempre ante sus compañeros. Pero de igual manera, los practican en la iglesia. Podemos planificar actividades dirigidas a que desarrollen otras áreas ministeriales.

La planificación de las actividades afecta también los métodos para la enseñanza de una asignatura o área de estudio. El decano académico, o el director de estudios, debe tener una idea general de los ofrecimientos de cada área. ¿Cuánta consideración está dándosele a toda la gama de habilidades y destrezas que necesitan los estudiantes? ¿Qué está siendo resaltado o minimizado? ¿Usa una clase solamente un libro de texto, mientras que otras exponen los estudiantes a una mayor selección de literatura para que aprendan a investigar, comparar y contrastar las opiniones de diferentes autores y hasta armar sus propias bibliotecas? Si cada uno de sus cursos requiere exámenes escritos, ¿qué tipo de aprendizaje está enfatizando? ¿Tiene alguna manera de evaluar los proyectos de investigación de acuerdo con las soluciones que presentan o por los informes sobre las actividades en las que han participado? ¿Qué es exactamente lo que desea desarrollar en sus estudiantes? ¿Qué habilidades o herramientas deben llevar consigo cuando se gradúen? Ninguno de nosotros (incluidos los estudiantes) tiene una imagen clara del futuro. Los estudiantes no saben lo que Dios ha preparado para sus vidas y ministerios. De modo que debemos esforzarnos por ofrecerles herramientas y destrezas que sirvan en cualquier situación ministerial.

Existen tres preguntas útiles para la planificación del currículo: ¿Qué conocimientos necesitan adquirir los estudiantes *(saber)*? ¿Qué crecimiento o carácter queremos ver en los estudiantes *(ser)*? ¿Y cuáles destrezas y herramientas necesitan para el ministerio *(hacer)*? Puede decirse que la planificación curricular parte de nuestra conciencia de la conclusión. En primer lugar, debemos definir con claridad qué esperamos que sean nuestros estudiantes para cuando se gradúen. Entonces podemos trazar la ruta hacia ese resultado final. Tenemos que fijarnos en el fin de los cursos, describiendo con claridad y objetividad las características que queremos en nuestros graduados, es decir, lo que sabrán y lo que podrán hacer exitosamente en cualquier ministerio. Por esta razón, es importante que la institución esté clara en cuanto a lo que se espera de los graduados. Muchas veces nuestras respuestas son muy evasivas o subjetivas como, por ejemplo, que queremos que nuestros graduados sean buenos pastores o misioneros. Nuestras preguntas deben ayudar a determinar lo siguiente:

- ¿Qué debe *saber* el estudiante al final del programa?
- ¿Qué debe *saber hacer* el estudiante como resultado de sus estudios?
- ¿Cómo debe *ser* el estudiante como resultado de su tiempo de estudio?

La racionalidad ha influido en la educación occidental, de modo que el desarrollo curricular ha tendido a enfocarse en que el estudiante aprenda listas enormes de material e información. De alguna manera esperamos que por obra de magia todo eso se traduzca en una vida y práctica ministerial. Hay una mejor manera. A medida que trabajamos con un currículo integral, estamos buscando ayudar al estudiante a que realmente alcance nuestras metas educativas. El aprendizaje integral que lleva a la transformación requiere que utilicemos los tres aspectos del aprendizaje: cognitivo, afectivo y conductual.

Admire el producto terminado

Retomemos la metáfora de la construcción de una casa para nuestros pensamientos finales. Con los planos ejecutamos la construcción de manera meticulosa, haciendo uno que otro ajuste, pero manteniendo la idea original. Ahora la casa está lista, bien decorada, sin que sea lujosa, y sus residentes son felices viviendo allí. Esta casa no necesitará reparaciones importantes ni mucha inversión en mantenimiento. Su diseño demuestra que puede manejar, eficientemente, la luz y el calor. Durará muchos años.

Lo mismo sucede con el currículo integral. Hay que ponerlo por obra para que sepamos si funciona. Llega el momento en que nuestro pensamiento y planificación tienen que ser aplicados. Aun con el mejor de los procesos habrá que hacer algunos cambios. Lo ideal sería que evitemos imponerle cambios drásticos. Póngalo en marcha sabiamente, poco a poco. ¡Pero hágalo!

La adecuación de su currículo pronto será visible a través de las evaluaciones de sus estudiantes, la cantidad de graduados y otras herramientas educativas que miden la eficacia. Pero los verdaderos frutos de una buena planificación curricular solamente serán visibles con el pasar de los años en el quehacer de sus graduados. Nuestros objetivos educativos serán evaluados en el futuro, en el ejercicio ministerial. Sobre todo, lo será con los aspectos más subjetivos, tales como la firmeza en la fe, el uso de los dones espirituales, la madurez espiritual, el liderazgo servicial y las buenas relaciones interpersonales. ¡Qué alegría es ver que los exestudiantes están ministrando eficazmente y edificando la iglesia de nuestro Señor! Nos satisface que sigan firmes en la fe, dando el ejemplo, viviendo en familias cristianas y sanas, poniendo en práctica toda su preparación. El Señor utilizó a la institución teológica para preparar a sus obreros. Algunos se han convertido en expertos. En verdad, tal es el fin de un currículo integral.

Me alegro cuando recibo noticias de lo que mis exestudiantes están haciendo en el ministerio. Algunos han tardado más que otros en madurar y desarrollar sus dones y ministerios, pero ahora están poniendo en práctica los principios de la Palabra de Dios que aprendieron cuando eran estudiantes. Hace poco, uno de mis exestudiantes me invitó a que lo escuchara compartiendo acerca de su trabajo en la educación cristiana virtual. Me alegró mucho y alabé al Señor porque cuando era mi estudiante había mostrado su interés por la educación. Sin embargo, era un tanto inmaduro en su vida espiritual y personal.

Aunque había pasado por muchas dificultades, perseveraba en su fe. Aprovechó las oportunidades que se le presentaron y ahora estaba saliendo adelante.

Si todo va bien, si nuestros estudiantes se convierten en las mujeres y los hombres que Dios usará en su obra, en realidad, simplemente estaremos cumpliendo con lo que se espera de nosotros como siervos. Al final, la gloria es de Dios: «Porque todas las cosas proceden de él, y existen por él y para él. ¡A él sea la gloria por siempre! Amén» (Ro 11:36). Eso es lo que queremos. Por eso hacemos este trabajo.

Reflexión y puntos de acción

1. Describa lo que entiende por *currículo*.
2. Su experiencia con la planificación curricular ha sido:
   ( ) Ninguna ( ) Sufrida ( ) Exitosa
   Explíquese.
3. Como estudiante o profesor, ¿ha visto o participado en un currículo que podría ser clasificado como bueno o excelente? Explíquese. Si no tuvo una buena experiencia, explique por qué ese currículo no cumplió con sus expectativas.
4. Sin que consulte el catálogo de su institución, escriba cuál es el propósito de la formación de sus estudiantes. Compare y contraste su explicación con la declaración oficial del seminario. ¿Cómo percibe que el programa curricular este cumpliendo este propósito?
5. Explique, con ejemplos, lo que entiende por desarrollo integral.
6. Evalúe su lugar de trabajo, ¿qué áreas tienen que ser mejoradas para que su currículo sea integral?
7. Si el propósito o la misión de su institución es el desarrollo de «líderes siervos», ¿cómo se provoca o alienta el aprendizaje hacia esa meta dentro del currículo? ¿Qué elementos forman parte del currículo nulo, es decir, realmente no contribuyen a nada?

Recursos para seguir estudiando

Bellan, Zezina Soares. *Andragogia em Ação*. Santa Bárbara d'Oeste, Brazil: SOCEP, 2005.

Berbel, Neusi Aparecida N. *Metodologia do Ensino Superior: realidade e significado*. Campinas, Brasil: Papirus, 1994.

Carroll, M. Daniel. "La Ética y la Educación Teológica: Fundamentos y Sugerencias." *Vox Scripturae* 10, no. 1 (Diciembre 2000): 29–41.

Downs, Perry G. *Ensino e Crescimento: Uma Introdução à Educação Cristã*. São Paulo: Cultura Cristã, 2001.

Ferris, Robert W. *Renewal in Theological Education: Strategies for Change*. Wheaton, IL: Billy Graham Center, 1990.

Freire, Paulo. *Educação e Mudança*. Río de Janeiro: Paz e Terra, 1983.

———. *Pedagogia da Autonomia: Saberes Necessários à Prática Educativa*. São Paulo: Paz e Terra, 1996.

Groome, Thomas H. *Educação Religiosa Cristã: Compartilhando Nosso Caso e Visão*. São Paulo: Paulinas, 1985.

Hardy, Steve. *A Excelência no Ensino Teológico*. Londrina, Brasil: Descoberta, 2007.

Hart, D. G., and R. Albert Mohler, Jr., eds. *Theological Education in the Evangelical Tradition*. Grand Rapids, MI: Baker, 1996.

Howe, Neil, and William Strauss. *Millennials Rising: The Next Great Generation*. Nueva York: Knopf Doubleday, 2000.

Kohl, Manfred W., and Antonio Carlos Barro, eds. *Educação Teológica Transformadora*. Londrina, PR, Brasil: Editora Descoberta, 2006.

Mager, Robert F. *Atitudes Favoráveis ao Ensino*. Rio de Janeiro: Editora Globo, 1976.

———. *O Planejamento de Ensino*. 6a ed. Rio de Janeiro: Editora Globo, 1983.

McKinney, Larry. J. "A Theology of Theological Education: Pedagogical Implications." *Evangelical Review of Theology* 29, no. 3 (Julio 2005): 218–227.

Padilla, C. René, ed. *Nuevas Alternativas de Educación Teológica*. Miami: Nueva Creación, 1986.

Pazmino, Robert W. *Basics of Teaching for Christians: Preparation, Instruction, and Evaluation*. Grand Rapids, MI: Baker, 1998.

Sant'Anna, Flávia M., Délcia Enricone, Lenir Andrade, and Clodia Maria Godoy Turra, eds. *Planejamento de Ensino e Avaliação*. Porto Alegre, Brasil: Sagra Editora, 1986.

Serbino, Raquel V. "A educação do educador universitário." *Didática* 5, no. 18 (1982): 25–31.

Shedd, Russel. "Fundamentos da EducaçãoTeológica." *Vox Scripturae* 6, no. 2 (Diciembre 1996): 285–303.

Strauss, William, and Neil Howe. *Generations: The History of America's Future, 1584 to 2069.* Nueva York: William Morrow, 1992.

Volf, Miroslav. "Dancing for God: Challenges Facing Theological Education Today." *Evangelical Review of Theology* 29, no. 3 (Julio 2005): 197–207.

Apéndice A del Capítulo 11

Secuencia para el desarrollo curricular (AETAL)

Cuadro A
¿Cuál es el propósito de la educación y la educación teológica?

Cuadro B
¿Cuál es el propósito singular de la educación teológica para esta institución?

Cuadro C
¿Qué excelencias educativas debe buscar y desarrollar el programa educativo y cristiano de esta institución?

Cuadro D
¿Qué programas educativos deben desarrollarse para alcanzar estas excelencias?

(Decisiones sobre el nivel de estudio, equipo docente, selección de estudiantes, tiempo y modo de estudio, programa ofrecido).

↓

Temas que se ofrecerán	Actividades de aprendizaje

Apéndice B del Capítulo 11

El currículo y el aprendizaje

Por Amelia Hamze
Columnista de Brasil Escola

La escuela no es solamente un espacio social de emancipación o liberación, sino también un entorno para la socialización del cambio. Dado que es un entorno social, tiene dos currículos, uno explícito y formal y otro oculto e informal. El efecto del currículo sobre la vida de los estudiantes aumenta cuando es asociado con sentimientos, actitudes y valores. Un currículo educativo representa el paquete de saberes y valores que caracterizan un proceso social. Sobre este fundamento las escuelas edifican su labor pedagógica.

Un currículo es un constructo social porque implica que aceptemos que somos parte de un momento histórico, una sociedad específica y su relación con su propio conocimiento. En este sentido, la educación y el currículo están íntimamente involucrados con el proceso cultural como constructores de identidades locales y nacionales.

Hoy en día existen varias formas de enseñanza y aprendizaje. Uno de ellos es el currículo oculto. Según Silva, el currículo oculto o invisible es «la colección de actitudes, valores y comportamientos que no forman parte del currículo explícito, pero que están implícitos en las relaciones sociales a través de rituales, la práctica y el uso del espacio y el tiempo dentro de la escuela».[1]

1. T. T. da Silva, *Documents of Identity: An Introduction to the Theories of Curriculum.* Citado por Amélia Hamze, www.educador.brasilescola.com, 2010.

Cuando pensamos en los seres humanos como seres históricos, reflexionamos sobre un currículo que responde, en diferentes tiempos, espacios y épocas históricas, a intereses específicos. Existe una diferencia conceptual entre el currículo, que es el paquete de las acciones pedagógicas, y la matriz curricular, la lista de los temas enumerados en el currículo.

El currículo no es imparcial. Está social y culturalmente definido. Este refleja una cosmovisión particular acerca de la sociedad y la educación y como el eje de la actividad educativa, asimismo, implica ciertas relaciones de poder. Una visión del currículo está relacionada con el paquete de las actividades desarrolladas para el proceso formativo.

El currículo es un instrumento político vinculado con la ideología, las estructuras sociales, la cultura y el poder. La cultura es el contenido, esencia y defensa de la educación. El currículo es cómo se visibiliza la cultura. Las teorías críticas nos dicen que la clase dominante (la élite, la burguesía) ha diseñado las escuelas como lugares de sujeción y reproducción. Sin embargo, la pluralidad cultural ha redundado en que los grupos culturales y subyugados luchan por el reconocimiento de sus raíces culturales y su representación como parte de la cultura nacional. La humanidad común echa a un lado nuestras diferencias.

Un currículo es armado de diferentes maneras, aunque las directrices nacionales (brasileñas) indican que los modelos escolares dominantes en el Brasil son multidisciplinarios y fragmentados. Habrá que sustituirlos, en la medida de lo posible, por una perspectiva inter o transdisciplinaria.

En la elaboración de un currículo escolar debemos tener en cuenta los factores caracterizados por la ontología (que trata la naturaleza del ser), epistemología (que define la naturaleza y el proceso del conocimiento) y la axiología (sobre la naturaleza del bien y del mal, incluida la estética). Las Ciencias confirman que no puede haber desarrollo sostenible sin capital social, que es el generador de la innovación, responsabilidad y participación cívica. La escolarización es la condición fundamental para el acceso a la cultura, la comprensión crítica, la participación cívica, el reconocimiento de lo bueno y lo bello, y el respeto mutuo.

12

Un cambio hacia el paradigma del Pueblo de Dios

Estudio de caso: Seminario Bíblico de Bangkok

Natee Tanchanpongs

A las pulgas podemos condicionarlas a que permanezcan dentro de un frasco abierto. Primero, las encerramos y empiezan a saltar y golpear la tapa. Después de haber sido condicionadas por el límite de la tapa, comienzan a saltar más abajo para no golpearla. Quite la tapa y verá que no saben distinguir entre las limitaciones reales y las autoimpuestas. ¿Acaso están condicionados nuestros seminarios a seguir los paradigmas del pasado? Este capítulo describe la trayectoria histórica y la justificación hacia el cambio de paradigma del Seminario Bíblico de Bangkok (BBS). Este es un relato de la manera en que nuestra institución trascendió sus propios límites a fin de mejorar su eficacia misionera.

Carnegie Samuel Calian, autor de "The Ideal Seminary", hace un llamado al cambio del «paradigma del clero», «que promueve la sabiduría teológica como meramente la educación del clero», por un «paradigma del pueblo de

Dios» que «promueva un cristianismo de una sola clase –que la educación teológica beneficie por igual tanto al clero como a los laicos».[1] Aunque Calian cree que este cambio de paradigma podría resolver la escasez de liderazgo en las iglesias,[2] su razón principal no es práctica, sino teológica. Su teología del liderazgo ministerial está arraigada al concepto de la vocación y la doctrina del sacerdocio de todos los creyentes. Lo explica de esta manera:

> Lo importante no es si hay una escasez o un excedente de clero: la realidad cruda es que nunca tendremos suficientes personas dotadas y que hayan escuchado la voz del Espíritu instándolas a que acepten el llamado de Dios hacia la gama de ministerios al servicio de la iglesia y la sociedad. Todas las personas están llamadas al ministerio, pero no a la misma tarea. Testigos fieles son necesarios en muchos frentes. A los educadores teológicos les cuesta admitir que Dios pudiera estar dirigiendo a uno de sus candidatos hacia otra vocación.[3]

Para Calian, los seminarios no deben tratar de que todos los creyentes encajen dentro del paradigma del clero, sino que deben optar por un paradigma que encaje en los diversos tipos de liderazgo ministerial del pueblo de Dios. El Seminario Bíblico de Bangkok hizo esto cambio hace unos diez años. Esta decisión respondió a dos factores: liderazgo y finanzas.

El factor del liderazgo

Antes de la década de los setenta, Tailandia tenía cerca de mil quinientas iglesias protestantes. La mayoría no era pastoreada por tailandeses. Esta falta de liderazgo fue la razón principal que llevó a la fundación del Seminario Bíblico de Bangkok. El seminario fue fundado en 1971 por misioneros de la Confraternidad Misionera de Ultramar (OMF por sus siglas en inglés) y la Alianza Cristiana y Misionera (ACM) en cooperación con algunos líderes locales con el propósito de capacitar pastores y ministros que sirvieran a

1. Carnegie Samuel Calian, *The Ideal Seminary: Pursuing Excellence in Theological Education* (Louisville, KY: Westminster John Knox, 2002), 11.

2. Ibíd., 10–12.

3. Ibíd., 86.

tiempo completo en la iglesia tailandesa. En ese momento el seminario fue bautizado como el Colegio Bíblico de Bangkok (CBB). Su primer presidente fue el cirujano misionero, Dr. Henry Breindenthal de la OMF. En 1971, el colegio abrió sus puertas con cinco estudiantes y un profesor a tiempo completo. El presidente Breidenthal finalizó su mandato con una matrícula de cuarenta estudiantes. En 1977, Thira Janepiriyaprayoon (también conocido como Timothy Jeng) fue instalado como el segundo presidente. Era un pastor tailandés y un predicador talentoso que trabajaba bajo la Alianza Cristiana y Misionera. Bajo el liderazgo de Jeng, la matrícula aumentó de 80 a 100 estudiantes entre 1977 y 1987, luego de 120 a 150 estudiantes entre 1987 y 1999. En la década de los setenta, el seminario graduaba unos cinco estudiantes cada año, lo que aumentó a una docena durante los años ochenta y veintitrés para los noventa. Antes del 2000, el 46% de nuestros graduados estaba sirviendo en el ministerio pastoral, el 9.5% en la educación teológica, el 10% en ministerios para-eclesiásticos, el 1.5% en las misiones foráneas y el 6.5% en la capellanía. Durante ese período estaban operando otros cuatro seminarios: el Instituto Teológico de Bangkok (ITB), el Colegio de Divinidades de McGilvary (CDM), el Seminario Bíblico de Payao (SBP) y la Escuela Teológica Bautista (ETB). Cada uno tenía estadísticas similares.

Desde los años setenta, la cantidad de iglesias creció hasta superar las cinco mil, como se muestra en la Gráfica 10. A ese ritmo, los seminarios que operaban bajo el paradigma del clero habrían tenido problemas para capacitar a suficientes líderes para la iglesia. Frente a este desafío de liderazgo, SBB tuvo que buscar otras alternativas. En otras palabras, nuestro plan de formación tuvo que integrar a los líderes bivocacionales.

El factor financiero

El Seminario Bíblico de Bangkok fue fundado con el fin de formar ministros que sirvieran a tiempo completo en las iglesias. En muchos lugares como Tailandia, el paradigma del clero no responde adecuadamente a la estabilidad financiera y la sostenibilidad de un seminario. En primer lugar, este programa es sumamente costoso. Tanto el costo de la capacitación como los salarios de los profesores son exorbitantes. Los gastos operativos, como los servicios públicos, hospedaje y comidas, los gastos administrativos, etc., suman rápidamente.

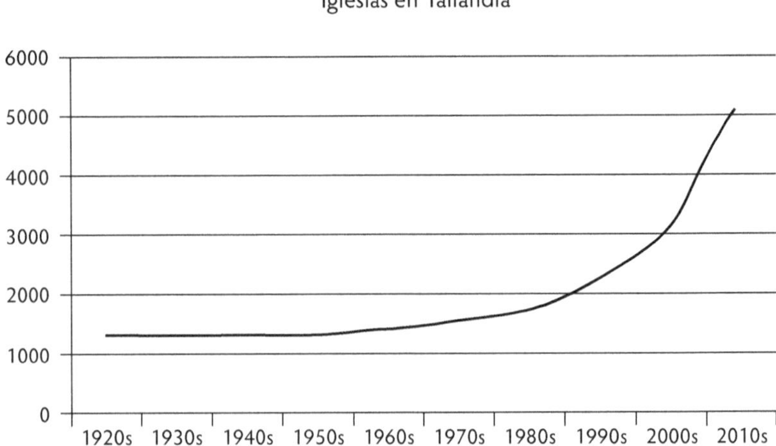

Gráfica 10. Crecimiento de la iglesia tailandesa de 1970 a 2010

Una biblioteca teológica adecuada es sumamente cara. En segundo lugar, la cantidad de estudiantes llamados al ministerio pastoral a tiempo completo que pueden dedicarse a un programa residencial de cuatro años es relativamente pequeña. Además, la mayoría de los estudiantes carecen de los medios para financiar su educación, por lo que dependen de becas.

Entre 1971 y 1977, el seminario devengaba apenas el 10% de sus ingresos de la matrícula. El otro 90% provenía de donaciones de ministerios asociados locales e internacionales. La situación mejoró en las siguientes dos décadas. Los ingresos por concepto de matrícula aumentaron en un 40%. El seminario tenía que recaudar el 60% restante. La experiencia de treinta años con el alto costo de producción y los bajos ingresos por concepto de matrícula hizo que concluyéramos que la educación teológica según el paradigma del clero no era sostenible. Necesitábamos un nuevo paradigma operativo.

Un nuevo paradigma

El problema con el paradigma del clero era la disparidad entre la baja producción de liderazgo y el costo insostenible. ¿Cómo un seminario aumenta la producción de graduados y al mismo tiempo su sostenibilidad? Nos dedicamos a mejorar el paradigma de la larga estadía residencial utilizando enfoques no convencionales como los cursos intensivos sabatinos, clases mensuales, sedes satélite, extensiones de autoestudio e innovaciones en línea.[4] Fueron pasos significativos. No obstante, este mejoramiento del paradigma del clero no resolvió la escasez de liderazgo ni la sostenibilidad del seminario. Al final del día, simplemente el clero no daba abasto para la iglesia. También teníamos que capacitar a los líderes bivocacionales. Si la formación del clero becado no es sostenible, los seminarios deben enfocarse también hacia los líderes bivocacionales que pueden costear sus estudios.

Los líderes bivocacionales casi siempre son adultos que no tienen el tiempo ni la libertad de completar un programa residencial. Por lo tanto, no es cuestión de que abandonemos la formación del clero residencial a favor de estas alternativas. En primer lugar, los programas residenciales tienen estándares de capacitación más altos. El lema del seminario era *khaum rue dee chee whit den neen kharn rup chai*, que se traduce como «Buenos Académicos, Vida Distinguida y Centrado en el Ministerio». Estas tres vertientes de la formación teológica siempre han sido parte del espíritu del seminario. SBB se ha dedicado a agudizar las mentes, formar vidas y perfeccionar las destrezas ministeriales de sus estudiantes. Los programas residenciales permiten que los estudiantes se concentren en sus estudios por tres a cinco años ininterrumpidos. Además, facilitan la formación espiritual. La mayoría de los miembros de la facultad viven en el campus. La comunidad es un entorno único para que los docentes atiendan la formación espiritual y integral de sus compañeros estudiantes. Estos estudiantes tienen que servir en una iglesia local durante los fines de semana. Sus mentores locales supervisan sus ministerios. Por el otro lado, los programas externos desafían nuestra filosofía de las tres vertientes. En términos académicos, no hemos encontrado una manera eficiente de enseñar las lenguas bíblicas necesarias para el análisis profundo de los estudios bíblicos. Del mismo modo, es difícil supervisar la práctica ministerial de los estudiantes con los que no hemos compartido a fondo. En resumen, nos vemos obligados a reducir el estándar de las tres áreas en los programas no residenciales.

4. Meri MacLeod, *Unconventional Educational Practices in Majority World Theological Education: A Qualitative Research Study Commissioned by Overseas Council International – A Comprehensive Report* (Overseas Council International, 13 Septiembre de 2013), 13.

En segundo lugar, no debemos abandonar completamente el modelo residencial (el paradigma del clero) porque todavía juega un papel importante en la iglesia. Si bien sentimos la necesidad de explorar con cautela las innovaciones en la educación teológica, también debemos mantener algún tipo de modelo tradicional.[5] Los líderes bivocacionales tienen que lidiar con la falta de tiempo. Están ocupados con sus negocios, trabajos de oficina, atendiendo pacientes o clientes. Como tal, disponen de menos tiempo para una preparación integral en el ministerio de la Palabra, el estudio de la Escritura, la reflexión teológica y los deberes pastorales.

En tercer lugar, todavía necesitamos teólogos cristianos en la academia. El paradigma del clero facilita la capacitación de este tipo de personal. Los seminarios del mundo mayoritario están abogando por programas de educación teológica que sean más prácticos y menos académicos, descartando la posibilidad de que su suposición, de que más práctica necesariamente implica menos academia y viceversa, podría ser una falsa dicotomía. La severa crítica que Mark Noll hizo hace veinte años contra la actitud antintelectual de la iglesia evangélica estadounidense todavía sigue vigente.[6] Más que nunca es necesario que los evangélicos se involucren con la sociedad. Las instituciones académicas influyen en la sociedad. Si la iglesia busca involucrarse y transformarla, los seminarios no deben descuidar a los intelectuales. A fin de cuentas, el paradigma de Calian sobre el «pueblo de Dios» tiene sentido. Pero con el cambio a incluir líderes bivocacionales, los seminarios no deben descuidar los programas tradicionales para el entrenamiento del clero.

---

5. Debemos prestar atención a la cautela del Manifiesto ICETE cuando dice: «También buscamos con justa razón tal renovación en vista de la condición actual de la educación teológica evangélica. Reconocemos que existen entre nosotros ejemplos llamativos de esa vitalidad renovadora en la educación teológica, la que quisiéramos sea puesta al servicio de nuestro Señor en todas partes. Tanto en el modelo tradicional como en el no tradicional, se están haciendo muchas cosas buenas que son dignas de nuestra atención, estímulo y emulación. Además, reconocemos que existen en nuestro medio, a veces muy cerca de nosotros, ejemplos de algunas cosas que no se hacen bien. Confesamos esto con vergüenza. Se mantienen formas tradicionales por el solo hecho de ser tradicionales, y se persiguen formas radicales por el solo hecho de ser radicales. Por lo tanto, la formación de un liderazgo eficaz se ve profundamente perjudicada». Véase ICETE, "ICETE Manifesto on the Renewal of Evangelical Theological Education", consultado en agosto 2015, http://icete-edu.org/manifesto/. Versión en español provista por ICETE.

6. Mark A. Noll, *Scandal of the Evangelical Mind* (Grand Rapids, MI: Eerdmans, 1994).

Esta transición hacia un nuevo paradigma requiere la flexibilidad estratégica para incluir entrenamiento para múltiples tipos de liderazgo, con múltiples estándares académicos y mediante una variedad de modos de instrucción. El «Manifiesto ICETE sobre la Renovación de la Educación Teológica Evangélica» tiene como fin «proveer el incentivo, la orientación y el desafío crítico» para la renovación de los educadores teológicos y evangélicos del mundo.[7] El documento describe un programa de doce puntos para esta renovación. Aquí nos enfocaremos en el tercer mandato, *Flexibilidad estratégica*. Una cita ampliada está a la orden:

> Nuestros programas de educación deben estimular a una mayor flexibilidad en la realización de su tarea. Por demasiado tiempo nos hemos conformado con la formación de solamente una clase de líder para la iglesia, a sólo un nivel de necesidades y con sólo un método educativo. Si hemos de responder en forma completa a las necesidades del liderazgo del cuerpo de Cristo, entonces nuestros programas, tanto por sí solos como juntamente, tendrán que comenzar a demostrar una mayor flexibilidad en por lo menos tres aspectos. Primero, debemos ponernos al tanto de toda la gama de funciones que se requieren del liderazgo y no solamente dar atención a las más conocidas o básicas. No es suficiente, por ejemplo, proveer solamente la formación pastoral.
>
> Debemos responder creativamente, en cooperación con otros programas, a las necesidades del liderazgo de la iglesia en áreas tales como la educación cristiana, el trabajo juvenil, el evangelismo, el periodismo y las comunicaciones, la educación teológica por extensión, la consejería, la administración para-eclesiástica, el personal de seminarios e institutos bíblicos, el desarrollo comunitario y los ministerios sociales. Segundo, nuestros programas deben tomar en cuenta todos los niveles académicos necesarios y no limitarse a servir sólo a un nivel. No debemos pensar que el nivel más alto sea la única necesidad estratégica

7. ICETE, "Manifesto."

> o, por el contrario, que el nivel más bajo sea la única necesidad estratégica. Debemos participar deliberadamente en programas de múltiples niveles para el adiestramiento del liderazgo. Estos programas deben ser establecidos en base a una evaluación de las necesidades globales del liderazgo en la iglesia en todos los niveles. Tercero, debemos comprometernos a una mayor flexibilidad en los modelos educativos por medio de los cuales tocamos los varios niveles de necesidad del liderazgo y no limitarnos a un solo modelo tradicional o radical. Debemos aprender a combinar, de manera práctica, sistemas residenciales y por extensión, estilos formales e informales, utilizando también, por ejemplo, cursos breves, talleres, programas nocturnos, institutos de vacaciones, adiestramiento sobre la marcha, seminarios ambulantes, cursos de actualización, y programas de educación continúa. Sólo por medio de tal flexibilidad en nuestros programas se podrá comenzar a suplir la amplia gama de necesidades del liderazgo de la iglesia y cumplir con nuestro mandato en su sentido más amplio. Esto lo tenemos que lograr, mediante la gracia de Dios.[8]

En resumen, el mandato de la flexibilidad estratégica del Manifiesto de la ICETE requiere que la educación teológica tradicional expanda sus tres áreas, a saber, las funciones del liderazgo eclesiástico, los niveles de los estándares académicos y los modos de instrucción.

La implementación del nuevo paradigma

Manoch Jangmook, exestudiante de SBB, ha servido al seminario en varias capacidades por más de treinta años. Ha ocupado diversos cargos en la facultad (decano de estudiantes, decano académico, vicepresidente) y desde 1999 ocupa el cargo de presidente. Bajo su liderazgo, la matrícula aumentó de 150 a 200 estudiantes de 1999 a 2005, y de 400 a 750 desde 2006. Como presidente, Jangmook escuchó las necesidades de la iglesia y creó nuevos programas

8. ICETE, "Manifesto," III mandato. Versión en español provista por ICETE.

académicos para satisfacerlas. Este adoptó un nuevo paradigma operativo y flexible.

La Gráfica 11 muestra el crecimiento de la población estudiantil de 1971 a 2013, mientras que la Gráfica 12 muestra el número de graduados durante el mismo período.

Gráfica 11. Crecimiento de la población estudiantil de 1971 a 2013

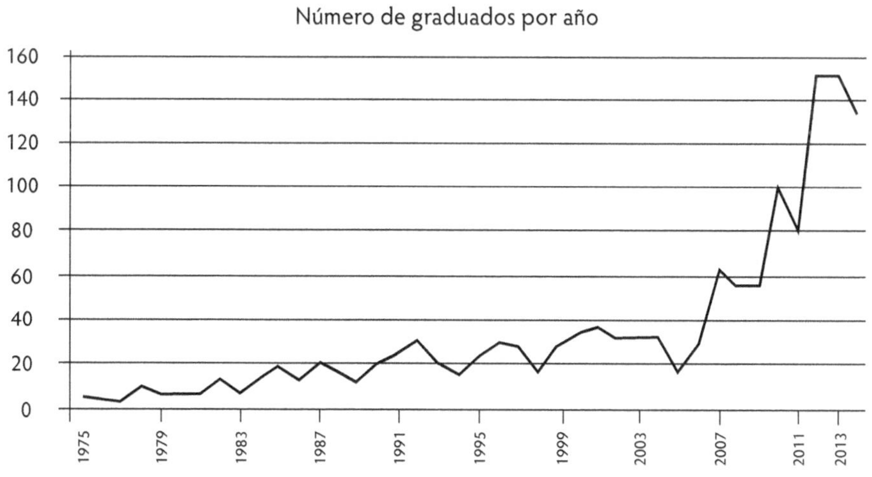

Gráfica 12. Graduados por año entre 1971 y 2013

Cuando Manoch Jangmook asumió la presidencia del seminario, heredó el paradigma del clero con tres programas residenciales de capacitación para el liderazgo a tiempo completo en la iglesia. La licenciatura o el bachillerato en Teología (BTh) es un currículo de grado de 144 horas de crédito que requiere cuatro años de residencia, un año de pasantía en la iglesia entre el tercer y cuarto año, y la práctica ministerial concurrente durante los fines de semana. La maestría en Divinidades (MDiv) y la maestría en Estudios Bíblicos (MBS) son programas de 96 y 66 horas de crédito respectivamente, de tres y dos años. De igual manera, requieren una práctica ministerial concurrente durante los fines de semana y el verano. La Tabla 7 ofrece un panorama de los programas acreditados y diplomados que el SBB ofreció entre 1971 y 2015.

Tabla 7. SBB Programas Acreditados y Diplomas

Programa	Acred-itación	Inicio	Matrícu-la	Razón	Resumen del programa
BTh	ATA	1971	Clero	compren-sivo	Residencial: 4+1 años (144 Créditos) + comp.
MDiv	ATA	1975	Clero	compren-sivo	Residencial: 3 años (96 créditos) + comp.
MBS	ATA	1980	Clero	Ubicación	Residencial: 2 años (66 créditos) + comp.
MMin (en el campus)	ATA	2001	Clero	Tiempo reducido	Modular presencial: 2 años (36 créditos) + 30 bosquejos de sermones
BCS/MCS (TEE)		2004	Bivoca-cional	Ubicación	Extensión: 3.5 años (120 credit) Descontinuado MCS (TEE), reemplazado con MCS (en línea)
ThM/ DMin PhD (AGST)	ATA	2006	Clero	Tiempo reducido	Modular presencial/ extensiones: varios programas conducentes a grado

MCS (nocturno)		2009	Bivocacional	Tiempo adecuado	Residencial nocturno: 2 años (36 créditos)
MCA		2009	Clero	Tiempo reducido Tiempo enfocado	Modular presencial: 2 años (36 créditos) + proyecto mayor
MMin (extensión)	ATA	2011	Clero	Tiempo reducido Tiempo enfocado Ubicación	Modular extensiones: 2 años (36 créditos) + 30 bosquejos de sermones
MCS (en línea)		2013	Bivocacional	Tiempo reducido Tiempo Adecuado Ubicación	A distancia nocturno: 2 años (36 créditos)
LLI		2014	Bivocacional	Tiempo reducido Tiempo Adecuado	Sabatino: 1 años (6 módulos de tres semanas + práctica

Bajo el liderazgo del presidente Jangmook, BBS ha continuado la tradición de capacitar a los ministros profesionales (a tiempo completo) facilitando el acceso a la educación teológica en tres áreas. En primer lugar, el seminario organizó la maestría en Ministerio (MMin), un programa de 36 horas de crédito a ser completado en tres años. Este programa está organizado en módulos semanales para los pastores que no pueden alejarse de sus congregaciones para completar sus estudios. Además de las tareas, los estudiantes deben entregar un documento final de veinticinco páginas y treinta bosquejos de sermones. Comenzamos ofreciéndolos en el campus principal, pero pronto recibimos solicitudes para que estableciéramos extensiones en varias partes de Tailandia. Como resultado, entre 2011 y 2014 formamos cohortes en las ciudades de Khon Kaen, Phitsanulok, Nakhon Ratchasima y Chiang Mai. Enviamos los instructores a esas zonas.

En segundo lugar, el seminario extendió su capacitación del clero para la educación teológica superior uniéndose a un consorcio de seminarios principalmente de Malasia y Singapur bajo la Asociación Teológica Asiática (ATA) para formar la Alianza de la Escuela Graduada de Teología (AGST por sus siglas en inglés). Esta asociación coordina los recursos para los programas graduados de la maestría en Teología (MTh), el doctorado en Ministerio (DMin) y el doctorado en Filosofía (PhD) en varias áreas de estudios cristianos.

Por último, muchos de los graduados sirven como pastores, administradores de iglesias y otras organizaciones cristianas. Nos sentimos confiados en nuestra capacidad de prepararlos bíblica, teológica y pastoralmente. No obstante, están necesitados de destrezas administrativas para la dirección de sus organizaciones. Por lo tanto, en 2011 lanzamos la maestría en Administración Cristiana (MCA), un programa modular que se reúne cuatro veces al año durante dos años. Esta maestría está diseñada como una cohorte de una mini maestría en Administración de Empresas, pero dirigida hacia la administración de organizaciones sin fines de lucro. Los instructores son académicos y profesionales cristianos en sus campos tales como la gestión de los recursos humanos, la capacitación de liderazgo, contabilidad, finanzas y la recaudación de fondos, mercadeo y administración de proyectos. Además de los ocho módulos, se espera que los estudiantes presenten y aprueben los requisitos del proyecto final.

De lo anterior se desprende que el tercer presidente del seminario no ha abandonado la capacitación de ministros cualificados para la iglesia. A decir verdad, ha ampliado la misión del seminario con la formación de líderes bivocacionales en cuatro áreas, a saber, el programa de extensión (Educación Teológica por Extensión [TEE por sus siglas en inglés]), el programa nocturno (maestría en Estudios Cristianos [MCS]), el programa de distancia (MCS) y el sabatino (Instituto de Liderazgo Laico [LLI por sus siglas en inglés]).

El programa de Educación Teológica por Extensión comenzó en 2005 dirigido hacia los líderes bivocacionales. Este comenzó como un currículo de «lectura y examen» en donde los estudiantes recibían los materiales y al final del semestre venían al campus o a una de las extensiones a tomar exámenes de selección múltiple. Desde entonces ha evolucionado para incluir materiales multimedia, exámenes cortos y semanales, preguntas breves en los exámenes finales y una monografía. Los estudiantes deben completar veinte grupos de asignaturas en tres años y medio. Estos provienen de todo Tailandia, así como de varios otros países que participan en nuestro programa.

El programa nocturno de la maestría en Estudios Cristianos (MCS) fue inaugurado en 2009 para los líderes eclesiásticos bivocacionales que desean una experiencia académica más intensa que el TEE, pero no pueden asistir a las clases diurnas. Las clases se reúnen tres veces por semana (lunes, martes y jueves) en el campus de 6 a 8:30 p.m. Los estudiantes deben completar doce clases, seis de las cuales son requisitos básicos.

Los líderes bivocacionales en Bangkok y sus alrededores tenían acceso al programa nocturno. Sin embargo, éramos conscientes de que el programa podía beneficiar a las personas que vivían en las afueras del área metropolitana de Bangkok. Así que, en 2012 experimentamos con la tecnología en línea transmitiendo por internet las clases del MCS nocturno. El programa piloto fue un gran éxito, tanto así que al año siguiente lanzamos oficialmente el MCS en línea. La tecnología del aula virtual busca simular la experiencia en clase para los estudiantes remotos. Las cámaras están enfocadas en la pizarra, los estudiantes presentes y el proyector. Escuchan tanto a su profesor como a los estudiantes. En el aula hay una pantalla grande que proyecta a los estudiantes remotos, quienes pueden hacer preguntas o mostrar sus presentaciones remotas. También incluye una sala virtual en la que publican sus preguntas. Además, el "etherpad" es una pizarra electrónica en linea en donde todos pueden participar en vivo.

En 2013, el seminario fue contactado por una dinámica iglesia de empresarios y profesionales, cuyo liderazgo pastoral en su mayoría estaba compuesto por líderes bivocacionales de clase alta que tenía que predicar y enseñar regularmente. Esta iglesia nos solicitó que capacitáramos a sus líderes en la exposición bíblica. Estos trabajaban de día y servían en la iglesia por las noches. Por lo tanto, en enero de 2014, el seminario estableció el Instituto de Líderes Laicos e inició un certificado de posgrado que constaba de veintiún sábados, seis dedicados a la teología, tres a las herramientas de las lenguas bíblicas, tres a la interpretación bíblica, dos a la educación cristiana y métodos de enseñanza, dos de preparación y predicación de sermones y cinco de práctica de predicación y enseñanza.

En resumen, el seminario adoptó un paradigma operativo que creó programas académicos en respuesta a las necesidades de la iglesia. Todo esto requiere que seamos flexibles en tres áreas. En primer lugar, debemos preocuparnos por la formación del pueblo de Dios, tanto los líderes bivocacionales como el clero. En segundo lugar, debemos ser flexibles con nuestros modos de instrucción. El seminario ha seguido expandiendo el modo residencial y otras alternativas como los programas de extensión por correspondencia o multimedia, módulos en el campus y las extensiones, horarios nocturnos y sabatinos y programas en línea. Por último, el paradigma del pueblo de Dios requiere que tengamos más de un estándar de formación. Debemos permitir que cada persona maximice su potencial dentro de sus propias limitaciones y así capacitaremos más líderes. Si un miembro del clero con intereses académicos tiene el tiempo, el deseo y la aptitud para terminar su maestría en Divinidades o en Teología y quizás hasta el doctorado con miras a convertirse en un educador teológico, entonces debe permitirsele a el o a ella seguir tal curso de acción. Por otro lado, debemos permitir que un maestro de escuela dominical, que desea ser más eficaz, pueda estudiar de noche. En este marco, todos los programas dirigidos al clero (excepto la MCA) están acreditados por la ATA. Los programas para los líderes bivocacionales no son acreditados por la ATA. De esta manera el seminario toma en cuenta las diversas situaciones de sus estudiantes y a la vez, capacita más líderes para el ministerio. Si nos aferramos a un solo estándar de capacitación, tendremos que lidiar con los estudiantes que no pueden alcanzarlo. La calidad de un programa tiende a ser inversamente proporcional a la cantidad de estudiantes que permitimos graduarse. Por ejemplo, si incrementáramos los requisitos académicos de la maestría en Divinidades, muy pocos estudiantes completarían el programa. En cambio, la diversidad de estándares permite que el estudiante que, debido a sus circunstancias no pueda completar la maestría, logre graduarse de las maestrías en administración o servicios cristianos. De esta manera, mantenemos nuestros estándares y permitimos que nuestros estudiantes se gradúen del nivel apropiado.

Bajo este nuevo paradigma, el Seminario Bíblico de Bangkok ha podido formar a cada vez más líderes a varios niveles porque estuvo dispuesto a considerar la diversidad de papeles en el liderazgo eclesiástico, e implementar múltiples modos y estándares de instrucción. Entre 2014 y 2020 esperamos graduar otros trescientos ministros y novecientos líderes eclesiásticos para la iglesia tailandesa.

El nuevo paradigma de reclutamiento de los líderes bivocacionales también ha beneficiado económicamente al seminario. Desde 2000, el seminario ha logrado un estado financiero estable y autosostenible. Estos ingresos provienen de la matrícula, donaciones extranjeras y locales, el alquiler de las instalaciones, intereses y ventas de literatura. En la actualidad, alrededor del 70% de los ingresos provienen de la matrícula y el 30% de otras fuentes. Durante la transición del liderazgo hubo una breve disminución en los donativos (extranjeros y locales), perro desde entonces han sido relativamente constantes. Sí hubo un aumento en los ingresos por concepto de matrícula.

Este efecto queda explicado por los tres tipos de programas y sus finanzas. En primer lugar, los programas residenciales (BTh, MDiv y MBS) siempre han sido subvencionados. Están operando con un déficit porque los ministros de carrera casi nunca pueden costear toda su educación. Estos dependen de las becas aun cuando reciben una ayuda de sus iglesias, misiones u otras organizaciones. Como hemos visto, el seminario tiene que recaudar el 60% de los costos a través de otros medios.

Los programas modulares (MMin, MCA) y sabatinos (LLI) fueron diseñados para que generaran sus propios ingresos y dejaran un pequeño margen de ganancias para cubrir los gastos administrativos del seminario. Ciertas medidas aseguran que estos programas sean financieramente independientes. Con la excepción de la maestría en Ministerios en el campus, la admisión se hace por cohorte y con una cantidad mínima de estudiantes. Las extensiones abren con quince estudiantes y continúan con un mínimo de quince. De no lograrse este mínimo, el resto de los estudiantes tiene que completar sus estudios en el campus. Del mismo modo, los estudiantes son aceptados en el MCA (un programa de dos años) como una cohorte cada mayo. La cohorte requiere un mínimo de ocho estudiantes. La idea es que cada curso tenga como mínimo quince estudiantes. Asimismo, el programa de veintiún sábados tiene un requisito mínimo de treinta estudiantes para cada nueva cohorte. La maestría en Ministerios es diferente porque sigue un ciclo de entre ocho a diez cursos cada dos años. Los estudiantes escogen las clases a su conveniencia. Sin embargo, cada vez que la matrícula cae, el seminario congela la admisión y la transforma en una cohorte. La maestría en Ministerio cobra la matrícula por clase. El resto de los programas es pagado por adelantado o en dos cuotas.

Por último, los programas de Educación Teológica por Extensión (TEE) nocturnos y en línea (MCS) fueron diseñados para generar ingresos. Ambos tienen costos fijos y recurrentes. Antes de su inicio, nuestro personal estudió los programas de extensión de una universidad local, cuyo marco fue modificado para nuestro programa. En sus comienzos, el seminario invirtió muchísimo dinero, recursos humanos y tiempo para producir los materiales de los cursos básicos. Este proceso fue completado a los tres años y medio del programa. El material es revisado cada dos ciclos. Los principales costos recurrentes incluyen la reproducción y el envío de los materiales del curso, la calificación de las tareas y la supervisión de los exámenes.

El programa en línea fue costoso. En primer lugar, el seminario invirtió en la compra de tecnología. Algunos de nuestros profesores provenían de la industria tecnológica y se sintieron cómodos con este espíritu de innovación. El resultado es un equipo sólido de TI, compuesto por profesores, personal y estudiantes. En cuanto al equipo, comenzamos con el hardware existente y el software de dominio público, actualizándolo lentamente para aumentar su funcionalidad y utilidad. El desarrollo es constante. Por lo tanto, el costo es recurrente. Además, hay que tomar en cuenta los recursos humanos entre los costos operacionales. El éxito del programa depende de la eficacia del equipo de TI. Pero con todo y esto las ventajas sobrepasan los gastos porque estamos llegando a una población que de otra manera no tendría acceso a la educación. Desde el punto de vista fiscal, estos programas abren nuevos mercados e ingresos que cubren los gastos operacionales y subsidian a los programas residenciales.

Antes de 2005, el seminario evitaba el déficit gracias a las aportaciones extranjeras y locales. Una vez que empezamos con los programas de Educación Teológica por Extensión, los ingresos generados superan su costo. Estas brechas se ampliaron aún más después del inicio de los programas nocturnos MCA y MCS en 2009. Esperamos que los ingresos por concepto de matrícula sigan aumentando. El superávit anual ha sido destinado a los fondos de dotación (5% del presupuesto) y misionero (1% del presupuesto).

Hasta años recientes, el seminario confrontaba dos grandes problemas: la producción de liderazgo y la sostenibilidad financiera. Tratamos de resolverlos con los paradigmas de la formación del clero. Pero ¿por qué debemos limitarnos a hacerlo con un paradigma añejo y autoimpuesto? El SBB es un ejemplo de una pulga que escapó del frasco abierto. El seminario ahora cumple su misión con mayor eficacia gracias a la implementación de un nuevo paradigma flexible para la capacitación de líderes para la iglesia y que toma en cuenta la estabilidad financiera.

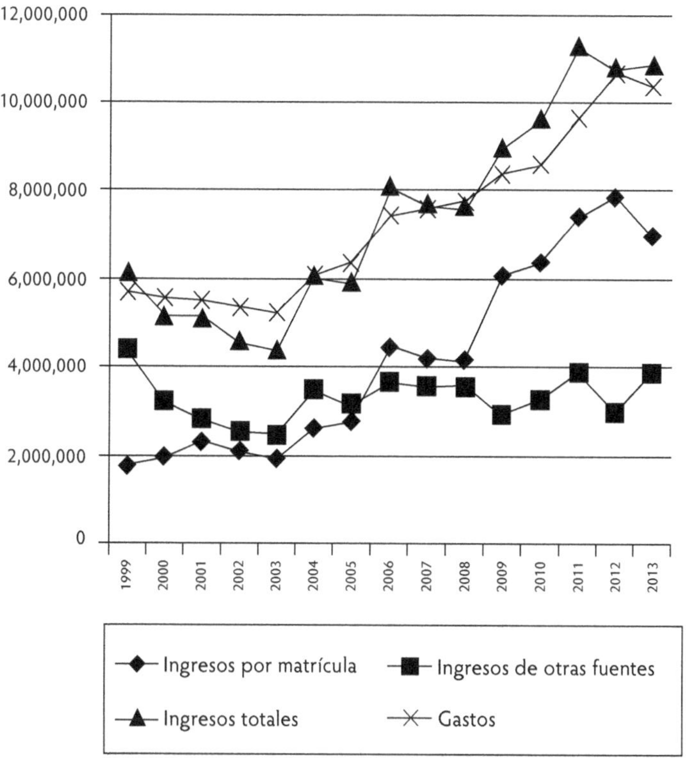

Gráfica 13. Ingresos y Egresos entre 1999 y 2013 del SBB

Bibliografía

Aleshire, Daniel O. "The Future of Theological Education: A Speculative Glimpse at 2032." *Dialog: A Journal of Theology* 50, no. 4 (Dec 2011): 380–385. Acceso 31 Marzo 2015. EBSCO.

Althusser, Louis. "Ideology and Ideological State Apparatus." En *Lenin and Philosophy, and Other Essays*, traducido por Ben Brewster, 127–188. Londres: New Left Books, 1971.

Apple, Michael W. *Education and Power*. Boston: Routledge & Kegan Paul, 1982.

Argris, Chris, y Donald Schön. *Theory in Practice: Increasing Professional Effectiveness*. San Francisco: Jossey-Bass, 1974.

Asia Theological Association. *Asia Theological Association Manual for Accreditation*. Quezon City, Philippines: ATA, 2013. Adobe PDF eBook.

Bandura, Albert. *Social Learning Theory*. Englewood Cliffs, NJ: Prentice Hall, 1977.

Banks, Robert J. *Reenvisioning Theological Education: Exploring a Missional Alternative to Current Models*. Grand Rapids, MI: Eerdmans, 1999.

Bender, Tisha. *Discussion-Based A distancia Teaching to Enhance Student Learning: Theory, Practice, and Assessment*. Sterling, VA: Stylus Publishing, 2012.

Bennis, Warren. *Changing Organizations*. Nueva York: McGraw-Hill, 1966.

Berbel, Neusi Aparecida N. *Metodologia do Ensino, Superior: realidade e significado*. Campinas, Brazil: Papirus, 1994.

Berkun, Scott. "How to Identify and Learn from Your Mistakes." *Lifehacker* (blog), 29 Noviembre 2011. Acceso 4 Mayo 2015. http://lifehacker.com/5863490/how-to-learn-from-your-mistakes.

Biggs, John. *Teaching for Quality Learning at University*. 2a ed. Maidenhead: Open University, 2003.

Blamires, Harry. *The Christian Mind: How Should a Christian Think?* c. 1963. Vancouver: Regent College, 2005.

Blumberg, Arthur, y Phyllis Blumberg. *The Unwritten Curriculum: Things Learned but Not Taught in School*. Thousand Oaks, CA: Corwin, 1994.

Boettcher, Judith V., y Rita Conrad. *A distancia Teaching Survival Guide: Simple and Practical Pedagogical Tips*. San Francisco: Jossey-Bass, 2010.

Bonhoeffer, Dietrich, y Samuel Wells. *Life Together*. New ed. Londres: SCM, 2015.

Boud, David. "Assessment and Learning: Contradictory or Complementary?" En *Assessment for Learning in Higher Education*, editado por Peter Knight, 35–48. Londres: Kogan Page, 1995.

Bowden, John, y Ference Marton. *The University of Learning: Beyond Quality and Competence*. Londres: RoutledgeFalmer, 1998.

Bowen, Jose Antonio. *Teaching Naked: How Moving Technology Out of Your College Classroom Will Improve Student Learning*. San Francisco: Jossey-Bass, 2012.

Bowles, Samuel, y Herbert Gintis. *Schooling in Capitalist America: Educational Reform and the Contradictions of Economic Life*. Nueva York: Basic, 1976.

Brown, Sally, Phil Race, y Chris Rust. "Using and Experiencing Assessment." En *Assessment for Learning in Higher Education*, editado por Peter Knight, 75–85. Londres: Kogan Page, 1995.

Buarque, Cristovam. *A aventura da universidade*. São Paulo: UNESP; Rio de Janeiro: Paz e Terra, 1994.

Buckland, Ron. "How to Promote Change: Workshop Resource Sheet." s.f.

Calian, Carnegie S. *The Ideal Seminary: Pursuing Excellence in Theological Education*. Louisville, KY: Westminster John Knox, 2002.

Campbell, Susan. "Scratching the Itch: Paul's Athenian Speech Shaping Mission Today." *Evangelical Review of Theology* 35, no. 2 (2011): 177–184. Acceso 17 Febrero 2015. http://search.ebscohost.com/login.aspx?direct=true&db=rlh&AN=60802023&site=ehost-live.

Cannell, Linda. *Theological Education Matters: Leadership Education for the Church*. Newburgh, IN: EDCOT, 2006.

Carr, Nicholas. *The Shallows*. Nueva York: W. W. Norton, 2010.

Carr-Chellman, Alison A., ed. *Global Perspectives on E-Learning: Rhetoric and Reality*. Thousand Oaks, CA: Sage, 2005.

Carroll, Jude. *Tools for Teaching in an Educationally Mobile World*. Nueva York: Routledge, 2015.

Chalmers, Denise, y Richard Fuller. *Teaching for Learning at University*. Londres: Kogan Page, 1996.

Cheesman, Graham. "Competing Paradigms in Theological Education Today." *Evangelical Review of Theology* 17, no. 4 (1993): 484–499.

———. "Love." *Teaching Theology* (blog), 1 Mayo 2015. http://teachingtheology.org/2015/05/01/love.

Christensen, Clayton M., y Henry J. Eyring. *The Innovative University: Changing the DNA of Higher Education from the Inside Out*. San Francisco: Jossey-Bass, 2011.

Clinton, J. R. *The Making of a Leader*. Colorado Springs, CO: NavPress, 1988.

Cole, Victor Babajida. *Training of the Ministry: A Macro-Curricular Approach.* Bangalore: Theological Book Trust, 2001.

Conrad, Rita-Marie, y J. Ana Donaldson. *Engaging the A distancia Learner: Activities and Resources for Creative Instruction.* San Francisco: Jossey-Bass, 2011.

Cornbleth, C. "Curriculum In and Out of Context." *Journal of Curriculum and Supervision* 3, no. 2 (1988): 85–96. Acceso 1 Febrero 2016. http://www.ascd.org.

Cox, Bernard, John Fien, y Clayton White. "Sustainable Futures across the Curriculum." En UNESCO, "Teaching and Learning for a Sustainable Future" (Module 6), 2010. Acceso 14 Julio 2016. http://www.unesco.org/education/tlsf/docs/tlsf_doclist.html.

Cranton, Patricia. *Understanding and Promoting Transformative Learning: A Guide for Educators of Adults.* 2a ed. San Francisco: Jossey-Bass, 2006.

Cronbach, Lee. "Course Improvement through Evaluation." *Teachers College Record* 64, no. 8 (1963): 672–683.

———. *Designing Evaluation of Educational and Social Programs.* San Francisco: Jossey-Bass, 1982.

Cronshaw, Darren. "Reenvisioning Theological Education and Missional Spirituality." *Journal of Adult Theological Education* 9, no. 1 (2012): 9–27.

Curwin, Richard. 2014. "It's a Mistake Not to Use Mistakes as Part of the Learning Process." *Edutopia* (blog), 28 Octubre 2014. Acceso 3 Mayo 2015. http://www.edutopia.org/blog/use-mistakes-in-learning-process-richard-curwin.

D'Andrea, Vaneeta-marie. "Organizing Teaching and Learning: Outcomes-Based Planning." En *A Handbook for Teaching and Learning in Higher Education,* editado por Heather Fry, Steve Ketteridge, y Stephanie Marshall, 41–57. Londres: Kogan Page, 2000.

Das, Rupen, y Elie Haddad. "Assessing Outcomes: Does Seminary Training Make a Difference in the Community?" Sin publicar, Arab Baptist Theological Seminary, Beirut, 2012.

Deininger, Fritz. "The Academic Deanship as Ministry: A Challenging Leadership Position." En *Foundations for Academic Leadership,* editado por Fritz Deininger y Orbelina Eguizabal, 129–147. Hamburg: VTR, 2013.

———. "President and Dean as Partners in Theological Education." En *Foundations for Academic Leadership,* editado por Fritz Deininger y Orbelina Eguizabal, 109–128. Hamburg: VTR, 2013.

Deininger, Fritz, y Orbelina Eguizabal, eds. *Foundations for Academic Leadership.* Hamburg: VTR, 2013.

Demo, Pedro. "Crise dos Paradigmas da Educação Superior." *Educação Brasileira* 16, no. 32 (Jan 1994):15–48.

Dewey, John. *Democracy and Education*. Mineola, NY: Courier Dover Publications, 2004.

———. *Experience and Education: The 60th Anniversary Edition*. West Lafayette, IN: Kappa Delta Pi, 1998.

Diamond, Robert. *Designing and Improving Courses and Curricula in Higher Education*. San Francisco: Jossey-Bass, 1989.

Durkheim, Emile. *Education and Sociology*. Nueva York: Free Press, 1956.

———. *Moral Education*. Nueva York: Free Press, 1961.

Dykstra, Craig R. *Growing in the Life of Faith: Education and Christian Practices*. 2a ed. Louisville, KY: Westminster John Knox, 2005.

Ebel, Robert L. "The 'Essentials' of Educational Measurement." En *Understanding Outcomes-Based Education: Teaching and Assessment in South Africa – A Reader*, editado por John Gultig et al., 43–48. Cape Town: SAIDE/Oxford, 1998.

Edgar, Brian, "The Theology of Theological Education." Acceso 21 Julio 2016. http://brian-edgar.com/wp-content/uploads/downloads/2010/05/Theology_of_Theological_Education.pdf.

Eguizabal, Orbelina. "Academic Leaders as Change Agents." En *Foundations for Academic Leadership*, editado por Fritz Deininger y Orbelina Eguizabal, 129–147. Hamburg: VTR, 2013.

Eisner. Elliot W. *The Educational Imagination: On the Design and Evaluation of School Programs*. 3a ed. Upper Saddle River, NJ: Prentice Hall, 1994.

Ellul, Jacques. *The Technological Society*. Nueva York: Vintage, 1964.

Entwistle, Noel. "Learning and Studying: Contrasts and Influences," En *Creating the Future: Perspectives on Educational Change*, editado por Dee Dickinson (New Horizons for Learning, 2002). Acceso 16 Junio 2017. http://education.jhu.edu/PD/newhorizons/future/creating_the_future/index.html.

Escobar, Samuel. "What Is the Ministry toward Which We Teach?" En *Practical Wisdom: On Theological Teaching and Learning*, editado por Malcolm L. Warford, 143–157. Nueva York: Peter Lang, 2004.

European Evangelical Accrediting Association. *Manual with Visitation Guidelines of the European Evangelical Accrediting Association*. Acceso 21 Julio 2016. https://eeaawordpress.files.wordpress.com/2011/12/eeaa-manual-5th-edition-20122.pdf.

Fahey, Shireen. "Curriculum Change and Climate Change: Inside Outside Pressures in Higher Education." *Journal of Curriculum Studies* 44, no. 5 (May 2012): 703–722.

Ferenczi, Jason E. "Governance in International Theological Education: A Study in Asia, the Caribbean, Eurasia, and Latin America." EdD diss., Columbia International University, 2012.

———. *Serving Communities: Governance and the Potential of Theological Schools.* Carlisle: Langham Global Library/ICETE, 2015.

Ferris, Robert W. *Establishing Ministry Training: A Manual for Programme Developers.* Pasadena, CA: William Carey Library, 1995.

———. *Renewal in Theological Education: Strategies for Change.* Wheaton, IL: Billy Graham Center, Wheaton College, 1990.

Finkelman, Yoel. *The Hidden Curiculum and Mahshevet Yisrael Education.* Jerusalem: Academy for Torah Initiatives and Directions, 2006.

Ford, LeRoy. *A Curriculum Design Manual for Theological Education: A Learning Outcomes Focus.* 1991. Reimpresión, Eugene, OR: Wipf & Stock, 2003.

Foster, Richard. *Celebration of Discipline: The Path to Spiritual Growth.* Londres: Hodder & Stoughton, 1999.

Freire, Paulo. *Educação e Mudança.* Rio de Janeiro: Paz e Terra, 1983.

———. *Pedagogia da Autonomia: Saberes Necessários à Prática Educativa.* São Paulo: Paz e Terra, 1996.

———. *Pedagogy of the Oppressed.* Harmondsworth: Penguin, 1972; Nueva York: Continuum, 1993.

Gardner, Howard. *Multiple Intelligences: The Theory in Practice – A Reader.* Nueva York: Basic, 1993.

Geyser, Hester. "Learning from Assessment." En *Teaching and Learning in Higher Education*, editado por Sarah Gravett y Hester Geyser, 90–111. Pretoria: Van Schaik, 2004.

Gillespie, Marilyn K. "EFF Research Principle: A Contextualized Approach to Curriculum and Instruction." EFF Research to Practice Note 3. Acceso 3 Marzo 2012. http://www.edpubs.gov/document/ed001934w.pdf.

Gillespie, Thomas. "What Is 'Theological' about Theological Education?" *Princeton Seminary Bulletin* 14, no. 1 (1993): 55–63.

Giroux, Henry. *Theory and Resistance in Education.* South Hadley, MA: Bergin & Garvey, 1982.

Glatthorn, Alan A. *Curriculum Leadership.* Glenview, IL: Scott Foresman, 1987.

———. *Curriculum Renewal.* Alexandria, VA: ASCD, 1987.

Gress, James R. *Curriculum: An Introduction to the Field*. Berkeley, CA: McCutchan, 1978.

Griffiths, Michael. "The Contextualization of Overseas Theological Education." En *Text and Context in Theological Education*, editado por Roger Kemp, 1–8. ICAA Monograph Series Vol. 5. Springwood, NSW, Australia: ICAA, 1994.

Groome, Thomas H. *Educação Religiosa Cristã: Compartilhando Nosso Caso e Visão*. São Paulo: Paulinas, 1985.

Guba, Egon, y Y. Lincoln. *Effective Evaluation: Improving the Usefulness of Evaluation Results through Responsive and Naturalistic Approaches*. San Francisco: Jossey-Bass, 1992.

Hager, Paul, Andrew Gonczi, y James Athanasou. "About Assessing 'Competence.'" En *Understanding Outcomes-Based Education: Teaching and Assessment in South Africa – A Reader*, editado por John Gultig et al., 55–65. Cape Town: SAIDE/Oxford, 1998.

Haines, Catherine. *Assessing Students' Written Work*. Londres: RoutledgeFalmer, 2004.

Harasim, Linda. *Learning Theory and A distancia Technologies*. Nueva York: Routledge, 2012.

Harkness, Allan. "Assessment in Theological Education: Do Our Theological Values Matter?" *Journal of Adult Theological Education* 5, no. 2 (2008): 183–201.

———. "De-Schooling the Theological Seminary: An Appropriate Paradigm for Effective Ministerial Formation." En *Tending the Seedbeds: Educational Perspectives on Theological Education in Asia*, editado por Allan Harkness, 103–128. Manila: Asia Theological Association, 2010.

———, ed. *Tending the Seedbeds: Educational Perspectives on Theological Education in Asia*. Manila: Asia Theological Association, 2010.

Hatch, Mary Jo. *Organization Theory: Modern, Symbolic, and Postmodern Perspectives*. Oxford: Oxford University Press, 1997.

Haythornthwaite, Carolyn, y Richard N. Andrews. *E-Learning Theory and Practice*. Thousand Oaks, CA: Sage, 2011.

"Hidden Curriculum." *The Glossary of Education Reform: For Journalists, Parents, and Community Members*. Acceso 29 Diciembre 2014. http://edglossary.org/hidden-curriculum.

Hill, Brian. V. "An Education of Value: Towards a Value Framework for the School Curriculum." En *Report of the Review of the Queensland School Curriculum 1994: Shaping the Future*, 233–276. Brisbane: Queensland Government, 1994.

———. *Beyond the Transfer of Knowledge: Spirituality in Theological Education.* Auckland: Impetus Publications, 1998.

———. *The Greening of Christian Education.* Sydney: ANZEA, 1985.

———. *Teaching Secondary Social Studies in a Multicultural Society.* Melbourne: Longman Cheshire, 1994.

Howe, Neil, y William Strauss. *Millennials Rising: The Next Great Generation.* Nueva York: Knopf Doubleday, 2000.

Howell, Frank M., y Lynn W. McBroom. "Social Relations at Home and at School: An Analysis of the Correspondence Principle." *Sociology of Education* 55, no. 1 (Jan 1982): 40–52. Acceso 8 Diciembre 2016. http://eric.ed.gov/?id=EJ258571.

Hughes, Chris, y Doug Magin. "Demonstrating Knowledge and Understanding." En *Assessing Learning in Universities*, editado por Peggy Nightingale et al. Sydney: University of New South Wales, 1996.

Ikemoto, Gina, y Julie Marsh. "Cutting through the 'Data-Driven' Mantra: Different Conceptions in Data-Driven Decision Making." En *Evidence and Decision Making*, editado por Pamela Moss, 105–131. Malden, MA: Blackwell, 2007.

Illich, Ivan. *Deschooling Society.* Londres/Nueva York: Marion Boyars, 1994.

International Council for Evangelical Theological Education (ICETE). "ICETE Manifesto on the Renewal of Evangelical Theological Education." http://icete-edu.org/manifesto/.

Jackson, Norman. "Exploring the Concept of Metalearning." Paper presented at a seminar on Meta-learning, Middlesex University, 2004. Acceso 5 Julio 2016. http://normanjackson.pbworks.com/f/EARLI+CONFERENCE+METALEARNING+WORKING+PAPER.doc.

Jones, Gregory L. "Negotiating the Tensions of Vocation." En *The Scope of Our Art: The Vocation of the Theological Teacher*, editado por Gregory L. Jones y Stephanie Paulsell, 208–224. Grand Rapids/Cambridge: Eerdmans, 2001.

Jurkowitz, Carolyn. "What Is the Literature Saying About Learning and Assessment in Higher Education?" *Theological Education* 39, no. 1 (2003): 53–92.

Jusu, John K. "Patterns of Epistemological Frameworks amongst Master of Divinity Students at the Nairobi Evangelical Graduate School of Theology." PhD diss., Trinity International University, 2008.

Kellner, Douglas. "Marxian Perspectives on Educational Philosophy: From Classical Marxism to Critical Pedagogy." Acceso 29 Diciembre 2014. https://pages.gseis.ucla.edu/faculty/kellner/essays/marxianperspectivesoneducation.pdf.

Kelsey, David H. *Between Athens and Berlin: The Theological Debate.* Grand Rapids, MI: Eerdmans, 1993.

King, Elliot, y Neil Alperstein. *Best Practices in A distancia Program Development: Teaching and Learning in Higher Education*. Nueva York: Routledge, 2015.

Knowles, Malcolm S. *The Adult Learner: A Neglected Species*. 3a ed. Houston: Gulf, 1984.

Koole, Robert. "Strengthening Teaching through Collegiality." En *Educating Christian Teachers for Responsive Discipleship*, editado por P. de Boer, 97–117. Lanham, MD: University Press of America, 1993.

Lambert, David, y David Lines. *Understanding Assessment: Purposes, Perceptions, Practice*. Londres: RoutledgeFalmer, 2000.

Larson, Donald N. "OOPS! The Place of Mistakes in Learning: A Resource Sheet." fuente desconocida. 1981.

Latchem, Colin. "Towards Borderless Virtual Learning in Higher Education." En *Global Perspectives on E-Learning: Rhetoric and Reality, editado por* Alison A. Carr-Chellman, 52–65. Thousand Oaks, CA: Sage, 2005.

Lausanne Movement. "The Cape Town Commitment: A Confession of Faith and a Call to Action." *Evangelical Journal of Theology* 5, no. 1 (2011): 165–224. Acceso 25 Febrero 2015. http://www.lausanne.org/content/ctc/ctcommitment.

"Lausanne Movement Convenes Global Gathering of Seminary Presidents." Lausanne Movement, 29 Mayo 2012. Acceso 25 Febrero 2015. http://www.lausanne.org/news-releases/lausanne-movement-convenes-global-gathering-of-seminary-presidents.

Lazear, David. *Multiple Intelligence Approaches to Assessment: Solving the Assessment Conundrum*. Ed. Rev. Chicago: Zephyr, 1999.

Lehman, Rosemary, y Simone Conceicao. *Motivating and Retaining A distancia Students: Research-Based Strategies That Work*. San Francisco: Jossey-Bass, 2014.

Lillis, John. "Comparing Instructor Assumptions and Student Realities: A Study of Western Theological Extensión Education in Southeast Asia." PhD diss., Michigan State University, 1987.

Lin, Qiuyun, ed. *Advancement in A distancia Education: Exploring the Best Practices*. Vol. 1 y 2. Nueva York: Nova Science, 2012.

Logan, D. "Students' Views on Assessment." En *Conference on Assessment of Learning, Courses and Teaching, editado por* ULIE. Londres: ULIE, 1971.

Luckett, Kathy, y Lee Sutherland. "Assessment Practices That Improve Teaching and Learning." En *Improving Teaching and Learning in Higher Education: A Handbook for Southern Africa*, editado por Sinfree Makoni. Johannesburg: WITS University, 2000.

Lukes, Steven. *Emile Durkheim: His Life and Work – A Historical and Critical Study.* Standford, CA: Stanford University Press, 1973.

MacLeod, Meri. *Unconventional Educational Practices in Majority World Theological Education: A Qualitative Research Study Commissioned by Overseas Council International – A Comprehensive Report.* Overseas Council International, 13 September 2013.

Madaus, George. "The Influence of Testing on the Curriculum." En *Understanding Outcomes-Based Education: Teaching and Assessment in South Africa – A Reader, editado por* John Gultig et al., 39–42. Cape Town: SAIDE/Oxford University Press, 1998.

Maddix, Mark A., James R. Estep, y Mary Lowe, eds. *Best Practices of A distancia Education: A Guide for Christian Higher Education.* Charlotte, NC: Information Age, 2012.

Mahto, Ananda. "The Potential Negative Effects of a Hidden Curriculum." *Anando Mahto* (blog), 10 Julio 2006. Acceso 5 Febrero 2016. http://www.anandamahto.wordpress.com.

Malan, Beverly. *Excellence Through Outcomes.* Cape Town: Kagiso, 1997.

Maskew Miller Longman. "OBE Teacher's Manual." Acceso 1 Diciembre 2005. http://www.mml.co.za. 2001.

Massialas, Byron G. "The Hidden Curriculum and Social Studies." En *Crucial Issues in Teaching Social Studies, K-12*, editado por Byron G. Massialas, 119–137. Belmont, CA: Wadsworth 1996.

McKinney, Larry J. "A Theology of Theological Education: Pedagogical Implications." Acceso 21 Julio 2016. http://mckinneysolutions.vpweb.com/upload/Website-TheologicalEducation-PedagogicalImplicationsArticle.doc%20%281%29.pdf.

McKinney Douglas, Lois. "Globalizing Theology and Theological Education." En *Globalizing Theology: Belief and Practice in an Era of World Christianity*, editado por Craig Ott y Harold A. Netland, 267–287. 2a printing. Grand Rapids, MI: Baker Academic, 2007.

McLean, Jeanne. *Leading from the Center: The Emerging Role of the Chief Academic Officer in Theological Schools.* Scholars Press Studies in Theological Education. Durham, NC: Duke University Press, 1999.

Means, Barbara, Marianne Bakia, y Robert Murphy. *Learning A distancia: What Research Tells Us About Whether, When and How.* Nueva York: Routledge, 2014.

Merrill, M. David. "First Principles of Instruction." *Educational Technology Research and Development* 50, no. 3 (2002): 43–59. Acceso 26 Marzo 2015. http://mdavidmerrill.com/Papers/firstprinciplesbymerrill.pdf.

Metaxas, Eric. *Bonhoeffer: Pastor, Martyr, Prophet, Spy*. Nashville, TN: Thomas Nelson, 2010.

Miller, Michelle D. *Minds A distancia: Teaching Effectively with Technology.* Cambridge, MA: Harvard University Press, 2014.

Margolis, Eric, Michael Soldatenko, Sandra Acker, y Marina Gair. "Peekaboo: Hiding and Outing the Curriculum." En *The Hidden Curriculum in Higher Education, editado por* Eric Margolis, 1–19. Nueva York/Londres: Routledge, 2001. Acceso Diciembre 2014. http://www.udel.edu.

Morris, Karen, y Rod Morris. *Leading Better Bible Studies: Essential Skills for Effective Small Groups*. Sydney: Aquila, 1997.

Morrison, Debbie. "Is Blended Learning the Best of Both Worlds?" *Online Learning Insights*. Acceso 24 Julio 2015. https://en línealearninginsights.wordpress.com/2013/01/17/is-blended-learning-the-best-of-both-worlds/.

New Zealand Qualifications Authority. "Practice Note 3: Writing a Graduate Profile – The Industry Training Organisation Experience." Acceso 14 Julio 2016. http://www.nzqa.govt.nz/assets/_generated_pdfs/practice-note-3-5100.pdf.

Niculescu, Rodica M. "Trying to Understand Curriculum in the New Millennium." *Bulletin of the Transilvania University of Brașov* 2, no. 51 (2009): 105–112. Acceso 12 Enero 2015. http://search.ebscohost.com/.

Nightingale, Peggy. "Accessing and Managing Information." En *Assessing Learning in Universities*, editado por Peggy Nightingale et al. Sydney: University of New South Wales, 1996.

Nightingale, Peggy, Ina Te Wiata, Sue Toohey, Greg Ryan, Chris Hughes, and Doug Magin. "Assessment Project Glossary." En *Assessing Learning in Universities*, editado por Peggy Nightingale et al. Sydney: University of New South Wales, 1996.

Noelliste, Dieumeme. "Toward a Theology of Theological Education." *AETEI Journal* 8, no. 2 (July–Dec 1994): 19–24.

Noll, Mark A. *Scandal of the Evangelical Mind.* Grand Rapids, MI: Eerdmans, 1994.

Núñez, Emílio A. "El problema del currículo." En *Nuevas Alternativas de Educación Teológica*, editado por C. René Padilla, 59–70. Miami: Nueva Creación, 1986.

Nussbaum-Beach, Sheryl, y Lani Ritter Hall. *The Connected Educator: Leading and Learning in a Digital Age*. Bloomington, IN: Solution Tree, 2012.

Ornstein, Allan C., y Francis P. Hunkins. *Curriculum: Foundations, Principles, and Issues*. 6a ed. Harlow: Pearson Education, 2012.

Orr, D. W. "The Liberal Arts, the Campus and the Biosphere." *Harvard Educational Review* 60, no. 2 (1990): 205–216.

Ostrander, Rick. "Christian Learning in the Digital Age." *The Colossian Forum*. Acceso 6 Diciembre 2016. http://www.colossianforum.org/2012/11/15/article-christian-learning-in-the-digital-age/.

Ott, Bernhard. *Beyond Fragmentation: Integrating Mission and Theological Education – A Critical Assessment of Some Recent Developments in Evangelical Theological Education*. Eugene, OR: Wipf & Stock, 2011.

Oyco-Bunyi, Joy. *Beyond Accreditation: Value Commitments and Asian Seminaries*. Bangalore: Theological Book Trust, 2001.

Packer, J. I. *Keep in Step with the Spirit*. Downers Grove, IL: InterVarsity Press, 1984.

Padhi, Prasanta K. "Soft Skills: Education Beyond Academics." *IOSR Journal of Humanities and Social Science* 19, no. 5, Ver. 6 (May 2014): 1–3. Acceso 11 Febrero 2016. www.iosrjournals.org.

Palloff, Rena M., y Keith Pratt. *Building A distancia Learning Communities: Effective Strategies for the Virtual Classroom*. San Francisco: Jossey-Bass, 2007.

———. *The Excellent A distancia Instructor: Strategies for Professional Development*. San Francisco: Jossey-Bass, 2011.

———. *Lessons from the Virtual Classroom: The Realities of A distancia Teaching*. 2a ed. San Francisco: Jossey-Bass, 2013.

Parkway, Forrest W., Eric J. Anctil, y Glen Hass. *Curriculum Leadership: Readings for Developing Quality Educational Programs*. 10a ed. Upper Saddle River, NJ: Pearson Education, 2014.

Parr, M. "Knowing Is Not Enough: We Must Do! Teaching Development through Engagement in Learning Opportunities." *International Journal of Learning* 12, no. 6 (2005): 135–140.

Patterson, George. *Church Planting through Obedience-Oriented Teaching*. Pasadena, CA: William Carey Library, 1981.

Peters, George W. *A Biblical Theology of Missions*. Chicago: Moody, 1972.

Phillips, David M. "Learning Styles." Lecture, Nazarene Bible College, Colorado Springs, CO, 2008. Acceso 28 Junio–2 Julio 2011. http://en línea.cnc.edu/.

Power, F. C., y L. Kohlberg. "Moral Development: Transforming the Hidden Curriculum." *Curriculum Review* 26 (1986): 14–17.

Powers, Bruce P. "Developing a Curriculum for Academic, Spiritual, and Vocational Formation." En *C(H)AOS Theory: Reflections of Chief Academic Officers in*

Theological Education, editado por Kathleen D. Billman y Bruce C. Birch, 302–319. Grand Rapids, MI: Eerdmans, 2011.

Pratt, David. *Curriculum Planning: A Handbook for Professionals.* Fort Worth, TX: Harcourt Brace College, 1994.

Ramsden, Paul. *Learning to Teach in Higher Education.* 2a ed. Londres: RoutledgeFalmer, 2003.

Rudestam, Kjeli Erik, y Judith Schoenholtz-Read, eds. *Handbook of A distancia Learning.* 2a ed. Thousand Oaks, CA: Sage, 2010.

Sager, Michelle. "Understanding the Hidden Curriculum: Connecting Teachers to Themselves, Their Students and the Earth." Portland University, 2013.

Salerno, Ann, y Lillie Brock. *The Change Cycle: How People Can Survive and Thrive in Organizational Change.* San Francisco: Berrett-Koehler, 2008.

Schulz, Bernd. "The Importance of Soft Skills: Education Beyond Academic Knowledge." *NAWA: Journal of Language and Communication* (June 2008): 146–154.

Seddon, T. "The Hidden Curriculum: An Overview." *Curriculum Perspectives* 3, no. 1 (Jan 1981): 1–6.

Seifert, Kelvin. *Educational Psychology.* Boston: Houghton Mifflin, 1983.

Selwyn, Neil. *Education in a Digital World: Global Perspectives on Technology and Education.* Nueva York: Routledge, 2013.

Senanayake, Lal A. N. "Developing a Culturally Relevant Curriculum for Theological Education in Asia." En *Educating for Tomorrow: Theological Leadership for the Asian Context*, editado por Manfred W. Kohl y A. N. L. Senanayake, 66–77. Bangalore/Indianapolis, IN: SAIACS, 2002.

Serbino, Raquel V. "A educação do educador universitario." *Didática* 5, no. 18 (Jan/Dec 1982): 25–31.

Shaw, Perry W. H. "Training to Failure, Training to Success: The Hidden Curriculum of Seminary Education." *Theological Reflections* 7 (2006): 84–100.

———. *Transforming Theological Education: A Practical Handbook for Integrative Learning.* Carlisle: Langham Global Library, 2014.

Shuurman, Derek C. *Shaping a Digital World: Faith, Culture, and Computer Technology.* Downers Grove, IL: InterVarsity Press, 2013.

Siebörger, Rob, y Henry Macintosh. *Transforming Assessment.* Cape Town: Juta, 2004.

Siew, Yau-Man. "Fostering Community and a Culture of Learning in Seminary Classrooms: A Personal Journey." *Christian Education Journal* 3, no. 1 (2006): 79–91.

Smith, Gordon T. "Attending to the Collective Vocation." En *The Scope of Our Art: The Vocation of the Theological Teacher*, editado por Gregory L. Jones y Stephanie Paulsell, 240–261. Grand Rapids, MI/Cambridge: Eerdmans, 2001.

Solomon, Pearl G. *The Assessment Bridge*. Thousand Oaks, CA: Corwin, 2002.

South African Qualifications Authority. "NQF Objectives and What Does Our NQF Look Like?" *SAQA*. Acceso 17 Noviembre 2005. http://www.saqa.co.za/show.asp?main=about/nqfobjectives.htm 2005.

Spady, William G. *Outcomes-Based Education: Critical Issues and Answers*. Arlington, VA: American Association of School Administrators, 1994.

Stake, Robert. *The Art of Case Study Research*. Thousand Oaks, CA: Sage, 1995.

———. "The Countenance of Educational Evaluation." *Teachers College Record* 68, no. 7 (1967): 523–540.

———. "Program Evaluation, Particularly Responsive Evaluation." En *Evaluation Models: Viewpoints on Educational and Human Services Evaluation*, editado por Daniel Stufflebeam, George F. Madaus, y Thomas Kellaghan, 343–362. 2a ed. Hingham, MA: Kluwer Academic, 2000.

Robert Stake, ed. *Standards-Based and Responsive Evaluation*. Thousand Oaks, CA: Sage, 2003.

Starkey, Louise. *Teaching and Learning in the Digital Age*. Nueva York: Routledge, 2012.

Steibel, Sophia, y Daryl Eldridge. "Leroy Ford." *Talbot School of Theology/Biola University*. Acceso 6 Julio 2016. http://www.talbot.edu/ce20/educators/protestant/leroy_ford/.

Stein, Jared, y Charles R. Graham. *Essentials for Blended Learning: A Standards-Based Guide*. Nueva York: Routledge, 2014.

Sterling, S. *Sustainable Education: Re-visioning Learning and Change*. Schumacher Society Briefing no. 6. Dartington: Green Books, 2001.

Sternberg, Robert J. "Assessing What Matters." *Educational Leadership* 65, no. 4 (2007): 20–26.

———. "Examining Intelligence." *BizEd* 5, no. 2 (2006): 22–27.

Stott, John R. W. "The Bible in World Evangelization." En *Perspectives on the World Christian Movement*, editado por Ralph D. Winter y Steven C. Hawthorne, 3–9. Pasadena, CA: William Carey Library, 1981.

Stringer, Ernie. *Action Research in Education*. 2a ed. Columbus, OH: Pearson, 2008.

Stufflebeam, Daniel. "The CIPP Model for Evaluation." En *Evaluation Models: Viewpoints on Educational and Human Services Evaluation*, editado por

Daniel Stufflebeam, George F. Madaus, y Thomas Kellaghan, 279–318. 2a ed. Hingham, MA: Kluwer Academic, 2000.

Stufflebeam, Daniel, George F. Madaus, y Thomas Kellaghan. *Evaluation Models: Viewpoints on Educational and Human Services Evaluation*. 2a ed. Hingham, MA: Kluwer Academic, 2000.

Stufflebeam, Daniel L., y Anthony J. Shinkfield. *Evaluation Theory, Models, and Applications*. San Francisco: Jossey-Bass, 2007.

Sumney, Jerry L. "Do Not Be Conformed to This Age: Biblical Understanding of Ministerial Leadership." En *Practical Wisdom: On Theological Teaching and Learning*, editado por Malcolm L. Warford, 127–142. Nueva York: Peter Lang, 2004.

Tanner, Daniel, y Laurel N. Tanner. *Curriculum Development: Theory into Practice*. Nueva York: Macmillan, 1980.

Taylor, Catherine, y Susan Nolen. *Classroom Assessment: Suppporting Teaching and Learning in Real Classrooms*. 2a ed. Upper Saddle River, NJ: Pearson, 2008.

Taylor, George R. *Informal Classroom Assessment Strategies for Teachers*. Lanham, MD: Scarecrow, 2003.

Taylor, K. B. "Mapping the Intricacies of Young Adults' Developmental Journey from Socially Prescribed to Internally Defined Identities, Relationships, and Beliefs." *Journal of College Student Development* 49, no. 3 (2008): 215–234.

TheologicalEducation.net (varios articulos sobre currículo). Acceso 21 Julio 2016. http://theologicaleducation.net/articles/index.htm?category id=58.

Thomas, Douglas, y John Seely Brown. *A New Culture of Learning: Cultivating the Imagination in a World of Constant Change*. Lexington, KY: CreateSpace, 2011.

Thompson, Melinda, y Meri MacLeod. "To the Ends of the Earth: Cultural Considerations for Global A distancia Theological Education." *Theological Education* 49, no. 2 (2015): 113–125.

Tracy, W. R. *The Human Resources Glossary*. Boca Raton, FL: CRC, 2004.

Tyler, Ralph W. *Basic Principles of Curriculum and Instruction*. c. 1949. Reimpresión, Chicago: University of Chicago Press, 1975.

Utech, Jenny Lee. *Contextualized Curriculum for Workplace Education: An Introductory Guide*. Massachusetts Worker Education Roundtable, June 2008. Adobe PDF eBook.

Vallance, Elizabeth. "Hiding the Hidden Curriculum: An Interpretation of the Language of Justification in Nineteenth-Century Educational Reform." *Curriculum Theory Network* 4, no. 1 (1973): 5–21.

Vella, Jane Kathryn. *Taking Learning to Task: Creative Strategies for Teaching Adults.* San Francisco: Jossey-Bass, 2000.

Wakeford, Richard. "Principles of Student Assessment." En *A Handbook for Teaching and Learning in Higher Education*, editado por Heather Fry, Steve Ketteridge, y Stephanie Marshall, 46–50. 2a ed. Londres: Kogan Page, 2003.

Waltke, Bruce K. *The Book of Proverbs.* New International Commentary on the Old Testament. Grand Rapids, MI: Eerdmans, 2004–2005.

Walvoord, Barbara E., y Virginia Johnson Anderson. *Effective Grading: A Tool for Learning and Assessment in College.* San Francisco: Jossey-Bass, 1998.

Weddle, Martin. *Planning for Educational Change: Putting People and Their Contexts First.* Londres: Continuum, 2009.

Wenger, Etienne, Richard McDermott, y William Snyder. *Cultivating Communities of Practice: A Guide to Managing Knowledge.* Boston: University of Harvard Press, 2002.

Wenger, Etienne, Nancy White, y John D. Smith. *Digital Habitats: Stewarding Technology for Communities.* Portland, OR: CP Square, 2009.

Westerhoff, John. "Hidden Curriculum in the Classroom." *Church Teachers* 21, no. 1 (1993): 45–47.

White, Ellen. G. *Counsels to Parents, Teachers and Students.* Nampa, ID: Pacific, 2011.

———. *Education.* Nampa, ID: Pacific, 2002.

Winkelmes, Mary-Ann. "Formative Learning in the Classroom." En *Practical Wisdom: On Theological Teaching and Learning*, editado por Malcolm L. Warford, 161–179. Nueva York: Peter Lang, 2004.

Wojtczak, Andrzej. "Evaluation of Learning Outcomes (Revised)." Última revisión 2002. Acceso 8 Diciembre 2009. http://www.iime.org/documents/elo.htm.

Yu, Carver. "Whom Do We Serve? Engaging the Ecclesial Dimension: Theological Education That Empowers the Church." Paper presented at the ICETE International Consultation for Theological Educators, Chiang Mai, Thailand, 2006. Acceso 2 Marzo 2015. http://icete-edu.org/pdf/C-06 Yu Engaging the Ecclesial Dimension.pdf.

de Zengotita, Thomas. *Mediated: How the Media Shapes Your World and the Way You Live in It.* Nueva York: Bloomsbury, 2005.

Colaboradores

Vera R. Brock ostenta un bachillerato en Teología con énfasis en Educación Cristiana del Seminario Bíblico Palabra de Vida (WOLBS) en Atibaia, Brasil, y una maestría en Educación de la Universidad de San Francisco en Sao Paulo, Brasil. Sirvió en el WOLBS durante veintisiete años (1986–2011) como catedrática de Educación Cristiana y decana académica por diecisiete años. Durante nueve años, fue secretaria general de AETAL (1999–2007). Colabora con AETAL en el Comité de Acreditación. Colaboró con ICETE en los cursos IPAL en Brasil.

Fritz Deininger (Doctor en Teología en Nuevo Testamento, Universidad de Sudáfrica, Maestría en Teología del Nuevo Testamento, Maestría en Artes en Misiología de la Universidad Internacional Columbia y licenciatura del Seminario Teológico Chrischona) sirve como coordinador del Programa ICETE de Liderazgo Académico (IPAL). Se desempeñó como catedrático asociado de la Universidad Internacional Columbia (CIU) y enseñó cursos en la Academia para la Misión Mundial en Alemania. Junto con su esposa sirvió en Tailandia de 1981 a 2008 en la siembra de iglesias, capacitación de liderazgo y educación teológica. En el Seminario Bíblico de Bangkok obtuvo experiencia de liderazgo como decano académico. Sus áreas de interés incluyen el desarrollo del liderazgo, la educación teológica integrada, la formación espiritual, la exposición bíblica, las religiones del mundo, las misiones mundiales y la ética.

Orbelina Eguizabal (Doctora en Estudios Educativos, Seminario Teológico de Talbot) se desempeña como catedrática de Educación Superior Cristiana en los programas doctorales y de Educación y coordina los programas en línea de la Escuela Teológica de Talbot,

Universidad de Biola en California. De 2010 a 2015 sirvió en la junta directiva de la Sociedad de Profesores en Educación Cristiana (SPCE), y actualmente forma parte de la junta directiva de los Ministerios Globales Moody. También participa en la educación teológica como profesora visitante en seminarios en países latinoamericanos. Antes de laborar en Biola, Orbelina pasó veinte años enseñando y sirviendo en funciones administrativas en el Seminario Teológico Centroamericano en la Ciudad de Guatemala, Guatemala. Colabora con ICETE desde 2008 a través del Programa ICETE para Líderes Académicos (IPAL) y la Asociación de Educación Teológica Evangélica en América Latina (AETAL), y como miembro del equipo docente para los seminarios para líderes académicos de habla hispana en América Central y del Sur.

Steve Hardy (Doctorado en Misiología de la Escuela de Divinidades Trinity, Maestría en Divinidades en Estudios Bíblicos del Seminario Teológico Bethel y licenciatura en Gobierno de Oberlin College) es estadounidense. Se ha desempeñado como abogado de SIM International para la Educación Teológica, así como consultor sénior de ICETE. Trabajó como educador misionero en Brasil, Mozambique y Sudáfrica y dirigió el Instituto para la Excelencia en Educación Teológica del Overseas Council. Escribe sobre la administración educativa.

Allan Harkness, MA, BD, PhD (Murdoch, Australia Occidental) es decano y director de los Programas Educativos de AGST Alliance. Es autor de una serie de artículos y capítulos en los campos de la educación cristiana y la educación teológica. Exeditor de la *Revista de Educación Cristiana,* actualmente forma parte del consejo editorial de dos revistas académicas en estos campos. Desde Nueva Zelanda, Allan y su esposa Marven han vivido y servido en el sureste asiático desde 1988 como miembros de OMF International. Tiene su sede en Singapur, donde también sirve en varios comités y paneles de ética e investigación médica. Allan puede ser contactado por correo electrónico: allan.harkness@gmail.com.

Charles de Jongh ha servido como decano académico y profesor (Estudios Bíblicos y Juveniles) en la Universidad de Malyon desde 2007, habiendo servido previamente en el Colegio Teológico Bautista del Sur de África y en la Iglesia Bautista Hilton. Ha estudiado en las áreas del ministerio cristiano, teología y educación superior, logrando un BA, LTh, MA, DLitt et Phil y DEd en el proceso. En la actualidad, está particularmente interesado en la interfaz entre los resultados de aprendizaje y la evaluación, tratando de desarrollar y proponer diferentes enfoques particularmente en el entorno de la educación superior. Además, mantiene un profundo interés en el ministerio de la Confraternidad de Aviadores Misioneros (MAF), habiendo servido previamente como presidente de la junta sudafricana. Está casado con Susan y tiene dos hijas.

Errol Elton Joseph (BTh, Seminario Teológico de Jamaica, MACE, Escuela Graduada de Teología del Caribe; y PhD in Liderazgo Organizacional de la Universidad de Regent en Virginia Beach, USA) ha servido como director de escuela secundaria, decano académico y presidente de un seminario teológico y ha estado involucrada en la educación teológica desde 1982. Durante más de veinte años fue secretario/tesorero de la Asociación Teológica Evangélica del Caribe. Además, el reverendo Joseph ha participado en varios comités nacionales relacionados con la educación, incluido el Comité Asesor Nacional del Ministro de Educación y el subcomité Visión 2020 sobre la Educación Secundaria. Actualmente, se desempeña como vicepresidente de Asuntos Académicos en el Seminario Teológico de las Indias Occidentales, Anciano-Director de Educación Cristiana de las Iglesias de la Biblia Abierta, miembro ejecutivo y coordinador de acreditación de la Asociación Teológica Evangélica del Caribe (CETA) y examinador externo para el Seminario Teológico Sudafricano. Da conferencias en Formación Espiritual, Principios de Liderazgo y Manejo de Conflictos y dirige seminarios y talleres en estas áreas. Además, es evaluador, jefe de equipo, evaluador de programas y miembro del Comité de Examen de Acreditación del Consejo de Acreditación de Trinidad y Tobago.

John Jusu (PhD) es misionero de la Asociación de Evangélicos de África, secundada por la Universidad Internacional Africana en Nairobi, Kenia. Ministro ordenado de la Iglesia de los Hermanos Unidos en Cristo, Sierra Leona. Actualmente se encuentra en una licencia prolongada de la universidad y está sirviendo con el Overseas Council como director regional de África. Trabaja extensamente en cuestiones curriculares transformadoras en respuesta al contexto de la educación formal e informal en África. Su experiencia es entender los marcos epistemológicos de los africanos que están preparándose para los ministerios pastorales y educativos de la iglesia africana y cómo ese entendimiento influye en las prácticas educativas. A la luz de esta experiencia, John se desempeña como consultor de currículo para "More Than a Mile Deep - Global Curriculum", editor en jefe de la Biblia Africana de Estudio, investigador sénior para el Estudio del Liderazgo Africano y miembro de Socios Mundiales para la Educación Transformadora (GATE). John también participa en el desarrollo de profesores para muchas iniciativas educativas en África. John está casado con Tity. Tienen tres hijos.

John Lillis es el vicepresidente ejecutivo de Asuntos Académicos del Seminario y la Universidad Grace, así como socio sénior y miembro fundador de Socios Globales para la Educación Transformadora (GATE). Su llamado al ministerio lo llevó al seminario, a las misiones en el extranjero y al liderazgo dentro de la educación superior cristiana. Como director del Programa de Extensión del Sudeste Asiático del Seminario Teológico de Grand Rapids, que más tarde se convirtió en el Seminario Teológico Bíblico de Asia de la Universidad Cornerstone, vivió en Bangkok, Tailandia, de 1982 a 1985, y en Manila, Filipinas, de 1985 a 1990. Luego sirvió durante once años en la Universidad Cornerstone, donde enseñó educación cristiana y formación espiritual en el seminario de la universidad y se desempeñó como preboste y vicepresidente ejecutivo. Desde 2001 hasta 2014 se desempeñó como oficial ejecutivo y decano del Seminario Bethel, San Diego. El Dr. Lillis es colaborador del *Diccionario de Espiritualidad Cristiana* (2011) y de la *Enciclopedia de la Educación Cristiana*

(2015), habiendo servido en el consejo editorial de este último. Es autor del curso *Discipulado en comunidad: Formación espiritual y la iglesia* disponible a través de http://christianuniversity.org/. Además de su evidente amor por las culturas de la cuenca del Pacífico, a través de su participación con GATE, el ministerio de John se ha expandido para incluir Europa Oriental y Central, África y América del Sur. Su participación en la educación superior cristiana incluye cuarenta años como miembro de la facultad y administrador, sirviendo en Asia, así como en los Estados Unidos.

Rhonda M. McEwen (Estudios Educativos PhD, Universidad Internacional Trinity; MA en Ministerios Interculturales del Seminario Teológico de Dallas; BA Lingüística de la Universidad de Ottawa) se desempeñó como decana asistente de la Universidad Azusa Pacific en el sur de California. Antes de unirse a APU, Rhonda se desempeñó como profesora en los programas de posgrado en Educación Intercultural/Estudios Interculturales de la Universidad de Biola. Anteriormente, enseñó en Wheaton College, el Seminario de Dallas y la Universidad Internacional Trinity, así como en varios colegios comunitarios. Además de la educación superior, ha trabajado con organizaciones internacionales y comunitarias de fe, como el Centro Chalmers para el Desarrollo Económico en Covenant College, Food for the Hungry International, World Concern y OMF. Rhonda es canadienses y ha trabajado en varios países asiáticos.

Paul Sanders (Doctor en Historia Occidental Moderna, Universidad de París IV –Sorbonne; MDiv en Educación Cristiana; ThM en Teología Práctica, Seminario Bautista Occidental en Oregón; BA en Historia, Universidad Estatal de Oregón) sirvió durante veinticinco años en el área de París, incluyendo quince años en el Instituto Bíblico Nogent, y quince años en El Líbano, donde trabajó como decano académico y preboste del Seminario Teológico Bautista Árabe en Beirut. Paul se desempeñó como Director Internacional del Consejo Internacional para la Educación Teológica Evangélica (www.icete-edu.org) de 2006 a 2013, y como Director Ejecutivo de la Asociación de Oriente Medio para la Educación Teológica (www.meate.org). Pablo y su esposa Agnes regresaron a Francia en 2009 y ahora hacen su hogar cerca de la ciudad de Nantes en el oeste de Francia. Desde su retiro oficial en 2013, se desempeña como Consultor Internacional/Facilitador para una fundación estadounidense involucrada en el apoyo de liderazgo de alto nivel en el Mundo Mayoritario y como Consultor Especial para Oriente Medio, el Norte de África y el mundo francófono para el Overseas Council (www.overseas.org). Continúa la enseñanza periódica en varias instituciones, como el Seminario Bautista Arabe de Beirut, la Escuela de Teología de Londres en el Reino Unido, la Akademie für Weltmission en Alemania, la Faculté de Théologie Evangélique de l'Alliance Chrétienne (FATEAC) en Costa de Marfil, y la Universidad Shalom de Bunia (USB) en la República Democrática del Congo. En Francia, sirve bajo los auspicios de la Alianza Evangélica Francesa (CNEF) como cosecretario del *Groupe de Conversations Catholique-Evangélique* y también participa en la red de misiólogos evangélicos en la Europa francófona (REMEEF), además de ser miembro comprometido con su iglesia local en Nantes.

Natee Tanchanpongs es el pastor de la Iglesia GraceCity en Bangkok, y exdecano académico del Seminario Bíblico de Bangkok (2011–2015). Recibió su doctorado en Estudios Teológicos de la Escuela Evangélica de Divinidades Trinity en 2007, donde trabajó en el área de la Hermenéutica Contextualizada. Posteriormente sirvió en la Comisión Teológica de la Alianza Evangélica Mundial (WEA-TC) en la que trabajó en una unidad de estudio sobre contextualización. El resultado de ese esfuerzo fue publicado en una obra que coeditó, *Local Theology for the Global Church*, publicado por William Carey Library en 2010. En tiempos recientes ha estado enfocado en la integralidad evangélica. Natee fue uno de los fundadores de Voluntarios Cristianos para la Participación Social (CVSI), un grupo cuyo objetivo principal es vigorizar a la iglesia en las misiones integrales a través del manejo de desastres, el desarrollo comunitario y otras formas de transformación integral. Está casado con Bee. Tienen dos hijos: Maisie y Meno.

ICETE es una comunidad global, patrocinada por nueve redes regionales de instituciones teológicas, dedicada a fomentar la interacción y colaboración internacional entre todos aquellos que intervienen en el fortalecimiento y el desarrollo de la educación teológica evangélica y del liderazgo cristiano alrededor del mundo.

El propósito de ICETE es:

1. Promover el mejoramiento de la educación teológica evangélica alrededor del mundo.
2. Servir como foro para la interacción, asociación y colaboración entre quienes intervienen en la educación teológica evangélica y en el desarrollo de liderazgo evangélico, para su mutua asistencia, estimulación y enriquecimiento.
3. Ofrecer servicios de apoyo y asesoramiento para asociaciones regionales de instituciones evangélicas de educación teológica alrededor del mundo.
4. Facilitar, para las redes regionales, la promoción de sus servicios entre las instituciones evangélicas de educación teológica dentro de sus regiones.

Las asociaciones patrocinadoras incluyen:

África: Association for Christian Theological Education in Africa (ACTEA)

Asia: Asia Theological Association (ATA)

Caribe: Caribbean Evangelical Theological Association (CETA)

Europa: European Evangelical Accrediting Association (EEAA)

Euro-Asia: Euro-Asian Accrediting Association (E-AAA)

América Latina: Asociación Evangélica de Educación Teológica en América Latina (AETAL)

Medio Oriente y Norte de África: Middle East Association for Theological Education (MEATE)

América del Norte: Association for Biblical Higher Education (ABHE)

Pacífic-Sur: South Pacific Association of Evangelical Colleges (SPAEC)

www.icete-edu.org

Langham Partnership es una comunidad mundial que trabaja con el ánimo de cumplir la visión que Dios le encomendó a su fundador, John Stott, consistente en:

> ***facilitar el crecimiento de la iglesia en madurez y en semejanza a Cristo elevando los niveles de predicación y enseñanza bíblica.***

Nuestra visión es ver que las iglesias en el mundo mayoritario estén equipadas para la misión y creciendo hacia la madurez en Cristo a través del ministerio de sus pastores y líderes, quienes creen, enseñan y viven por la Palabra de Dios.

Nuestra misión es fortalecer el ministerio de la Palabra de Dios:

- fortaleciendo movimientos nacionales de predicación bíblica;
- favoreciendo la creación y distribución de literatura evangélica; y
- elevando el nivel de la educación teológica evangélica,

especialmente en países donde las iglesias carecen de recursos.

Nuestro ministerio

Langham Preaching se asocia con líderes nacionales que estimulan movimientos locales de predicación bíblica para pastores y predicadores laicos en el mundo entero. Con el apoyo de un equipo de capacitadores provenientes de diversos países, se desarrolla un programa de seminarios a diversos niveles que proveen capacitación práctica, al cual le sigue un programa que busca formar facilitadores locales. Los grupos locales de predicación (escuelas de expositores) y las redes nacionales y regionales se encargan de dar continuidad a los programas e impulsar su desarrollo ulterior con el fin de construir un movimiento vigoroso comprometido con la exposición bíblica.

Langham Literature provee a los pastores, seminarios y académicos del mundo mayoritario libros evangélicos y recursos electrónicos mediante becas, descuentos y mecanismos de distribución. El programa también auspicia la producción de literatura evangélica para pastores en diversos idiomas a través de talleres para escritores y editores, respaldo a la tarea literaria, traducciones, fortalecimiento de casas editoriales evangélicas e inversiones en proyectos regionales de literatura, tales como el *African Bible Commentary*.

Langham Scholars provee apoyo financiero para estudiantes evangélicos a nivel doctoral provenientes del mundo mayoritario, de tal manera que, una vez que regresen a sus países, puedan capacitar a pastores y otros líderes cristianos brindándoles una sólida formación bíblica y teológica. Éste es un programa que equipa a quienes van a equipar a otros. Langham Scholars trabaja igualmente con seminarios del mundo mayoritario fortaleciendo su educación teológica. Un número creciente de académicos de Langham Scholars estudia en programas doctorales de alta calidad en reconocidos centros del mundo mayoritario. Además de formar la siguiente generación de pastores, los graduados de Langham Scholars ejercen una influencia significativa a través de sus escritos y liderazgos.

Para obtener más información sobre la Langham Partnership y el trabajo que desarrollamos visítenos en www.langham.org.

www.ingramcontent.com/pod-product-compliance
Lightning Source LLC
LaVergne TN
LVHW012348220826
846091LV00016B/4169

* 9 7 8 1 8 3 9 7 3 0 8 3 2 *